高等教育规划教材

电子商务物流

主　编　毕　娅
副主编　魏翡斐　段李杰

机械工业出版社

本书围绕电子商务物流的产生、运行原理以及发展趋势等常见问题进行了详细的阐述与分析。全书共分8章，分别介绍了电子商务物流，电子商务物流配送和配送中心，电子商务物流的仓储和库存管理，电子商务物流的包装、装卸搬运和流通加工，电子商务物流的信息化技术，电子商务物流服务的成本管理及定价方法，电子商务物流模式的管理和创新，电子商务物流的发展与展望，并根据每章的具体内容安排了相应的习题。

本书内容新颖，结构严谨，深入浅出，实用性强，突出对基础理论、基本技能的掌握和技术应用能力的培养。本书可作为高等院校电子商务、物流管理专业、市场营销、信息管理与信息系统、管理类、经贸类等相关专业的教材，也可作为有关电子商务物流的培训用书以及企业管理人员参考用书。

本书配套授课电子课件，需要的教师可登录 www.cmpedu.com 免费注册，审核通过后下载，或联系编辑索取（QQ：2966938356，电话：010－88379739）。

图书在版编目(CIP)数据

电子商务物流／毕娅主编．—北京：机械工业出版社，2015.7（2017.8 重印）
高等教育规划教材
ISBN 978-7-111-51379-7

Ⅰ.①电… Ⅱ.①毕… Ⅲ.①电子商务-物流-高等学校-教材
Ⅳ.①F713.36②F252

中国版本图书馆 CIP 数据核字(2015)第 197141 号

机械工业出版社(北京市百万庄大街22号 邮政编码 100037)
策划编辑：王 斌 责任编辑：王 斌 宋 燕
责任校对：张艳霞 责任印制：常天培

涿州市京南印刷厂印刷

2017年8月第1版·第2次印刷
184mm×260mm·21印张·519千字
3001-4500册
标准书号：ISBN 978-7-111-51379-7
定价：49.00元

前 言

随着电子技术、计算机技术、通信技术，特别是近几年来大数据、云计算以及物联网技术的迅猛发展，全球经济的发展已经进入到信息经济的时代，知识经济已经悄无声息地进入每个人的生活中。

电子商务是20世纪信息化、网络化的产物，由于其日新月异的发展，已引起了人们的广泛关注。电子商务中的每笔交易都包含几种基本的“流”，即信息流、商流、资金流和物流。其中信息流既包括商品信息的提供、营销、技术支持、售后服务等内容，也包括诸如询价单、报价单、付款通知单、转账通知单等商业贸易单证，还包括交易方的支付能力、支付信誉等。商流是指商品在购、销之间进行交易的系列活动。资金流主要是指资金的转移过程，包括付款、转账等过程。在电子商务环境下，上述三种流的处理都可以通过计算机和网络通信设备实现。而在整个电子商务的交易过程中，物流作为整个商务交易的最后一个过程，只有等到实物通过物流送到顾客手中时，整个交易过程才算结束。可以说，缺少了现代化的物流过程，电子商务过程是不完整的。

随着社会生产、物资流通、商品交易及其管理方式的深刻变化，现代物流已经成为一个国家或地区综合竞争力的重要标志之一，被喻为促进经济增长的“加速器”和“第三方利润源”。在我国，物流基础战略地位日益凸显，发展现代物流业已经成为各级政府和各类企业高度重视的热点问题。因此，如何建立现代物流体系，加强对物流的现代化管理，使其适应电子商务的需要，已成为当前电子商务和物流领域理论和实践的一个重要课题。

电子商务物流的快速发展使得电子商务和物流专业人才的培养成为一项十分紧迫的任务。加强高等院校电子商务专业和物流管理专业的建设亦迫在眉睫，本书编者在这一背景下展开编撰工作，在借鉴和吸收国内外电子商务物流的基本理论和最新研究成果的基础上，密切结合我国电子商务业和物流业的发展与高等教育的实际，本着“前沿超前，理论扎实，技能过硬，实践为主”的原则进行编撰，使其内容和结构更适合高等学校的教学要求。

本书的主要特点是：

(1) 内容由浅入深，有清晰的逻辑脉络：“基本概念⟶ 现状和问题⟶ 表征问题的解决：提速、增值、降成本、信息化⟶ 深层次问题的解决：管理和模式的创新⟶ 发展的方向和趋势”，自成体系。

(2) 各章附有“学习目的”，并附有“本章小结”，以方便读者提纲挈领地了解并掌握各章节的内容。

(3) 尽量避免理论阐述泛泛而谈，减少理论分析，理论知识阐述只注重解决“是什么”的问题；在案例及习题方面则重点解决“怎么干”的问题，突出了实用性和操作性，满足学生基本素质和技能培养目标要求，也使读者能更好地掌握物流相关的基本技能。

(4) 不追求大而全的内容，只针对电子商务环境下物流的概念、问题和解决模式；追求时效性，全面提供电子商务物流中最新、最前沿以及最有时效性的教学内容、案例以及对案例的分析。

(5) 相关知识点附有大量的图片、表格等来阐述专业术语和技能知识，图文并茂，趣味性与知识性有机结合，以增强读者对所学知识的感性认识。

（6）每章节后均设有“练习题”，可用于随时检查学习效果，有利于培养学生动手操作和解决实际问题的能力，便于读者理解巩固所学知识。每节后的练习题都配有标准答案，可供查对。

（7）为了方便广大教师的备课和教学，本书有配套的多媒体电子教案。

（8）各章内容基本独立，可根据实际情况进行选择教学。

本书主要从电子商务与现代物流的关系入手，系统介绍电子商务环境下如何开展现代物流管理，不仅能为从事电子商务的人员提供现代物流方面的知识，也能为从事物流管理的人员提供电子商务方面的知识。

本书由毕娅任主编，魏翡斐、段李杰任副主编，参与编写的还有：尤美虹、初叶萍、张曙红、周程、朱剑锋、雷莉和叶雪军。在编写过程中，本书参考或引用了不少专家学者的研究成果与资料，同时受到了湖北物流发展研究中心的大力协助，在此对这些专家学者们和湖北物流发展研究中心表示衷心的感谢。

电子商务和物流学的理论与方法仍在发展之中，有待于不断充实与完善。编者们意在奉献给读者一本具有特色的实用教材，限于作者水平，本书难免有不妥之处，敬请广大专家和读者批评指正。

编　者

目　录

第1章　电子商务物流

【学习目标】

1. 电子商务概述
2. 现代物流概述
3. 电子商务与物流的关系
4. 电子商务物流与物流电子商务化
5. 电子商务物流的现状与问题

【引例】

阿里千亿智能物流网

2013年1月23日阿里巴巴集团与行业企业、资本及金融机构进行系列闭门会议，并在会议上达成战略共识，计划联手建立智能物流骨干网络，该网络能够支撑日均300亿元（年均约10万亿元）的网络零售额，让全国任何一个地区做到24小时内送货必达，该项目已经进入具体实施阶段。

筹划这一庞大物流网络的企业包括：产生中国快递包裹总量半数以上的阿里巴巴集团及银泰、复星、富春、“四通一达”[㊀]、顺丰，以及相关资本市场的领军机构、银行和金融机构。该计划命名为“中国智能物流骨干网（China Smart Logistic Network，CSN）”，内部被称为“地网”。按照会议决定，多家公司和机构将共同参与联合建设CSN。项目由阿里巴巴集团牵头，马云拟担任董事长，银泰集团董事长沈国军拟出任CEO，建立依托于阿里数据基础的智能化物流集团。

CSN项目希望通过8～10年的努力，建立一张能支撑日均300亿元（年度约10万亿元）网络零售额的智能物流骨干网络，支持数千万家新型企业的成长发展。CSN计划已启动公司设立及各核心关键网络节点的选址工作，并已和多个省份展开接触和交流。第一期投资额1 000亿元人民币。规划中，CSN项目将由8个左右的核心节点、若干个关键节点和更多的城市重要节点组成。未来CSN的建设主要是合作伙伴合作，合作方式有两种：一是由阿里巴巴集团拿地且出资（或者机构投资）建设，租给第三方物流企业；二是阿里巴巴集团拿地，由第三方物流企业投资（或投资机构投资）建设。目前CSN项目的建设者以及未来有机会参与到项目中的建设者，需多接受一个附加条件：在未来5～8年中不计回报持续投入。

数据显示，2012年淘宝网和天猫网交易额已经突破1万亿元，中国的电子商务规模将迈入10万亿元的时代，2013年淘宝网和天猫网日包裹量超过1 200万单，“双十一”单日产生包裹峰值超过7 200万单，未来几年内，电子商务将产生巨量物流需求，现有的物流体系将无法

㊀ 四通一达：申通、圆通、中通、汇通、韵达。

支撑，需要一个更大规模、更高效率的社会化物流体系。

对于"阿里智能物流集团"这一说法，阿里巴巴集团公关部相关负责人强调这块业务的重点是数据，即用强大的数据挖掘能力打造现代化物流，整合社会资源，打造覆盖全国的智能物流骨干网络。"智能物流"的关键是智能化，智能化的关键是大数据。与竞争对手相比，阿里智能物流的优势同样是数据采集平台优势。启动智能物流骨干网的建设，并不意味着阿里巴巴集团进军物流快递行业，物流网络也并不是传统物理意义上的物流基地。该智能物流骨干网将在继续完善物流信息系统的同时，依托城镇化的推进，在全国范围内建设物流仓储基地网络，并向所有的制造商、网商、快递物流公司、第三方服务公司开放，与产业链中的各个参与环节共同发展。

资料来源：新浪科技 http://tech.sina.com.cn/i/2013-01-24/11378011505.shtml

1.1 电子商务概述

一般来说，电子商务通常指利用网络提供的各种通信手段进行的产品和服务的网上交易活动。其中产品不仅包括实体产品，如亚马逊网站销售的图书，京东商城销售的家电产品；也包括数字化的有偿信息、视频及软件产品。同时通过网络还可以为消费者提供各类服务，如旅游服务、网络金融服务、远程教育服务等。电子商务涉及的商品品种繁多，提供的服务种类层出不穷，影响着消费者生活的方方面面，大大改变了消费者的消费心理及消费习惯。

1.1.1 电子商务的概念

对于电子商务，到目前为止还没有一个为众多学者、企业、行业协会及政府部门所共同认可的权威性定义，而现有的各种电子商务概念仅仅是从学者、各类企业、行业协会等各方单一角度提出的，因此均缺乏全面性。

简单来说，可以将电子商务理解为运用现代信息技术从事的各种商务活动。因此，如图1-1所示，可以将电子商务看作是"现代信息技术"和"商务活动"两个集合的交集。不难理解，不同学者、企业、协会所提出的不同电子商务定义的差异主要源于各方对"电子"和"商务"的内容以及如何将"电子"和"商务"有机集合的理解不同。

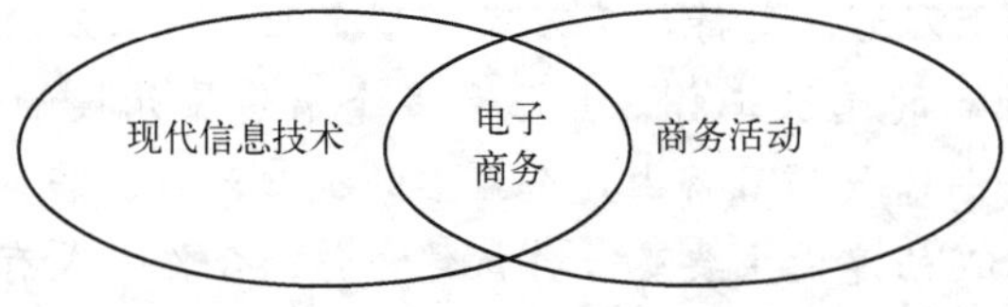

图1-1 电子商务概念的相关集合图

1. 狭义的电子商务与广义的电子商务

电子商务是一个不断发展的概念，包括狭义的电子商务和广义的电子商务。电子商务的先驱IBM公司于1996年提出了Electronic Commerce（EC）的概念，到了1997年该公司又提出了Electronic Business（EB）的概念。但我国在引进这些概念的时候都将其翻译成为电子商务，很多人对这两者的概念产生了混淆。事实上这两个概念及内容是有区别的，EC应翻译为电子商业，有些人将EC称为狭义的电子商务，将EB称为广义的电子商务。

狭义的电子商务（Electronic Commerce，EC）是指在互联网开放的网络环境下，基于Browser/Server的应用方式，实现消费者网上购物（B2C）、企业之间网上交易（B2B）以及电子支付的一种新型的交易方式，也就是实现整个贸易过程中各阶段贸易活动的电子化。从技术方面可以将EC定义为一种多技术的集合体，包括交换数据、获得数据以及自动捕获数据等。它的业务包括：信息交换、售前售后服务、销售、电子支付、运输、组建虚拟企业、公司和贸易伙伴可以共同拥有和运营共享的商业方法等。因此可以这样理解，狭义的电子商务主要是借助计算机网络进行交易活动。

而从广义来说，电子商务是计算机网络的第二次革命，它通过应用现代信息技术建立新的经济秩序，不仅涉及信息技术和商业交易，还广泛地涉及金融、政府政务、教育培训等众多的领域及层面；从狭义来说，电子商务是指各种商业活动实体，包括制造型企业、商业企业、金融机构、政府机构、个人消费者、物流企业等利用网络及数字化传媒技术进行的各种商业贸易活动。每次完整的商业贸易过程都包括一系列的相关商务活动流程，从前期的商情信息收集分析，到通过网络询问价格、报价、磋商洽谈，发送订单、应答订单，签订正规的电子合同，再到发送、接收送货通知、取货凭证及支付汇兑，中间还包括了政府部门、专业认证机构等对各方资质的认证过程。广义的电子商务（Electronic Business，EB）既包括企业之间进行的商务活动，也包括企业内部的各类商务活动，如生产、营销、财务管理、人力资源等。因此，广义的电子商务通过互联网等各类网络资源，将计算机硬件与软件紧密结合应用，以达到将供应链上的供应商、制造商、零售商、最终客户等一系列合作伙伴有机集合，优化、重组其业务流程，实现系统化、信息化、网络化运营的目的。因此，我们将广义的电子商务（EB）定义为各类具有商业活动能力和需求的实体，包括制造商、商业企业、金融机构、政府机构、个人消费者等，为了跨越时空限制，提高商务互动的效率，应用现代信息技术，包括计算机网络资源和各类数字化媒体技术等，实现商品和服务交易的一种贸易模式。一般来说，广义的电子商务应包括以下几个基本要素：

1）以互联网为主要形式，可应用多种电子方式。

2）实现的交易包括商品交易和服务交易。

3）既包括企业之间进行的商务活动（如网络营销、电子支付、物流配送、电子数据交换等），也包括企业内部进行的各种商务活动（如企业资源计划、管理信息系统、客户关系管理、供应链管理、人力资源管理、网上市场调研、战略管理及财务管理等）。

4）涵盖了交易的各个流程，包括询问价格、报价、订货、售后服务等。

5）将现代信息技术作为重要手段的目的在于跨越交易各方的时空差距，提高交易的效率。

综上所述，根据EC与EB的概念可以归纳两者的差异与联系，EB是利用网络实现所有商务活动业务流程的电子化，不仅包括了EC面向外部的所有业务流程，如网络营销、电子支付、物流配送、电子数据交换等，还包括了企业内部的业务流程，如企业资源计划、管理信息系统、客户关系管理、供应链管理、人力资源管理、网上市场调研、战略管理及财务管理等。因此，如图1-2所示，广义的电子商务（EB）既包括了企业内部商务活动，如生产、管理、财务等，也包括了狭义电子商务（EC）所涉及的企业对外的商务活动，将上下游业务合作伙伴企业结合起来进行业务。

2. 电子商务概念模型

电子商务概念模型是对现实世界中电子商务活动的一般抽象描述，如图1-3所示，该模

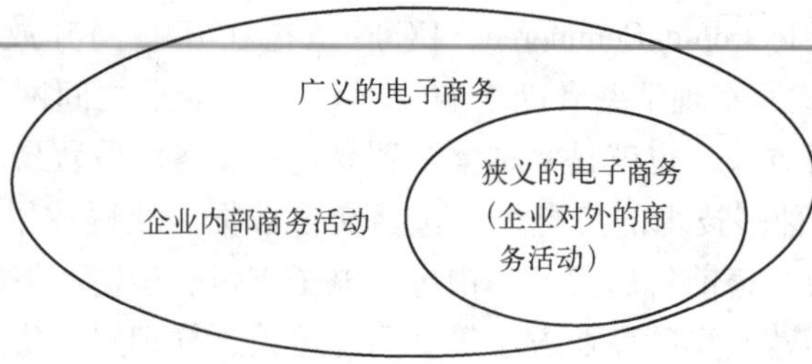

图 1–2　广义的电子商务与狭义的电子商务的差异及联系

型由电子商务实体、电子市场、交易实务和信息流、资金流、商流、物流等基本要素组成。

在电子商务概念模型中，电子商务实体（简称 EC 实体）指的是能够从事电子商务活动的客观对象，包括制造型企业、银行及其他金融机构、零售商、政府机构、科研机构或个人；电子市场是指电子商务实体从事商品和服务交换的虚拟场所，它是由各类电子商务参与者利用各类通信装置，通过网络连接而形成的一个统一的经济整体；而交易实务指的是电子商务实体之间从事的具体的商务活动，包括收集分析商务信息、询价、报价、咨询洽谈、签订电子合同、转账支付、营销宣传、物流配送等一系列的活动。

电子商务的任何一次交易过程中都包括商流、资金流、信息流、物流。商流活动是指商品或服务的所有权转移，其标志是提货单、房产证等法律文书的转移。资金流主要是指资金的转移过程，包括付款、转账、结算、兑换等过程。而电子商务中的信息流主要包括三类：首先是商品的售前、售后涉及的各类信息，包括商品信息的提供、营销、技术支持、售后服务等；其次包括交易过程中的各种贸易单证，如询价单、报价单、付款通知、转账通知、发货通知、收货通知等；最后一类信息是降低交易风险的重要依据，包括交易各方的支付能力、支付信用和中介信誉等。物流主要是指商品和服务的配送和传输渠道，对大多数的实体商品来说，物流可能仍然经由传统的物理渠道，借助实体的设施和设备完成；但对于部分商品和服务来说，可以直接通过网络传输来完成物流配送，如电子书籍、音乐、视频服务、有偿信息咨询服务等。信息流是以上四个要素中最重要的一个，三类信息流贯穿于电子商务交易活动中，保证电子商务整个流程的顺利进行，如图 1–4 所示。

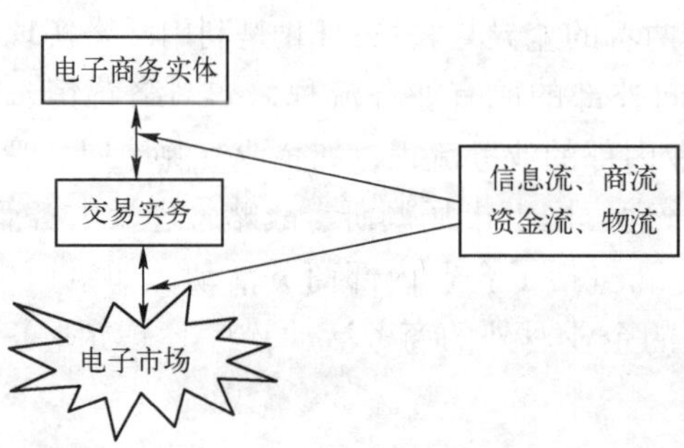

图 1–3　电子商务概念模型

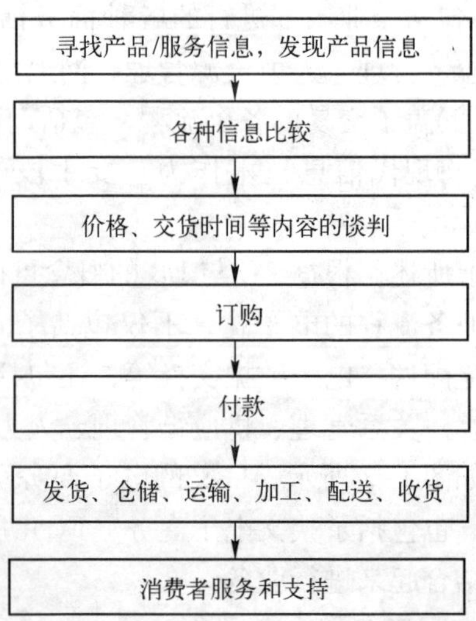

图 1–4　电子商务流程图

从电子商务概念模型可以看出，电子商务实质上是电子商务实体围绕交易实务、通过电子市场，借助于信息流、资金流、商流、物流四个要素发生的经济活动关系。与传统商务互动的主要差异在于“电子市场”这个虚拟环境取代了传统的实体市场，而进行交易事务所依赖的工具和手段更多地偏重于现代信息技术；完成信息流、资金流、商流、物流四个要素转移的方式与传统渠道相比也发生了显著的变化。

1.1.2 电子商务的特点

电子商务在全球范围通过计算机网络进行各种商务活动，提供各类相关的综合性服务。在近十几年，电子商务已经开始改变人们长期以来习以为常的各种传统贸易活动的内容、形式和消费心理及行为模式。相对传统商务活动，电子商务具有以下几个突出的特点：

1. 覆盖面广，贸易全球化

信息时代的今天，互联网已经几乎遍及全球的各个角落。在全世界的190多个国家及地区，经常同时有上亿用户在上网。电子商务正是运用了互联网资源构造出覆盖全球的巨大的网络商务平台，它能够使用户方便地使用计算机和通信线路查看登录任何一个网站，并与所选定的商家取得联系，方便快捷地进行交易；同时帮助商家通过互联网开展各类营销活动，拓展广阔的市场，仅仅耗费较低的成本将企业的产品和服务推向全球。

2. 全天时营业，大大地增加商机和方便客户

传统的商业一向摆脱不了营业时间、地区时差以及地域距离的桎梏。面对顾客对营业时间加长、按时交付、及时提供售后服务等不断提高的服务要求，过去的企业往往只能靠加班加点、增设分支机构以及增加编制的办法来应对，面临的是企业经营成本的增加。而电子商务能够真正做到全天时营业，在不大量增加运营成本的基础上，不仅可以获得更大的商业机会，而且给更多的客户和商家带来了采购的便利。亚马逊网络书店其成功处之一，就是全天24小时运作，平均有30%的订单是在夜间完成的。

3. 减少企业运营成本，显著降低产品及服务价格

通过建立网站，使用电子邮件、电子公告牌、网络会议以及各类社会性网络服务（Social Networking Services，SNS），可以大幅度减少企业运营过程中的通信成本；将各类资料以电子化形式输入、储存、查询，能显著消除经营中各环节资料的重复录入，提高信息应用效率，方便信息共享，同时也优化了企业的作业流程。此外，对于数字化商品（视听商品、计算机软件等）和服务（信息咨询、远程教育等）还可以直接通过网络传输和下载，降低了物流成本。由于电子商务能够大大降低企业的运营成本，因此能为顾客提供价格更为低廉的产品和服务。

4. 功能更齐全，服务更个性化

电子商务始终采用各种先进的技术手段，实现不同层次的商务目标，如网上发布商情、提供在线洽谈服务、建立虚拟商场等；进行供应链管理，与上下游的企业建立合作关系，提高企业运作效率，降低库存，尤其是提高企业的应变能力，降低经营风险；从安全层面上讲，要保证安全、快捷地进行实时在线支付，实现文件的安全传送，进行身份认证等。电子商务更突出的特点是，可以根据不同客户的个性化需求，提供有针对性的服务，实现全程营销。

5. 操作更灵活，达成交易更方便

在电子商务过程中，人们只要具备一般的计算机知识及网络设备，不需要添置其他更多的特殊设备；只要能够登录到互联网，使用浏览器访问相应的商务网站，便可查找各地的商品目录，选到所需商品，轻易地完成网上交易。在这个过程中，系统会自动完成相应的网上银行、认证中心、物流配送中心等机构的电子支付、身份认证和信用考证以及商品托运等业务。这样可以节省用户大量的时间和精力，也避免了不必要的开销和风险。

6. 交易呈现出透明化

电子商务交易透明化表现为交易双方从交易的洽谈、签约以及货款的支付、交货通知等整个交易过程都在网上进行。通常，快捷的信息传输可以保证各种信息之间互相核对，可以防止伪造信息的流通。交易过程的透明化有助于交易各方及时、清晰地了解相关的信息，把握交易流程的进展；从另外一个角度来说，有利于各方对交易过程的共同监督，减少违规行为，尤其有助于社会企业、公众对企业经营活动及政府政务的监督，如企业和政府的采购、招标等。

7. 全面增强企业的竞争力

无论是大型企业还是中小型企业，无论是在国际市场还是在国内、本地区内，都将面临着日益激烈的商业竞争。要提高自身企业的核心竞争力，企业经营者应着眼于捕捉市场商机，降低运营成本和提高效率效益这三方面。在企业的战略上，企业经营者要有正确的决策，在企业的运作上要有科学的模式。

1.1.3 电子商务模式

电子商务模式是指在网络环境中基于一定技术基础的商务运作方式和盈利模式。研究和分析电子商务模式的分类体系有助于挖掘新的电子商务模式，为电子商务模式创新提供途径，也有助于企业制订特定的电子商务策略和实施步骤。电子商务模式可以从多个角度建立不同的分类框架，最简单的分类莫过于 B2B、B2C 和 C2C 这样的分类，但就各模式还可以再次细分。综合现有的主要观点可将企业的电子商务模式归纳为以下六种经营模式。

1. 企业与消费者之间的电子商务

企业与消费者之间的电子商务（Business to Consumer，B2C）模式是消费者利用互联网直接参与经济活动的形式，类似于商业电子化的零售商务。随着互联网的出现，网上销售迅速地发展起来。

B2C 就是企业通过网络销售产品或服务给个人消费者。企业厂商直接将产品或服务推上网络，并提供充足资讯与便利的接口吸引消费者选购，这也是目前一般最常见的作业方式。例如网络购物、证券公司网络下单作业、一般网站的资料查询作业等，都是属于企业直接接触顾客的作业方式，B2C 模式可划分成以下四种经营的模式：

1）虚拟社群（Virtual Communities）：虚拟社群的着眼点都在顾客的需求上，有三个特质，包括专注于买方消费者而非卖方、良好的信任关系、创新与风险承担。

2）交易聚合（Transaction Aggregators）：当互联网上的信息越来越多并且分散的时候，信息的聚合服务成为一种必然。电子商务实际就是一种电子化的买卖形式。

3）广告网络（Advertising Network）：广告网络是一个封闭的网络广告市场，网络业主作为中间环节先向出版商采购广告库存，然后再转售给相关的买家。在广告业内，这是一个较为广泛的概念，是一种介于想出售广告空间的网站与想在网站上刊登广告的广告主之间的平台。比较知名的大型广告网络公司如谷歌公司（Google）的 AdSense。

4）线上与线下结合的模式（O2O 模式）：线上与线下相结合的电子商务（Online to Offline，O2O）。O2O 模式把互联网与实体店完美对接，实现互联网落地。O2O 模式让消费者在享受线上优惠价格的同时，又可以享受线下贴心的服务。中国较早转型 O2O 模式并成熟运营的企业代表为家具网购市场领先的美乐乐，其 O2O 模式具体表现为线上家具网与线下体验馆的双平台运营。目前O2O模式在众多领域发展迅速，应用日趋广泛。

2. 企业与企业之间的电子商务

企业与企业之间的电子商务（Business to Business，B2B）模式是电子商务应用最多和最受企业重视的形式，企业可以使用Internet或其他网络为每笔交易寻找最佳合作伙伴，完成从定购到结算的全部交易行为。其代表是马云的阿里巴巴电子商务模式。

B2B是指以企业为主体，在企业之间进行的电子商务活动。B2B是电子商务的主流，也是企业面临激烈的市场竞争时，改善竞争条件，建立竞争优势的主要方法。开展电子商务，将使企业拥有一个商机无限的发展空间，这也是企业谋生存、求发展的必由之路，它可以使企业在竞争中处于更加有利的地位。B2B电子商务将会为企业带来更低的价格、更高的生产率和更低的劳动成本以及更多的商业机会。

B2B主要是针对企业内部以及企业（B）与上下游合作厂商（B）之间的资讯整合，并在互联网上进行企业与企业之间的交易。借由企业内部网（Intranet）构建资讯流通的基础，及外部网络（Extranet）结合产业的上中下游厂商，达到供应链整合的目的。因此通过B2B模式，不仅可以简化企业内部资讯流通的成本，更可使企业与企业之间的交易流程更快速、成本耗损更少。

3. 消费者与消费者之间的电子商务

消费者与消费者之间的电子商务（Consumer to Consumer，C2C）平台就是通过为买卖双方提供一个在线交易平台，使卖方可以主动提供商品上网拍卖，而买方可以自行选择商品进行竞价。其代表是易趣、淘宝的电子商务模式。

C2C是指消费者与消费者之间的互动交易行为，这种交易方式是多变的。例如消费者可在某一竞标网站或拍卖网站中，共同在线上出价而由价高者竞得标的物；或由消费者自行在网络新闻论坛或BBS上张贴布告以出售二手货品，甚至是新品，诸如此类因消费者间的互动而完成的交易，就是C2C的交易。

4. 消费者与企业之间的电子商务

消费者与企业之间的电子商务（Consumer to Business，C2B）模式通常指消费者根据自身需求定制产品和价格，或主动参与产品设计、生产和定价，产品、价格等彰显消费者的个性化需求，生产企业进行定制化生产。

5. 企业与政府机构间的电子商务

企业与政府机构间的电子商务（Business to Government，B2G）模式即企业与政府之间通过网络所进行的交易活动的运作模式，如电子通关、电子报税等。B2G是新近出现的电子商务模式，即"商家到政府"（是术语B2G或Business to Government的变化形式），它的概念是商业和政府机关能使用中央网站来交换数据并且与彼此做生意，而通常比他们离开网络更加有效。

举例来说，一个提供B2G服务的网站可以提供一个单一地方的业务，为一级或多级政府（城市，州或省，国家等）来定位应用程序和税款格式；提供填好表格和付款的能力信息；更新企业的信息；请求回答特定的问题等。B2G也可能包括电子采购服务，通过它商家可以了解代理处的购买需求并且回应代理处的请求提议。

6. 新型电子商务模式

新型电子商务模式（Business Medium Consumer，BMC）率先集量贩式经营、连锁经营、人际网络、金融、传统电子商务（B2B、B2C、C2C、C2B等传统电子商务模式）优点于一身，解决了 B2B、B2C、C2C、C2B 等传统电子商务模式的发展瓶颈。Business，指企业；Customers，指消费者，终端；Medium，在这里指的是在企业与消费者之间搭建的一个空中的纽带与桥梁。它是一个多维的、可以无限转换的连接点，将网站与消费者、机构与终端、企业与渠道代理商，根据不同的需求有机、立体地结合，形成利益互动，打造一个共赢的、大同的平台。

1.2 现代物流概述

物流是一种古老又普通的现象，自从人类社会有了商品交换，就有了物流活动（如运输、仓储、装卸搬运等），货物在不同时空的转移是社会经济发展的基础之一。随着社会经济的发展，人们对物流有了更高层次的理解，而将物流作为一门科学，却仅有几十年的历史，因此说物流是一门新学科。

1.2.1 现代物流的概念

1. 物流的起源和发展

物流作为一门科学的诞生是社会生产力发展的结果。在长期的社会发展过程中，不少学者们经过长期的理论酝酿，逐渐认识到在生产活动中，有一种没有直接参与实际生产制造过程的，而是与工艺有关但却另有特性的活动——物流。生产活动如果进行专业的细分，又可分成两个组成部分：一部分是生产工艺活动；另一部分是物流活动。然而，物流过去常被看成是生产过程、生产工艺组成领域里的一项活动。通过对物流这一概念的起源和发展进行探索，我们可以认识到物流的发展历程，理解传统物流和现代物流的联系及差异。

（1）传统物流

物流的概念是随着交易对象和环境变化而发展的，因此需要从历史的角度考察。1915 年，美国学者阿奇·萧在《市场流通中的若干问题》一书中首次提出“Physical Distribution”（PD，即传统意义上的物流）的概念，他提出物流是与创造需求不同的一个问题，并提到物资经过时间或空间的转移，会产生附加价值；在这里，时间和空间的转移指的是销售过程的物流。

实际上早在第一次世界大战期间，英国犹尼里佛的利费哈姆勋爵就成立了即时送货股份有限公司，该公司宗旨是在全国范围内把商品及时送到批发商、零售商以及用户的手中，这一举动被一些物流学者看作是有关物流活动的早期文献记载。20 世纪 30 年代初，一些关于市场营销的基础教科书开始涉及物流运输、物资储存等业务的实物供应（Physical Supply）这一名词，并将市场营销定义为影响产品所有权转移和产品实物流通的活动。这里，所说的所有权转移是指商流；实物流通是指物流。1935 年，美国销售协会最早对物流进行了定义：物流（Physical Distribution）是包含于销售之中的物质资料和服务，与从生产地到消费地点流动过程中伴随的种种活动。上述历史较普遍地被物流界认为是物流的早期阶段。

日本在 1964 年开始使用物流这一概念。在使用物流这个术语以前，日本把与商品实体有关的各项业务，统称为流通技术。1956 年，日本生产本部派出流通技术专门考察团去美国考察，弄清楚了日本以往叫作流通技术的内容，相当于美国叫作 Physical Distribution（实物分配）的内容，从此便把流通技术按照美国的简称叫作 PD，这个术语得到了广泛的使用。1965 年，日本在政府文件中正式采用“物的流通”这个术语来替代 PD，简称为物流。1981 年，日本综合研究所编著的《物流手册》中对物流的表述是：物质资料从供给者向需要者的物理性移动，是创造时间性、场所性价值的经济活动。从物流的范畴来看，包括包装、装卸、保管、库存管理、流通加工、运输、配送等诸种活动。

我国开始使用“物流”一词始于1979年。1979年6月，我国物资工作者代表团赴日本参加第三届国际物流会议，回国后在考察报告中第一次引用和使用“物流”这一术语。“物流”是日本引用的汉语，物流作为实物流通的简称，提法既科学合理，又确切易懂。1988年，我国台湾地区也开始使用物流这一概念。1989年4月，第八届国际物流会议在北京召开，“物流”一词的使用日益普遍。

（2）现代物流

在第二次世界大战期间，美国对军火等物资进行的战时供应中，首先采取了“后勤管理”（Logistics Management）这一名词，对战时物资的生产、采购、运输、补给等活动进行全面管理。从此，后勤（Logistics）逐渐形成了单独的学科，并不断发展为后勤工程（Logistics Engineering）、后勤管理（Logistics Management）和后勤分配（Logistics of Distribution）。后勤管理的方法后来被引入到商业部门，被人称之为商业后勤（Business Logistics）。定义为包括原材料的流通、产品分配、运输、购买与库存控制、储存、用户服务等业务活动，其领域统括原材料物流、生产物流和销售物流。

由此可见，在20世纪50年代到70年代期间，人们研究的对象主要是狭义的物流，是与商品销售有关的物流活动，是流通过程中的商品实体运动。因此通常采用的仍是“Physical Distribution”一词。

1986年，美国物流管理协会（National Council of Physical Distribution Management）改名为C L M（The Council of Logistics Management）。将Physical Distribution（传统物流）改为Logistics（现代物流），其理由是因为Physical Distribution的领域较狭窄，Logistics的概念则较宽广、连贯、整体。改名后的美国物流协会对Logistics所做的定义为：以适合于顾客的要求为目的，对原材料、在制品、制成品与其关联的信息，从产业地点到消费地点之间的流通与保管，为求有效率且最大地对费用的相对效果而进行计划、执行、控制。

Logistics与Physical Distribution的不同，在于Logistics已突破了商品流通的范围，把物流活动扩大到了生产领域。物流已不仅仅从产品出厂开始，而是包括从原材料采购、加工生产到产品销售、售后服务，直到废旧物品回收等整个物理性的流通过程。这是因为随着生产的发展，社会分工越来越细，大型的制造商往往把成品零部件的生产任务，外包给其他专业性制造商，自己只是把这些零部件进行组装，而这些专业性制造商可能位于世界上劳动力较密集且廉价的地方。在这种情况下，物流不但与流通系统维持密切的关系，同时与生产系统也产生了密切的关系。这样，将物流、商流和生产三个方面连接在一起，就能产生更高的效率和效益。

Logistics一词的出现，是世界经济和科学技术发展的必然结果。当前物流业正在向全球化、信息化、一体化发展。一个国家的市场开放与发展必将要求物流的开放与发展。随着世界商品市场的形成，从各个市场到最终市场的物流日趋全球化；信息技术的发展使信息系统得以贯穿于不同的企业之间，使物流的功能发生了质变，大大提高了物流效率，同时也为物流一体化创造了条件；一体化意味着需求、配送和库存管理的一体化。所有这些已成为国际物流业的发展方向。

可以说，进入20世纪80年代以后，传统物流已向现代物流转变。现代物流是物质资料从供给者到需求者的物理性运动，但不是物和流的简单组合，而是经济、政治、社会和实物运动的统一。它的主要作用是通过时间创造价值，弥补时间差创造价值，延长时间差创造价值。现代物流包括信息业、配送业、多式联运业和商品交易业。现代物流水平是一个国家综合国力的标志。例如，日本物流总量每增长2.6%，会带动国民经济总量增长1%。

2. 物流的定义

随着物流理论与实践的不断发展，其定义和内涵也在不断变化，到目前为止，人们对物流的理解仍然存在差异，尚未形成统一的认识。以下列举各国研究机构、管理机构和研究者提出的主要定义。

美国关于物流研究的主要学派包括工程派、军事派、管理派和企业派。工程派的代表学会组织——美国物流工程学会（Society of Logistics Engineers），于1974年提出的物流定义为："物流是与需求、设计、资源供给与维护有关，以支持目标、计划及运作的科学、管理及技术活动的艺术。"美国空军代表的军事派于1981年提出的物流定义是："物流是计划和执行军队的调动与维护的科学，它涉及与军事物资、人员、装备和服务相关的活动。"美国物流管理协会（Council of Logistics Management）作为管理派的代表对物流下的定义："物流是对货物、服务及相关信息从起源地到消费地的有效率的、有效益的流动和储存进行计划、执行和控制，以满足顾客要求的过程。该过程包括进向、去向、内部和外部的移动以及环境保护为目的的物料回收。"而企业派代表——美国EXEL物流公司认为："物流是与计划和执行供应链中商品及物料的搬运、储存及运输相关的所有活动，包括废弃物及旧物品的回收再利用。"

在欧洲，1994年由欧洲物流协会（European Logistics Association，ELA）提出的物流定义为："物流是一个在系统内对货物的运输、安排及与此相关的支持活动的计划、执行与控制，以达到特定的目的。"

日本日通综合研究所1981年给出的物流定义为："物流是物质资料从供给者向需求者的物理移动，是创造时间性、场所性价值的经济活动。从物流的范畴来看，包括包装、装卸、保管、库存管理、流通加工、运输及配送等诸多活动。"

在我国大陆和台湾地区都分别给出了物流的相关定义。中国台湾物流管理协会于1996年提出："物流是一种物的实体流通活动的行为，在流通过程中，通过管理程序有效地结合运输、仓储、装卸、包装、流通加工、资讯等相关机能性活动，以创造价值，满足顾客及社会性需求。"根据中国国家科委、国家技术监督局、中国物资流通协会2006年给出的最新版国家标准《物流术语》（GB/T18354－2006），所谓物流（Logistics）是指物品从供应地向接收地的实体流动过程。根据实际需要，物流将运输、储存、装卸、搬运、包装、流通加工、配送、信息处理等基本功能进行实时的有机结合。

综合以上对物流的定义，现代物流可以理解为：为了实现顾客满意和挖掘"第三利润源"，利用现代信息技术将运输、仓储、装卸、搬运、包装、流通加工、配送、信息处理、需求预测、为用户服务等活动有机结合起来，经济有效地将原材料、半成品及产成品由生产地送到消费地的所有流通活动。对现代物流的定义的理解包括以下几个要点：

（1）物流对象涵盖的范围

实际上物流的对象不仅局限于一般的实体物品，还应包括虚拟化的商品，如信息、服务等。正如美国物流管理协会对物流的定义，物流对象包括货物、服务及相关信息，在电子商务环境下，虚拟化的物流对象的转移可以通过网络在线进行。

（2）物流是一个系统

所谓系统是指由两个或两个以上的要素组成的相互联系、相互制约，并且能实现特定功能的整体。物流过程由许多环节要素组成，如按功能划分为运输、仓储、装卸、搬运、包装、流通加工、配送、信息处理等要素，要素之间相互影响，这些要素作为一个整体可以实现一定的功能，因此物流过程是一个系统。实际上，物流是由流动要素、资源要素和网络要素组成的实现产品物理移动功能的系统，要使物流系统整体最优，就必须对物流过程进行系统化的设计和管理，使得物流这个系统整体达到最优，而不是系统中某个或某些要素最优。

（3）物流需要一体化管理

现代物流并不是将运输、仓储、装卸、搬运、包装、流通加工、配送、信息处理等要素进行简单的集合，而是期望将贯穿从供应方开始到最终顾客的整个流通过程的各项活动（包括商品的转移及相关服务等）整体化进行管理，考虑各项活动之间的相互影响、衔接性，将整个物流系统的活动作为一个整体，即实现一体化管理。现代物流涵盖的范围远远超过了传统的储运业。在物流的实践活动中，很多问题的解决都必须依靠将运输、仓储、装卸、搬运、包装、流通加工、配送、信息处理等要素结合起来，做出整体化的处理和设计方案。典型的如水泥这种产品的物流解决方案。在传统物流方案中，水泥产品都是通过纸袋进行包装的，这种包装不仅消耗材料多，成本高，对环境的污染大，而且也为物流过程中的运输、装卸、搬运、储存带来了很大的困难；水泥的包装问题单从包装一个要素来考虑，难以解决，然而从物流整个过程——运输、仓储、装卸、搬运、包装来考虑，实现一体化管理，则可以通过散装水泥的方案更好的解决，通过将以上物流过程更好的衔接，降低时间等资源的消耗则可以达到解决原有纸袋包装易破损、成本高等问题的目的。

3. 现代物流与传统物流

传统物流是以商品的销售为主要对象，具体完成将生产的商品送交消费者的过程中所发生的各种活动。随着生产和科学技术的发展，对物流的研究已经从上述早期阶段进入了现代物流的发展阶段，即综合考察商品的生产、储运及销售的全过程，新的管理方法、技术和工具在物流活动领域各环节中得以运用且应用水平不断提高。

现代物流的突出特点表现为物流各环节技术的综合和复合化，即将各项物流技术系统化；技术系统主要包括物流自动化技术体系，如以运输设备高速化、大型化、专用化为核心的集装箱系统机械，储存、装卸及搬运一体化的高层自动化货架系统；物流信息技术体系，如条码技术、电子数据交换技术（Electronic Data Interchange，EDI）、射频识别技术（Radio Frequency Identification，RFID）、地理信息系统（Geographical Information System，GIS）、全球定位系统技术（Global Positioning System，GPS）、物联网技术等；以计算机和通信网络为核心的信息处理技术；此外还包括与运输、仓储、配送的物流技术在管理、信息等软技术方面的结合，如运输与仓储技术相结合的生鲜食品保鲜输送技术。

具体来说，现代物流和传统物流的差异可以从以下几个方面进行比较。

（1）概念上的差异

传统物流指的是物品的储存与运输及其附属业务而形成的物流活动；而现代物流突破了以上储存与运输两项功能的局限性，立足于现代信息技术的运用，是整合运输、仓储、装卸、搬运、包装、流通加工、配送、信息处理等多种功能而形成的综合性的物流活动。

（2）在职能系统上的差异

传统物流的主要职能包括运输、仓储、装卸搬运、包装等功能要素，各功能要素相对较为孤立；而现代物流囊括了运输、仓储、装卸、搬运、包装、流通加工、配送、信息处理等物流功能，强调各项职能的综合性处理，物流系统的整体优化。

（3）在物流组织上的差异

传统物流的组织是在企业内部的分散组织，没有物流中心，不能很好地控制整个物流链；

而现代物流组织方式是企业外部的专业化组织，合理地运用物流中心，能实现这个供应链的全面管理。

(4) 物流服务模式上的差异

传统物流的服务模式通常是一次性、被动型的服务，在服务的区域上有一定的局限性，通常提供的是区域内的物流服务，服务合约周期一般较短，通常以自营物流为主；而现代物流能为顾客提供多种功能为一体的服务且兼顾增值性服务，服务形式多为主动性，提供的服务不受区域限制，可提供跨地区甚至国际物流服务，提供的服务以合同为导向，期望与客户建立长期战略合作伙伴关系，普遍应用第三方物流的经营模式。

(5) 物流技术运用上的差异

传统物流自动化程度低，以手工操作为主，无外部整合系统，没有应用新型物流信息技术；而现代物流无论在硬件还是在软件应用上均强调创新，不断提升技术应用水平，广泛应用各类物流自动化技术和物流信息技术，如自动化立体仓库、自动引导车、条码、GPS、GIS、EDI、销售时点系统（Point Of Sale，POS）、电子订货系统（Electronic Order System，EOS）等技术。

(6) 追求目标的差异

传统物流追求的目标局限于成本，通常采用价格竞争策略；而现代物流以现代市场营销理论为理念，以客户为中心，追求成本和服务的均衡，即其目的是追求以低物流成本向顾客提供优质服务。

1.2.2 现代物流的相关理论

近几十年来，围绕物流的研究产生、发展了不少物流理论，其中最具有代表性的包括商物分离理论、“黑大陆”理论、物流成本冰山理论、“第三利润源”理论、效益背反理论等，这些理论构成了物流的理论体系。

1. 商物分离理论

商物分离理论是物流科学赖以生存的先决条件。所谓商物分离，是指流通中的两个组成部分——商业流通和实物流通各自按照自己的规律和渠道独立运动。社会进步是流通从生产中分离出来之后，并没有结束分化及分工的深入和继续。现代化的分工和专业化是向一切经济领域延伸的。

第二次世界大战以后，流通过程中上述两种不同形式出现了更明显的分离，从不同形式逐渐变成了两个有一定独立运动能力的不同运动过程，这就是所谓的“商物分离”。“商”，指的是“商流”即商业性交易，实际是商品价值运动，是商品所有权的转让，流动的是“商品所有权证书”，是通过货币实现的。“物”，即为“物流”，即马克思提出的“实际流通”，也就是商品的实体流通。一般来讲，商流和物流活动的发生常常是结合在一起的；每进行一次交易，商品便易手一次，商品实体便发生一次运动，也就是说，商流和物流总是相伴相随的，它们共同运动，形式不同罢了。实际上，这种商流和物流相伴发生的情况在当今非常多见，多为“一手交钱一手交货”的面对面交易形式，而在现代社会诞生之前，流通更是大多采取这种“商流和物流合一”的形式。

那么为什么在现代物流发展阶段中，商流与物流不再总是相伴发生，特别是在信息技术发展的冲击和促进下，两类活动常常分开进行呢？总体来说，是由于商流和物流有其不同的物质基础和不同的社会形态。首先，从马克思主义政治经济学角度来看，在流通这个系统中，商流明显地偏重于经济关系、分配关系、权利关系，因此属于生产关系范畴。而物流则明显偏重于工具，装备、设施及技术，因此属于生产力范畴。所以，商流和物流的分离实际是流通总体中的专业分工，职能分工，是通过这种分工实现大生产式的社会再生产的产物。这是物流科学中重要的新观念。

基于以上分析，商流和物流具有不同的特性，商流具有明显的人文特性，而物流相对突出其物理特性，因此在实际的运作中，尤其在信息技术的影响下，两者的完成过程会有明显的差异。首先，商流完成的地点往往并不与物流的最佳路线中的某点重合；此外，商流一般要经过一定的经营环节来进行业务活动，而物流则不受经营环节的限制。因此，实现商物分离是提高社会经济效益的客观需要，也是现代化发展的需要。

物流科学正是在商物分离基础上才得以对物流进行独立的考察进而形成的。但是，商物分离也并非绝对的，在现代科学技术有了飞跃发展的今天，优势可以通过分工获得，优势也可以通过趋同获得，“一体化”的动向在原来许多分工领域中变得越来越明显，在流通领域中，发展也是多形式的，绝对不是单一的“分离”。

如图 1–5 所示，商流和物流分离具有以下特点。

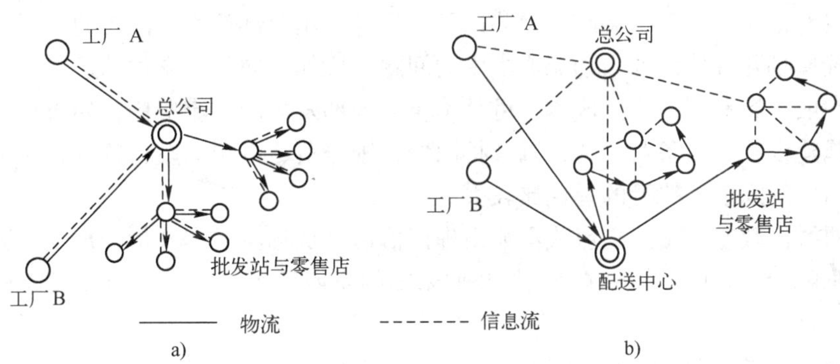

图 1–5　商物合一与商物分离

a）商物合一　b）商物分离

1）保管：取消总公司仓库和营业仓库分散保管方式而代之配送中心集中保管。

2）输送：原先是从工厂仓库至总公司仓库，再到批发站仓库，最后到零售店，是商物一致的三段输送。而在商物分离模式中，由工厂仓库至配送中心，然后直接送至零售店的两段输送。

3）配送：原是分别向各零售店送货，现改为回路配送。

4）信息系统：不再由总公司、批发站和工厂分头处理，而是以信息中心集中处理方式，用现代化通信系统进行各环节的集中控制。

2. “黑大陆”理论和物流成本冰山理论

“黑大陆”理论是在 1962 年由美国著名管理学权威彼得 · 德鲁克提出的。他在《财富》杂志上撰文指出，流通是经济领域里的黑暗大陆，而企业在流通领域中的物流活动的模糊性尤为突出，物流活动中包括物流成本等在内的未知事物还很多。该理论反映出人们早期虽然对物流理论与实践的不成熟，但已经开始注意到企业物流活动的模糊性。

“黑大陆”理论主要是指尚未认识、尚未了解的领域，在黑大陆中，如果理论研究和实践探索照亮了这块黑大陆，那么摆在人们面前的可能是一片不毛之地，也可能是一片宝藏之地。“黑大陆”理论是对 20 世纪经济学界存在的愚昧认识的一种批驳和反对，指出在市场经济繁荣和发达的情况下，无论是科学技术还是经济发展，都没有止境，同时“黑大陆”理论也是对物流本身的正确评价。

物流成本冰山理论由日本早稻田大学的西泽修教授提出。其含义是说人们对物流费用的总体内容并不掌握，提起物流费用大家只看到露出海面的冰山的一角，而潜藏在海水里的整个冰山却看不见，海水中的冰山才是物流费用的主体部分。一般情况下，企业会计科目中，只把支付给外部运输、仓库企业的费用列入成本，实际这些费用在整个物流费用中确实犹如冰山一角。因为物流基础设施建设费和企业利用自己的车辆运输、库房保管货物、工人进行包装、装卸等总体费用中的隐形成本都没有列入物流费用科目内。一般来说，企业向外部支付的物流费用是很小的一部分，真正的物流费用的主体部分是企业内部发生的物流费用。

物流成本冰山理论之所以成立，有三个方面的原因。首先，物流成本的计算范围太大。它包括：原材料物流、工厂内物流、从工厂到仓库和配送中心的物流、从配送中心到商店的物流等。这么大的范围，涉及的单位非常多，牵涉的面也很广，很容易漏掉其中的某一部分，无论遗漏哪部分都会造成物流费用的数目差距甚大。其次，运输、保管、包装、装卸以及信息等各物流环节中，以哪几个环节作为物流成本的计算对象的问题，如果只计运输和保管费用，不计其他费用，或者运输、保管、装卸、包装以及信息等费用全部计算，两者的费用结果差别相当大。最后，选择哪几种费用列入物流成本中的问题。比如，向外部支付的运输费、保管费、装卸费等费用一般都容易列入物流成本，可是本企业内部发生的物流费用，如与物流相关的人工费、物流设施建设费、设备购置费，以及折旧费、维修费、电费、燃料费等是否也列入物流成本中，没有明确的规定，执行的弹性比较大。

因此，西泽修教授提出的物流成本冰山理论恰恰是从物流成本分析的角度论证了德鲁克的“黑大陆”理论；印证了在物流这个领域我们未知的东西还很多，理论与实践皆有许多需要进一步探索的问题。

3. “第三利润源”理论

“第三利润源”理论是日本早稻田大学教授、日本物流成本学说的权威学者西泽修先生于1970年提出的。

从历史发展来看，人类历史上曾经有过两个大量提供利润的领域。第一个是资源领域，第二个是人力领域。实际上在美国、日本和欧洲都有过这样的经历，经济发展的最初阶段，企业把降低人工和材料的成本当作扩大利润的一个最重要的来源，所以这时候把降低人工和材料作为第一利润源。简单地说，节约原材料是企业的“第一利润源”。在生产力相对落后、社会产品处于供不应求的历史阶段，由于市场商品匮乏，制造企业无论生产多少产品都能销售出去。于是就大力进行设备更新改造、扩大生产能力、增加产品数量、降低生产成本，以此来创造企业剩余价值。但是，当人工和材料成本降低到一定幅度以后，利润空间就不大了。这时候通过挖掘工人潜力、提高工作效率获得更大利润是企业发展的必行之路，所以把这种途径就称为第二利润源。简单地说，降低人力资源成本是企业的“第二利润源”。第二利润源也指企业通过扩大销售的办法寻求新的利润源泉。人力领域最初是廉价劳动，其后则是依靠科技进步提高劳动生产率，降低人力消耗或采用机械化来降低劳动耗用，从而降低成本，增加利润。然而，当销售也达到了一定极限时，在前两个利润源潜力越来越小，利润开拓越来越困难的情况下，物流领域的潜力被人们所重视，物流不仅可以帮助扩大销售，而且也是一个很好的新利润增长源，因此按时间序列将物流排为“第三个利润源”。物流作为“第三利润源”，在降低成本、提高效益、增强企业市场竞争力方面起着极其重要的作用。

“第三利润源”理论的基础条件包括：首先，物流是完全可以从流通中分离出来的，能独立运行，有自身的目标，可以对其做出独立和总体的判断；此外，物流和其他独立的经营活动一样。它不是总体的成本构成因素，而是单独盈利因素，物流可以成为“利润中心”型的独立系统。

“第三利润源”理论反映了日本人对物流的理论认识和实践活动，反映了他们与欧美国家对物流认识的差异。通常来说，美国人对物流主体认识可以概括为“服务中心”型，而欧洲人对物流的认识为“成本中心”型。显然以上两种认识与日本的“利润中心”型差异很大，因为“服务中心”型和“成本中心”型主张的是总体效益或间接效益，而“利润中心”型主张的是直接效益。“第三利润源”理论不仅把物流本身看成直接谋利的手段，而且强调了其战略意义，强调物流是经济领域中潜力将尽情况下的新发现，是经济发展的新思路，期待其对今后经济的推动作用如同前两个利润源一样，此战略意义真正体现了“第三利润源”理论的价值。

4. 效益背反理论

“效益背反”这一术语表明两个相互排斥而又被认为是同样正确的命题之间的矛盾。效益背反理论指的是物流的若干功能要素之间存在着损益的矛盾，即某一功能要素的优化和利益发生的同时，必然会存在另一个或几个功能要素的利益损失，反之也如此。这是一种此涨彼消、此盈彼亏的现象，往往导致整个物流系统效率的低下，最终会损害物流系统的功能要素的利益。

“效益背反”是物流领域中很普遍的现象，是物流领域中内部矛盾的反映和表现。物流系统的效益背反主要涉及物流成本与服务水平的效益背反和物流各功能活动的效益背反，其主要内容包括以下几个方面：

（1）物流成本与服务水平的效益背反

要提高物流系统的服务水平，物流成本也要相应的增加。例如，采用小批量即时货运制，会增加费用。然而，要提高供货率，也就是降低缺货率，则会增加库存，库存费用也会相应增加。其制约关系如图 1-6 所示，即显示了物流成本与服务水平之间的制约关系。

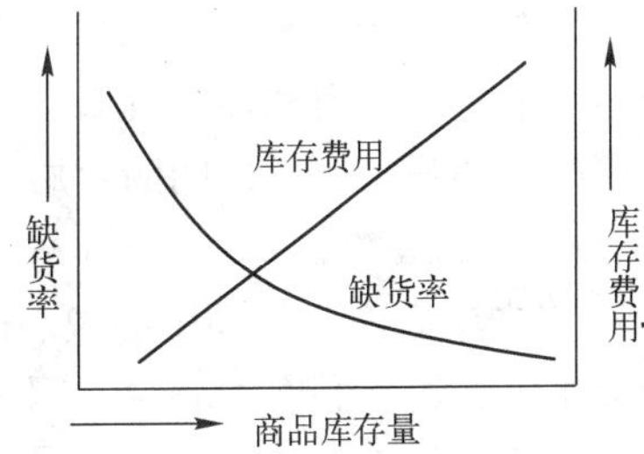

图 1-6　物流成本与服务水平的制约关系

一般说来，提高物流服务，物流成本即上升，它们之间存在着效益背反。物流服务与物流成本之间并非呈现线性的关系，也就是说，投入相同的成本并非可以得到相同的物流服务的提高。一般而言，当物流服务处于低水平阶段追加成本的效果较佳。

对物流服务和物流成本做决策时应考虑的因素主要包括：首先，保持物流服务水平不变，尽量降低物流成本。不改变物流服务水平，通过改进物流系统来降低物流成本，这种尽量降低成本来维持一定服务水平的方法称为追求效益法。其次，提高物流服务水平，不惜增加物流成本。这是许多企业提高物流服务水平的做法，是企业面对特定顾客或其特定商品面临竞争时所采取的具有战略意义的做法；再次，保持成本不变，提高服务水平。这是一种积极的物流成本对策，是一种追求效益的方法，也是一种有效的利用物流成本性能的方法。最后，用较低的物流成本，实现较高的物流服务。这是一种增加销售、增加效益、具有战略意义的方法。只有要求企业合理运用自身的资源，才能获得这样的成果。企业采取哪种物流成本策略，往往不是凭感觉而定的，而是通盘考虑各方面因素的结果。这些因素包括商品战略和地区销售战略、流通战略和竞争对手、物流成本、物流系统所处的环境，以及物流系统负责人所采用的方针等。

（2）物流各功能活动的效益背反

物流的各项活动处于这样一个相互矛盾的系统中，想要较多地达到某个方面的目的，必然会使另一方面的目的受到一定的损失，这便是物流各功能活动的效益背反。例如，减少物流网络中仓库的数目并减少库存，必然会使库存补充变得频繁而增加运输的次数；简化包装，虽然可以降低包装成本，但却由于包装强度的降低，在运输和装卸过程中的破损率会增加，且在仓库中摆放时也不可堆放过高，降低了保管效率；将铁路运输改为航空运输，虽然增加了运费，却提高了运输速度，不但可以减少库存，还降低了库存费用。

（3）构成物流成本的各个环节费用之间的效益背反

例如，为了降低库存，采取小批量订货，那么运输的次数就会相应地增加导致运输费用的上升，也就是说运输费用和保管费用之间有制约关系。此外，对于企业有限的物流费用，如果向某一物流功能多追加了投资，就意味着其他物流功能要素可以支配的费用减少，那么在对各个功能要素追加投资的时候应考虑各个功能要素功能水平的相互制约性，追加物流成本的目的是要使各物流功能要素的功能水平达到匹配，而不应该盲目追加某功能要素成本或者平均分配物流费用。

（4）各子系统的物流成本与服务水平的效益背反

具体来讲，各个物流功能要素作为独立的个体也会受到效益背反的影响。任何物流子系统功能的增加和完善必须投入资金。例如，信息系统功能的增加，必须购置硬件和开发计算机软件；增加仓库的容量和提高出库的速度，就需要建设更大的库房并实现机械化、自动化。在实际中必须考虑在财力许可的范围内改善物流系统的功能。

如上所述的制约关系不胜枚举。所有这些都表明，在促使物流合理化的过程中必须具备系统观念，对这些相互制约的关系给予充分的注意。要综合考虑各方面因素的影响，使整个物流系统达到最优，任何片面强调某种物流功能的企业都将蒙受不必要的损失。由此可见，物流系统强调的是调整各要素之间的矛盾，把它们有机地结合起来，使成本变为最小，以追求和实现部门的最佳效益。

5. 成本中心说、利润中心说、服务中心说和战略说

成本中心说、利润中心说、服务中心说和战略说作为物流学领域的重要学说，从不同的角度对物流系统的作用及目的进行了阐述，体现出不同学术观点在以上研究领域的不同观点和认识，对应不同学说观点派生出了不同的管理流派和方法。

成本中心说的含义，是指物流在整个企业的战略中，只对企业营销活动的成本发生影响，物流是企业成本的重要的生产点，因而，解决物流的问题并不主要是为合理化、现代化，也不是主要在于支持保障其他活动，而主要是通过物流管理和物流的一系列活动降低成本。所以，成本中心说既是指主要成本的产生点，又是指降低成本的关注点。物流是“降低成本的宝库”等说法正是这种认识的形象描述。

1962 年 4 月，美国管理学家彼得·德鲁克首次明确提出物流领域的潜力，具有划时代的意义，从此标志着企业物流管理领域的正式启动。日本西泽修教授在研究物流成本时发现，现行的财务会计制度和会计核算方法都不能掌握物流费用的实际情况，导致对物流费用的了解只是冰山一角，提出“物流成本冰山”理论。他用物流成本具体分析了彼得·德鲁克的“黑大陆”理论。事实证明，物流领域的方方面面对我们而言还是不清楚的，在“黑大陆”中和“冰山”的水下部分正是物流尚待开发的领域，也是物流的潜力所在。这无疑激起了人们对物流成本的关注，推动了企业物流的发展。但是，成本中心说过分地强调了物流的成本机能，认为改进物流的目标是降低成本，致使物流在企业发展战略中的主体地位无法得到认可，从而限制了物流本身的进一步发展。

利润中心说指的是物流可以为企业提供大量直接和间接的利润，是形成企业经营利润的主要活动。非但如此，对国民经济而言，物流也是国民经济创利的主要活动。物流的这一作用，被表述为“第三利润源”。

服务中心说代表了美国和欧洲等一些国家的学者对物流的认识。这种观点认为，物流活动最大的作用并不在于为企业节约了消耗、降低了成本或增加了利润，而是在于提高了企业对用户的服务水平进而提高了企业的竞争能力。因此，他们在使用描述物流的词汇上选择了“后勤（Logistics）”一词，特别强调其服务保障的职能。通过物流的服务保障，企业以其整体能力来压缩成本、增加利润。

将物流和企业的生存和发展直接联系起来的战略说的提出，对促进物流的发展具有重要意义，企业不追求物流的一时一事的效益，而着眼于总体，着眼于长远，于是物流本身战略性发展也提到议事日程上来。战略性的规划，战略性的投资，战略性的技术开发是近些年促进物流现代化发展的重要原因。

6. 物流的供应链管理

物流科学一形成便给这一科学领域注入了系统的思想，因为物流具有众多的功能，功能之间相互联系和影响，只有将这些功能集合成一个整体，即一个系统才是物流的根本意义所在。而系统思想和怎样在实践中运用系统思维进行操作是不同的。实际上，物流系统管理实践中的重要运作主要涉及解决物流功能要素之间的效益背反关系，物流科学中解决这一问题的传统方法是沿着物流形成供应链，在各种效益背反、相互矛盾的功能要素环节之间权衡利弊，协调相互的关系，寻求两条背反趋势曲线合成曲线的最优范围，或者放弃链条整体，把管理重点放在部分环节。但是当系统越来越庞大和复杂时，这种处理方式往往不再有效。

物流的供应链管理就是针对以上情况而提出的新的管理思想。供应链是指围绕核心企业，通过对信息流、物流、资金流的控制，从采购原材料开始，制成中间产品以及最终产品，最后由销售网络把产品送到消费者手中的，将供应商、制造商、分销商、零售商直到最终用户连成一个整体的功能网链结构模式；而供应链管理的含义是对整个供应链系统中参与企业、部门之间的物流、信息流与资金流进行计划、协调、控制和优化的各种活动和过程。因此这个过程不是孤立的一些行为，而在一系列环环相扣的链，物流活动是受到供应链决定和制约的。例如，效益观和库存观，供应链各环节都有不同的利益和观念，各功能之间存在的冲突是必然的和难以避免的。但现代管理和现代技术可以提供总体性的信息链条中组成的各个链节共享，大大扩展了视野，能够实现从总体上管理这个链条，而不是像过去那样只是去管理各个链节之间的“接口”或者只管理其中的一部分链节。因此，供应链管理实际上就是把物流和企业的全部活动作为一个统一的过程来管理，它具有以下几个要点：

1）供应链是一个单向过程，链条中各个环节不是彼此分割的，而是通过链条的联系成为一个整体。

2）供应链是全过程的战略管理，从总体来考虑，如果只依赖于部分环节信息，那么由于信息的局限或者失真，可能导致计划失真。

3）不同链节上的库存观不同，在物流的供应链管理中，不是把库存作为维持生产和销售的措施，而是将其看成是供应链的平衡机制。

4）供应链管理采取新的管理方法，如用简化供应链方法来防止信号的堆积放大，用解除最薄弱链寻求总体平衡，用经济控制论方法实现控制等。

供应链管理在欧洲较为盛行，这和欧洲对物流的认识有关。在欧洲的物流观念中，始终强调综合的观念而不强调分离的理念。例如，英国采用的新的综合物流观念强调总体战略目标，而不是某一环节如果先进或在某方面处于领先地位。许多企业通过直接控制供应链均取得了显著的效益。1990～1991年度，英国企业物流成本占总销售额的平均值大幅度降低，由7.24%降低至5.28%；而同期的德国为10%，美国和日本则更高。

当然，物流的供应链管理，虽然指明了企业战略需要管理全部供应链，但并不是说这些都要由企业去操作，部分环节在纳入管理前提下，利用社会力量操作也是可行的。

1.2.3 现代物流系统与构成

现代物流系统是指以传统物流系统为基础，以现代科技技术和先进的科学理论为支撑的物流系统。现代科技技术包括硬技术和软技术两个方面，硬技术是指组织物资实物流动所涉及的各种机械设备、运输工具、仓储建筑、站场设施以及服务的计算机、通信设备网络，如集装系统机械制造技术、自动货架系统制造技术、旋转数码选址技术等；软技术是指组成高效率的物流系统而使用的系统工程技术、经济技术、价值工程技术和信息技术等。

1. 现代物流系统的内涵及特点

互联网技术为现代企业接触更多的顾客创造了极其方便的条件，又向企业提出了新的挑战。在商流、资金流和信息流均能通过网络快速完成的情况下，网上商店的综合客户服务能力能否远远超越实体店铺，其关键取决于网上商店的商品配送系统——物流系统。

现代物流是以满足顾客的需求为目标，把制造、运输、销售等市场情况统一起来考虑的一种战略措施，追求的是降低成本、提高效率与服务水平进而增强企业竞争力。随着社会大生产的扩大和专业化分工的深化，专业化的第三方物流应运而生。进入20世纪90年代末，全世界的制造者和分销商继续承受着各种压力，其中包括：产品订单更小、更频繁，产品需求不断变化且更加用户化和服务价值升高等。经营者必须使工厂的运行适应混合的订单、更短的订单周转时间和更高的生产能力，必须采取一定的策略来适应不断提高要求的库存管理、运行的柔性以及各种过程集成的程度。在供应链中集中对一些过程进行转移、结合或消除，使得工厂以及仓库的物流和信息流更加有效。在这些变化的要求下，现代物流技术从各个方面显示出一些新的发展趋势。

物流系统是指在一定的时间和空间里，由所需输送的物料和包括有关设备、输送工具、仓储设备、人员以及通信联系等若干相互制约的动态要素构成的具有特定功能的有机整体。随着计算机科学和自动化技术的发展，物流管理系统也从简单的方式迅速向自动化管理演变，其主要标志是自动物流设备，如自动导引车（Automated Guided Vehicle，AGV）、自动存储、提取系统（Automated Storage/Retrieve System，AS/RS）、空中单轨自动车（SKY－RAV）、堆垛机（Stacker Crane）等，以及物流计算机管理与控制系统的出现。

发展至今，物流系统是典型的现代机械与电子相结合的系统。现代物流系统由半自动化、自动化以至具有一定智能的物流设备、计算机物流管理和控制系统组成。任何一种物流设备都必须接受物流系统计算机的管理控制，接受计算机发出的指令，完成其规定的动作，反馈动作执行的情况或当前所处的状况。智能程度较高的物流设备具有一定的自主性，能更好地识别路径和环境，本身带有一定的数据处理功能。

现代物流设备是在计算机科学和电子技术的基础上，结合传统的机械学科发展来的机电一体化的设备。从物流系统的管理和控制来看，计算机网络和数据库技术的采用是整个系统得以正常运行的前提。仿真技术的应用使物流系统设计处于更高的水平。物流已经成为并行工程的基础和现代集成制造系统（Contemporary Integrated Manufacturing System，CIMS）的组成部分。

物流系统技术是先进制造技术中的重要组成部分，从其广义内涵分析可以看出它已从以前简单地物料搬运发展到今天的集机械设计、计算机科学、管理学和自动化控制技术等于一身的综合技术。

与传统物流系统相比，现代物流系统主要有以下几个特征。

（1）专业化与集成化相结合

物流技术的日新月异和分工的细化，导致了物流系统的专业化，尽管传统的物流系统里也存在分工，也有技术的应用，但与现代物流相比，这种分工与技术力量显得非常薄弱。在现代物流系统中，分工非常详细，一个系统被分为若干子系统，子系统继续被分解，直至不能再被细分为止。例如，物流配送系统是物流系统的子系统，它又被分为配送计划、仓库管理、分拣、装卸、传输、包装、运输、客户管理等子系统，其中的运输再被细分为车辆驾驶、信息反馈、卫星定位技术分系统。正是因为这样的高度专业化，才使得每项物流作业运作精确化与高效率化。

物流系统的集成化是指物流系统内不同的物流功能，集成化能够导致物流系统的简化，以减少物流环节和物流作业量，从而降低物流成本，提高资源利用率和作业处理效率。物料需求计划（Material Requirements Planning，MRP）和分销资源计划（Distribution Resource Planning，DRP）的集成就是一个典型的例子，它可以实现企业内外数据的共享，节约企业资源，提高工作效率，产生更高的利润回报。

专业化从技术的角度实现了物流运作效率的提高，而集成化从经济的角度实现了资源的充分利用，提高了利润回报率，专业化为实现集成化打下了坚实的基础，集成化解决了由于专业化可能会造成系统冗繁复杂的后顾之忧，两者相辅相成、互为补充，共同提高了物流系统的现代化程度。

（2）自动化与网络化相结合

随着计算机水平的提高与物流技术软件的进步，现代物流系统已经由传统的以人为主导的系统变为以计算机网络为主导的高度自动化系统。库存水平的确定、运输路径的选择、自动导向车的运行轨迹，甚至一些物流配送中心的经营决策问题在现代物流系统中都能够实现自我运作，而不用纷繁复杂的人工来解决。随着机器人等相关技术的成熟与应用，现代物流系统逐步向智能化前进。智能化是物流自动化的一种高层次应用，是物流领域的又一大进步。

现代物流系统的网络化包括空间结构的网络化、逻辑结构的网络化和物流组织的网络化。空间结构的网络化如物流配送网络、分销网络和计算机系统网络等，逻辑结构的网络化如物流信息系统的功能结构、处理的逻辑结构的网络化等，物流组织的网络化保证了物流节点之间物流活动的系统性和一致性。现代物流系统的网络化能够提高系统的运作效率，充分利用系统资源和提高系统的稳定性。

自动化可以以网络化为平台和基础，网络化以自动化和智能化作为发展目标，两者相互配合，为打造高度现代化的物流体系提供支撑和保证。

（3）服务市场化和国际化

现代物流系统提供的服务更加市场化和国际化。市场化是指物流系统更加以市场为风向标，根据顾客的需求来生产和销售产品，无论是自营物流还是外包物流，都以“服务——成本”的最佳配合为总目标。国际化是现代物流的发展趋势，由于物资资料的生产和贸易发展已经越出了一国的界限，为其服务的物流也必然在世界范围展开。面对这种客观环境的变化和要求，现代物流系统也必须为此做出反应和调整，建立能够适应国际化生产和发展要求的现代化物流系统是现代物流国际化的必然选择。

（4）系统的高度柔性化

系统的柔性化反映了系统适应内外部环境变化的能力，现代化的物流系统应能够根据内外部环境的变化迅速地做出反应，调整生产、订购和销售计划，以满足市场需求和减少环境的改变所造成的负面影响。弹性制造系统（Flexible Manufacturing System，FMS）、现代集成制造系统（CIMS）、制造资源计划（Manufacturing Resource Planning，MRP）、企业资源计划（Enterprise Resource Planning，ERP）以及供应链管理的概念和技术等都是建立柔性化物流系统的必备资源，这些概念和技术都要求根据需求组织安排生产活动、物流活动和销售活动，这大大有利于柔性化的实现。

2. 现代物流系统的构成

（1）现代物流硬件系统

1）基础设施：公路、铁路、航道、港口、机场等。

2）运输工具：货运汽车、铁道车辆、货船、客货船、货机、客货机等。

3）物流中心（配送中心）：仓库、装卸搬运机具、仓储货架、托盘、货箱、自动化设施等。

4）信息技术及网络：通信设备及线路、传真设备，计算机及网络设备等。

（2）现代物流作业系统

现代物流作业系统是由物流的功能要素构成的，它包括包装、运输、仓储、装卸搬运、流通加工、配送等基本作业。

（3）现代物流管理系统

现代物流管理系统由管理组织、规章制度、业务流程、评价指标、经营活动和管理活动等要素构成。

（4）现代物流信息系统

现代物流信息系统可分为不同的层次：业务处理层、管理控制层、决策分析层、战略规划层。按照功能又可分为：运输管理、仓储管理、库存控制、订单处理及统计分析。

在整个物流系统中，物流作业系统要使用物流硬件系统，在物流管理系统的指挥下，进行物流的具体作业，而物流管理系统指挥功能的有效发挥则完全得益于物流信息系统的信息提供。

1.2.4 现代物流管理

1. 现代物流管理的含义

现代物流管理（Modern Logistics Management，MLM）是指以系统论、信息论和控制论为基础，在社会再生产过程中，根据物质资料实体流动的规律，应用管理的基本原理和科学方法，对物流活动进行计划、组织、指挥、协调、控制和监督，使各项物流活动实现最佳的协调与配合，以降低物流成本，提高物流效率和经济效益。对现代物流管理的理解要注意以下几个要点：

1）现代物流管理是系统整合的协作物流，以企业整体最优为目的。从商品供应体系的角度来看，现代物流不是单个生产、销售部门或企业的事，而是包括供应商、批发商、零售商等有关企业在内的整个统一体的共同活动，从而使物流管理成为一种供应链管理。从供应链战略管理的角度出发，现代物流管理指挥着跨企业组织的物流作业，通过强化流通过程中所有企业的关系，以实现产品供应链全过程的价值和经营行为的最适化。

2）现代企业物流是客户服务物流，客户服务是物流管理创新的原动力。传统物流认为物流是“内部事务”，只对组织内部产生影响，其服务对象是组织内部的生产或销售部门；现代物流则认为物流是“外部事务”，其服务对象是组织外部的顾客，与此相适应，企业经营理念的核心已从产品制造转向市场营销和客户服务。企业的物流活动也以客户服务为价值取向，同时向生产过程的上下游延伸，通过提供顾客所期望的服务，在积极追求自身交易扩大的同时，强调实现与竞争者提供的顾客服务的差别化。

3）现代企业物流管理依靠高度发达的信息网络和全面、准确的市场信息，来实现企业各自的经营目标和实现整个供应链的高效率。信息已成为物流管理的核心，现代物流活动必须及时了解和反映市场的需求，并将之反馈到供应链的各个环节，才能保证生产经营决策的正确和再生产的顺利进行。

2. 现代物流管理的特点

现代物流通常被认为是由运输、存储、包装、装卸、流通加工、配送和信息诸环节构成的，因此现代物流管理强调运用系统方法解决问题，其具有以下几个特点。

1）以实现客户满意为第一目标。现代物流是基于企业经营战略，从客户服务目标的设定开始，进而追求客户服务的差别化；它通过物流中心、信息系统、作业系统和组织构成等综合运作，提供客户所期望的服务，在追求客户满意最大化的同时，求得自身的不断发展。

2）聚焦于整个流通渠道的商品运动。现代物流管理的范围不仅仅包括销售物流和企业内部物流活动，还包括调达物流、逆向物流及废弃物流。此外，现代物流管理中的销售物流也有新的延伸，也就是说销售物流不是单一阶段的物流活动，例如制造商到零售商、零售商到消费者的独立阶段的物流活动，而是一种整体的销售物流活动，将销售渠道中的众多参与者，包括制造商、批发商、零售商和消费者结合起来，保证销售活动的顺利进行。

3）以企业整体最优为目的。现代物流管理环境下，企业进行的物流活动既不能单纯追求单个物流功能的最优，也不能片面追求局部物流最优，而应追求企业整体最优。

4）重效率更重效果。传统物流管理以提高物流活动的效率、降低成本为重点，而现代物流不仅仅重视效率因素，更注重整个物流过程的效果。因为现代物流管理以实现客户满意为第一目标，物流服务的效果即为保证顾客服务质量，只有物流服务质量达到一定的程度才能确保顾客愿意选择企业的产品或服务，单纯降低物流成本通常会以降低服务质量为代价，大大降低顾客的满意度；此外，有些物流活动虽然成本较高，甚至上升，但有利于整个企业的战略发展，这种物流活动仍然是系统中应该保留甚至加强的活动。

5）现代物流是以信息为中心的实需对应型的商品供应体系，即以信息技术为基础根据市场需求进行生产。

1.3 电子商务与物流的关系

基于互联网的电子商务正引领一场商业领域的变迁与飞跃，可以说是21世纪经济的新亮点，它将像杠杆一样撬动传统产业和新兴产业，促进传统产业的嬗变，新兴产业的发展，而在这个过程中，现代物流产业将成为这个杠杆的支点。

众所周知，电子商务主要是通过互联网进行各类商务活动，在完成操作之后，关键还要用物流配送的方式将商品送到消费者手中，因此实现电子商务的贸易交易的过程离不开物流。如果没有信息的要求，就没有物流的表现；没有物流配送的具体表现，也不能促成电子商务的发展。电子商务离开物流的支撑体系，就很难有一个实质性的交易，反过来，电子商务也为物流业的发展提供了庞大的市场，电子商务与物流，二者相互制约，相互支撑，相互依托，缺一不可。

1.3.1 电子商务对物流的影响

电子商务的产生和发展对整个经济社会产生了深刻的影响，现代物流产业作为经济社会的重要组成部分，也必然会受到电子商务的影响和冲击，人们也会不断对物流业提出更高的要求。从社会实践来看，电子商务的实践活动将使物流活动中存在的问题与不足不断凸显，尤其在我国“重信息、轻物流”的思想影响下，物流水平与电子商务其他环节的差距将更加突出地显现出来；从这个意义上讲，电子商务的发展从客观上使人们更加理解物流的重要性，从而推动现代物流业的发展。另外，电子商务的产生和发展是以信息技术作为基础的，因此它为物流业的发展提供了技术手段，引入各类信息技术，不断提高物流的运作效率。

电子商务对物流的影响，主要体现在以下几个方面。

1. 电子商务改变了人们对物流理念的理解

首先，电子商务依托现代信息技术，可以为物流业创造一种虚拟的运行空间，人们在进行物流活动时，可以首先借助于这种虚拟空间将物流的各类功能用虚拟化的方式进行模拟，以寻求最佳的物流方案。

其次，当把电子商务作为商业竞争环境时，它对物流理念的影响，可以从以下几个方面来理解：

第一，物流系统中的信息成为整个供应链运营的环境基础：以电子商务为手段，依托网络平台，运用信息对供应链主体的一体化进行控制和主导。

第二，在电子商务的框架内，联盟化和专业化是互为表里并统一在物流一体化的体系之中的。企业在网络的冲击和作用下，不再是独自参与市场竞争，而是借助网络更好地参与社会分工与协作，将以其商品或服务的专业化比较优势，参与到以核心企业（即有品牌优势或有知识管理优势的企业）为龙头的分工协作的物流体系中去，在更大的范围内建成一体化的供应链，并作为核心企业组织机构虚拟化的实体支持系统。企业要在竞争中占领一席之地，必须适应供应链体系发展的需要，也就是说供应链体系在电子商务的影响下，要么是更广泛的联盟化，要么就是更深度的专业化。

第三，企业的竞争将是以物流系统为依托的信息联盟或知识联盟的竞争。物流系统对无形资产信息或知识的管理将是其资源管理的核心，企业必须通过信息资源整合供应链合作伙伴的资源，以供应链成员的身份参与市场竞争。

第四，物流系统面临的基本技术经济问题，是如何在保证能为客户提供个性化服务的基础上物流总成本最低；供应链成员企业之间的信息资源有效分配方案是实现目标的核心问题。

第五，市场供求的变化促使物流系统由供给推动变为需求拉动，现代信息技术的运用使物流系统的各个功能要素的工作的效率大大提高，不仅客户服务质量能明显提升，同时经营成本也能得到明显的降低，如降低采购成本、减少库存成本、降低销售和营销成本以及增加销售的机会等。

2. 电子商务改变了物流系统的结构

电子商务对物流系统结构的影响，主要表现在以下几个方面：

第一，由于网上客户可以直接面对制造商并可获得个性化服务，因此传统物流渠道中的批发商和零售商等中介将逐步淡出，但是区域销售代理将受制造商委托逐步加强其在渠道和地区性市场中的地位，作为制造商产品营销和服务功能的直接延伸。

第二，由于网上时空的“零距离”特点与现实世界的反差增大，也就是说相对于能直接通过网络完成的资金流、信息流和商流，物流的完成周期长的多，与其他三个电子商务要素形成的反差愈发强烈。随之而来的是，客户对产品的可得性的心理预期加大，以致企业交货速度的压力变大。因此，物流系统中的港、站、库、配送中心、运输线路等设施的布局、结构和任务将面临较大的调整。例如尤尼西斯公司在 1988 年采用了 EDI 的 MRP 系统后，将其欧洲区的 5 个配送中心和 14 个辅助仓库缩减为 1 个配送中心。在企业保留若干地区性仓库以后，更多的仓库将改造为配送中心。由于存货的控制能力变强，物流系统中仓库的总数将减少。此外，随着运管政策的逐步放宽，更多的独立承运人将为企业提供更加专业化的配送服务。配送的服务半径也将加大。

第三，由于信息共享的即时性，制造商在全球范围内进行资源配置成为可能，其组织结构也将趋于分散并逐步虚拟化。当然，这主要是那些拥有品牌的产品在技术上已经实现功能模块化和质量标准化的企业。

第四，大规模的电信基础设施建设，将使那些能够在网上直接传输的有形产品的物流系统隐形化。这类产品主要包括书报、音乐、软件等，即已经数字化的产品的物流系统将逐步与网络系统重合，并最终被网络系统取代。

3. 电子商务改变了企业的客户服务

（1）电子商务要为客户提供即时的信息

电子商务要求在企业网站的设计上不仅要宣传企业以及介绍产品和服务，而且要能够与客户在后续的物流服务过程中就产品交付过程中的各类问题进行一对一的、即时的互动，为顾客提供高质量的物流客户咨询服务，这就需要物流系统中每一个功能环节的即时信息提供支持。

（2）电子商务要为客户提供个性化的服务

当企业对客户需求实现了某种程度的个性化对应时，企业就能获得更多的商机。随着电子商务的发展，客户要求企业经营的产品或服务的个性化，而对物流服务的要求也越发趋向个性化。企业要适应客户对物流服务提出的新要求，可以从以下几个方面着手。首先，专业化经营仍然是企业在网络经济环境下竞争发展的第一要务，企业专业化经营能突出其资源配置的比较优势，为向客户提供更细致、更全面，更为个性化的服务提供保证。对于物流服务，不少电子商务企业运用自身的专业化资源提供了质量优异而稳定的服务，如京东商城；当然，也不乏运用外部专业化物流资源提供优质物流服务的电子商务企业的实例。同时，按照供应链增值服务的一般性原则，我们可以把物流服务分成基本的和增值的两类，并根据客户需求的变化进行不同的服务营销组合。

（3）电子商务要为企业提供个性化的客户追踪服务

网络时代客户需求的个性化增大了市场预测的离散度，发现客户个性化服务需求的统计特征将主要依赖于对客户资料的收集、统计、分析和追踪。虽然从技术层面讲并没有什么困难，但是要涉及文化的、心理的、法律的等诸多方面，因此建立客户档案并追踪服务本身，就是一项极富挑战性的工作。

4. 电子商务改变了物料采购

电子商务为众多企业提供了可以广泛获取信息的网络平台，因此企业可以在网上寻找合适的供应商。从理论上讲，企业具有无限选择的可能性，而这种无限选择的可能性将导致市场竞争的加剧，并带来供货价格降低的好处。但是，所有的企业都知道频繁的更换供应商，将增加资质认证的成本支出，并面临较大的采购风险。所以，从供应商的立场来看，作为应对竞争的必然对策，是积极地寻求与制造商建立稳定的渠道关系，并在技术、管理或服务等方面与制造商结成更具深度的战略联盟。同样，制造商也会从物流的理念出发来寻求与合格的供应商建立一体化供应链。作为利益交换条件，制造商和供应商之间将在更大的范围内和更深的层次上实现信息资源共享。例如，LOF 公司在建立信息共享机制后，将其产品承运人的数目从 534 位减少为两位：一个物流服务公司为其安排所有的货运事项；另一家物流公司则为其提供第三方付款服务，负责用电子手段处理账单信息，这不仅可减少 50 万美元的运费，而且消除了 7 万件文案工作。事实上，电子商务对物料采购成本的降低，主要体现在诸如缩短订货周期、减少文案和单证、减少差错和降低价格等方面。因此，虚拟空间的无限选择的可能性将被现实市场的有限物流系统，即一体化供应链所覆盖。

5. 电子商务改变了企业库存管理

一般认为，由于电子商务增加了物流系统各环节对市场变化反应的灵敏度，可以减少库存，节约成本。相应的技术手段也由看板管理和物料需求计划（MRP）等转向配送需求计划（Distribution Requirements Planning，DRP）、重新订货计划（Re－Order Planning，ROP）和自动补货计划（Automatic Replenishment Planning，ARP）等对需求信息可做出快速反应的决策系统。但从物流的观点来看，这实际是借助于信息分配，在供应链中对存货进行重新安排。存货在供应链中总量是减少的，但结构上将沿供应链向上游企业移动，即经销商的库存向制造商转移，制造商的库存向供应商转移，成品的库存变成零部件的库存，而零部件的库存将变成原材料的库存等。因为存货的价值沿供应链向下游是逐步递减的，所以将引发一个新的问题——下游企业由于减少存货而带来的相对较大的经济利益如何与上游企业一起来分享。供应链的一体化不仅要分享信息，而且要分享利益。比如，耐克公司改用电子数据交换（EDI）方式与其供应商联系，直接将成衣的款式、颜色和数量等条件以 EDI 方式下单，并将交货期缩短至 3～4 个月。它同时要求供应布料的织布厂先到美国总公司上报新开发的布样，由设计师选择合适的布料设计为成衣款式后，再下单给成衣厂商生产；而且成衣厂商所使用的布料也必须是耐克公司认可的织布厂生产的。这样一来，织布厂必须提早规划新产品，以供耐克公司选购。但由于布料是买主指定，买主给予成衣厂商订购布料的时间缩短，成衣厂商的交货期也就越来越短，从以往的 180 天缩短为 120 天甚至 90 天。显然，耐克公司的库存压力减轻了，但成衣厂商为了提高产品的可得性就必须对织布厂提出快速交货的要求。这时织布厂将面临要么增加基本原材料的存货，要么投资扩大其新产品的开发能力的压力。

6. 电子商务改变了运输

在电子商务环境下，物流服务的速度是客户最关注的问题，因此物流系统要提高客户对产品的可得性水平，在仓库等设施布局确定的情况下，运输将是决定性的。由于运输活动的复杂性，运输信息共享的基本要求就是运输单证的格式标准化和传输电子化。由于基本的电子数据交换（EDI）标准难以适应各种不同的运输服务要求，且容易被仿效，以致不能作为物流的竞争优势所在，所以在物流体系内必须发展专用的电子数据交换（EDI）能力才能获取整合的战略优势。专用的电子数据交换（EDI）能力需要在供应链的基础上发展增值网（Value Added Network，VAN），即在供应链内部使用的标准密码，通过管理交易、翻译通信标准和减少通信链接数目来使供应链增值，从而在物流联盟企业之间建立一种稳定的标准化渠道关系。为了实现运输单证，主要是货运提单、运费清单和货运清单的电子数据交换（EDI）一票通，实现货运全程的跟踪监控和回程货运的统筹安排，将要求物流系统在相关通信设施和信息处理系统方面进行前期的开发投资，如电子通关、条码技术、在线货运信息系统、卫星跟踪系统等，而以现代信息技术作为基础的电子商务恰好为现代物流提供了技术支持。

1.3.2 物流对电子商务的支撑作用

随着电子商务的发展，人们逐渐意识到物流与电子商务的不解之缘。电子商务的任何一笔交易，都包含着几种基本的“流”，即信息流、商流、资金流和物流；信息流、商流、资金流，三种流的流动都可以通过计算机和网络通信设备实现，而物流作为四种流中最为特殊的一种，不能全部在网上实现。对于少数商品和服务来说，可以直接通过网络传输的方式进行配送，如电子出版物、信息咨询、软件产品等无形商品；而对于大多数有形商品和服务来说，物流仍要经由传统的物理方式进行。因此，电子商务交易的顺利完成在很大程度上依赖于较为复杂的物流过程，而从交易消耗的时间、效率来看，电子商务对物流的依赖程度尤为明显。物流对电子商务的支撑作用可以从以下几个方面理解。

1. 物流是电子商务概念的重要内容

尽管国内外对于电子商务的定义至今还没有定论，但可以发现，现有的电子商务定义可以从有无包含物流的角度归纳为两类。

第一类是由美国一些IT厂商提出的，将电子商务定位于“无纸化贸易”，如IBM公司、康柏等提出的电子商务定义。定义中强调了电子化工具、电子化对象，都未将物流作为电子商务的组成部分。究其原因，美国从1915年到20世纪90年代提出电子商务概念时，物流已经经过了80多年的发展，其当时的物流水平已经非常发达。当时美国开展电子商务的根本目的是要解决信息流和资金流处理水平相对滞后的问题，从而进一步提高物流现代化的水平，因此，只需要将电子商务与强大的物流对接即可。

我国作为一个发展中国家，物流业起步晚，水平低，在引入电子商务概念时并不具备能与电子商务相匹配的物流水平。因此，我国的学者在对电子商务的定义中关注到了我国在发展电子商务时的国情，提出了相对于第一种定义内涵更为广泛的第二类定义。在定义中强调了电子化的对象是整个交易过程，不仅仅包括信息流、资金流、商流，还包括物流，电子化的工具也不局限于前三流依赖的计算机和网络技术，还包括叉车、自动导向车、机械手臂等现代化工具。因此，物流电子化是电子商务不可缺少的组成部分，缺少了现代化物流，电子商务过程就不能顺利地、有效地完成。

2. 物流保障生产

无论在传统的贸易方式下，还是在电子商务环境下，生产都是商品流通之本，而生产的顺利进行需要各类物流活动支持。生产的全过程从原材料的采购开始，便要求有相应的供应物流活动，将所采购的材料到位，否则生产就难以进行；在生产的各工艺流程之间，也需要原材料、半成品的物流过程，即所谓的生产物流，以实现生产的流动性；部分余料、可重复利用的物资的回收，就需要所谓的回收物流；废弃物的处理则需要废弃物物流。可见，整个生产过程实际上就是系列化的物流活动。合理化、现代化的物流，通过降低费用从而降低成本、优化库存结构、减少资金占压、缩短生产周期，保障了现代化生产的高效进行。相反，缺少了现代化的物流，生产将难以顺利进行，那无论电子商务物流是多么便捷的贸易形式，仍将是无米之炊。

3. 物流服务于商流

在商流活动中，商品所有权在购销合同签订的那一刻起，便由供方转移到需方，而商品实体并没有因此而移动。在传统的交易过程中，一般的商流都必须伴随相应的物流活动，即按照需方的要求将商品实体由供方以适当的方式、途径向需方转移。而在电子商务下，消费者通过上网点击购物，完成了商品所有权的交割过程，即商流过程。但电子商务的活动并没有结束，只有商品和服务真正转移到消费者手中，商务活动才告以终结。在整个电子商务的交易过程中，物流实际上是以商流的后续者和服务者的姿态出现的。没有现代化的物流，任何轻松的商流活动都是纸上谈兵。

4. 物流是企业电子商务的利润源

现代物流是企业电子商务的利润源，这是相对于“第一、第二利润源”而言的，随着科技的进步，管理水平的提高，企业靠减少物料消耗和节约劳动投入来获得“第一、第二利润源”的空间越来越小，而物流服务一方面可以提升产品附加价值、提升企业形象，不断满足顾客个性化要求，提升顾客满意度，以促进企业收益的增加；另外一方面，合理组织物流活动能够降低库存，合理组织运输，流通加工增值，提高包装、储存、装卸水平等，可以大大降低流通费用，提高资金周转速度和效率，拓宽利润来源渠道和空间。因此，无论从增加企业收益和减少经营成本方面来说，物流都是企业利润增长的重要源泉。有关资料表明，物流在我国工业企业中所占用的时间几乎是整个生产经营过程的90%，流通费用占商品价格的50%左右，由此可见，发挥物流的作用能给企业电子商务带来广阔的盈利空间。

5. 物流是实现“以顾客为中心”理念的根本保证

从原始买卖到如今的电子商务，其中最大的改变就是电子商务不受时间、地点的限制。电子商务可以把所有的商品买卖虚拟成一个大的商场，在任何时间、地点都可以买到世界上任何一种商品。电子商务的出现，在最大程度上方便了最终消费者。他们不必再跑到拥挤的商业街，一家又一家地挑选自己所需的商品，而只要坐在家里，在互联网上搜索、查看、挑选，就可以完成他们的购物过程。但如果顾客所购的商品迟迟不能送到，或商家所送并非自己所购，那他们还会选择网上购物吗？其中关键就需要解决物流及配送等问题。因此，电子商务的发展需要物流做基础，物流是实现“以顾客为中心”理念的根本保证。

1.4 电子商务物流与物流的电子商务化

1.4.1 电子商务物流基础

1. 电子商务物流概念的提出

电子商务物流的概念是随着电子商务实践的快速发展而提出并成为研究热点的。

电子商务最初的应用模式主要是黄页。最早使用的黄页，也就是通过互联网来提供企业或产品及服务的黄页，它取代了传统的传播媒介。与传统形式相比，黄页的优势在于使用方便、内容更新迅速、传播范围广、成本低等，目前这种服务仍然得到广泛的应用。此后出现的另一种模式——广告，可以增加多媒体内容，信息量比传统广告大，为消费者和企业、消费者之间、企业之间建立了平等便捷的沟通渠道；同时网络广告不需要较高的成本投入，无疑非常适合中小型企业的发展需要，给他们提供了更多参与竞争的机会，另外网络广告相对传统广告，更容易统计效果，便于对网络广告商进行评估。值得注意的是，以上两种模式都仅仅涉及了信息流和资金流，而未涉及物流问题。

电子商务的第三个应用阶段为交易型模式，即狭义的电子商务（EC）。在这个发展阶段中，各种电子商务模式快速产生、发展，如 B2B、B2C、C2C 等电子商务网站，电子商务也真正进入了实质的发展阶段。电子商务作为一种新的数字化经营方式，代表新的贸易、消费和服务的发展方向，它需要建立一种整体的生态环境来适应虚拟环境中各参与对象所需的生存环境。因此，打破传统商务环境下的格局，发展以商品代理和配送为主要特征，物流、商流、信息流、资金流有机结合的社会化物流配送体系是电子商务新阶段发展的必然要求。因此，电子商务物流的概念是伴随电子商务技术和社会需求的发展而出现的，它是电子商务真正的经济价值实现不可或缺的重要组成部分。

目前，虽然对电子商务物流还没有形成统一的定义，但可以从两个角度对其进行理解。首先，从宏观角度来说，电子商务物流是电子商务和物流两个行业的结合，是为电子商务这一新兴行业提供相配套即为电子商务客户提供服务的物流。从微观角度看，电子商务物流是信息管理技术和物流作业环节的结合，是运用现代信息技术整合物流环节，实现高度信息化的物流。

2. 电子商务物流的概念及特点

综合从宏观和微观角度对电子商务物流的理解，一般可以将电子商务物流理解为，在电子商务环境下的物流。具体来说，是指基于电子化、网络化后的信息流、商流、资金流下的物资或服务的配送活动，包括数字化商品（或服务）的网络传送和实体商品（或服务）的物理传送。它包括一系列机械化、自动化的工具的应用，准确、及时的物流信息对物流过程的监控，使得电子商务中的物流的流动速度加快，尽量与电子商务中的其他“三流”——信息流、商流、资金流相匹配的目的。

电子商务时代的来临，既为物流业的发展带来了新的契机，也对物流服务提出了新的要求，带来了巨大的挑战，为了适应新的环境发展需要，能与信息流、商流、资金流进行完美对接，电子商务物流作为信息管理技术与物流作业的结合，与传统环境下的物流活动相比应该具备以下新特点。

（1）信息化

电子商务时代，物流信息化是电子商务的必然要求。物流信息化表现为：物流信息的商品化，物流信息收集的数据库化和代码化，物流信息处理的电子化和计算机化，物流信息传递的标准化和实时化，物流信息存储的数字化等。因此，条码技术（Bar Code）、数据库技术（Database）、电子订货系统（Electronic Ordering System，EOS）、电子数据交换、快速反应（Quick Response，QR）及有效的客户反应（Effective Customer Response，ECR）、企业资源计划等技术与观念在我国的物流中将会得到普遍的应用。信息化是一切的基础，没有物流的信息化，任何先进的技术设备都不可能应用于物流领域，信息技术及计算机技术在物流中的应用将会彻底改变世界物流的面貌。

（2）自动化

自动化的基础是信息化，自动化的核心是机电一体化，自动化的外在表现是无人化，自动化的效果是省力化，另外还可以扩大物流作业能力、提高劳动生产率、减少物流作业的差错等。物流自动化的设施非常多，如条码/语音/射频自动识别系统、自动分拣系统、自动存取系统、自动导向车、货物自动跟踪系统等。这些设施在发达国家已普遍用于物流作业流程中，而在我国由于物流业起步晚，发展水平低，自动化技术的普及还需要相当长的时间。

（3）网络化

物流领域网络化的基础也是信息化，是电子商务下物流活动的主要特征之一。这里指的网络化有两层含义：一是物流配送系统的计算机通信网络，包括物流配送中心与供应商或制造商的联系要通过计算机网络，另外与下游顾客之间的联系也要通过计算机网络通信。比如物流配送中心向供应商提出订单这个过程，就可以使用计算机通信方式，借助于增值网（VAN）上的电子定货系统（EOS）和电子数据交换技术（EDI）来自动实现，物流配送中心通过计算机网络收集下游客户的订货的过程也可以自动完成；二是组织的网络化，即所谓的企业内部网（Intranet）。比如，我国台湾的计算机业在20世纪90年代创造出了“全球运筹式产销模式”，这种模式的基本点是按照客户订单组织生产，生产采取分散形式，即将全世界的计算机资源都利用起来，采取外包的形式将一台计算机的所有零部件、元器件、芯片外包给世界各地的制造商去生产，然后通过全球的物流网络将这些零部件、元器件和芯片发往同一个物流配送中心进行组装，由该物流配送中心将组装的计算机迅速发给订户。这一过程需要有高效的物流网络支持，当然物流网络的基础是信息、计算机网络。物流的网络化是物流信息化的必然，是电子商务下物流活动的主要特征之一。当今全球网络资源的可用性及网络技术的普及为物流的网络化提供了良好的外部环境，物流网络化是发展的必然趋势。

（4）智能化

智能化是物流自动化、信息化的一种高层次应用，物流作业过程大量的运筹和决策，如库存水平的确定、运输或搬运路径的选择、自动导向车的运行轨迹和作业控制、自动分拣机的运行、物流配送中心经营管理的决策支持等问题都需要借助于大量的知识才能解决。在物流自动化的进程中，物流智能化是不可回避的技术难题。好在专家系统、机器人等相关技术在国际上已经有比较成熟的研究成果。为了提高物流现代化的水平，物流的智能化已成为电子商务下物流发展的一个新趋势。

（5）柔性化

柔性化本来是为实现“以顾客为中心”理念而在生产领域提出的，以便使企业能根据消费者的需求变化来灵活调节生产和工艺。但要真正做到柔性化，即真正地能根据消费者需求的变化来灵活调节生产工艺，没有配套的柔性化的物流系统是不可能达到目的的。20世纪90年代，国际生产领域纷纷推出弹性制造系统（FMS）、现代集成制造系统（CIMS）、制造资源系统（MRP）、企业资源计划（ERP）以及供应链管理的概念和技术，这些概念和技术的实质是要将生产、流通进行集成，根据需求端的需求组织生产，安排物流活动。因此，柔性化的物流正是适应生产、流通与消费的需求而发展起来的一种新型物流模式。这就要求物流配送中心要根据消费需求“多品种、小批量、多批次、短周期”的特色，灵活组织和实施物流作业。另外，物流设施、商品包装的标准化，物流的社会化、共同化也都是电子商务下物流模式的新特点。

3. 电子商务物流的一般流程

电子商务的重要优势就是能优化业务流程，降低企业运作成本，而这一优势必须以可靠、高效的物流作为保障。

电子商务的发展及其对相应配送服务体系的要求，大大促进了物流的发展。在企业内部的物流微观流程上，电子商务物流流程与传统商务活动的物流流程是类似的，都具备从进货到配送的物流体系。但电子商务物流的各个环节是借助于电子商务信息平台（包括会员管理、订单管理、产品信息和网站管理等功能）整合的，同时依靠这个平台对信息的快速收集、处理、传递、共享，物流作业流程得以与商流、资金流和信息流匹配并形成系统化的管理，如图 1-7 所示。这种模式对企业提高采购效率，合理规划配送路线，优化电子商务流程和配送体系有着重要的作用；而传统商务活动中的物流则更多的是围绕企业的价值链与商流、资金流和信息流进行整合，因此是从实现价值链的目的来安排每个配送的环节，相对来说缺乏电子商务平台的信息支持和整合作用。

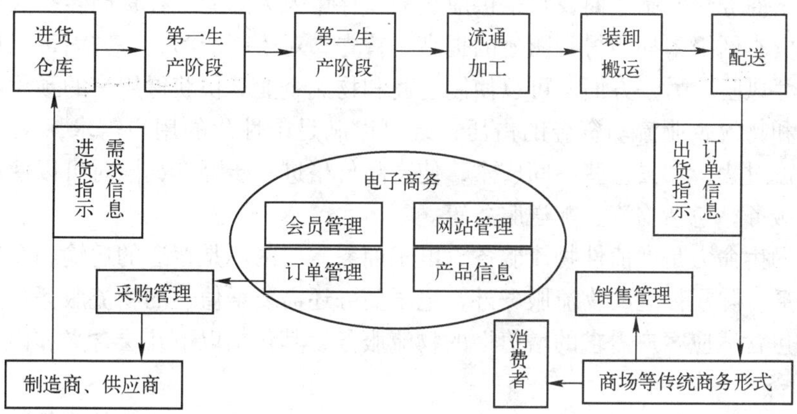

图 1-7　电子商务物流的一般业务流程

1.4.2　物流的电子商务化

有学者提出，物流的电子商务化指的是电子商务环境下物流企业的电子商务化。如果从更广义的角度去理解这一概念，既可以理解为“电子商务时代的物流”，即电子商务对物流管理提出的新要求；也可以理解为“物流管理电子化”，即利用电子商务技术（主要是计算机技术和信息技术）对传统物流管理的改造。因此，物流的电子商务化可以理解为，以计算机网络技术进行物流运作与管理，实现企业间物流资源共享和优化配置的物流方式。

电子商务已风靡全球，很多公司已经利用它在物流管理方面取得了很好的成效，在此方面首推戴尔（Dell）公司。在美国，电子商务的提出最终是为了解决信息流、商流和资金流处理上的烦琐过程从而导致的对现代化物流过程的延迟，进一步提高现代化的物流速度。美国在定义电子商务概念之初，就有强大的物流支持，只需将电子商务与物流对接起来就可以，而并非电子商务过程不需要物流的电子商务化。而在我国这样物流发展水平相对滞后的国家或地区，在商流、信息流、资金流信息化的基础上，运用计算机技术和信息技术对传统物流流程进行优化，不仅符合电子商务环境下顾客对物流服务提出的要求，也是从整体提升电子商务水平的手段。因此，针对我国国情，无论是传统商务企业、新兴的电子商务企业、物流企业，对物流作业及管理活动进行电子商务化改造，使之适应电子商务发展需要，有助于建立商流、信息流、资金流、物流一体化和参与电子商务对象所建立的供应链体系的整体化发展。

企业的物流电子商务化运作往往不仅包括单一企业内部对于物流作业过程的信息化，还包括在此基础上供应链中合作伙伴以信息技术为基础，协作完成整条供应链的物流运作。以供应链整体角度来理解物流的电子商务化，其流程主要包括订单处理和预生产。首先，在订单处理步骤中，企业要接收消费者的订单。消费者可以通过制造商的网站下订单，而制造商首先检查订单项目是否填写齐全，然后检查订单的付款条件，并按付款条件将订单分类。只有确认支付完款项的订单才会立即自动发出。零部件的订货将转入生产数据库中，订单也随即转到生产部门进行下一步作业。用户订货后，可以对产品的生产过程、发货日期甚至运输公司的发货状况等进行跟踪。此后，进入预生产阶段。在正式开始生产之前，需要等待零部件的到货，这就叫作预生产。预生产的时间因消费者所订的系统不同而不同，主要取决于供应商的仓库中是否有现成的零部件。

物流的电子商务化使制造商及整条供应链的库存量大大降低，存货周转率大幅度提升，企业的毛利率和资本回报率都能得到明显的提高。首先，对于制造商，一方面可以尽量做到按单生产，减少库存风险；另一方面，可以使制造商和物流企业尽快获得用户的预付款和运费，减少对于制造商和物流企业流动资金的占压；既可以满足个性化的用户需求，又通过精简的生产、销售、物流过程，省去一些中间成本，使产品价格进一步降低，同时可以使用户可以享受到完善的售后服务，包括物流、配送服务等。

电子商务的生命力是增值性物流服务，电子商务需要的不是普通的运输和仓储服务，它需要的是物流服务，除了传统的物流服务外，电子商务还需要增值性的物流服务。因此，物流的电子商务化应包含适应客户需求的增值性的物流服务，其包括以下几层含义和内容。

1. 延伸服务

物流能够在新经济的今天发展得如此迅猛，是因为它的核心是成本的降低，但它的额外服务更令企业界赞不绝口。因此，物流服务向上可以延伸到市场调查与预测、采购及订单处理；向下可以延伸到配送、物流咨询、物流方案的选择与规划、库存控制决策建议、货款回收与结算、教育与培训、物流系统设计与规划方案的制作等。

2. 降低成本，发掘第三利润源

电子商务发展的前期，物流成本居高不下，有些企业可能会因为根本承受不了这种高成本而退出电子商务领域，或者是选择性地将电子商务的物流服务外包出去，这是很自然的事情。发展电子商务，一开始就应该寻找能够降低物流成本的物流方案。企业可以考虑的方案包括：采用第三方物流；电子商务经营者之间或电子商务经营者与普通商务经营者联合，采取物流共同化计划；同时，如果是具有一定销售量的电子商务企业，可以采用比较适用但投资比较少的物流技术和设施设备，或推行物流管理技术，如运筹学中的管理技术、单品管理技术、条码技术和其他信息技术等，提高物流的效率和效益，降低物流本。

目前，如何实现物流的电子商务化已是目前企业所面临的问题，而能否提供电子商务化的物流增值服务现在已成为衡量电子商务环境下，一个企业物流是否真正具有竞争力的标准。

1.5 电子商务物流的发展现状与问题

1.5.1 电子商务物流的发展现状

1. 顾客提出的服务要求越来越高

随着社会生产力的发展，商品极大丰富且趋于同质化，顾客的满意度越来越不局限于对商品本身的认可，还包括顾客对与产品相关的各类服务的认可度。也就是说，现在商家之间的竞争已经延伸到了与商品有关的具有附加价值的服务，企业之间的竞争是产品加服务的竞争。电子商务环境下，顾客通过网络可以搜寻大量的产品和服务信息，因此很容易寻找到价格更为低廉且相同或类似的商品，因此作为商流后续服务者的物流服务成为顾客选择商品和商家的重要考虑因素。

目前在电子商务环境下，顾客对物流服务的要求比传统商务环境下有了明显的提升。首先，顾客提出的服务要求体现在物流服务速度上。在电子商务环境下，商流、信息流和资金流都实现了数字化传输，物流也必然要提高效率、加快运作速度，与电子商务的其他要素相匹配。其次，顾客提出的要求体现在物流方式的多样化和个性化。随着城市社区服务体系的完善，城市内的商品配送需求随着增大，因此电子商务物流业是一个很大的产业，物流企业将服务网点延伸到城市社区是必然趋势。中国目前有不少物流企业已经具备这方便的条件和优势，有的甚至已经建立了全国或区域性的物流网络，已经初步具备开展城市配送的条件。然而，在我国电子商务才开始兴起的21世纪初，由于当时物流发展水平的局限性，适合进行城市配送的商品种类较少，并且不同类型商品由不同企业来承担配送，同时不同企业分别建立自己的配送网络，从规模和范围上来讲都是不经济的，造成了物流资源利用效率的低下。解决以上问题，需要建立专业化的物流企业，即由一个企业——第三方物流整合原来不属于一个公司的多种商品配送业务，避免各企业重复建设物流设施、购置物流设备的现象，进行一体化经营。这对于企业来说，无疑可以降低大量成本，而消费者也可以通过这种专业化的整合模式获得更为便捷、完善的物流服务。

面对顾客提出的服务要求，第三方物流需要不断创新服务方式。一般情况下，物流服务方式上的领先优势只有两三年的有效期，这种领先优势是可以复制的，不在服务方式上追求创新就很容易被竞争对手赶超。电子商务环境下，面对顾客多变、个性化的服务要求，第三方物流必须不断积极地了解顾客的需求，及时调整经营模式和服务内容，重新设计物流配送系统，降低顾客订单处理周期，提升系统的反应速度和应变能力，不断满足顾客提出的新要求。

2. 市场竞争日趋激烈

在电子商务发展的冲击下，国内外企业对物流越来越重视，不少企业开始在物流方面进行投资，试图从事物流工作，很多外资物流企业纷纷进入中国市场，都期望通过物流创造更大的企业利润，这些都使得电子商务物流领域竞争日趋激烈。我国的物流企业按所有制划分主要有三类，国有企业、民营企业和外商独资或中外合资企业。

随着现代物流服务需求的增长以及现代物流理念的传播，大型传统储运企业纷纷向第三方物流企业转型，一些大型制造型企业，如海尔、一汽、青岛啤酒等的物流部门也有向专业物流企业转型的趋势。此外，随着我国物流热潮的兴起，不少以储存、运输为主要业务的小型企业，甚至小型的送货企业都纷纷打起了物流公司的牌子，进入物流市场，使国内物流市场竞争日益激烈。在未来电子商务物流发展的几年里，我国物流市场将面临新一轮的洗牌，大量没有竞争力的企业难免在竞争中被淘汰或被其他企业合并、整合。

此外，我国物流业还面临着国外竞争企业的压力。随着我国成功加入WTO，物流业同其他领域一样，进一步对外开放。电子商务的发展使得国内的物流服务需求日益扩大，而物流服务的供给从数量和质量方面都远远不能满足需求，面对物流服务供需上的巨大反差，国外物流企业早已跃跃欲试，看到了我国电子商务物流的巨大商机，目前已经有很多国外优秀的物流企业进入了我国市场，参与国内市场竞争，如快递业巨头UPS、FedEx、DHL、TNT等，运输物流企业马士基、美国总统班轮公司等；目前物流供需差距依然较大，不难预测，今后还有更多的外资物流企业准备进入我国市场。进入我国的外资企业很多与国内物流企业结成联盟，有的并购国内企业股权，形成中外合资型的物流企业，凭借其雄厚的资金、丰富的经验、先进的管理手段和人才，提供全国配送、国际物流服务、多式联运等专业化服务，占据了大量的国内物流市场份额。外资企业的加入无疑为国内的物流企业带来了更大的竞争压力，同时值得注意的是外资企业与国内物流企业的联合也为国内企业的发展带来了值得借鉴的宝贵经验。

值得注意的是，所谓的“第三利润源”理论，并不是指第三方物流企业能通过经营获得利润，即经营物流企业容易获得高额利润。所谓利润，指的是在工商企业与物流企业形成合作关系的条件下，通过第三方物流企业的合理经营，提供专业化服务，工商企业能降低库存，提高产品和服务的市场认可度，进而获取更多的利润，这些利润是工商企业获得的，而不是物流企业可以分摊的。从某种意义上讲，工商企业期望降低的物流成本正是物流企业要增加的物流收入，因此双方的目标有些是矛盾的，物流企业的利润增长肯定不能依靠增加单位产品的物流成本，而应该通过提供新的增值服务、扩大服务规模、延伸物流网络服务范围等方式创造更多的利润增长点，同时建立与工商企业的合作关系，通过高质量服务获得稳定的客户和业务来源，获得经营的规模和范围经济，降低自身经营成本，提高生存能力。

3. 经营风险不断增加

电子商务环境下的物流企业所面临的市场竞争压力比传统环境大得多。因为此时产品及相关信息异常丰富，新的产品和服务层出不穷，消费者能够运用信息充分选择适合自己的商品。在这种买方市场环境下，尤其是对于需求变化快速的创新型商品，如数码产品、服装等，顾客总是在最终需要的时候才做出购买决策，一般不会提前购买囤货，而且希望在订货后在最短时间内收到商品或接受服务。市场的柔性化需求，即“多品种、小批量、短周期、多批次”，无疑会使供应链中的各企业——制造商、经销商希望降低库存，避免较大的经营风险，同时为了保证顾客能尽快获得商品又不得不储存商品。不少经销商为了降低由于销售预测不准确带来的库存积压和断档风险，把风险更多转移给了供应链中的合作对象——物流企业，依靠快速运转的物流系统，在需求增加时快速运转产品、生产物资等，物流系统的运作效率越高，供应链中的其他企业的库存压力就会减小，在特殊情况下也不会造成大量积压。因此，在电子商务新环境下，供应链合作伙伴对物流业的依赖程度越来越大，相应地，其面对的经营风险也越大。物流企业要做到快速，保质保量，必须科学规划管理物流流程，减少不必要的环节，不断健全物流网络，增加物流系统的透明度。实际上，物流企业不是直接降低了自身经营风险，因为其自身并不存在库存问题，面临的主要风险来自于顾客提出的质量服务要求和竞争对手，但其高质量的运作可以使工商企业的库存水平降低，降低整个供应链的经营风险，广泛得到顾客的认可，也为自身的生存和发展创造更多的机遇，因此物流企业的生存发展很大程度上也依赖于他们与供应链合作对象的合作效率。从这个意义上来说，物流企业在电子商务环境下，需要提升经营水平，直接降低供应链整体面临的整体市场经营风险，也间接地降低了自身的经营风险，实现电子商务物流的柔性化经营。

4. 物流业的信息化水平不断提高

信息技术的创新创造了巨大的产业和市场，引发了新的产业革命，它引导人类社会向知识经济和信息社会的方向迈进。目前信息技术在物流方面的运用越来越广泛，信息流与物流的集成已经成为一种趋势。

首先，在电子商务环境下，信息技术改进了物流和配送服务。先进的技术设备如计算机技术、通信技术、机电一体化技术、语音识别技术等得到普遍应用。世界上先进的物流系统运用了全球卫星定位系统、卫星通信、射频识别装置、机器人，实现了物流和配送的自动化、机械化、无纸化和智能化。物流企业运用互联网来改善其信息系统，实现从原材料采购、加工生产、运输、销售，直至逆向物流全过程的一体化控制；在改善信息处理的基础上，实现物流目标系统化、物流功能集成化、物流过程自动化，提供更为完善的物流服务。美国橡胶公司（USCO）的物流分公司设立了信息处理中心，接受世界各地的订单；IBM 公司只需要按动键盘，即可接通 USCO 公司订货，通常在几个小时内便可以把货送到客户手中。良好的信息系统能提供更优质的信息服务，以赢得客户的信赖。在欧洲，一些大型的配送公司里，往往建立了有效的客户反应和准时制系统。所谓有效客户反应（Efficient Customer Response，ECR），即做到根据客户需要进行生产和配送。通过准时制系统（Just In Time，JIT），可以从零售商店很快地得到销售反馈信息。其配送不仅实现了内部的信息网络化，而且增强了配送货物的跟踪信息，从而提高了服务水平，降低了成本，增强了配送企业的竞争能力。我国物流企业在此方面虽然与世界先进水平相比还存在一定的差距，但也不乏成功运用信息技术的例子。例如，宝供物流企业集团凭借其遍布全国的物流网络和基于互联网覆盖全国的物流信息网络，与宝洁、百威啤酒、通用电气公司、联合利华等著名跨国公司进行紧密合作，多年来为这些客户提供了优质的物流和配送服务及信息服务，该公司全国联网的在线物流信息查询和跟踪系统为客户增加了另一种价值——物流系统的透明性。深圳福田区的海福公司是一家基于保税业务的物流公司，该公司拥有一套网络系统，能通过 EDI 方式与几百家国内外的上游供应商和下游用户进行实时交互，大大降低了用户的库存成本。以上信息化优势使该公司成为 IBM 公司、美能达等高科技企业在深圳的物流总代理，以及 IBM 公司东南亚地区的配送中心。

另外，电子商务促进了物流管理的信息化。首先，物流企业已经可以实现数据收集的数据库化、处理的电子化和计算机化、信息传递的标准化和实时化，物流信息储存的数字化。其次，物流企业通过建立外部网络，利用互联网的巨大优势开展网上业务，建立物流服务网站。通过网络物流中心能与海关、码头、航空机构相连，充分利用现有的社会物流设施，建立和完善其与铁路、公路、水运、空运等联网配套的综合运输体系，实现网络化管理。最后，物流企业建立企业内部网络，实现企业内部各部门成员、各部门之间的双向实时联系，企业成员可以快速获得职能部门的指令，同时提交反馈的信息，减少了物流企业内部管理的不必要的环节，提高了反馈的速度。因此，电子商务时代物流企业通过合理地利用信息处理和传输系统，并实现企业内部以及企业与合作伙伴之间的信息共享来提供最佳的物流服务。在此方面，国外不乏很多成功的实例。在美国，洛杉矶西海报关公司与码头、机场、海关信息联网，当货物从世界各地起运时，客户便可以从该公司获得达到的时间、到泊（岸）的准确位置，使收货人与各仓储、运输公司等做好准备，使商品在几乎不停留的情况下，快速流动、直达到目的地；美国干货储藏公司（D. S. C）有 200 多个客户，每天接受大量的订单，需要高效的信息系统，为此，该公司为许多表格编制了计算机程序，大量的信息可迅速输入、传输，各子公司也是如此。在欧洲，某配送公司通过远距离的数据传输，将若干家客户的订单汇总起来，在配送中心里采用计算机编制出“一笔画”式的最优“组配拣选单”。配货人员只需要到仓库转一次，即可配好订单上的全部要货。

5. 物流业向国际化方向发展，全球化经济促进物流系统的优化

第二次世界大战后，经济全球化的趋势日趋明显，当今占全球贸易总量 80% 的跨国公司为发挥地区优势、降低成本，越来越有将综合性生产过程分散到全球各地的趋势，而电子商务进一步加速了全球经济的一体化，国际物流已经成为物流系统的重要组成部分。传统物流企业需要配置大面积的仓库，而电子商务企业可以将分布在各地分属不同所有者的仓库通过网络系统相连，形成“虚拟仓库”，进行统一调配使用，同时服务半径和货物集散空间也得到了扩展。因此，现在的电子商务物流企业在组织资源的速度、规模、效率和资源的合理配置上都远远优于传统物流企业，实现国际化物流管理是不少物流企业具有的优势，顺应了电子商务发展的要求，同时国际化也是很多相对薄弱的物流企业今后努力的方向。

此外全球经济的融合也带来了物流系统的调整和优化。市场边界扩大后，要重新设计覆盖市场范围的物流系统，企业可能在不同的市场配置不同的制造资源，企业会在全球范围内统筹生产资源，在不同地点生产不同的组件后，通过物流和配送系统送到指定的地点。显然，工厂设置的位置、产品销售的去向、物流中心和配送中心设置的位置等问题需要统筹考虑，因此产业资本大流动的时候，往往伴随着物流和配送网络的大调整。我国是一个国外产业资本净流入的国家，产业资本的大量流入和国内资本在地区间和产业间的流动，都会带来大量物流和配送的新需求。目前一些国内的新型第三方物流企业相对于国外物流业的竞争对手，在一些方面甚至具有更多的竞争优势，如他们熟悉国内的物流和配送政策、人文特色、法律法规、资源条件等。

1.5.2 电子商务物流存在的问题

电子商务的发展带动了传统流通业的革命，流通的过程和模式正发生着根本性的变化。通过电子商务也向物流的发展提出了很多新的要求，人们在享受电子商务快捷方便服务的同时，越发感受到物流相对滞后所带来的瓶颈效应。我国的电子商务物流水平尽管在电子商务的冲击以及电子商务平台提供的帮助下，取得了较大的发展，但相对电子商务顾客提出的要求仍存在较大的差距。综合国内学者的主要观点，我国电子商务物流所存在的问题主要表现在以下几个方面。

1. 企业经营电子商务物流面临资源不足的问题

随着市场的不断完善和竞争的日趋激烈，新企业进入一个行业领域的自由度大大增加。因此，在不存在大量投资机会的情况下，企业为了生存和发展必须具备规模经济，降低成本，提高运作效率。在这种情况下，企业要想不被其他企业所兼并，只有具备强大的实力去兼并其他企业，除非企业本身已经很有规模或者企业所涉及的行业是边际利润低、大资本不愿意进入的，而且该企业已经具有较大的规模。基于电子商务物流这个新兴行业的特点，国际上很多资产重组的企业中，大多数并非以物流作为核心业务的企业通常都会将物流业务外包给第三方物流企业去经营，第三方物流也因此具有全球性的巨大市场，然而我国的现状正好相反。例如，国内家电行业的很多著名企业都有大量资产沉淀在物流上，有的公司投资建设拥有 1300 多辆送货车的车队，在全国各地很多城市建设仓库，然而，耗费的大量投资却没有为企业带来收益，反而库存积压越来越严重，物流成本的增长比销售收入的增速还快。因为物流并不是该企业的核心业务，既不能作为企业的利润增长点，也不能获得专业化、低成本的物流服务，企业应将资源集中于其核心业务上，而将物流外包给专业的第三方物流，或将这部分资产分离出去收回投资，以获得未来长期的发展。世界领先企业一般依靠第三方物流提供稳定、优质的服务，合作双方一般要签订长期合作协议，双方还可能为这种战略联盟的关系进行专门投资。例如，日本采用的“核心企业—卫星企业”合作机制，欧美企业与战略合作伙伴建立的供应链等。因此，面对物流服务需求，工商企业自身资源明显不足的现状，第三方物流的外包服务业务商机巨大。同时，我国的物流企业需要向国外先进企业学习，与供应链上游企业建立战略合作关系，更好地服务于其供应链上游合作伙伴。

同时，目前我国电子商务对物流的需求与物流企业所提供的供给之间的差距很大。从总体上讲，我国物流资源尽管充沛，但仍然存在大量的、未被充分利用的配送资源。对物流企业而言，电子商务对配送需求的多样性和分散性，为物流企业整合系统内资源提供了内在的动力和外在需求，建立全国性的、遍布城乡的物流配送体系，适应电子商务物流配送的需求已经迫在眉睫。

2. 企业经营电子商务物流面临物流网络方面的问题

国际互联网的无边界性导致了电子商务客户区域的分散性与不确定性，而过于分散的物流网络不利于物流企业降低成本。过于分散的物流配送网络与过低的配送价格容易导致电子商务企业与物流企业之间的矛盾激化，这也是电子商务未到规模效益的另一种表现。从电子商务企业的角度来看，应从区域与市场上对客户服务网络定位和将其调整得相对集中，指定配送的地区和服务对象，这样有利于物流企业将配送资源适度集中进行以降低配送成本。很多电子商务企业选择一个相对集中的细分市场开展业务也是基于这种考虑。另外，一些电子商务企业虽然市场分布在空间上非常广阔，但由于其经营的业务附加值较高，因此具有承受较高物流成本的能力，这也是一种有效的商业经营模式。而从物流企业的角度来看，整合物流资源、建立虚拟物流网络也十分重要。我国物流资源，包括仓库库房、运输车辆等，总体上比较充足，但结构上却出现过剩的态势，而与此矛盾的是一些企业的物流服务需求却得不到满足，其根本原因就在于上述物流资源结构上的过剩，即物流资源的组织并没有得到优化。而虚拟网络就是要利用这些分散的物流资源，将其合理地进行组织、协调，以提供市场需要的物流服务。对于物流企业来讲，虚拟物流网络的构建既能降低自身的投资和运营成本，又能提高服务的水平、辐射更广的服务区域，目前国内一些物流企业已经开始在这方面进行尝试。

3. 企业经营电子商务物流面临物流需求规模和服务费用问题

目前，我国电子商务物流需求基本没有达到物流企业规模化运作的最低要求。在物流需求数量（即单位时间和空间范围内的物流需求量）有限的情况下，物流企业无法分摊较高的固定成本，从而难以降低服务价格，这也是物流企业参与电子商务物流积极性不高的原因之一。当然，物流企业也不应等到电子商务达到规模经济以后再参与其物流服务，而应该及早地介入电子商务以抢得商机，当前阶段可采用创新性的商业模式来缓解成本压力。例如，一些企业将传统物流需求与电子商务物流需求结合起来运作，一些物流企业将多家电子商务企业的物流需求综合在一起开展运作。

由于物流经营还不能实现规模经济，成本过高，使得物流的需求与供给间的协议价格差距仍然较大，而物流的高成本加剧了电子商务企业与物流企业之间在费用分摊上的矛盾。电子商务企业的物流活动不仅面向批发商和零售商，还要直接面对大量的最终消费者，而且电子商务不受时空的限制，一般来说较难形成集中的、有规模的物流量，由此造成物流管理和物流作业任务复杂而琐碎，成本居高不下。尽管电子商务企业能够省去店面租金成本，但商品的存储费用不容忽视。由于企业通常想把精力投入技术更新和市场开发上，所以把商品储存等传统业务外包给其他企业。但目前的情况是，很多第三方物流企业并不能满足电子商务企业的需要，服务的质量、稳定性等都与服务要求有一定差距，因此电子商务企业不得不投入大量的人力和物力去开拓其本身并不熟悉的仓储业务等，从而增加了电子商务的运作成本。

4. 企业经营电子商务物流面临服务内容的问题

电子商务企业希望物流企业不仅仅提供送货服务，而是作为电子商务企业的合作服务商，协助电子商务企业完成售后服务，提供更多增值服务内容，包括跟踪产品订单、提供销售统计和报表等，进一步加强电子商务企业的核心服务价值。目前，国内一些新兴物流企业能够提供不同层次的增值物流服务，而很多传统物流企业在这个方面显得较为欠缺，这些企业要适应未来电子商务的发展必须尽快改变单一送货的服务观念，提供衍生性的物流服务。电子商务企业对物流的理解是从电子商务本身的需求调度提出的，对物流企业来说这些需求为其带来更多的市场机会；因此，解决电子商务中的物流问题不仅是物流企业的责任，更需要电子商务企业的积极参与和协助。

5. 企业经营电子商务物流面临人员及管理的问题

电子商务企业的从业人员多数接受过国内外的高等教育，而目前国内的物流企业人员相对来说素质较低，在一定程度上存在沟通与交流的障碍，不利于双方长远的合作与发展，物流企业需要注意提高自身的人员素质。

同时，电子商务企业资金多来自海外的风险投资，其领导者具有较高的知识和管理水平，对企业的配送服务要求也比较严格。因此，物流企业应该考虑不同档次客户的需求，提高管理水平以适应电子商务企业高标准的要求。

6. 企业经营电子商务物流面临企业间关系及协议的问题

从各方的反应来看，物流企业与电子商务企业的关系并不是很和谐。从各方面角度来说，双方如果不能建立长远友好的合作关系，必将影响双方在未来的投资。另外一方面，电子商务企业与物流企业签订的合作协议以短期的居多，而长期协议几乎没有，不利于物流企业制订长远的投资与服务计划，短期协议制约物流企业对配送体系的投入热情与采用新技术，不利于降低物流成本。

除此之外，观念上的问题也是制约电子商务物流发展的一个重要因素。电子商务企业从自身服务的要求提出物流服务需求是满足顾客需求的根本保障，而目前物流服务与客户需求的差距是客观存在的。基于以上的分析，电子商务企业不应该仅仅指责物流企业服务价格过高、送货不及时、配送网络范围狭小未能满足全国甚至世界性配送服务需要等，而应与物流企业通力协作并提供支持，两者共同达到新的服务高度。

【案例】

沃尔玛公司中国：自建物流之困

零售大鳄沃尔玛公司在供应链优化方面从来不遗余力。继2010年年初与中国香港利丰公司成立合资公司整合全球采购业务之后，2010年6月初，沃尔玛公司总部又宣布将接管供应商的部分配送业务，以降低综合物流成本。

沃尔玛公司负责公司运输业务的副总裁阿贝尼（Kelly Abney）表示，沃尔玛公司的目标是接管供应商，能够以更低成本完成物流任务的运输工作，从而将节省的物流成本以降低商品价格的方式返还给消费者。

然而，对于沃尔玛公司主要的商品采购基地，同时也是其未来主要市场的中国区域来讲，这项“看上去很美”的计划却难以推广。关于是否在中国实施接管供应商物流的计划，沃尔玛公司中国区总部称，沃尔玛公司始终努力降低运营成本，并回报顾客，以此实践“为顾客省钱，使他们的生活更美好”的使命。但在中国并没有接管运输工作的计划，沃尔玛公司也并未透露目前其中国区物流配送的模式。2010年年初，部分沃尔玛公司供应商收到了试点

"新物流"的通知，但由于供应商情况不尽一致，对此计划内部也出现了不同的声音。

尽管零售企业一直在探寻从供应链上的节省成本之道，但是，在供应商意见不统一的背后，是中国沃尔玛公司面临的物流难题：如何协调供应商多元化和配送统一化之间的矛盾，自建物流是否能够真正执行，在执行过程中到底遇到哪些问题。

1. 商品集中配送——第三方物流公司相当于沃尔玛公司收货员的延伸，它将按照沃尔玛公司的标准对供应商的商品进行全面质检

北京天福号食品有限公司总经理方飞跃透露，沃尔玛公司新物流计划已经有部分供应商参加，但考虑到沃尔玛公司物流是委托第三方进行的，不是很成熟，费用较高，他们公司还未决定是否要参加，具体时间看情况而定。作为沃尔玛公司熟食类商品的供应商，天福号主要依靠自营车队将商品直接配送至沃尔玛公司门店。

然而，同样作为沃尔玛公司的供应商，北京金路易速冻食品却对这项计划表示支持。"沃尔玛公司方面希望我们支付占销售额3.5%的物流费用，虽然我们平均的物流成本要小于3.5%，但有些门店的配送成本相当高，如果能把这项业务外包出去，也是值得的。"金路易食品物流负责人吴先生说。

事实上，在生鲜食品的集中配送方面，沃尔玛公司已经做出了些许尝试。

2010年夏天，北京快行线食品物流有限公司显得格外忙碌。自2010年1月与沃尔玛公司签署协议，成为沃尔玛公司华北区第三方物流服务商以来，快行线物流为这个"挑剔"的客户做了诸多改变：专门开辟出约1700 m^2 的0～4℃保鲜库为沃尔玛公司存放和分拣生鲜商品，设立华北区沃尔玛公司生鲜配送中心（DC）办公室，配合沃尔玛公司生鲜DC项目组开展工作，完成配送任务。快行线食品物流沃尔玛公司华北区生鲜DC，主要为沃尔玛公司华北区14家门店集中配送生鲜商品，其中北京11家，天津2家，廊坊1家。北京快行线物流有限公司项目经理马胜前表示，由于还处于试运营阶段，他们只负责配送部分蔬果类的订购商品，以后打算将沃尔玛公司全部生鲜商品接过来做。

快行线与沃尔玛公司合作流程是这样的：沃尔玛公司门店通过信息系统向生鲜供应商下订单，供货商接到订单后，根据订单信息及商品情况同DC预约送货时间，快行线食品物流接到预约会做一些准备工作，如人员调度、库房调配等。此时的快行线相当于沃尔玛公司收货员的延伸，它将按照沃尔玛公司的标准对供应商的商品进行全面质检。快行线收货完毕，便向沃尔玛公司的门店预约送货时间。作为甲方，沃尔玛公司对快行线物流实施严格的考核制度。沃尔玛公司每天都要对物流进行考核，送货准确度、商品品质、到货及时率，甚至送货人员的服务态度都要纳入考核指标。

在结算方面，沃尔玛公司根据快行线物流每个月配送的实际商品数量来计算费用。据马胜前介绍，收货仓储方面根据货量计费，配送到店根据趟次来计费。"事实上，在沃尔玛公司向供应商提交订单的时候，物流的费用基本上统计出来了。只不过沃尔玛公司还要根据上述指标进行考核。"马胜前说。

此外，采用第三方物流，沃尔玛公司相当于将收货、验货的岗位迁移，因此，沃尔玛公司会经常对快行线物流的收货员进行培训，使其熟知沃尔玛公司对商品质量的要求。"自从成立沃尔玛公司华北区生鲜DC以来，沃尔玛公司为我们开辟了送货绿色通道，方便我公司送货人员的交接，送货效率有了很大程度的提高，"马胜前说，"减少排队等待时间，是签约沃尔玛公司以来一个明显的改观。"

据了解，大卖场门店的收货员有权利决定什么时间收哪家供应商的商品。因此，业内一个众人皆知的秘密是，很多供应商为了能让自己的商品早点被接受，往往成立了专门的公关小组对各大超市的收货人员进行“公关”。当然，这笔费用自然会算到物流成本里面。

不过，对快行线来说，刚开始合作，难免会出现一些失误。“主要表现在到货不及时，按照协议，到货不能晚于约定时间一个小时，否则需要进行二次到货预约，前期在二次到货预约上我们公司做的还不到位。”马胜前说。

除了在北京以外包的形式成立的生鲜配送中心以外，沃尔玛公司还在天津建立了配送中心，负责日杂、百货类商品的配送。

2. 供应商之虑——“可能不专业”、“费用的不确定性”以及“让自己的物流系统失去价值”

沃尔玛公司通过整合物流减轻供应商配送商品的负担，同时将降低成本反馈给消费者，这一项看起来双赢乃至多赢的计划，在供应商看来却未必如此。

保定集宏兴服饰公司北京销售总经理王保奎表示，“我们肯定是不会将运输外包出去的，”王保奎担心把物流交给别人来做，“可能不专业”。

集宏兴服饰是河北一家以生产衬衫、西裤为主的服饰企业，它负责供应沃尔玛公司华北区卖场中90%的衬衫，此外，它还是凡客诚品的代工企业。“衬衫与其他商品不同，根据尺码、颜色，它分了好多品种，如果把它送到物流中心再分配到门店容易拿乱。”王保奎说。据了解，集宏兴服饰的配送是由厂家直接配送至沃尔玛公司门店的。

“这反映出供应商对零售企业自建物流的不信任。”物美集团副总裁于剑波说，“一些供应商缺乏对现代物业分工的认识，他们以为把一切环节掌握在自己手中是最放心的”。物美集团华北区配送中心于2009年12月投入使用，与沃尔玛公司类似，物美集团希望供应商将商品运输到物流中心，然后由物流中心来负责向每家门店分配。

到2010年6月，物美北京300多家小型门店商品的自营物流比率达到了90%，100多家大卖场的自营物流比率是50%。“我们希望2011年大卖场物流自营比率提高到70%，”于剑波说。在于剑波看来，提高商品物流自营比率的直接好处是减少门店缺货的现象。“尤其逢年过节，供应商配送也很忙，容易出现配送不过来的情况，而这个时候门店缺货会影响到全年的销售额。”于剑波说。

此外，配送费用也是供应商的顾虑之一。据了解，沃尔玛公司推出此计划以后，有两家供货商的官方人士称，沃尔玛公司期望的减价有时达到了运费的两倍。这两家公司就是这种情况，沃尔玛公司算出来进价需降低6%，但供货商估计，运费其实只占进价的3%。此外，一些供应商担心沃尔玛公司将会像收取进店费、通道费、促销费那样复杂多样的费用使得物流费用有更多的不确定性。

供应商的第三重顾虑是，由于多年的代理分销经验，使得供应商自身拥有完备的仓储系统和运输团队，而沃尔玛公司的接管物流计划将使得这些供应商投资上千万元的物流系统失去了使用价值。湖南海龙物流分销有限公司总经理胡文明也表示不赞同沃尔玛公司该计划。海龙物流负责为沃尔玛公司长沙的门店配送粮油商品。

“我们有自己的仓库和配送队伍，肯定不希望沃尔玛公司来接管物流”胡文明表示。另一方面，中国的物流与分销体系不可分离。每一级的代理商都有自己的销售范围，如果沃尔玛公司接管物流，将打乱商品的分销体系，这也是供应商不愿意看到的。“以金龙鱼为例，我们只代理长沙地区的金龙鱼，如果沃尔玛公司将其配送到湖南娄底去卖，我们也不会同意。”胡文明说。

供应商不肯放权物流配送的深层原因，是其与沃尔玛公司对渠道的争夺，谁都想把控供应链的更多环节，从而争取更多利润。

3. 尾声：大物流之难——“自建物流是一笔赔本的买卖？”

接管供应商物流，体现出沃尔玛公司的大物流概念。所谓大物流，是指企业的自有物流（车队、仓库、人员等）和第三方物流企业的配送信息与资源的共享，以实现更大限度地利用社会各方面的资源，减少物流总支出、降低运营成本。

从理论上来说，大物流是流通行业将来发展的大势所趋，但有观点认为，以我国目前物流行业整理水平来看，大物流很难付诸实践。

“中国物流业的真正兴起是在近十年左右的时间出现的，而物流业界之内对物流的理解大部分仍停留在概念的阶段，所谓的第三方物流企业所做的还是最初的运输企业要做的运输业务，中国目前的物流行业还根本上没有发展到那样的高度。”物流行业专家王俭延表示。

在王俭延看来，由于我国第三方物流水平参差不齐，使得沃尔玛公司很难找到一家令自己满意的物流服务商。“在目前的中国内地找一家软硬件基本上能满足其基本需求的第三方物流企业真是像大海里捞针一样难。”王俭延说。

此外，在一些零售物流行业人士看来，物流表现出明显的区域性，不管企业整体销售额如何巨大，如果它在某个区域没有形成足够的市场占有率，自建物流是“一笔赔本的买卖”。“如果你在某个地区只有十来家门店，这样自己供应商配送就可以了，没必要建立物流中心，如果你有数百家门店，这个时候自建物流的优势才能显示出来。”物美副总裁于剑波表示。

那么，门店数目到达多少以后方可自建物流呢？“按照德国零售企业巨头阿迪超市（Aldi）的算法，当直径50 km的范围内门店数超过200 家的时候，就可以考虑建立配送中心了。”于剑波表示。

4. 案例点评：渠道博弈的必然

中国经营报社研究院副秘书长杜培枫认为，渠道是自建还是外包要以经济学中的“盈亏平衡点”来分析，才能判断出孰优孰劣。不过，经济发展规律和社会变迁证明，专业化的分工无疑是推动企业和社会效率提升的动力。当渠道服务被看作是利润获取的第三源泉时，供给双方就要在博弈中相互挤压，直至最后的平衡。在本案中，我们尚不得知沃尔玛公司是否真的要推出所谓的“新物流”概念。根据中国经营报社研究院的观察，这种到供应商那里抢饭吃的做法绝对不是好现象。

企业自建物流运营机构而不是寻找第三方形成契约关系，确实可以从中提升一点利润空间，以此来弥补其他方面的利润损失。其实，这等于向上游供应商间接获得了商品采购的返点，增加了机会成本——自己拥有一套新的投资、运营体系和人力资源管理。

至于商品供应商和服务供应商提出否定建议是因为，一方面不愿意看到自己被不易争取到的客户所抛弃；另一方面，对于重资产的服务供应商，会直接面临投入产出的严重失衡，投资回报将受到极不乐观的挑战。这也是近些年来物流企业围绕是做重资产与轻资产公司争论不断的原因—— 一旦客户自营或者撤离，拥有重资产的物流服务供应商如何迅速获取新的客户业务；而商品供应商考虑的问题是，如果零售商的网点不断密集化，再由其来掌控物流配送的末端，那么商品服务商如何控制更加复杂的窜货行为。

规模扩张的后果，会催生企业持续寻找公司健康发展的平衡之道。否则，边缘性业务迟早会拖累主业经营。毕竟，企业和个人一样，都有自己最擅长的一面。

资料来源：中国经营网，http://www.cb.com.cn/deep/2010_0710/138265.html

本章小结

电子商务是网络经济时代的全新商务模式，它向物流服务提出了新的要求；物流作为电子商务的重要组成部分，需要和电子商务的其他三要素——商流、资金流和信息流匹配才能实现电子商务总体水平的提高。

本章首先对电子商务进行了概述，介绍了电子商务的概念、特点和主要的电子商务模式。其次，对现代物流进行了概述，首先介绍了现代物流的内涵，再对现代物流的主要相关理论进行了简要介绍，包括商物分离理论、"黑大陆"理论和物流成本冰山理论、"第三利润源"理论、效益背反理论、成本中心理论、利润中心理论、服务中心理论和及物流的供应链管理理论；然后分析了现代物流系统的内涵及特点，并对现代物流系统的构成进行了分析，在此基础上提出了现代物流管理的含义，并分析了现代物流管理的特点。在对电子商务和现代物流进行概述的基础上，本章对电子商务与物流的关系进行了阐述，首先分析了电子商务对物流的影响，再对物流对电子商务的支撑作用进行了说明。接下来，本章对电子商务物流与物流电子商务化进行了分析，首先分析了电子商务物流的概念及其提出的背景、电子商务流的特点和一般流程；接下来分析了物流电子商务化的含义和主要内容；最后，分析了电子商务物流的发展现状以及我国电子商务物流目前存在的主要问题。

习　　题

一、单项选择

1. 电子商务概念模型中，最重要的组成要素是（　　）。

   A. 信息流　　B. 资金流　　C. 商流　　D. 物流

2. Physical Distribution 实际指的是（　　）。

   A. 供应物流　　B. 生产物流　　C. 分销物流　　D. 逆向物流

3. "物流成本冰山" 理论成立的原因不包括以下的（　　）。

   A. 物流成本的计算范围太大

   B. 物流成本的计算对象问题

   C. 物流费用应包括向外支付的成本

   D. 列入物流成本的费用类型的选择

4. 主张的是直接效益的物流认识观点是（　　）。

   A. "服务中心" 型　　B. "成本中心" 型

   C. "利润中心" 型　　D. "管理中心" 型

5. 现代物流系统的构成不包括（　　）。

   A. 现代物流配送系统　　B. 现代物流作业系统

   C. 现代物流管理系统　　D. 现代物流信息系统

6. 关于现代物流管理的特点正确的是（　　）。

   A. 以顾客满意和成本为第一目标

   B. 聚焦于整个流通渠道的商品运动

   C. 从局部最优入手追求企业整体最优

D. 重效果更重效率

7. 以下关于物流与电子商务关系的理解不正确的是（　　）。

A. 电子商务改变了人们对物流理念的理解

B. 电子商务改变了物流的实际运作方式

C. 物流是企业电子商务的利润源泉

D. 物流是实现服务个性化的根本保证

8. 电子商务物流柔性化要求物流配送中心要根据消费需求，进行（　　）形式的配送。

A. 多品种、小批量、多批次、短周期

B. 少品种、多批量、多批次、短周期

C. 多品种、小批量、少批次、长周期

D. 少品种、多批量、少批次、长周期

9. 关于电子商务物流和传统商务活动中物流的一般流程说法不正确的是（　　）。

A. 电子商务物流流程与传统商务活动的物流流程具有类似性

B. 传统商务活动不需要将商流、资金流和信息流进行整合

C. 电子商务物流借助于电子商务平台效率更高

D. 传统商务活动的物流活动的组织是围绕价值链的

10. 关于物流的电子商务化所包含的增值性的物流服务不正确的是（　　）。

A. 市场调查与预测　　B. 物流方案的选择与规划

C. 货款回收与结算　　D. 第四方物流服务

二、多项选择

1. B2C 模式电子商务可划分成以下哪些经营的模式（　　）。

A. 虚拟社群　　B. 交易聚合

C. 广告网络　　D. 线上与线下结合的模式

E. C2C 模式

2. 与传统环境下商流和物流合一相比，电子商务环境下商流和物流的分离具有（　　）的特点。

A. 保管　　B. 输送

C. 流通加工　　D. 信息处理

E. 配送

3. “效益背反”是物流领域中很普遍的现象，它主要内容包括（　　）。

A. 物流成本与服务水平的效益背反

B. 物流各功能活动的效益背反

C. 物流各功能所耗费用之间相互制约

D. 各物流功能子系统成本与服务水平的关系

E. 物流的各功能与效益之间是相互制约的

4. 关于供应链和供应链管理的特点以下正确的是（　　）。

A. 供应链是一个双向过程　　B. 供应链是全过程的战略管理

C. 不同链节上的库存观可能不同　　D. 供应链管理采取的是新的管理方法

E. 供应链是固定的

5. 与传统物流系统相比，现代物流系统主要具有的特征包括（　　）。

A. 自动化与信息化相结合　　　　B. 专业化和协作化相结合

C. 服务市场化和国际化　　　　D. 高度柔性化

E. 高度智能化

三、简答题

（1）广义的电子商务与狭义的电子商务的区别及联系是什么？

（2）现代物流和传统物流有什么差异？

（3）怎样理解物流对电子商务的支撑作用？

（4）我国电子商务物流目前存在的主要问题是什么？

四、实训题：物流企业类型调查

（1）实训目的：通过实训，了解目前国内的主要物流企业类型名称及基本情况。

（2）实训内容：通过网络资料收集分析及学校所在城市物流市场的实际调研，了解国内目前主要物流企业的类型，了解各类物流企业的所包括的主要企业名称及基本情况。

（3）实训要求：参与实训的学生以分组的形式，在教师的指导下，分工协作完成实地调研和网上资料收集，并将资料进行分类整理，形成最终的实训报告。

第2章　电子商务物流配送和配送中心

【学习目标】

1. 了解和掌握配送和配送中心的基本概念、特点和功能
2. 了解和掌握配送和配送中心的主要作业流程
3. 了解和掌握电子商务环境下配送关键环节的优化方式和途径
4. 了解和掌握电子商务环境下配送中心规划的一般方法
5. 了解和掌握电子商务环境下配送中心选址的方法和模型

【引例】

北京春溢通：城市配送 专业决胜

随着城市产业布局的调整、现代消费方式的不断升级、电子商务技术的广泛应用以及城市工商业发展模式的多元化，道路货运中小批量、多频次、时效性强的直接配送、住宅配送以及“门到门”配送需求日益增长。因此，城市配送作为一个快速崛起的新兴行业应运而生。

北京春溢通物流有限公司（以下简称“春溢通公司”）董事长、中国物流与采购联合会常务理事春玉田说，城市配送是物流链条中最后一公里的配送，在整个供应链环节内起着极为重要的纽带作用。春溢通公司是一家以“城市配送”为特色的现代化综合型第三方物流企业，拥有两个完善的物流配送中心，配有砖混结构及轻型彩钢结构的常温及保温库房、备货站台、轻型及重型货架、电动叉车等基础设施，可用仓储面积7万多平方米，同时拥有仓储信息管理系统、运输信息管理系统及远程安全视频监控系统等现代化物流信息管理系统。

一直以来，春溢通公司秉承着以降低环境污染、减少资源消耗为目标的“绿色物流”理念和集约式发展模式。2008年北京奥运会期间，为响应北京举办一届绿色奥运的号召，春溢通公司投入大量资金将100多辆黄标车全部更换成绿标车，凭借良好的服务水平获得了“奥运绿色车队”资质，光荣地承接了奥运福娃纪念品及部分场馆的后勤物流服务，为北京奥运的成功举办贡献了力量，同时也获得了奥组委颁发的特别贡献殊荣。

从2008年下半年开始，春溢通公司以提高快速消费品配送的快速响应能力和竞争能力为初衷，对快速消费品配送的客户需求进行调研，充分了解到快速消费品行业生产经营单位物流需求无法得到满足的状态。随即，春溢通公司优化配置资源、提升服务质量，开启了“城市配送绿色物流项目”。该项目以集中仓储、整合配送、优化线路和管路为目标，改变了单一客户配送模式，将多客户集中整合优化配送，使生产销售企业降低了成本，同时使得每日出行车次减少40%～82%，油耗降低30%～74%，二氧化碳排放降低30%～65%，缓解了交通压力，达到节能减排、保护环境的目的。

此外，春溢通公司的迅速发展壮大，也得益于“城市配送”业迅猛发展的东风。2009年3月国家出台的《物流业调整和振兴规划》中，城市配送被列入九大工程提至优先重点发展的高度。规划细则中明确指出，要“鼓励企业应用现代物流管理技术，适应电子商务和连锁经

营发展的需要，在大中城市发展面向流通企业和消费者的社会化共同配送，促进流通的现代化，扩大居民消费。加快建设城市物流配送项目，鼓励专业运输企业开展城市配送，提高城市配送的专业化水平，解决城市快递、配送车辆进城通行、停靠和装卸作业问题，完善城市物流配送网络。”

目前，春溢通公司“城市配送绿色物流项目”一期和二期已经完成且运行平稳，可有效解决北京市中心区城市配送问题。据介绍，春溢通公司的下一个目标是在未来五年内实现上市，到那时，春溢通公司将建成一级城市配送网络，引进更先进的科技和管理手段，将公司的发展引入全新的阶段。

资料来源：《现代物流报》2011. 6. 15

2.1 物流配送和配送中心概述

2.1.1 配送和配送中心

1. 配送和配送中心的定义

配送是现代物流发展的产物，也是市场竞争的产物。企业受利润、市场份额的驱动，急需寻找一种方法来提高其送货服务水平，降低送货成本，扩大自己的市场。随着物流学的诞生，配送这个新事物一出现就立刻引起企业的关注。于是，配送概念中便出现了合理的货物配备、车辆调配、路线规划、配装及送达等新的内涵，它们进一步延伸就形成了现代社会的配送。

配送业务与运输、仓储、装卸搬运、流通加工、包装和物流信息处理融为一体，构成了物流系统的功能体系。配送是指根据客户需要，按照订货要求和时间计划，对物品进行加工、拣选、分割、包装、组配等相关作业，并按时送达规定要求的地点的物流活动。配送一定是根据用户的要求，在物流据点（配送中心）内进行分拣、配送等工作，并将配装好的货物在适当的时间和地点送交收货人的过程。它是物流中一种综合的活动形式，既包含了物流活动，也包含了商流活动中的若干功能要素。它将物流与商流紧密、有效地结合起来。

配送中心是物流配送活动完成的一个主要地点。国内外诸多学者基于不同的认识对配送中心有着不同的诠释。

(1) 配送中心的一般定义

“配送中心是指接受并处理末端用户的订货信息，对上游运来的多品种货物进行分拣，根据用户订货要求进行栋选、加工、组配等作业，并进行送货的设施和机构”。《物流企业操作指南》在对此进行科学完善的基础上，权威性地指出了配送中心的设计、流程、模式。

(2)《物流手册》中对配送中心的定义

物流配送中心是从供应者手中接受多种大量的货物，进行倒装、分类、保管、流通加工和信息处理等作业，然后按照众多需要者的订单要求备齐货物，以令人满意的服务水平进行配送的设施。

(3)《现代物流学》的定义

配送中心是从事货物配备（集货、加工、分货、拣选、配货）和组织对用户的送货，高水平实现销售或供应的现代流通设施。

（4）日本《市场用语词典》对配送中心的定义

配送中心是一种物流节点，它不以仓库的这种单一的形式出现，而是发挥配送职能的流通仓库，也称作基地、据点或流通中心。配送中心的目的是降低运输成本、减少销售机会的损失，为此建立设施、设备并开展经营、管理工作。

（5）《货运物流实用手册》对配送中心的定义

配送中心是实现配送业务的现代化流通设施。配送中的货物配备是配送中心主要的业务，是全部由它完成的；而送货既可以完全由它承担，也可以利用社会货运企业来完成。

综上所述，无论人们是把配送中心看作从事配送活动的经济组织，还是将它称作组织送货等活动的物流设施，配送中心都是配送活动的聚集地和发源地，同时，也是物流活动的枢纽。

2. 物流配送的功能要素

物流配送功能要素包括备货、储存、分拣及配货、配装、配送运输、送达服务和配送加工。

（1）备货

备货是配送的准备工作或基础工作，包括准备货源、订货或购货、集货、进货及有关的质量检查、结算、交接等。配送的优势之一，就是可以集中用户的需求进行一定规模的备货。备货是决定配送成败的初期工作，如果备货成本太高，会大大降低配送的效益。

（2）储存

储存有储备和暂存两种形态。储备是按一定时期的配送经营要求，形成的对配送的资源保证，可在配送中心附近单独设立仓库。这种类型的储备数量较大，储备结构也较完善，视货源及到货情况，可以有计划地确定周转储备和保险储备的数量。另一种储存形态是暂存，是具体执行配送时，按分拣配货要求，在理货场地内暂时地存储少量货物。由于总体储存效益取决于储存总量，所以，这部分暂存数量只会对工作方便与否造成影响，而不会影响储存的总效益，因而在数量上控制并不严格。

（3）分拣及配货

分拣及配货是配送不同于其他物流作业环节的特有功能要素，也是关系配送成败的一项重要工作。分拣及配货是实现送货的准备性工作，是不同配送企业在送货时进行竞争和提高自身经济效益的必然延伸，所以，也可以说它是送货向高级形式发展的必然要求。有了分拣及配货就会大大提高送货服务水平，所以，分拣及配货是决定整个配送系统水平的关键要素。

（4）配装

在单个用户配送数量不能达到车辆的有效载运负荷时，就存在如何集中和搭配不同用户的配送货物进行装载以充分利用运能、运力的问题。和一般送货的不同之处在于，通过配装送货可以大大提高配送水平及降低送货成本，所以，配装是配送系统中有现代特点的功能要素，也是现代配送区别于传统送货的改进之处。

（5）配送运输

配送运输属于运输中的末端运输，它和其他运输形态的主要区别在于：配送运输是较短距离、较小规模、较高成本的运输形式，一般使用汽车作为运输工具。

（6）送达服务

配好的货物运输到用户还不算配送工作的完结，这是因为送达货和用户接货往往还会出现不协调，使配送前功尽弃。因此，要圆满地实现运抵货物的交接，并有效地、方便地处理相关手续并完成结算，还应讲究卸货地点、卸货方式等。送达服务也是配送独具的特殊性。

（7）配送加工

配送加工这一功能要素虽不具有普遍性，但其却有重要的作用。主要原因是：通过配送加工，可以大大提高用户的满意程度。配送加工是流通加工的一种，但配送加工有它不同于一般流通加工的特点，即配送加工一般只取决于用户要求，其加工的目的较为单一。

3. 发达国家物流配送和配送中心的发展现状

配送的雏形最早出现于20世纪60年代初期，在这个时期，物流运动中单一的送货作业开始向备货和送货一体化方向发展。初期的配送只是一种偶然的、单一性的活动，范围小，规模也不大，企业开展配送活动的主要目的是为了促进产品销售和提高市场占有率。由此可见，这时的配送主要是以促销手段的职能来发挥其作用的。20世纪60年代中后期，在发达国家，随着经济发展速度的逐步加快，以及货运量的急剧增加和市场竞争的日趋激烈，配送取得了进一步的发展。

（1）美国物流配送的发展现状

从20世纪60年代起，商品配送的合理化在美国普遍得到重视。为了在流通领域产生效益，美国企业采取了以下措施：第一，将老式的仓库改为配送中心；第二，引进计算机管理网络，对装卸、搬运、保管实行标准化操作，提高作业效率；第三，连锁店共同组建配送中心，促进连锁店效益的增长。美国连锁店的配送中心有多种，主要有批发型、零售型和仓储型三种类型。批发型配送中心主要靠计算机管理。业务部通过计算机获取会员店的订货信息，及时向生产厂家和储运部发出订货指示单，如美国加州食品批发配送中心。零售型配送中心一般为某零售商独资兴建，专为本公司的连锁店按时提供商品，确保各店稳定经营，以美国沃尔玛公司商品公司的配送中心为典型。仓储型配送中心的主要任务是接受独立杂货商联盟的委托业务，为该联盟在该地区的若干家加盟店负责商品配送，美国福来明公司的食品配送中心是典型的仓储式配送中心。美国的配送中心的经营具有服务质量高、配送价格合理和作业成本低等特点，代表全球最先进的物流配送水平。美国依靠其雄厚的经济实力和深厚的物流理论专长，将物流配送实施全球化战略，在不同地区形成了以美国为中心的自由贸易区。

（2）日本物流配送的发展现状

20世纪60年代以后，日本政府为了提高物流效率、促进经济发展，采取了许多措施扶持企业进行物流设施建设，包括制定相关物流法律、法规，统一规划城市中的仓储设施建设，颁布倡导革新物流技术、更新物流设施的优惠政策。同时企业在建设物流基础设施的同时，也积极探索物流系统化、规范化的可行性理论和方法。日本的物流配送具有以下特点：第一，政府规划在现代物流配送发展过程中具有重要作用。第二，分销渠道发达。为保证有效地供应商品，日本的许多物流公司对原有的分销渠道进行合理化改造，更好地做到与上游或下游公司的分销一体化。第三，物流配送体现出共同化、混合装载化的趋势。共同化、混合装载化的商品配送使原来按照不同生产厂、不同商品种类划分的分散的商品物流转变为将不同厂家的产品和不同种类的商品混合起来运送的聚合的商品物流，从而得以发挥商品物流配送的规模经济效益，大大提高了运货车辆的装载率。第四，频繁、小批量进货。日本物流配送企业的很大一部分服务需求来自便利店，便利店依靠的是小批量的频繁进货，只有利用先进的物流系统才有可能发展连锁便利店，因为它使小批量的频繁进货得以实现。第五，合作型物流配送。在日本，生产企业、零售企业与综合商社、第三方物流公司之间基本上都存在一种长期的物流合作关系，这种合作关系还随着日本工业生产的国际化延伸到国外。日本依靠高新技术构造了日本物流业的无纸化和无人化发展趋势，使物流配送与自动化、计算机化紧密结合在一起。

日本的物流业发展自20世纪中叶开始，同样属于起步较早的国家。至今已在全国20多个城市中建成了规模较大的物流园区。其物流园区一般位于大城市周边或靠近交通枢纽，日本的物流园区的主要特点就是物流园区与城市发展的相辅相成，互相促进。在日本的三大主要经济圈：大东京经济圈、京阪神经济圈和名古屋经济圈，物流业的发展尤其迅速。仅三大经济圈的物流总量已占整个日本物流量的一半以上。以大东京经济圈为例，由于东京地区自身交通压力已经过大，且市区内部早已是寸土寸金，在市内修建物流园区已不太可能，所以日本政府改在外环路旁建设了4个以公路运输为主的物流园区，这样就构成了一个下辖多个物流园区和物流配送中心的区域物流系统。各级物流园区及物流配送中心的建立，改变了大东京地区的产业布局，优化了相关地区的产业结构，对日本经济的发展起到了支持作用，繁荣和完善了市场体系，并且带动了相关产业的发展，增加了新的就业机会，为国家提供了更多的税收收入。

目前，日本已经建设成为世界上水平最高的物流园区国家之一，拥有优质、高效、全方位的物流服务。大批物流企业纷纷入驻这些物流园区。这些物流企业不仅纷纷加大了对高精尖物流设备的投资和使用，而且还十分重视对物流信息的网络化、信息化处理。与此同时，日本的物流企业还在物流管理方式上不断推陈出新，一些先进的物流管理模式不断得到应用和推广，如有供应链敏捷管理、丰田公司发明的准时制生产等。

（3）德国物流配送中心的发展现状

欧洲的物流业发展以物流园区为主要代表，而欧洲物流园区的发展又以德国最具代表性。尽管其发展时间并不长，却起到了极大的促进经济发展的作用。物流配送中心作为物流园区中的核心组成部分，其运作情况决定了该物流园区的发展水平。德国的物流园区建设始终离不开政府主导。德国政府从20世纪70年代末、80年代初开始建设物流园区，一次性在全国范围内规划建设了40个左右的“货运中心”，这些货运中心也基本都演化为后来的物流园区。如今仍有超过半数正在使用，其中具有代表意义的是不来梅地区，不来梅的港口物流配送中心占地超过200万m^2。经过长期的发展，德国现有并正在使用的物流园区总数已达33个，基本形成了规模化、网络化的全国物流网络；同时德国的物流园区的建设和运转有效地促进和改善了地方经济的发展，同时也为德国各地区经济的均衡发展做出了贡献。

德国物流园区的发展具有以下几个特点：首先是较注重物流作业组织与运作管理的先进性与合理性；其次是比较重视提供物流服务的企业与接受服务的目标企业之间的战略合作关系；最后是较为注重整个物流系统的效率，这些也是典型的欧洲物流园区的发展特点。

德国物流园区建设由国家政府统筹规划，而园区内的公益设施和基础设施的建设由州政府统一负责实施，再由物流企业根据自己企业的能力、需要等向园区租赁相应的场地，再来自主建设相应的配送中心内部所需的设施设备。

同其他发达地区一样，德国的各类企业也很重视物流的现代化发展，广泛地应用各种信息化、自动化、电子化的设施和技术以及现代化的管理模式和方法，这在促进物流企业发展的同时也进一步推动和加强了物流园区的主导地位，同时为德国的电子商务发展奠定了良好的基础。

另外，德国在物流园区的建设中的一个重要的经验是，必须将物流园区的规划建设与国家宏观的交通干线、主枢纽规划建设等统筹考虑，园区的位置首选是建立在交通发达、人口密集的地区附近，最好是靠近交通干线或运输主枢纽，这样可以降低物流园区的各项作业成本，同时提升多式联运运输链的竞争力。

4. 我国物流配送和配送中心的发展现状

（1）我国物流配送的发展现状

1）我国台湾地区物流配送的发展现状。从20世纪80年代开始，我国台湾地区一直都在努力创造自己的“本土化物流”，因为他们认为自动化不一定适应本地区的物流产业发展。台湾地区在经济实力上没有美国、日本等发达国家强大，中小企业的物流量占80%以上，且资金有限，劳动力价格相对美国、日本较为低廉，引进技术必须考虑企业的财力规模、土地成本、建筑成本、设备成本等条件。因此，台湾地区没有完全照搬美国和日本的发展经验，而是在运作方法、经营理念上融合这些国家现代化的物流经验，根据自己的需求，尽量完善自己的物流薄弱环节。

我国台湾地区的配送中心多为中小规模、平房仓库，并采用适合本地区特点的设施设备，其配送中心大致可以分为专业型配送中心和批发型配送中心。其次，台湾物流企业追求“合理化”的物流配送。配送中心大多分布在交通发达的地方，这让它们能最大限度地利用现有物流设施、降低成本，同时能实现物流作业的系统管理。此外，台湾地区的物流企业大多实行共同配送，并以“服务品质”作为企业生存和发展的标志。目前，台湾地区的物流配送发展趋势是从整合到聚集，在物流配送的发展初期，企业是凭借自身力量与外部竞争；在发展阶段，则是通过若干企业间的互助合作与其他企业竞争；在联合阶段则是通过资源共享的结盟来与其他企业竞争，也就是使自己的竞争对手通过聚集成为自己的一部分。这样就达到了高层次竞争的阶段，即通过提供有差异的服务进行竞争，而并非仅通过硬件进行竞争。

2）大陆地区物流配送的发展现状。大陆地区的物流配送在政府积极推动和借鉴国外先进经验的基础上，取得了长足的进步，但由于发展时间短暂，与发达国家还有很大差距。近年来，我国物流配送发展出现了积极趋势，主要体现在以下几个方面：

第一，以境内的“三资企业”、新兴的中小企业、部分国有大型企业为需求主体的物流配送市场需求相当大。但绝大部分的配送需求量仅限于少数发达地区的非常有限的领域，如上海、天津的配煤。绝大多数的物流专业化配送尚未形成，物流配送市场需求的潜力相当可观。

第二，在生活资料领域和生产资料领域出现了各具特色的不同类型的现代物流配送企业。其中包括了一些传统的流通企业，如由运输和仓储业通过改造成为物流企业，如中远集团、中外运集团和中储集团等；一些国有商业批发企业和大型零售企业正在积极探索和尝试开展社会化物流配送服务；一些生产企业开始介入现代物流，如青岛海尔集团；一批专业化的物流企业得到较快发展，物流配送的社会化、专业化发展趋势日益明显，如深圳中海物流都是比较成功的第三方物流公司；外资在物流配送服务领域的发展也非常迅速，如中国储运总公司与日本岗谷钢机株式会社合资组建了天津岗谷物流公司，是集配送、加工、仓储、寄售、租赁、修理、展销和技术咨询为一体的新型流通组织。像这样的合资物流公司，在北京、天津、上海等地已有数十家之多，它们主要是为在中国投资的跨国公司提供物流配送服务。这些企业根据各自特点，发挥特长优势，积极开拓物流服务领域，形成了服务模式多样、多种经济成分并存的现代物流企业群体。

第三，各级政府部门采取措施积极推动物流配送的发展。不少省市已经把发展现代物流列入了日程，如上海、天津、深圳都把物流作为支柱产业。还有许多省市开始制订物流规划。国家有关部门对商品物流和配送采取了积极鼓励和支持的政策，在我国流通领域对外开放政策中，鼓励国外资本投资于物流和配送设施等。目前国内物流和配送服务已有较快的发展，物流配送已经成为许多企业降低成本，提高竞争力的重要手段。例如，相当多实行连锁经营的零售企业建立了自己的配送中心，为企业内部的连锁网点提供物流配送服务，一些连锁企业配送商品比例已经超过企业经营品种的50%。

第四，物流配送已形成了一定规模，并摸索出一些灵活多样的配送形式，加工配送成为一个重要的发展方向。早在2002年，全国物资系统年配送能力已超过200亿元，产品涉及钢材、木材、煤炭、化工、建材、机电产品等各种生产资料以及食品、副食、服装、农副产品等各种生活资料，配送地区遍及全国各重要城市。加工配送不仅可以增加配送产品的附加值，而且更能适应客户的要求。在实际中的钢材剪切、动力配煤、生鲜食品及熟制品等加工配送业务发展较快。

第五，现代物流配送设施和服务功能有了较大改善。一些物流配送企业结合配送进行了物流设施改造，新建了一批配送加工项目，配送中心在硬件设施、管理水平、管理信息系统等方面的建设，获得较大发展，有些已经达到较先进的水平。物流企业在研究开发物流信息技术和物流配送管理技术上取得了许多成果，对于推动我国现代物流发展发挥了积极作用。目前已有相当多的物流和配送技术开始进入中国，并在企业中得到越来越广泛的应用，如条码技术、计算机支持的信息管理技术、EDI、RFID等。

尽管我国物流配送近几年发展很快，但与发达国家相比还处在起步阶段，就目前物流的总体状况来说，与满足我国经济发展、实现物资高效率无障碍流动还有较大的差距。我国物流配送存在的问题主要有以下几个方面：

第一，物流宏观环境有待改进。由于物流活动范围很广，涉及众多的管理部门，管理体制条块分割，至今还没有一个宏观的物流管理协调机构，有关物流管理的法律法规尚在不断建设和完善之中。

第二，物流配送的基础设施有待完善。主要表现在：交通运输基础设施有待进一步发展；各种运输方式有待合理衔接；仓储设施功能单一、利用率低；物流信息技术应用有待进一步加强。

第三，物流配送标准化程度低。目前尚未完全建立起适应物流配送发展和配送业务运作的技术标准和工作标准体系，物流配送非标准化装备、设施和行为仍然相当普遍。

第四，物流配送的区域差异十分明显。地区间的物流配送发展不平衡，东部、中部、西部之间差异巨大，城乡物流发展不平衡。

第五，物流配送方面的理论研究相对薄弱，专业的物流配送管理及相关的技术人才短缺。

（2）我国配送中心的发展现状

与国外发达地区相比，我国正在建设和营运的配送中心基本上是为大型商场或连锁店内部服务的，还没有实现社会化配送。就总体来看，我国物流配送中心建设仍处于起步阶段，面临的问题还很多。

第一，配送中心设施利用率低，发展缓慢。

近年来，虽然我国的政府和物流企业已经在不断加大对物流配送基础设施建设方面的投入，但总体来看，建设的力度和速度还是远远不够的，还有相当部分的老化仓库仍在使用。虽然最近一段时间，全国修建了一批较先进的物流配送中心，但就整体而言，大部分仓储物流设施结构不尽合理，低档仓库较多，部分物流配送中心出现了简易货场当仓库使用的情况；而设施先进合理、能适合特殊功能要求的高端仓库，如恒温库、冷藏库等能适应当前社会发展要求的专用仓库较少。这使得我国配送中心难以达到产业发展的要求，从根本上制约了物流业的发展。

第二，配送中心配送比重低，采购成本居高不下。

从我国目前的零售商业的现状来看，除了少数具有较高知名度的大中型商业企业以外，大多数名义上的商业连锁企业都不具备连锁经营的核心，即通过统一采购、统一配送达到降低成本，最终统一结算的这样一种经营模式，这些连锁企业无法真正连锁的关键在于它们没有建立自己的物流配送中心或者借助于第三方物流公司来实现统一配送和采购。因此，这些商业企业只是具备了连锁经营的雏形，是“华而不实”的。而即使在那些已经做到统一采购、配送和结算的小部分大型商业企业中，企业的物流配送中心也未能最大程度地发挥作用。这极大影响了连锁企业优势的发挥。

第三，自动化、信息化程度有待提高。

随着信息技术的迅猛发展，世界上先进的物流配送中心已经基本做到了利用各种先进的信息技术来提高管理水平，而我国的物流配送中心的现代化程度则相对落后。虽然也有少数物流企业对下辖的配送中心进行了信息化改造，但总体效果不佳。至今仍有大量的物流企业很少甚至没有借助于信息化手段来进行物流作业，即便是在已经部分采用依靠信息技术手段进行配送作业的企业中，超过70%的企业其作业过程如到货分拣、商品组配、商品盘点等仍然以传统的手工作业为主，而信息技术只是作为其辅助性的管理技术手段，对计算机技术的运用仅限于配送中心的事务性管理（如货物的进购、销售、储存、配送等基本情况的记录等）；企业对相关信息的管理仍然以互联网、仓库管理系统（Warehouse Management System，WMS）、管理信息系统（Management Information System，MIS）等为主，对于供应链管理、企业资源计划（ERP）等一些较为高端的先进的管理技术和方法的应用还处于起步阶段。另外，还有一点制约着我国的物流企业进行信息化改造，即物流专业人才的培养，如果企业对物流配送进行信息化改造，必然要求企业内有相应的专业人才来进行操作，而我国的物流企业大部分还只是劳动密集型企业，更多的是一些从事体力劳动的人员，缺乏相应的人才资源。这也与我国的物流业起步晚，物流人才培养相对滞后于社会发展要求的情况是一致的，所以我国的物流行业的信息化改造必然是一个逐步推进的过程，需要从多方面着手努力。

2.1.2 物流配送的作业流程

物流配送的基本作业流程如图2-1所示。

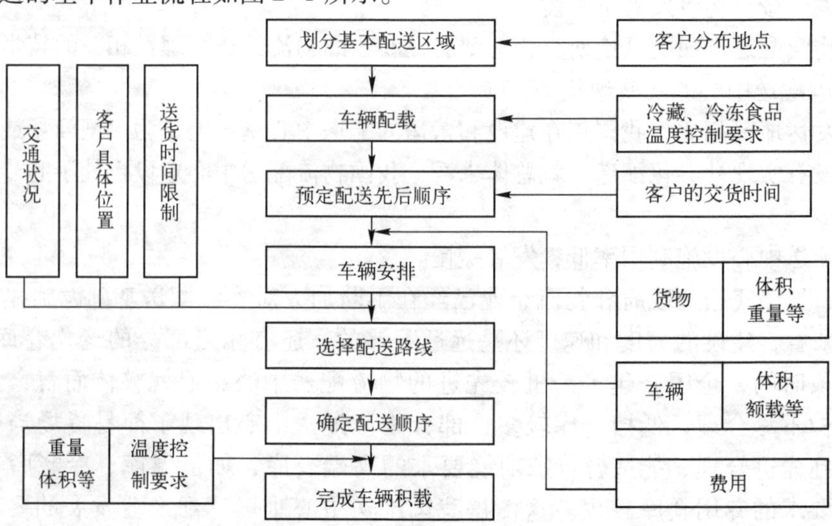

图2-1 物流配送的作业流程

步骤1，划分基本配送区域。为使整个配送有一个可遵循的基本依据，应首先对客户所在地的具体位置做系统统计，并将其做区域上的整体划分，将每一客户囊括在不同的基本配送区域之中，以作为下一步决策的基本参考。例如，按行政区域或依交通条件划分不同的配送区域，在这一区域划分的基础上再做弹性调整来安排配送。

步骤2，车辆配载。由于配送货物品种的特性各异，为提高配送效率，确保货物质量，必须首先对温度要求差异大的商品进行分类。在接到订单后，将货物依特性进行分类，以分别采取不同的配送方式和运输工具，如按冷冻食品、恒温商品、冷藏商品。其次，配送货物也有轻重缓急之分，必须初步确定哪些货物可配于同一辆车，哪些货物不能配于同一辆车，以做好车辆的初步配装工作。

步骤3，预定配送先后顺序。在考虑其他影响因素，做出最终的配送方案前，应先根据客户订单要求的送货时间将配送的先后作业次序做一概括的预计，为后面车辆积载做好准备工作。计划工作的目的是保证达到既定的目标，所以预先确定基本配送顺序可以既有效地保证送货时间，又可以尽可能提高运作效率。

步骤4，车辆安排。车辆安排要解决的问题是安排什么类型、吨位的配送车辆进行最后的送货。一般企业拥有的车型有限，车辆数量也有限，当本公司车辆无法满足要求时，可使用外雇车辆。

步骤5，选择配送路线。知道了每辆车负责配送的具体客户后，如何以最快的速度完成对这些货物的配送，即如何选择配送距离短、配送时间短、配送成本低的线路，这需要根据客户的具体位置、沿途的交通情况等做出优先选择和判断。除此之外，还必须考虑有些客户或其所在地点环境对送货时间、车型等方面的特殊要求，如有些客户不在中午或晚上收货，有些道路在某高峰期实行特别的交通管制等。

步骤6，确定配送顺序。做好车辆安排及选择好最佳的配送线路后，依据各车负责配送的具体客户的先后，即可将客户的最终配送顺序明确确定。

步骤7，完成车辆积载。明确了客户的配送顺序后，接下来就是如何将货物装车，以什么次序上车的问题，即车辆的积载问题。原则上，知道了客户的配送顺序先后，只要将货物依“后送先装”的顺序装车即可。但有时为了有效利用空间，可能还要考虑货物的性质（怕震、怕压、怕撞、怕湿）、形状、体积及质量等做出弹性调整。此外，对于货物的装卸方法也必须依照货物的性质、形状、质量、体积等来做具体决定。

2.1.3 配送中心的作业流程

配送中心的基本作业流程如图2–2所示。

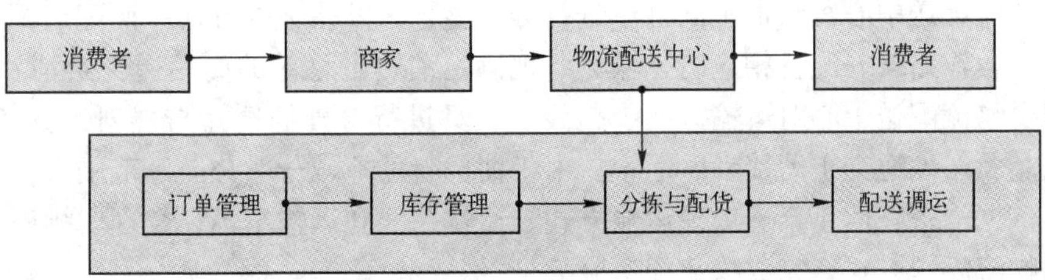

图2–2 配送中心的作业流程

物流配送中心的业务流程包括订单管理、库存管理、分拣与配货和配送调运等环节，具体如下。

步骤1，订单管理。物流配送中心从企业接受消费者的订单开始，就要着手准备货物。物流配送中心要建立以订单为核心的信息处理系统，这个系统必须能够保持订单的畅通无阻和实时更新，通过使用这个系统，物流配送中心、企业、消费者能够分享物流配送信息，并可以通过物流配送中心的订单跟踪系统，了解整个物流配送的业务流程，及时了解消费者的反馈信息，并做出调整，提高消费者的满意度。

步骤2，库存管理。目前我国主要有两种物流配送中心：一是企业自建的自营物流配送中心；二是第三方物流配送中心。自营物流配送中心应把库存量控制到最佳数量，用最少的资源进行物流配送中心的库存管理；第三方物流下的物流配送中心则应该调节好不同货物运送、取货与送货之间由时间差造成的库存量，将第三方物流配送中心的库存控制在容量范围之内。自营物流配送中心的库存一般为储备，是针对一定时期内的企业的运货要求进行的货物存储，这种储存的形式具有储备数量大、结构完善等特点，因为对周转储备和保险储备的结构及数量进行有计划地确定，所以自营物流配送中心一般在其周围建设储存仓库，能够保证配送货物的及时运送。第三方物流配送中心的库存形式一般为存储，是指为了保证每日的正常配送，必须在整理货物的地点，按照一种分拣配货的要求，对企业发出的货物进行整理，经过短暂的存储，进行配送，此外由于第三方物流配送中心使用信息、网络技术，使物流配送中心与供应商、消费者之间可以在短时间内进行大量信息的交互，时间却日益缩短，这就使得“零库存”成为可能。

步骤3，分拣与配货。分拣与配货能够对物流配送中心的配送效率和服务水平起到直接的影响，它是完善和支持物流配送的准备性工作。提高分拣与配货的效率，能够提高物流配送中心的竞争能力和效益水平。物流配送中心能够按消费者要求对货物进行拣货、分类和配货，一般自营物流配送中心将消费者所需商品从物流配送中心的储位或其他区域快速准确地拣取出来，按一定方式进行分类集中、包装、分拣后，等待配装送货；第三方物流配送中心则不需要这一过程，第三方物流配送中心在取货时，商家就已经进行了包装，之后第三方物流配送中心则需要根据消费者所在的区域进行分拣，等待配装送货。物流配送中心有了高水平的分拣和配货功能，才能大大提高物流配送服务水平，故其是评价整个物流配送中心水平的决定性因素。

步骤4，配送调运。配送调运是物流配送中心在完成分拣与配货之后，对车辆进行有效的统筹规划，即在不同的消费者之中，挑选出相同地域或其他特点，使不同货物可以集中到一辆车进行配送，尽可能使每个配送的车辆都达到有效的荷载。物流配送中心的配送调运环节可以提高送货的服务水平和降低送货成本，有效地利用物流配送资源，提升消费者的满意度，对企业进行客户关系管理有十分重要的作用。配送调运环节对第三方物流配送中心有十分重要的意义，第三方物流配送中心每天把不同订单进行分类整合，发往全国各地，而配送调运环节就是要选择合理的运输路线、配备相应的运输设备把满足消费者订单的商品递交给消费者的过程。这个过程需要物流配送中心对运输方式、路线、工具进行合理的选择与规划，更经济、合理、安全地将商品及时地送交于消费者的手中。由于消费者的地域分布分散、范围大，所以物流配送中心必须依据消费者信息合理选择运输方式、运输路线和运输车辆，合理安排调运力量，用最有效率的物流配送方式，完成物流配送服务。

步骤5，信息反馈系统。物流配送中心需要建立一个反馈系统。完成物流配送服务后，消费者通过物流配送中心的信息化平台，对整个交易过程，尤其是物流配送服务质量进行评价，反馈回物流配送中心，物流配送中心进一步反馈给企业。

2.1.4 物流配送的典型模式及选择

1. 物流配送的典型模式

（1）自营配送

所谓自营配送是企业自己投资设备，自己进行管理。它是指企业物流配送的各个环节由企业自身筹建并组织管理，实现对企业内部及外部货物配送的模式。

这种模式有利于企业供应、生产和销售的一体化作业，系统化程度相对较高，既可满足企业内部原材料、半成品及成品的配送需要，又可满足企业对外进行市场拓展的需求。其优势总结如下：

第一，企业对供应链各环节有较强的控制能力，易于与生产和其他业务环节密切配合，全力服务本企业的经营管理，确保企业能够获得长期稳定的利润。对于竞争激烈的产业，自营物流配送模式有利于企业对供应和分销渠道的控制。

第二，可以合理地规划管理流程，提高物流作业效率，减少流通费用。对于规模较大、产品单一的企业而言，自营物流可以使物流与资金流、信息流、商流结合得更加紧密，从而大大提高物流作业乃至全方位的工作效率。

第三，可以使原材料和零配件采购、配送以及生产支持从战略上一体化，实现准时采购，增加批次，减少批量，调控库存，减少资金占用，降低成本，从而实现零库存、零距离和零营运资本。

第四，反应快速、灵活。企业自营物流配送模式由于整个物流体系属于企业内部的一个组成部分，与企业经营部门关系密切，以服务于本企业的生产经营为主要目标，能够更好地满足企业在物流业务上的时间、空间要求，特别是要求物流配送较频繁的企业，自营配送能更快速、灵活地满足企业要求。

其不足之处为：企业自建配送体系的投资规模非常巨大，在企业配送规模较小时，配送的成本和费用也相对较高，存在投资风险。一般只有实力较强的大企业才有可能进行自营配送。该模式比较适合于连锁经营企业。

（2）共同配送

共同配送模式是指若干个物流企业在配送网络与服务方面存在优势互补的情况下，各方在基于互相信任、风险共担、利益共享的长期战略合作伙伴关系下，通过协作性信息平台将各方的配送中心、运输部门等相关物流服务部门连接成为“虚拟联盟”，通过配送要素之间的双向或多向流动，信息共享以及一系列的决策支持技术来实现对这些物流企业配送业务的统一调度和管理。共同配送模式的另外一种表现形式是：多个客户联合起来共同由一个第三方物流服务公司来提供配送服务。针对商品的配送品种多样化、需求多层化、流通渠道多元化的特点，按照不同的需求进行物流配送，共同配送将成为城市配送的主导力量。

共同配送有六大好处：

第一，集约化程度的提高，使物流企业的人工、设备和设施费用分摊到了很多共享的客户身上。这些零散客户共享所带来的生意就像大客户所带来的生意量一样大，使得物流企业可以发挥物流的规模效益，从而节约成本，提高服务水平。

第二，有利于满足顾客要求。有很多客户的需求量并不大，但是商品种类多，对时间又有较高的要求，只有进行共同配送，才能整合多客户资源，满足不同客户的要求。

第三，有利于优化资源配置。共同配送整合了所有参与客户的商品资源，整合了客户和第三方物流的车辆和库房资源，同时整合了所有参与客户的配送线路资源。目前由于交通堵塞和超市收货排队的原因，车辆的装载率与送货点数形成了一个尖锐的矛盾。每个店送货量少，而门店又在不断地增加，如果考虑装载率，把车辆全部装满后同时还要考虑到是否能够在收货时间内送完，加上要考虑驾驶员的在途工作时间等，在这些矛盾下只能选择降低装载率以保证完成客户的送货时间要求。

第四，有利于提高运输效率。共同配送整合了大量客户，使冷藏车辆的载重和车辆载货空间得到了有效利用，避免了车辆不满载导致的浪费，提高了运输的效率。

第五，有利于提高配送科技含量。实施共同配送，有利于配送服务企业提高配送的科技含量，多家企业参与共同配送，一方面有助于共建信息系统与网络，实现信息共享与快速响应；另一方面也有利于在配送过程中，利用射频技术、GPS、传感技术等，对配送过程进行全面监控，为客户提供更多增值服务。

第六，有利于提高社会效益。实施共同配送，大大减少了在途配送车辆，缓解了交通压力，降低了碳排放量，对环境的污染也随之减少。

共同配送的模式从合作主体间的关系角度来看，可以分为横向共同配送、纵向共同配送和共同集配。

1）横向共同配送。横向共同配送是指采取共同配送的合作者处于供应链的相同层次，从合作主体的产业归属可以分为同产业间的横向共同配送和异产业间的横向共同配送。

同产业间的横向共同配送是指相同产业的生产或经营企业为了提高物流配送效率，通过配送中心或物流中心集中运输产品的一种方式。同产业间的横向共同配送节省了各参与企业大量物流设施、设备、人员的投资，而且企业能够集中精力发展自己的核心业务；并且这种配送模式有利于实现专业化，配送水平相对较高，提高了运输效率。

异产业间的横向共同配送是指将从事不同行业的企业生产经营的商品集中起来，通过物流中心或配送中心对顾客进行配送的一种形式。与同产业间的横向共同配送相比，其商品配送范围更加广泛，涉及的部门更加多样化，属于多产业结合型的业务合作。

2）纵向共同配送。它是指供应链上游和下游成员建立合作配送体系，更加高效地完成配送任务。纵向共同配送有三种常见的形式：

① 原料供应商与制造商之间的共同配送。

② 零售商与批发商之间的共同配送，即大型零售业主导的共同配送。

③ 产、批组合型异产业共同配送。这种形式主要是由生产商和批发企业共同出资、参加建立的共同配送企业，以对便利店等现代零售企业多频度、小单位、统一的配送活动。这种共同配送使产、供、销实现了更紧密的合作，更好地满足了消费者的需求。

3）共同集配。共同集配是将共同配送策略引入到物流配送领域之后，对其进一步的深化和发展。

共同集配是一种以大型运输企业或第三方物流企业为主导的合作型共同配送模式，包括集货和送货两个部分，即由大型运输企业或第三方物流企业统一集中货物，然后将商品让渡给指定运输企业，再由各运输企业或第三方物流企业分别向各个地区配送。这种形式既可以依托下游的零售商业企业，成为众多零售店铺的配送、加工中心，又可以依托上游的生产企业，成为生产企业，特别是中小型生产制造企业的物流代理。

（3）第三方配送

第三方配送是指生产经营企业为集中精力搞好主业和节约成本，把原来属于自己处理的物流配送活动，以合同方式委托给专业物流服务企业，同时通过信息系统与物流企业保持密切联系，以达到对配送全程管理控制的一种物流运作与管理方式。

第三方物流配送模式有以下 3 个优点：

第一，将企业的非核心业务外包给专业的第三方物流企业，势必将节省大量的基础设施和设备、网络及人力的成本投入，必然会在一定程度上加强企业自身的核心竞争能力。

第二，可以转移物流过程中的各种风险和潜在风险，包括管理风险、人员劳资风险、交通风险等。

第三，财务核算、成本控制更加清晰明了。企业通过把物流业务外包给专业的第三方物流企业，然后专注于打造其核心竞争力，利用第三方物流的规模效益来降低自己的物流成本，是“双赢”的事情。例如，大众交通股份有限公司、锦江集团旗下的上海食品公司与日本三井物产株式会社合资成立了国内第一家专门从事低温食品物流的企业——上海新天天大众低温物流有限公司。他们通过调查发现，上海每天有 6 700 万 t 生鲜易腐食品上市，而且冷链食品的年消费增长率在 8% 以上。在超市等大卖场中，冷链食品所占比例达到 20% 以上，有非常广阔的发展前景。

2. 物流配送模式的选择

（1）矩阵图决策法

矩阵图决策法主要是通过两个不同因素的组合来选择配送模式的方法，如图 2–3 所示。根据企业的配送能力与配送对企业的重要性将判断矩阵分成四个区域，然后分析每个区域应该采用何种配送模式。矩阵图决策法属于定性分析，根据对企业影响较大的指标做出判断。这种方法比较抽象，是从全局上对配送模式的选择做出一个大致的判断，适合企业进行一个大概的决策。

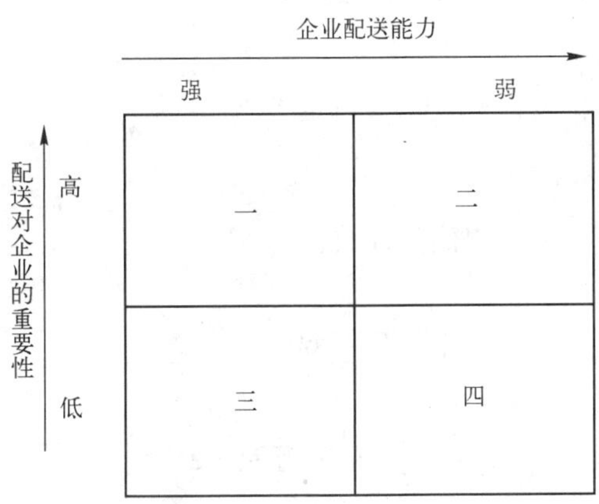

图 2–3　矩阵图决策法

一区：配送对企业具有较高的重要性，企业也有较强的配送能力，在配送成本较低和地理区域较小但市场相对集中的情况下，企业可以采取自营配送模式，以提高顾客的满意度和配送效率，与营销保持一致。

二区：配送虽对企业的重要性较高，但企业的配送能力较弱。此时，可选择的模式有三种：自营配送模式、共同配送模式和第三方配送模式。一般说来，市场规模较大，且相对集中及投资量较小的情况下，企业可以采取自营配送模式，要是情况相反，可采取第三方物流配送模式。

三区：配送在企业战略中不占主要位置，但企业却有较强的配送能力，此时，企业可向外拓展配送业务，以提高资金和设备的利用能力，既可以采取共同配送模式，也可以采用互用配送模式。

四区：企业的配送能力较弱，且不存在较大的配送需求，此时，企业宜采取第三方配送模式或供应商配送模式，将主要精力放在企业最为擅长的生产经营方面，精益求精获得更大的收益。

（2）比较选择法

比较选择法是企业对配送活动的成本和收益等进行比较而选择配送模式的一种方法。一般有确定型决策、非确定型决策和风险型决策等。

1）确定型决策。确定型决策是指一个配送模式只有一种确定的结果，只要比较各个方案的结果，就可以做出选择配送模式的决策。

例 2-1：某企业市场份额扩大，拟完善配送系统，现有三种方案可选，各方案配送模式的成本收益如表 2-1 所示。

表 2-1　各配送模式的成本收益

配 送 模 式	成本费用/万元	销售额预计数/万元
自营配送模式	8	160
共用配送模式	7	150
第三方配送模式	5	145

这一类问题为单目标决策，可以运用价值分析解此类问题。根据计算结果，若某一种配送模式的价值系数越大，则说明该种模式的配送价值越大，是企业最佳的配送或满意模式。价值系数公式为

$$V=\frac{F}{C}$$

式中　V——价值系数；

F——功能，在此例中为销售额预计数；

C——成本费用。

解：自营配送模式：　$V=\frac{F}{C}=\frac{160}{8}\text{万元}=20$

共同配送模式：　$V=\frac{F}{C}=\frac{150}{7}\text{万元}=21.4$

第三方配送模式：　$V=\frac{F}{C}=\frac{145}{5}\text{万元}=29$

因为第三方配送模式价值系数最大，所以选择第三方配送模式。

在实际经营过程中，企业对配送模式的选择往往需要考虑许多方面的因素，即需要进行多目标决策。此时，评价配送模式的标准是各模式的综合价值，一般可用综合价值系数来进行选择。若某一模式的综合价值系数越大，则说明该模式的综合价值就越大，就是企业所要选择的配送模式。综合价值系数公式为：

$$V=\sum M_iF_i$$

式中　V——综合价值系数；

M_i——各因素所占的比例；

F_i——权数，即该因素的重要性。

例 2-2：某企业在选择配送模式时，有四个要考虑的目标，各配送模式的目标成本如表 2-2 所示，该选择哪种模式呢？

表 2-2　各配送模式的目标成本

配送模式	项目	成本费用/万元	销售额预计数/万元	利润总额/万元	客户满意度（%）
	权重	0.1	0.3	0.4	0.2
自营配送模式		10	220	25	98
共同配送模式		8	180	17	97
第三方配送模式		5	140	15	99

各配送模式的综合价值系数计算如下。

自营配送模式：

$$V = \sum M_i F_i = \frac{10}{23} \times 0.1 + \frac{220}{540} \times 0.3 + \frac{25}{57} \times 0.4 + \frac{98}{294} \times 0.2 = 0.407$$

共同配送模式：

$$V = \sum M_i F_i = \frac{8}{23} \times 0.1 + \frac{180}{540} \times 0.3 + \frac{17}{57} \times 0.4 + \frac{97}{294} \times 0.2 = 0.318$$

第三方配送模式：

$$V = \sum M_i F_i = \frac{5}{23} \times 0.1 + \frac{140}{540} \times 0.3 + \frac{15}{57} \times 0.4 + \frac{99}{294} \times 0.2 = 0.271$$

综上，由于自营配送模式价值系数最大，所以选择自营配送。需要注意的是，在利用确定型决策选择配送模式时，要明确以下几个方面的问题：一是决策的目标要明确；二是至少要有两个可供选择的配送模式；三是未来有一个确定的自然状态或一组确定的约束条件；四是各备选方案的自然状态或约束条件的效益值可以确定。

2）非确定型决策。非确定型决策是指一个配送模式可能出现的几种结果，而又无法知其概率时所进行的决策。

其条件是：决策者期望的目标明确，存在着不以决策者意志为转移的两种以上状态，具有两个或两个以上可供选择的配送模式，不同模式在不同状态下相应的损益值可以获得。非确定型决策作为一种决策方法，虽然带有较大的主观随意性，但也有一些公认的决策准则可供企业在选择模式时参考。

例 2-3：某企业计划通过革新配送系统，提高客户满意度，从而稳定现有客户，开发潜在客户，可供选择的配送模式有三种，企业对客户的满意度无法做出准确的预测，只能大体估计出三种情况，以及相关的成本费用，各配送模式的满意度成本如表 2-3 所示，其后悔值表如表 2-4 所示，该问题应如何决策？

表 2-3　各配送模式的满意度成本

自然状态	配送模式		
	自营配送模式	共同配送模式	第三方配送模式
满意度高	100	80	75

（续）

自然状态	配送模式		
	自营配送模式	共同配送模式	第三方配送模式
满意度一般	70	50	60
满意度低	30	20	30

表 2–4　各配送模式的满意度成本的后悔值

自然状态	配送模式		
	自营配送模式	共同配送模式	第三方配送模式
满意度高	25	5	0
满意度一般	20	0	10
满意度低	10	0	10

解法一：乐观准则

所谓乐观准则是指从每种模式中选择一个最小成本看作必然发生的自然状态，然后在这些最小成本的模式中，再选择一个最小成本的模式作为满意方案。这种决策方法一般适用于把握性较大和风险较小的情况。

此例中：

自营配送模式中成本最小为30。

共同配送模式中成本最小为20。

第三方配送模式中成本最小为30。

比较这三种模式中的最小成本，共同配送模式为最小。所以，选择共同配送模式。

解法二：悲观准则

所谓悲观准则是指首先从每种方案中选择一个最大成本作为评价模式的基础，其实际上是对每个局部模式持悲观态度，从不利角度出发，把最大成本作为必然发生的自然状态，将非确定型问题变为确定型决策问题来处理。然后，再从这些最大的成本之中选择成本最小的模式。在现实经济生活中，这种决策方法一般适合于把握性较小和风险较大的问题。

此例中：

自营配送模式中成本最大为100。

共同配送模式中成本最大为80。

第三方配送模式中成本最小为75。

比较这三种模式中的最小成本，第三方配送模式为最小。所以，选择第三方配送模式。

解法三：后悔值法

后悔值法也称沙万奈准则。这种决策方法是以每个模式在不同自然状态下的最小成本值作为理想目标。如果在该状态下，没有采取这一理想模式，而采取了其他模式，从而会使成本增加，就会感到“后悔”，这样每个自然状态下的其他模式值与它在理想值之差所形成的损失值，就称为“后悔值”。然后按模式选出最大的后悔值，在最大的后悔值中再选出后悔值最小的成本值，其对应的模式就是企业所要选择的模式，这种决策方法是较为保险的一种决策。

自营配送模式最大后悔值25。

共同配送模式最大后悔值5。

第三方配送模式最大后悔值10。

所以，共同配送是可选模式。

3）风险型决策。风险型决策是指在目标明确的情况下，依据预测得到不同自然状态下的结果及出现的概率所进行的决策。

由于自然状态并非决策所能控制，所以决策的结果在客观上具有一定的风险，故称为风险型决策。风险型决策通常采用期望值准则。一般是先根据预测的结果及出现的概率计算期望值，然后根据指标的性质及计算的期望值结果进行决策。产出类性质的指标，一般选择期望值大的方案；投入类性质的指标，一般选择期望值小的方案。

例2-4：某企业通过加强配送效率，提高客户满意度来扩大产品的市场需求规模，现有三种配送模式可供企业选择。其中，各配送模式的市场需求规模和实现概率如表2-5所示，应选择哪种模式?

表2-5 各配送模式的市场需求规模成本

市场需求规模	概率	销售量/万元		
		自营配送模式	共同配送模式	第三方配送模式
大	0.5	1000	1200	1500
一般	0.3	800	700	1000
小	0.2	500	400	300

解：

自营配送模式期望值（各种实现概率下的平均值）：

$$E_1 = 0.5 \times 1000\text{ 万元} + 0.3 \times 800\text{ 万元} + 0.2 \times 500\text{ 万元} = 840\text{ 万元}$$

共同配送模式期望值：

$$E_2 = 0.5 \times 1200\text{ 万元} + 0.3 \times 700\text{ 万元} + 0.2 \times 400\text{ 万元} = 890\text{ 万元}$$

第三方配送模式期望值：

$$E_2 = 0.5 \times 1500\text{ 万元} + 0.3 \times 1000\text{ 万元} + 0.2 \times 300\text{ 万元} = 1110\text{ 万元}$$

因为第三方配送模式的期望产出最大，所以选择第三方配送模式。

2.2 电子商务物流配送的路径与流程优化

电子商务中的物流配送作为一种新型物流配送模式能使商品流通较传统的物流配送方式更容易实现信息化、现代化、社会化、智能化、合理化、简单化，使货畅其流，物尽其用。既减少了生产企业库存、加速资金周转、提高物流效率、降低物流成本，又刺激了社会需求，有利于对整个社会的宏观调控，提高整个社会的经济效益，促进市场经济的健康发展。

以网络计算为基础的电子商务催化了传统物流配送的革命，它对传统的物流配送造成了冲击和影响：

（1）电子商务给传统的物流配送观念带来了深刻的革命

传统的物流配送企业需要置备大面积的仓库，而基于电子商务系统的物流企业可以将散置在各地的分属不同企业的仓库通过网络系统连接起来，使之成为“虚拟仓库”，并对其进行统一管理和调配使用，服务半径和货物集散空间都放大了。这样的物流企业在组织资源的速度、规模、效率和资源的合理配置方面都是传统物流企业不可比拟的，相应的物流配送观念也是全新的。

（2）网络对物流配送的控制代替了传统物流配送的管理程序

一个先进系统的使用会给一个物流企业带来全新的管理方法。传统的物流配送过程是由多个业务流程组成的，受人为因素影响和时间影响很大。网络的应用可以实现整个过程的实时监控和实时决策。新型物流配送的业务流程都由网络系统连接，当系统的任何一个神经末端收到一个需求信息时，该系统都可在最短的时间内做出反应，并可拟定详细的配送计划，通知各环节开始工作。这一切工作都是由计算机根据人们事先设计好的程序自动完成的。

（3）网络环境大幅缩短了物流配送的时间

在传统的物流配送管理中，由于信息交流的限制，完成一个配送过程的时间比较长，但这个时间随着网络系统的介入会变得越来越短，任何一个有关配送的信息和资源都会通过网络管理在几秒钟内传到有关环节。

（4）网络系统的介入简化了物流配送过程

传统物流配送的整个环节极为繁琐，基于网络化的新型物流配送可以大大缩短这一过程。网络支持下的成组技术可以使物流配送周期会缩短、组织方式发生变化；计算机系统管理可以使整个物流配送管理过程变得简单和容易；网络化的营业推广可以使用户购物和交易过程变得更有效率、费用更低。总而言之，网络系统可以大幅提高物流配送企业的竞争力。

随着物流配送的普及和发展，行业竞争的范围和残酷性大大增加，信息的掌握、有效传播和其易得性，使得用传统方法获得超额利润的时间和数量会越来越少。由于网络的出现，由信息不对称和投机取巧带来的盈利机会越来越少，企业只有具有真正的创新和实力才能获得超额利润。

在传统的物流配送企业中，大量的人从事简单的重复劳动，人是机器、数字和报表的奴隶，劳动的辛苦是普遍存在的。在网络化管理的新型物流配送企业，这些机械的工作都交给计算机和网络，留给人们的是能够给人激励、挑战的工作，人类自我实现的需求得到充分的满足。因此，推行信息化配送制，发展信息化、现代化、社会化的新型物流配送是我国发展和完善电子商务服务的一项重要内容，势在必行。

2.2.1 物流配送路径优化

1. 物流配送路径优化问题概述

配送路径优化是建立在一般路径优化的基础之上，由丹齐格（Dantzig）和拉姆泽（Ramser）在1959年提出的，被归纳为Vehicle Routing Problem，简称VRP。它是指在一定的约束下，根据已知的信息，如待服务客户的网点布局、配送中心的位置、车辆的最大负荷等信息，为车队组织出适当的行车路线分送货物，使得在满足客户的需求的同时，达到既定的目标，实现诸如路程最短、成本最小、耗费时间最少等目标。

经过50多年的发展，通过国内外学者对VRP问题不断深入地研究，根据约束条件的不同，VRP问题形成了许多不同的分类，主要有以下几种：

1）按配送中心的数目进行划分，VRP可分为单配送中心和多配送中心两种类型。单配送中心VRP表示配送车辆发车或回车只有一个配送中心；多配送中心VRP的配送车辆则有多个配送中心可供选择。

2）按车辆完成配送任务后是否回到原车场进行划分，VRP可分为封闭式VRP、开放式VRP和半开放式VRP。封闭式VRP的配送车辆必须回到原发车车场；开放式VRP的配送车辆不一定回到原发车车场，回车车场可以是指定的多个车场之一，也可以以完成最后一个配送任务为配送结束标志，不用回到车场；半开放式 VRP 发车车场与回车车场不同，但回车车场固定。

3）按配送的任务进行划分，VRP 可分为单纯送货问题、单纯集货问题、送集混合问题。单纯送货问题是指单纯将货物送到客户手中；而单纯集货问题是指仅仅将客户手中的货回收到配送中心内；送集混合问题是指不仅要考虑将货物从配送中心送到各个客户的手中，与此同时，还要考虑将客户手中的货物运回到配送中心内。

4）按车辆类型数进行划分，VRP 有单车型问题（所有配送车辆的载重量相同）和多车型问题（配送车辆的载重量不完全相同）。

5）按 VRP 的约束类型进行划分，可分为能力约束和时间窗约束。能力约束主要要考虑车辆的实行距离，车辆的载重量。时间窗约束可分为硬时间窗和软时间窗，硬时间窗即客户要求货物必须在规定的时间段内送达，绝对不能早也不能晚；软时间窗即客户要求货物尽量在规定的时间段内送达，可早可晚，但早或晚送达要对负责送货的公司相应的惩罚。

2. 电子商务环境下配送路径优化问题考虑因素分析

在对电子商务环境下的配送路径进行优化之前，必须要对电子商务影响配送路径优化问题的各要素有清晰的了解。传统的配送路径优化问题往往只考虑了一些常规要素，如运输网络、配送中心、客户、货物、目标函数、约束条件和优化算法等；研究的内容一般局限于算法的改进优化，大部分研究仍以最短路径作为目标函数的基础，以此来降低成本和节约时间。

随着科技的发展，电子商务环境下的物流配送已具备现代化、信息化、社会化等特征，且电子商务企业越来越多，竞争不断加剧，导致电子商务企业在货物“最后一公里”优势的竞争白热化，电子商务企业之间的竞争已经从产品价格的竞争延伸到物流配送服务质量的竞争。因此，我们研究电子商务环境下的物流配送问题时，除了要考虑影响 VRP 问题的常规要素之外，还要考虑与电子商务相关的要素，如配送车辆的经济车速，城市的交通条件、道路条件，甚至是当天的天气状况等。

电子商务环境下物流配送路径优化需要考虑的因素具体如下。

（1）运输网络

运输网络主要由配送中心、客户和运输的路线三方面组成，运输的路线将配送中心和客户连接起来，构成一张平面图，对运输网络的了解是对路径优化的基本条件。

（2）配送中心

配送中心作为配送的始发点，其数量和选址都对配送路径优化有着至关重要的影响。

（3）客户

客户作为配送路径中的一个节点，其位置分布，收货的时间，所需货物的量都是路径优化中要考虑的问题。

（4）货物

由于载货车辆的载重量或容积有限，路径优化中要考虑到货物的载重量或容积。

（5）目标函数

VRP 问题的目标主要有以下几种：① 最小化总运输成本；② 最小化配送车辆总配送里程；③ 最小化配送车辆数；④ 最大化客户服务水平；⑤ 其他目标，如最小化配送车辆空载里程，最小化违约时间等。

（6）约束条件

VRP 问题的约束主要有以下几种：① 车辆能力约束，如载重量和容积有限；② 配送里程约束，每种配送车辆都有自己的最大配送距离约束；③ 任务时间窗约束，客户所要求货物送达的时间一定。

（7）优化算法

VRP 问题一直是物流和算法研究领域的热点问题，它对提高配送系统效率和节约物流成本有重要的理论和实际意义，目前对于 VRP 问题的求解方法非常多，一般可以分为两大类：精确算法和启发式算法。

（8）经济车速

经济车速指的是汽车行驶中以最节省的方式消耗燃料的速度。车辆在行驶时，耗油量随着车速的变化而变化，根据汽车燃油的特性，当车辆低速行驶时，耗油量随着车速的增加而减少，当车速过了某个临界值时，耗油量又会随着车速的增加而增加，这个临界值就是经济车速。

（9）交通条件

在城市配送中，影响车辆车速的一个主要因素就是交通条件，换言之就是拥堵。目前人们生活的城市，拥堵已经司空见惯，不同程度的拥堵每天都在发生，而每天早晚高峰道路交通量大，导致车辆行驶缓慢。

（10）道路条件

道路条件是指由道路状况决定的，并影响汽车运用的因素。车辆在运行过程中的行驶速度不仅要受交通条件的影响，还要受道路条件的影响，道路条件对车速的影响主要来自于以下几个方面：车道干扰情况、车道宽度、车道数、车流密度、路口数以及施工路段等。此外，路面的质量也对车辆配送也有一定的影响。因此，在进行电子商务物流路径优化时一定要先熟悉好各种备选路径的道路条件。

（11）天气状况

天气状况对车速的影响主要来自于以下两个方面：① 对驾驶员心理上的影响。天气的阴晴，气候的冷暖都对驾驶员心情有着一定的影响，晴空万里常常给人带来不错的心情，阴天却可能会使驾驶员的心情灰暗沮丧，特别是目前低温和酷暑天气普遍存在，特别容易使驾驶员疲劳，心情不佳，动作迟缓，反应迟钝，从而影响车速，甚至会导致事故。② 对交通状况的影响。相比与心理变化对车速的影响，恶劣天气对车速的影响要明显得多。众所周知，比如暴雨、暴雪、冰雹都会对车辆行驶的速度有着不同程度的影响。

（12）配送的时效性

电子商务企业之间竞争的加剧让消费者对电子商务配送提出了更高的要求，消费者已经不仅仅要求电子商务企业在恰当的地点将正确数量的产品完好的送达，更要求企业在配送上所花费的时间尽量的缩短。根据某电子商务企业的某次“消费者最不能容忍的失误有哪些”的调查，90% 的网友选了“最不能容忍公司拖延送货时间”，仅次于 100% 的顾客选择的“丢失和损坏包裹是最不能容忍的”这一项。由此可见，配送时效性在消费者心中的地位。鉴于此，当前很多 B2C 电子商务企业提出了“次日达”和“今日达”的服务，以此来确保配送的时效性。

（13）客户配送点的随机性

在传统配送模式中，客户收货地址往往一定，商品的需求量往往也一定。因此在配送的过程中，每天配送的路径不会有太大的变化。而在电子商务配送模式中，配送企业面对的客户是最终消费者，而这些最终消费者分散在城市各处，只有这些客户下达订单后，才能最终确定好配送点的最终位置，因此电子商务每天所面临的客户配送点在城市中呈随机分布的，这也给电子商务企业配送的时效性带来了一定的困难。

3. 电子商务环境下配送路径优化问题的目标

电子商务环境下配送路径优化问题的目标一般有以下几种。

（1）配送总成本最低

成本是企业最为关注的焦点问题。因此它也是配送路径优化问题中最常见的优化目标。在以往的路径优化问题中，总认为配送总路程和配送总成本成正比，将二者通常等同于一个目标。但由于现实生活中拥堵问题的普遍存在，导致了目前城市配送中最短路径并不一定是最优路径，也就是说，配送总路程最短的路径也许并不是配送总成本最低的路径。

（2）配送的总等待时间最少

电子商务配送与其他行业的配送相比，客户对配送时间的要求极为苛刻。配送的快捷性已经成为电子商务企业间竞争取胜的有力武器。因此，将配送的总等待时间量化为成本有一定的现实意义。

（3）物流运输所用车辆最少

车辆的使用会产生一定的费用，而且在没有必要的情况增加车辆的使用数量，会导致运输成本的大幅上升。由于增加车辆所需的费用，一般比增加车辆运行距离的成本要高，因此要求使用最少的运输车辆也是比较常见的优化目标。

（4）客户满意度最大

在电子商务行业，配送的个性化十足，提升客户的满意度能够有效地吸引更多的客户，因此将客户满意度作为优化目标是未来 VRP 问题的发展方向之一。

除此之外，电子商务环境下的配送路径优化问题还必须考虑配送对环境的影响，实现企业节能减排的目标。因此，配送路径优化的目标除了以上 4 个方面外还要考虑配送过程中的碳排放量最低。目前正处于低碳经济的宏观大背景下，政府和社会要求企业为社会经济发展做出贡献的同时也要为环境保护出一份力，进行可持续发展。因此电子商务企业在进行配送路径优化时，不仅要考虑车辆运输的成本，还要考虑配送过程中碳排放量产生的成本，力求在保证完成任务的前提下将碳的排放量降到最低。当然，随着行业的不同和社会的发展，还会产生各种各样的目标。但由于“二律背反”现象的存在，即选择其中的一种优化目标必然会导致另一种或几种优化目标的倒退，所以在确定优化目标时，可以根据现实中各自的情况，可以选取一种或是多种目标进行优化。

2.2.2 物流配送流程优化

1. 物流配送关键流程分析

不同的物流企业有不同的配送流程。即使是同类物流企业，由于具体情况仍会有所差异，因此配送流程也是不一样的，但总体来说，一般物流企业配送流程的相似性很大，总体流程差别较小。我们以货物流通的线路为线索，从物流配送包含的作业环节的角度对物流企业配送过程中的重要作业流程进行分析，物流配送的大致流程如图 2-4 所示。

一般情况下，物流配送流程分析主要包括以下几个方面：

（1）订单处理作业流程分析

企业在接到客户订单的通知后，就需要对订单进行处理。订单处理是配送流程的第一个环节，只有将第一个环节做好了，才能使接下的环节顺利进行，因而它对整个配送业务有着至关重要的作用，是其他任何环节不能替换也不能比拟的。确切地说，它是配送业务中最核心的部分，它是整个配送业务得以顺利进行的首要条件，订单处理作业流程如图 2-5 所示。

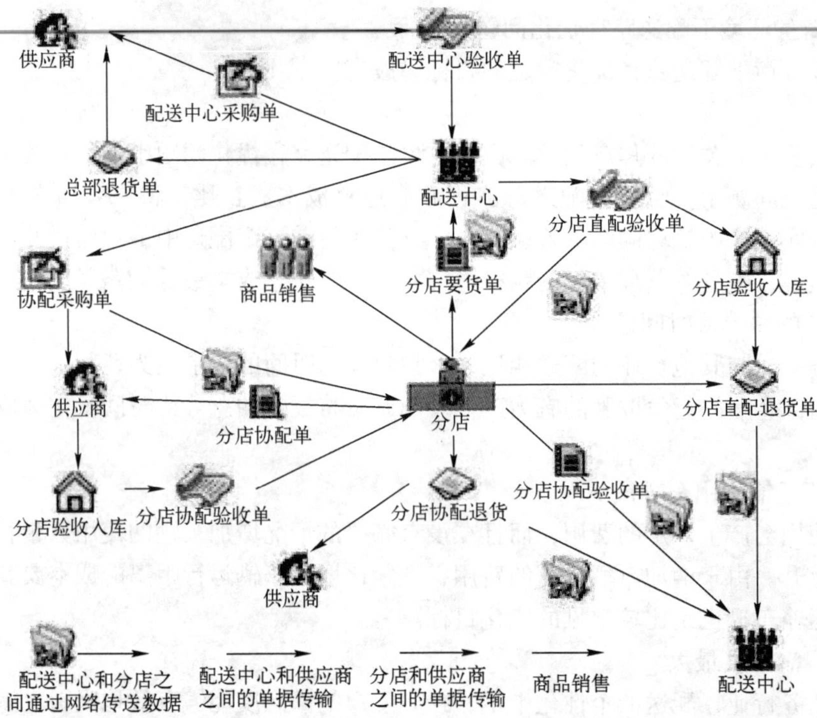

图 2-4　物流配送业务流程

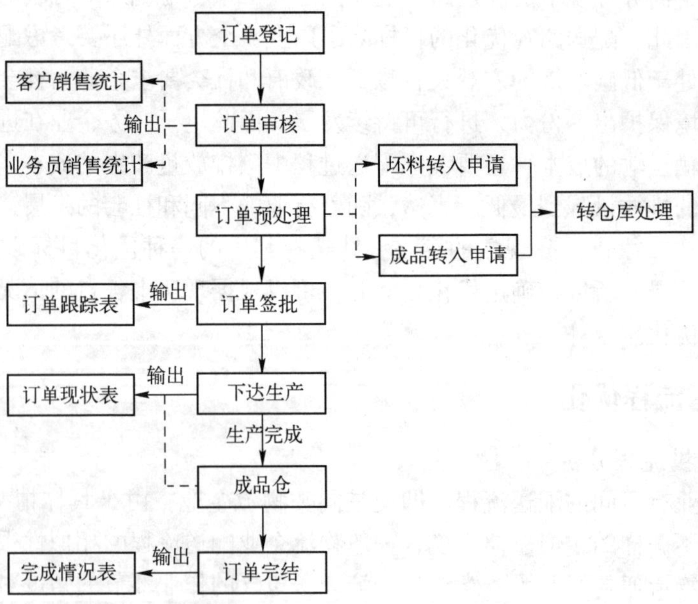

图 2-5　订单处理作业流程图

目前大多数物流配送中心在订单处理时，主要包括下面的几个作业环节。

1）订单受理环节。订单受理环节的主要工作是：工作人员先将客户的订单信息进行整理、分类并与客户一起确认，然后将确认之后的订单信息发送到配送中心。配送中心在接收到客户的订单信息后，首先对订单进行简单的审核和确认，然后对每位客户建立一个订单文档，用以记载客户的订单情况，以备后续的查询与更新操作。

在传统的订单受理环节中，很多作业程序都是靠工作人员手工完成的，如订单的审核、整理、分类等。手工操作效率低下，出错率较高。因此，目前手工技术大都被淘汰。在现代的订单受理环节中，工作人员首先将订单转换为电子数据，然后再将电子数据信息发送到配送中心，从而提高作业效率，降低出错率。物流配送中心在收到订单信息后，对客户订单中的详细情况进行审核和确认，并将订单加以分类。一般情况下，订单分类是按照确认后的交易类型进行订单分类的，以便区别处理。最后，配送中心还要为客户设计合适的存储形式。在设计时，需根据用户订单的不同交易类型，严格按照设计的标准进行，要尽量简洁，减少重复数据的输入。

2）订单数据处理。订单信息被确认之后，便要根据订单查询这些货物的储备情况；然后根据查询结果进行库存分配，并制定拣货单和出货单等；最后再将这些单据打印输出，并根据这些输出单据进行出货物流作业。

3）订单状况管理。一般来说，对订单状况的管理主要是指以下两个方面：一方面是指订单资料在执行过程中是否按正常程序进行；另一方面则是指不同工作人员在管理同一客户订单信息时是否存在对接错误。另外，若存在客户要求变动订单信息时，工作人员要及时更新该客户的订单信息，并与客户进行确认，从而避免因订单信息的差错导致企业遭受不必要的损失。

（2）拣货作业流程分析

当配送中心对客户订单信息进行确认和审核后，就会对订单信息进行分类，并同时制定出相应的货物配送清单，安排拣货，拣货作业流程如图 2-6 所示。

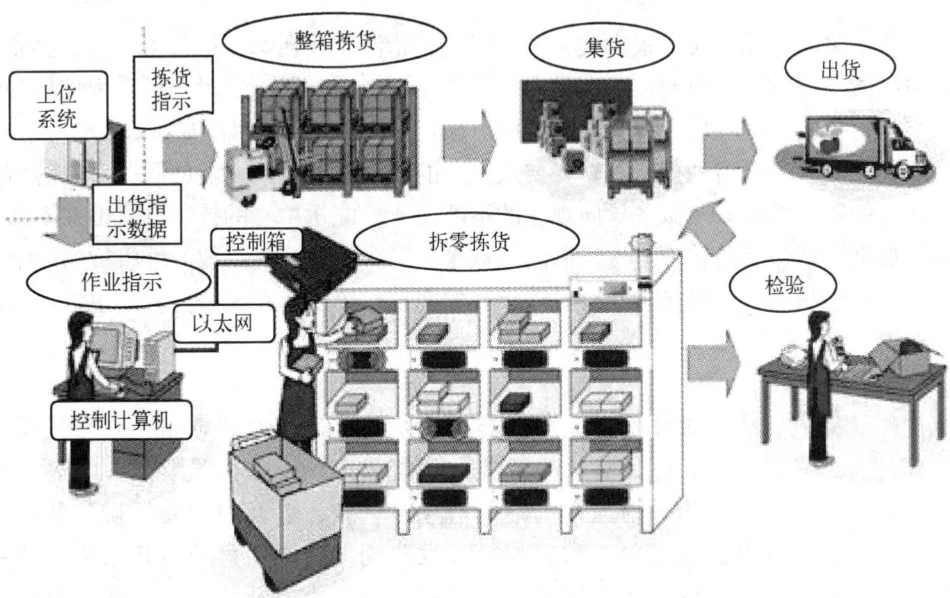

图 2-6　拣货作业流程

在拣货时，工作人员会按照客户的需求，根据订单中货物的种类和数量来安排拣货任务。目前，在一些较大型的物流配送中心都引进了自动拣货系统，这极大地提高了拣货效率，减少了人工操作的出错率。然而，在拣货作业环节中，有些作业程序还是需要人工来完成的，如何将人力资源与自动拣货系统配合起来以提高拣货效率，也是目前各个配送中心急需解决问题。

目前，国内拣货的单位主要包括：单品、箱、垫板以及特殊品四个层级。不同性质的货物可按照不同的层级来进行归类、分级。在拣货作业流程中，首先要对货物进行分层归类，这也是进行拣货作业时必须具备的基本条件，在对货物进行分层分类管理时，一定要保证货物分层归类的正确性。这样企业在选择拣货策略时，其分拣的速度和准确率才不会受到货物分层归类的影响。此外，工作人员在查询货物时会方便快捷不少。

各种不同的拣货策略之间的分析比较如表 2–6 所示。

表 2–6　各种不同拣货策略之间的分析比较

拣货策略	优　点	缺　点
按订单拣取	1. 作业方法单纯 2. 前置时间短 3. 导入容易且弹性大 4. 作业员责任明确，分工明确，公平 5. 拣货后不用进行分类作业，适用于大量订单的处理	1. 商品品种多时，拣货行走路线加长，拣取效率降低 2. 拣货区域大时，搬运系统设计困难
批量拣取	1. 适合订单庞大的系统 2. 可以缩短拣取时搬运行走的距离，增加单位时间的拣货量	无法对订单做出快速反应，必须等订单积累到一定数量时才做一次性的处理，因此会有停滞的时间产生。（只有根据订单到达的状况做等候分析，决定出适当的批量大小，才能将停滞时间减到最低）

由于拣货策略跟订单性质有很大关系的，因此，物流企业在选择拣货策略时，要充分考虑客户的订单性质。当客户订单的需求数量大，并且要求在同时段配送时，可采用批量拣取的方式；当客户的订单多但很零星，并且要在不同时段配送时，则可按订单拣取的方式进行拣取。然而，企业究竟应该采取何种拣货策略，要从企业的长远发展以及企业的服务对象的角度来分析。随着社会的不断发展以及服务导向观念的不断引入，配送中心的拣货方式也在不断地发展当中，其发展理念就是面向客户。这样做的优点是：第一，客户能更放心地将货物交给企业进行配送，提高客户满意度；第二，能够保障货物的完整；第三，在未来货物发生货损时，能分清过失与权责。

（3）分拣作业流程分析

在拣货作业完成后，还必须检查完成分类后的货物，确保发货数量、质量或是规格的正确性。此外，还必须检查分拣的货物与订单的相符程度。工作人员要逐一与客户的订单进行比对核查，若分拣出来的货物与客户订单信息不一致，要及时地将正确的货物分拣出来，再次检查货物与订单信息是否一致，当检查没有问题时，便可将客户所需的货物装箱处理。工作人员将货物打包后，要根据货物对客户进行分类，并贴上客户的信息以及相关的货物信息，以便工作人员送货及卸货。

配送中心在进行分拣作业时，通常情况下可采用以下两种方式进行分货。

1）人工处理。整个分拣过程都是由现场工作人员来进行操作的，在进行分货时，工作人员根据客户订单或是配送中心制定的配送单来进行分拣，将每个客户的所订的货物送至已做好各客户标识的区域。

2）自动化处理。这种方式主要是借助自动分类机，通过计算机及辨识系统对货物进行分类，因此不但分类迅速，而且正确率也很高，尤其在拣取数量或分类数量众多的情况下，其分类效率会更高。货物在配送时的正确性与分拣作业的好坏有直接的关系。如果发生分拣错误，不仅会造成排车计划的紊乱，而且会使配送的车辆增加。虽然分拣作业比较简单，但如果分拣失误，会增加物流企业的成本，影响企业配送效率，甚至将影响企业的服务质量，最终导致企业形象受损。

综上所述，无论是拣货系统，还是分拣系统，若在其实际应用中能实现自动化的作业方式，将非常有利于企业的配送作业。然而，目前大多数物流企业在拣货和分拣作业上，还是以人工方式为主。虽然也有物流企业开始使用电子卷标来辅助拣货，但这类企业并不多；而电子卷标辅助分拣系统的物流企业则更少。

（4）送货处理流程分析

工作人员在送货之前，要检查货物的相关信息。只有在确认货物信息后，工作人员才会安排具体的送货计划。若企业本身拥有专门的运输部门，则可以直接通知运输部门进行送货；若企业本身没有运输部门，则配送中心可将货物承包给第三方物流公司，由第三方物流公司送货。在安排送货时，也可灵活处理配送中的一些情况，如在货物装车时，由于车辆载重和容积的限制，可以将货物进行轻重混装配送等。完成货物配装后，最后还要根据之前公司的相关运输调度计划以及运输路线，将货物按照客户的要求运送至顾客手中。

2. 配送流程出现的问题及形成原因

目前，大多数物流配送企业的配送流程存在较大的问题。在客户满意度调查中时，大多数客户反映物流企业在配送效率以及配送服务质量方面不能令人满意。但令不少物流企业经营者苦恼的是：由于物流企业在国内的发展还处于初级阶段，配送流程又比较复杂，规范性较差。要提高配送效率以及配送质量，不可避免地要提高其物流成本，这样企业的利润空间就比较小。长此以往，并不利于企业的发展，更不利于企业与客户之间长期合作的伙伴关系的维持。

出现以上问题的主要原因有以下几点：

（1）物流企业在进行业务结算时，其支付系统不能满足客户需求

通常情况下，客户都是要求其所定的货物能尽快送达。然而，物流企业在进行订单处理时，往往需要花费很长时间。因为物流企业在收到订单信息后，还要进行相应的备货和送货以及付款确认程序，而在这个期间所花费的时间往往不止一天，从而不能按照客户要求的时间完成配送。因此，物流企业可以考虑换一种结算方式，如现在常见的网上银行付款。另外，为达到客户的送货日期规定，物流企业在进行配送作业时，也应从配送作业中的各个环节着手，在保证送货准确率的前提下，减少货物的配送周期时间。

（2）客户送货批量的影响

目前，物流企业存在很多送货批量较小的客户。配送中心在安排送货时，会根据送货批量的大小来考虑配送方式，以减少配送成本。但由于送货批量太小，配送流程会变得相对烦琐一些，配送成本也较难控制。

（3）配送网络不完善

分散的物流单体只有形成网络才能满足现代化生产与流通的需要，一些物流的运作过程也只有借助完善的配送网络才能更加完善。但目前，我国很多物流企业信息化建设起步较晚，信息化程度不高，现有的货运站与货运枢纽之间的网点少，技术设备落后，配送网

络还不完善。

3. 配送流程优化的指导思想

物流企业实施配送流程优化的指导思想主要体现在四个方面，具体内容如下：

（1）顾客化

顾客化的指导思想是指物流企业在实施配送流程优化的过程中，要坚持以终端顾客为中心，充分满足顾客提出的各种要求。物流企业应建立与终端客户双向交流的机制，打造信息快速传递与反馈的通道，实现信息动态集成与共享。在顾客化思想的指引下，整个配送流程优化都应该围着顾客的需求来进行，并以满足他们的需求为流程优化的目标。

（2）流程化

所谓流程化，就是指物流企业在配送流程优化时，将以配送流程为导向，将各个部门从以任务为中心变为以配送流程为中心，实现从职能管理到业务流程管理的转变。流程化的指导思想要求物流企业的重组和变革都将以流程化的形式存在并不断推进。

（3）集中化

当物流企业在配送流程优化的过程中实施集中化的指导思想时，应该尽力做到对资源的集中化管理和调配，即由调度中心统一进行资源优化配置。这样既可以降低配送流程的成本，减少内部沟通和流通的阻碍，又可以提高配送流程的效率，更好地满足客户需求。

（4）信息化

对配送流程的优化离不开信息化的支持。由于引入了 GPS 和 GIS 技术，整个配送流程管理中将产生大量的数据。如果不对这些数据进行信息化的处理，将会增加后台的管理难度。因此，坚持信息化的指导思想不仅能提高配送流程的管理效率，而且能增强配送流程管理的准确性和科学性。

4. 配送流程优化的目标

（1）建立“流程企业”

通过对配送流程的优化，物流企业应该最终转变为“流程企业”，这将有助于企业绩效的提升和战略的实现。当物流企业最终成为“流程企业”之后，企业里的每位员工都会对这些流程非常熟悉，而且企业拥有标准来评估这些流程，使得公司进入一个以流程为主导的自我管理状态。

（2）提升配送流程的有效性

在配送流程的优化过程中，物流企业应该紧紧围绕着所有的配送流程来整合企业的各种相关辅助流程，建立完整、系统的价值链管理系统，以提高企业在配送过程中的运转效率和有效性，并最终对市场和顾客需求的变化做出快速反应。

（3）合理调配资源

在配送流程的优化过程中，物流企业应该打破原有的调配流程，尝试建立一个调配决策分析中心。通过对该中心的设立，物流企业可实现统一调配企业的各种资源，通过调配使各种资源得到合理分配，从而提高资源的利用率。

（4）增强信息收集能力

为了进一步提升配送流程管理的有效性，物流企业应该建立统一的信息化工作平台。通过该平台，物流企业将实行各种信息和数据的共享，以便增强各部门的信息收集能力和提高信息反馈速度，最终实现整个配送流程的自动化和信息化。

(5) 提升响应速度和服务效率

物流企业应该通过建立完善的客户服务流程，尽力缩短与终端零售商的沟通、服务和反馈时间，提升服务的响应速度和服务的有效性。同时，在配送流程优化后，物流企业应该对客户提出的各种要求以及投诉予以回复和解决。

(6) 对车辆进行实时监控

物流企业应该通过 GPS 和 GIS 等信息化的工具和手段，建立完善的车辆监督和控制系统，实现对车辆的实时监控，并最终实现对车辆运行情况的实时掌握和了解。这种实时监控不仅能提升车辆的使用效率，而且还能为不断提高配送有效性提供改进的依据。

5. 配送流程优化的方法

配送流程由一系列活动和环节组成。由于这些活动和环节之间是有联系的，因而要对这些活动或是环节进行改造，才能实现对配送流程的优化。在进行配送流程优化时，要在建立新的流程活动的假设和规则基础上，对现有的业务活动进行重排、新增、合并等操作，从而设计出新的流程。配送流程优化的主要内容包含：分析配送业务过程中各个活动的逻辑关系，判断这些逻辑关系的正确性；分析配送流程设置的合理性问题；分析配送过程的控制状态以及其中的异常情况。此外，在对配送流程进行分析和优化时，还要找出能对配送业务过程性起重要作用的关键活动。

配送流程的优化方法主要包含：取消、合并、重排、简化、新增这几种方式，如表 2-7 所示。

表 2-7　业务流程优化的方法

方　法	内　容
取消	取消不再需要的功能和不再增值的活动
合并	变复杂流程为简单流程
重排	不能取消的活动，考虑合并
简化	与其他工作转换顺序
新增	有企业目前不具备，但需要的功能

2.3　面向电子商务的配送中心的规划设计

2.3.1　配送中心规划设计的目标与原则

1. 面向电子商务的配送中心规划设计的目标

配送中心的规划设计是配送中心长远的、总体的发展计划。建设项目管理将项目设计分为高阶段设计和施工图设计两个阶段，配送中心的规划设计工作就属于项目的高阶段设计过程。配送中心的规划设计是以物流学原理为理论依据，以系统论为基本观点，以定量与定性相结合的方法进行制订的。配送中心的规划和设计强调宏观指导性，是关于配送中心全面长远的发展计划，是进行可行性论证的依据。

电子商务环境下物流配送中心规划具有以下四个方面的目标：

(1) 服务性目标

服务性目标是电子商务下物流配送中心规划的一个主要目标，是指电子商务环境下的物流配送中心能向用户提供各种服务。服务性目标主要包括有：能向用户提供多种信息服务；能向企业的不同部门、不同层次和不同环节提供各种信息服务；具有信息的及时反馈功能。

（2）快捷性目标

配送中心要能够依据用户的要求，把货物保质、保量、准时地送到用户所指定的地点。这就要求企业在配送系统中设立快捷反应系统，以实现快捷目标。

快捷性目标主要包括有：快捷灵活的配货系统、发货系统和运输反统；自动化的库存管理系统、分拣系统和理货系统；快捷灵活的订货系统和收货系统；方便、灵活、及时的信息服务系统。

（3）低成本目标

低成本目标主要包括：有效地利用配送面积和空间；科学合理地选择运输工具和线路；保持合理的库存规模和结构。

（4）安全性目标

Internet 的开放性同时也带来安全性问题。电子商务配送的一个重要的前提是必须保证电子商务配送系统的安全性，保证用户的商业机密不受到侵犯。安全性目标主要包括有：操作系统的安全性目标；防火墙系统的安全性目标；操作人员以及内部人员的安全性目标；程序及数据库系统的安全性目标。

2. 电子商务配送中心规划与设计的原则

电子商务下物流配送中心在进行规划时应该遵循以下原则：

（1）定量分析与定性分析相结合的原则

物流配送中心系统分析总是遵循着“定性—定量—定性”这样一个循环往复的过程，不了解物流配送中心各个方面的性质，就不可能建立起来探讨物流配送中心定量关系的数学模型，同样通过数学模型得出的结果也需要重新用于物流配送中心设计的过程中。只有将定性与定量二者结合起来综合分析才能达到物流配送中心整体优化的目的。

（2）当前利益与长远利益相结合的原则

在进行电子商务环境下的物流配送中心方案的选择时，既要考虑当前利益，又要考虑长远利益。如果所采用的方案对于当前和长远都非常有利，这样当然最为理想。但是如果对当前不利，而对长远有利，此时则需要通过全面分析论证后再做结论。

（3）局部利益与整体利益相结合的原则

在分析物流配送中心这一系统时，最理想的状态是既可以保证系统的整体利益最大，也可以保证各个子系统的利益最大。但是由于物流配送中心系统中各个物流环节是相互影响和相互制约的，所以各个子系统的局部利益与整个系统的利益往往并不一致。系统分析的准则是整体利益最大，在这一前提下，尽管某一子系统未获得最大利益，只要方案的整体利益最优，这种方案仍然是可取的。

（4）可持续性发展的原则

电子商务环境下的物流配送中心应该走可持续性发展的道路，为今后的进一步发展提供硬件和软件上的升级空间。

2.3.2 配送中心规划设计的内容

配送中心的规划设计可以分为两类：一类是新建配送中心的规划设计；另一类是原有物流企业向配送中心转型的改造规划。新建配送中心规划设计又可以分为单个配送中心规划和多个配送中心规划两种形式。这几种规划设计的形式、特点和内容如表2–8所示。

表2–8　配送中心规划设计的形式、特点和内容

类　型	新　建		改　造
	单　个	多　个	
委托方	新型企业、跨国企业、政府部门		老企业
规划设计的目的	高起点、高标准、低成本	成为企业、区域新的经济增长点或支柱产业	实现从传统物流组织向现代物流配送中心的转变
关键点	配送中心选址	系统构造、网点布局	作业流程优化、企业重组
规划设计的内容	物流功能规划 场址选择 作业流程规划 物流设施规划 信息系统规划	物流功能规划 物流系统规划 物流网络信息规划 物流网点布局规划 物流设施规划	企业发展战略研究 物流功能设计 物流流程规划 物流设施规划

2.3.3　配送中心规划设计的步骤

配送中心的规划设计是一项复杂的工作，大体上可以按照以下的步骤进行。

（1）前期准备

前期准备工作是为配送中心规划提供必要的基础资料，工作方法以调研为主，包括网上调研、图书资料调研与现场调研。调研的主要内容包括：收集配送中心建设的内部条件、外部条件及潜在客户的信息；分析配送中心经营商品的品种、货源、流量及流向；调查物流服务的供需情况，物流行业的发展状况等。

（2）确定目标及准则

确认配送中心建设的目标是配送中心规划的第一步，主要是依据前期准备工作的资料，确定配送中心建设的近期、中期、远期目标。配送中心建设的原则一般是根据物流学原理及项目的实际情况确定的。

（3）功能设计

功能设计是将配送中心作为一个整体的物流系统来考虑，依据确定的目标，规划设计配送中心为完成业务而应该具备的物流功能。配送中心作为一种专业化的物流组织，不仅需要具备一般的物流功能，还应该具备适合不同需要的特色功能。例如，为适应电子商务的发展，配送中心应该具备延伸服务的功能。

（4）选址规划

配送中心拥有众多建筑物、构筑物以及固定机械设备，一旦建成很难搬迁。如果选址不当，将会付出长远代价，所以对于配送中心的选址规划需要给予高度重视。选址规划主要包括以下内容：分析约束条件，确定评价标准，选择选址方法，得出选址结果。

（5）作业流程规划设计

作业流程规划设计是配送中心规划的重要步骤，决定了配送中心作业的详细要求，如设施配备、场所分区等，对后续的建设具有重要的影响。不同类型的配送中心，其作业流程也有很大的不同，在实际规划中，应该根据配送中心的功能结合商品特性与客户需求进行必要的调整。

(6) 信息系统规划

信息化、网络化、自动化、社会化是配送中心的发展趋势。信息系统规划是配送中心规划的重要组成部分。配送中心的信息系统规划既要考虑满足配送中心内部作业的要求，有助于提高物流作业的效率；也要考虑同配送中心外部的信息系统相连，方便配送中心及时获取和处理各种经营信息。信息系统规划一般包括两部分：配送中心管理信息系统分析与设计；配送中心的网络平台。

(7) 设施设备的选型

配送中心的设施设备是保证配送中心正常运作的必要条件，设施设备的选型涉及建筑模式、空间布局、设备安置等多方面问题，需要运用系统分析的方法求得整体优化，最大限度地减少物料搬运、简化作业流程，创造良好、舒适的工作环境。在传统物流企业的改造中，设施设备规划要注意企业原有设施设备的充分利用和改造等工作，这样可以尽可能地减少投资。配送中心的设施设备规划包括以下几方面的工作：原有设施设备分析；配送中心的功能分区；设施的内部布局；公用设施及设备规划。

2.3.4 电子商务环境下的配送中心选址

1. 基于电子商务的配送中心选址概述

配送中心选址是指在一个具有若干供应点及若干需求点的区域内，选定设置配送中心地址的规划过程。随着经济的发展，物流配送业务的兴起与完善，配送中心的选址问题逐渐受到人们的重视。在物流配送中，配送中心居于重要的枢纽地位，起着承上启下的作用。合理的配送中心选址方案可有效节省配送费用，促进生产和消费的协调与配合，保证物流系统平衡发展。配送中心一经选定就将长期运营，它不仅与运行费用直接相关，而且对配送效率及物流控制水平会产生很大影响。因此，配送中心选址对物流企业提高物流运作水平具有十分重要的意义。

与传统商业活动相比，电子商务在经营模式、成本构成和经营观念上有本质的不同。传统的城市配送活动大多发生在连锁商业内部，由设立在城市边缘交通干道出口附近的配送中心向城区商店配送所需商品，而电子商务的配送活动面向的是分布在城区或区域内的零散客户。两者的配送活动显著不同：第一，传统商业的配送中心只向固定的网点送货，送货的数量、频率基本稳定，而电子商务企业的配送中心要向整个区域内的各个地点送货，且数量、频率和方向具有不确定性；第二，传统商业的配送是大批量、小批次，而电子商务环境下的配送具有小批量、大批次的特点。

基于此，电子商务下配送中心的选址问题呈现出一些新的特点：

(1) 更加注重降低配送费用

互联网的无边界性导致了电子商务客户区域的分散性和不确定性，过于分散的配送使配送成本大大增加，因此基于电子商务的物流配送中心选址更加注重配送费用的降低。

(2) 更加注重时效性

电子商务对物流配送中心提出了更高的要求，不仅要尽量降低物流配送成本，还要大大加快配送速度，保证货物及时送到客户手中，提高客户满意度。因此基于电子商务的配送中心选址必须考虑使配送时间最短。

(3) 更加注重系统最优化

物流配送中心对电子商务平台的所有配送活动进行统筹规划，应该在力求整体活动最优化的前提下追求单个活动的最优化。因此配送中心选址也应以整个配送系统最优化为主。

（4）更加注重客户服务网络的定位与集中

电子商务客户的分散性不利于配送中心集中配送，达到规模效益。因此物流配送中心选址应从区域与市场上对客户网络进行定位，尽量选择利于配送资源集中的位置。

由此可见，电子商务对配送系统的速度和效率提出了更高的要求。网上交易对顾客在网上所发订单，应尽可能在最短的时间内将货物送到顾客手中，这体现了网上购物的优越性。在基于电子商务的配送中心选址过程中要着重考虑和体现配送总费用最小和配送时间最短的特点，以便更好地为顾客服务。因此，合理选择配送中心，建立高效率的配送系统，达到降低企业送货的成本、提高货物到达速度、保障服务质量的目的成为电子商务环境下物流企业发展面临的重要问题。

2. 配送中心选址的程序和步骤

（1）选址约束条件分析

选址约束条件分析，首先要明确配送中心的必要性、目的和意义；然后根据物流系统的现状进行分析，确定需要了解的基本条件。这些基本条件一般包括需求条件、运输条件、配送服务条件、用地条件、法规制度等。

（2）收集整理资料

收集整理资料主要是要掌握业务量，包括工厂到配送中心之间的运输量、向顾客配送的货物数量、配送中心保管数量、配送路线上的业务量；以及相关的费用，包括运输费、配送费、可变费用、固定费用等，还有工厂方位、各候选地址的配送路线及距离等。

（3）地址筛选

地址筛选是对收集的资料进行充分的整理和分析，初步确定选址范围，即初始候选地点。

（4）定量分析

定量分析是指针对不同的情况选用不同的选址模型进行计算，得出结论。

（5）结果评价

结果评价是指结合市场适应性、服务质量等，对计算结果进行评价，看是否可行。

（6）复查

复查是指对其他影响因素赋予一定的权重，采用加权法对结果进行复查。

（7）确定最终选址结果

根据以上结果，结合选址的决策要求，选择最优点作为最终的选址结果。

3. 电子商务环境下的配送中心选址应考虑的影响因素

影响配送中心选址的因素很多，既有微观的，又有宏观的，既有定量的，又有定性的。归纳起来，电子商务环境下的配送中心选址应该考虑的影响因素大致可分为以下几种。

（1）自然环境因素

1）气象条件。该因素主要考虑自然环境中的湿度、盐分、降雨量、降雪量、风向、风力等。特别要考虑地震、山洪、泥石流、台风等自然灾害对配送中心的影响，必须特别留意并避免被损害。选址时还要避开风口以避免加速露天堆放商品的老化。

2）地理条件。配送中心应选择地势较高、地形平坦之处，且应具有适当的面积与外形。地形坡度应在1%～4%，在外形上可选择长方形，不宜选择狭长或不规则形状。另外还要考虑地质情况，要求土壤承载力要高。

（2）经济环境因素

1）商品特性。经营不同类型的商品的配送中心选址需考虑分布在不同地域的产业结构、产品结构和产业布局。

2）服务水平。在电子商务环境下，能否实现准时运送是配送中心服务水平高低的重要指标。因此，在配送中心选址时，应保证客户在任何时候向配送中心提出物流需求，都能获得快速满意的服务。

3）物流费用。物流费用是配送中心选址的重要考虑因素之一。大多数配送中心选择接近物流服务需求地，如接近大型工业、商业区，以便缩短运距、降低运费等物流费用。

4）人力资源条件。在高效的配送作业中，数量充足和素质较高的劳动力也是很重要的因素。因此配送中心选址时必须考虑专业技术工人、熟练工人和其他劳动力的来源及数量、质量要求能否满足配送中心的需求。

（3）基础设施状况

1）交通条件。交通条件是影响物流配送成本及效率的重要因素之一，交通因素不便将直接影响车辆配送的进行。因此，配送中心一般都选择在靠近交通枢纽的位置，如紧邻港口、交通主干道枢纽、铁路编组站或机场等，而且要便于两种或两种以上的交通方式联运。

2）公共设施状况。配送中心所在地要求城市道路、通信等公共设施齐备，有充足的动力、能源供应条件，且周边要有污水、废物处理能力。

（4）社会环境因素

1）政策环境。政策环境也是影响配送中心选址的重要因素之一。如果有政府的政策支持，将会更有助于配送中心的发展。政策环境条件包括企业优惠措施、城市规划、地区产业政策等。

2）环境保护要求。配送中心选址既要考虑保护自然环境与人文环境等因素，还要尽可能降低对城市生活的干扰。

3）居民生活状况。该因素主要了解当地居民的生活习惯情况，包括教育发展情况、宗教信仰、生活水平等。

（5）货流的大小和流向

电子商务环境下的物流配送中心设立的根本目的是降低物流配送成本，提高效率。如果没有足够的货流量，配送中心的规模效益便不能发挥，所以物流配送中心的建设一定要保证有足够的货流量。另外，对于电子商务销售物流来说，物流配送中心的主要职责是将产品集结、分拣，配送到门店或用户手上，故应选择靠近客户的地方。

（6）客户分布状况

电子商务客户分布范围广泛，而且具有不确定性，因此需要根据历史统计资料，分析客户的分散程度，并对未来客户的数量和位置进行预测，选择客户最集中的区域建立配送中心。

（7）地区的网络化发展水平

网络是电子商务的重要组成部分，电子商务的许多环节都是依靠网络来完成的。如果地区网络化水平低，则会阻碍电子商务业务在此地区的发展，从而配送需求也会大大减少；另外，电子商务配送采用先进的计算机技术和自动化设备为客户提供服务，如果网络化水平低，也会阻碍先进技术的运用。因此，应该考虑在网络化水平较高的地区设立物流配送中心。

4. 配送中心选址常见的方法和模型

（1）配送中心选址常见的方法

学者们非常关注配送中心的选址问题，提出了许多关于配送中心选址的解决方法，总体来说主要有以下几种。

1）最优化规划方法。在实际的选址过程中，人们通常会遇见一些约束条件，如时间约束、路线约束和成本约束等。相应地，在理论上出现了解决这些问题的方法。最优化规划方法就是其中的一种。最优化规划方法是指如何在某些特定的约束条件下，从给定的几个可用的选择中挑选出一个最佳的方法。随着计算机计算速度和能力的迅速增强，人们可以用最优化规划方法求解复杂的配送中心选址问题。最优化规划方法中目前应用最多的是 0-1 整数规划技术以及线性规划技术。

2）解析方法。解析方法是指以距离、需求量、时间中的某一变量或者是三变量的结合为坐标系，以配送中心的位置为因变量，解析出若干自变量来，再用相应的数学方法求出配送中心的位置坐标。解析方法考虑的影响因素比较单一，主要适用于比较简单的情况下单个配送中心的选址问题。对于选址时运输成本并不是主要考虑因素的时候，解析方法通常并不适用，需要借助其他方法来解决。

3）启发式方法。启发式方法是一种逐次逼近最优解的方法。大部分启发式方法是在 20 世纪中叶被提出的，如遗传算法、模拟退火算法等。用启发式方法进行选址问题研究，第一步要定义目标函数，即计算总费用，然后规定判别规则、改进途径，接下来需要给出初始方案，最后迭代求解。启发式方法不是精确算法，不能保证给出的解决方案一定是最优的；但只要规则设立恰当，获得的可行解会非常接近最优解。随着计算机的广泛运用，借助计算机来实现启发式方法的计算过程变得十分容易。因此在实际操作过程中，启发式方法是一种使用频率很高的方法。

4）仿真方法。兴建配送中心是一个投资额比较巨大的工程。在实际操作中，时间、配送成本等各个方面的因素都是会变化的，如果不考虑这些变化，往往会造成投资的失败，损失巨大。为避免这一问题，可以通过计算机模拟系统模型，使其重现系统的行为或行动，然后再通过反复改变那些影响因素的参数或者参数的组合，最后多次运行并评价不同的方案。我们把这种方法称为仿真方法。由于仿真方法可以以极低的成本考虑不同情况下配送中心的选址结果，因此常用来求解较大型的、无法手工计算的选址问题，具有很强的实用价值。一般而言，仿真方法的初始方案会对最终决策结果产生很大的影响，因此如何找出合适的初始方案，是目前利用仿真方法解决选址问题的一个热点方向。

5）综合因素评价法。综合因素评价法是指全面考虑各种影响因素，并根据各影响因素相对重要性对各备选方案进行评价、打分、择优，从而找出最终的选址方案，如 AHP 方法，模糊评价法。

（2）配送中心选址的定量模型

配送中心选址模型的研究起始于 1909 年著名的 Weber 问题，目的是找到一个仓库的位置，使得这个仓库到所有顾客之间的总距离最短。传统的选址问题分为三类，分别是：p-中位问题，p-中心问题和覆盖问题。这三个问题是一切选址问题的基础，后来扩展出来的许多选址问题都以它们为出发点的。

1）p-中位问题。哈基米（Hakimi）提出 p-中位问题是研究如何选择 p 个设施，使得设施和顾客之间的距离和需求量的乘积之和最小。随后他又提出了 p-中位问题的 Hakimi 特性，证明其复杂度为 $O(n^3)$。对于一般化的空间 p-中位问题被加里（Garey）和约翰松（Johnson）证明为是 NP-hard 问题，在参数量非常庞大的情况下，无法得到精确解，需要求助于启发式算法。

p-中位问题的一般描述为：

S　图 G 中的点集合

A　图 G 中的顶点集合

E　图 G 中的边集合

则　$S=\{s_1,s_2,\cdots,s_n\}, s_i\in G, i=1,2,...,n$

$A=\{a_1,a_2,\cdots,a_p\}, a_j\in G, i=1,2,...,p$

$d(s_i,s_{i'})$　图中任意两点的距离

则　$D(s_i,s_{i'})=\min d(s_i,s_{i'})$，且 $\forall s_i\in \mathrm{S}, \forall s_{i'}\in \mathrm{S}$

w_i　需求点 i 的需求量

函数 $f(S)=\sum w_i[D(a_j,s_i)]$，若存在 $f(S^*)=\min f(S)$，且，

$S^*\subset A$，则称为顶点 p – 中位问题；

$S^*\subset S$，则称为绝对 p – 中位问题；

$w_i=1$，$\forall i$，则称为不加权的中位问题。

2）p – 中心问题。p – 中心问题是研究如何在网络中选择 p 个设施使得任意的需求点到距离最远的设施的路径最短。同样，p – 中心问题也是最早由哈基米（Hakimi）提出，随后他和卡里（Kariv）合作证明了 p – 中心问题是 NP – hard 问题，其算法难度为 $O(n)$。

p – 中心问题的一般描述为：

S　图 G 中的点集合

A　图 G 中的顶点集合

E　图 G 中的边集合

则　$S=\{s_1,s_2,...,s_n\}, s_i\in G, i=1,2,...,n$

$\mathrm{A}=\{a_1,a_2,\cdots,a_p\}, a_j\in G, i=1,2,\cdots,p$

$d(s_i,s_{i'})$　图中任意两点的距离

则　$D(s_i,s_{i'})=\max d(s_i,s_{i'})$，且 $\forall s_i\in \mathrm{S}, \forall s_{i'}\in \mathrm{S}$

函数 $f(S)=\sum[D(a_j,s_i)]$，若存在 $f(S^*)=\min f(S)$，且，

$S^*\subset A$，则称为顶点 p – 中心问题；

$S^*\subset S$，则称为绝对 p – 中心问题；

3）覆盖问题。覆盖问题中假设顾客并不一定总是去离他距离最近的设施点接受服务，而是可以选择在一定距离以内任意的设施点的服务，这个“一定的距离”就叫作覆盖半径，在覆盖半径以内的顾客称为“被覆盖”，否则称为“没有被覆盖”。覆盖问题分为集合覆盖和最大覆盖。集合覆盖的特点是将所有的需求点和需求量无差别化处理，因此如果覆盖半径比较短，必然导致设施点数量的增加；如果覆盖半径比较长，必然会导致覆盖的成本升高。集合覆盖模型几乎忽略成本的考虑，强制性地覆盖所有的需求点，是一种适合于应急、军事等背景的模型。在更多的应用场合，由于资源是有限的，决策的目标是在固定数目的设施点下覆盖尽可能多的顾客需求。这样就演变成最大覆盖问题。

集合覆盖问题最早由罗斯（Roth）和 Toregas 等提出，是指在已知候选设施点和需求点的情况下，寻找到一个最优的设施点集，这个集合要满足覆盖所有的需求点至少一次，并且总的建设成本要最低。集合覆盖问题最初是用来解决医疗应急服务的，是一个 NP – hard 问题。

集合覆盖问题的一般描述为：

$G=\{A,E\}$　为一给定的图，

A　图的顶点集合，

E 图的边集合，

I 需求点集合，$I \in A$

i 需求点，且 $i \in I$

J 设施点集合，$J \in A$

j 设施点，且 $j \in J$

$\lambda_i, \forall i \in I$ 候选的设施点的子集合，表明这些设施点为选中的设施，该设施点组成的子集和要为需求点 i 提供服务

H_j 候选设施点 j 的固定建设费用

X_j 决策变量

$$X_j = \begin{cases} 1, & \text{如果在设施候选点 } j \text{ 建站} \\ 0, & \text{否则} \end{cases}$$

c_{ij} 0－1 决策变量

$$c_{ij} = \begin{cases} 1, & \text{如果设施候选点 } j \text{ 覆盖需求点 } i \\ 0, & \text{否则} \end{cases}$$

集合覆盖问题的一般数学模型如下：

$$\min \quad \sum_j H_j X_j \tag{2-1}$$

$$s.t. \quad \sum_j c_{ij} X_j \geqslant 1 \quad \forall i \in I \tag{2-2}$$

$$X_j = 0 \text{ 或者 } 1 \quad \forall j \in J \tag{2-3}$$

集合覆盖模型的说明：

目标函数（2－1）表明选中的候选设施点的总的建站费用最小；

约束函数（2－2）表明每个需求点至少被一个设施点覆盖；

约束函数（2－3）表明候选的设施点的状态要么为选中，要么没有被选中。

最大覆盖问题最早由丘奇（Church）和雷维尔（Revell）提出，也叫 p 覆盖问题，是研究在已知候选的设施数目和设施的服务半径的前提下，如何选择 p 个设施使得它们可以满足需求最大化的问题。在所有的选址问题中最大覆盖问题被证明是在理论和实践中应用的最为广泛的问题，同时也被证明为是一个 NP－hard 问题。因此对于最大覆盖模型的研究也主要集中在模型的变形、约束和求解算法上。

最大覆盖问题的一般描述为：

$G = \{A, E\}$ 为一给定的图

A 图的顶点集合

E 图的边集合，

I 需求点集合，$I \in A$

i 需求点，且 $i \in I$

J 设施点集合，$J \in A$

j 设施点，且 $j \in J$

q_i 需求点 i 的需求量

p 准备建站的设施点数目，是确定已知值

X_j 0－1 决策变量

$$X_j = \begin{cases} 1, & \text{如果在设施候选点 } j \text{ 建站} \\ 0, & \text{否则} \end{cases}$$

c_{ij} 　　在候选站点半径已知的前提下是一个确定的［0，1］矩阵；

$$c_{ij} = \begin{cases} 1, & \text{如果设施候选点 } j \text{ 覆盖需求点 } i \\ 0, & \text{否则} \end{cases}$$

y_i 　　0－1 决策变量

$$y_i = \begin{cases} 1, & \text{如果需求点 } i \text{ 被覆盖} \\ 0, & \text{否则} \end{cases}$$

最大覆盖问题的一般数学模型如下：

$$\max \quad \sum_i q_i y_i \tag{2-4}$$

$$s.t. \quad \sum_j c_{ij} X_j \geqslant y_i \quad \forall i \tag{2-5}$$

$$\sum_j X_j = p \tag{2-6}$$

$$X_j = 0,1 \quad \forall j \tag{2-7}$$

$$y_i = 0,1 \quad \forall i \tag{2-8}$$

最大覆盖模型的说明：

目标函数（2-4）表明选中的候选设施点覆盖的范围最大；

约束函数（2-5）表明只有覆盖状态为 1 的情况下需求点才能称其为被覆盖；

约束函数（2-6）表明建站的总个数；

约束函数（2-7）表明设施点的状态要么为选中，要么为没有被选中；

约束函数（2-8）表明需求点的覆盖状态只有两种，覆盖或没有被覆盖。

由以上分析可知，采用覆盖方法解决传统的选址问题，需要 3 个必要条件：

第一，需求点位置和需求量。

第二，候选设施点位置。

第三，需求点、设施点以及路径构成的网络图。

【案例】

沃尔玛公司物流配送体系

1. 背景介绍

沃尔玛公司的总部在阿肯色州的一个小城市本顿维尔，本顿维尔市人口约 2 万人。沃尔玛公司的创始人山姆·沃尔顿在 1962 年开设了第一家沃尔玛商场，而配送中心一直到 1970 年才成立，现在沃尔玛公司的配送中心已经有超过 40 年的历史，第一配送中心供货给 4 个州 32 个商场。沃尔玛公司的总部就在这个配送中心之中，即沃尔玛公司的总部也就是沃尔玛公司第一配送中心。在不断增长扩大的过程当中，沃尔玛公司虽然也建立了一些新的配送中心，但是沃尔玛公司的总部仍然是在阿肯色州本顿维尔市的配送中心附近。

截至 2014 年，沃尔玛公司在美国有 4000 多家实体店铺。它以比较低廉的价格提供人们日常用品。除了商场之外，沃尔玛公司还有一类沃尔玛超级中心（wal－mart supercenter），这是美国于 1988 年在密苏里州华盛顿市开创的一种全新的零售模式。该模式第一次将百货零售和食品（包括生鲜食品和袋装食品）的零售结合起来。这一创举不但为沃尔玛公司创造了骄人的业绩，也深刻地改变了整个世界零售行业的面貌。现在沃尔玛公司在美国新开的商场都是这种超级中心。

从国际范围讲，沃尔玛公司在阿根廷、巴西、加拿大、中国、德国、韩国、墨西哥、波多黎各、英国都有很多店铺。早在1999年，沃尔玛公司在物流方面的投资就高达1 600亿美元，并且在其后的一段时间，沃尔玛公司在物流方面的投资一直有增无减。我们只要对过去几年中沃尔玛公司的发展情况进行了解，就会发现物流配送在沃尔玛公司中的重要性，就会明白为什么沃尔玛公司要花费很大的精力在物流方面进行投资。

2. 配送中心

沃尔玛公司的集中配送中心是相当大的，而且都位于一楼。配送中心之所以都在一楼，是因为沃尔玛公司希望产品能够滚动，希望产品能够从一个门进另一个门出。如果有电梯或其他物体，就会阻碍流动过程。因此，沃尔玛公司的配送中心都是一个非常巨大的地面建筑。为了让产品能够有效地流动，沃尔玛公司运用无缝连接的传送带对产品进行一次性处理。沃尔玛公司所有的系统都是基于一个UNIX的配送系统，另外还采用了开放式的平台、产品代码、自动补发系统以及激光识别系统，所有的这些加在一起为沃尔玛公司节省了相当多的成本。

配送中心的职能是：

（1）转运

沃尔玛公司把大型配送中心所进行的商品集中以及转运配送的过程叫作转运，大多是在一天当中完成进出作业的。

（2）提供增值服务

沃尔玛公司配送中心还提供一些增值服务。例如在服装销售前，需要加订标签，为了不损害产品的质量，加订标签需要在配送中心采用手工进行比较细致的操作。

（3）调剂商品余缺，自动补进

每个商品都需要一定的库存，如软饮料、尿布等。在沃尔玛公司配送中心可以做到这一点，每一天或者每一周它们根据这种稳定的库存量的增减来进行自动的补进。这些配送中心可以保持8 000种产品的转运配送。

（4）订单配货

沃尔玛公司配送中心在对于新商场开业的订单处理上，采取这样的方法：在这些新商场开业之前，沃尔玛公司要对这些产品进行最后一次的检查，然后运输到这些新商场，沃尔玛公司把它称为新商场开业的订单配货。

3. 沃尔玛公司配送体系的特色

沃尔玛公司作为全美零售业的著名企业，素以精确掌握市场、快速传递商品和最好地满足客户需要著称，这与沃尔玛公司拥有自己庞大的物流配送系统并实施了严格有效的物流配送管理制度有关，因为它确保了公司在效率和规模成本方面的最大竞争优势，也保证了公司顺利地扩张。

沃尔玛公司现代化的物流配送体系，表现在以下几个方面：

（1）设立了运作高效的配送中心

从建立沃尔玛折扣百货公司之初，沃尔玛公司就意识到有效的商品配送是保证公司达到最大销售量和最低成本的存货周转及费用的核心。而唯一使公司获得可靠供货保证及提高效率的途径就是建立自己的配送组织，包括送货车队和仓库，配送中心的好处不仅使公司可以大量进货，而且通过要求供应商将商品集中送到配送中心，再由公司统一接收、检验、配货、送货。

(2) 采用先进的配送作业方式

沃尔玛公司在配送运作时，大宗商品通常经铁路送达配送中心，再由公司卡车送达商店。每店每周收到1~3卡车货物，60%的卡车在返回配送中心的途中又捎回沿途从供应商处购买的商品，这样的集中配送为公司节约了大量的资金。

(3) 实现配送中心自动化的运行及管理

沃尔玛公司配送中心的运行完全实现了自动化。每种商品都有条码，通过几十公里长的传送带传送商品，激光扫描器和计算机追踪每件商品的储存位置及运送情况，每天能处理20万箱的货物配送。

(4) 具有完善的配送组织结构

沃尔玛公司为了更好地进行配送工作，非常注意从自己企业的配送组织上加以完善。其中一个重要的举措便是公司建立了自己的车队进行货物的配送，以保持灵活性和为一线商店提供最好的服务。这使沃尔玛公司享有极大的竞争优势，其运输成本也总是低于竞争对手。

4. 沃尔玛公司物流配送体系的运作

(1) 注重与第三方物流公司形成合作伙伴关系

在美国本土，沃尔玛公司做自己的物流和配送，拥有自己的卡车运输车队，使用自己的后勤和物流方面的团队。但是在国际上的其他地方，沃尔玛公司就只能求助于专门的物流服务提供商了。飞驰公司就是其中之一。飞驰公司是一家专门提供物流服务的公司，它在世界上的其他地方为沃尔玛公司提供物流方面的支持。飞驰成为了沃尔玛公司大家庭的一员，并百分之百献身于沃尔玛公司的事业，飞驰公司同沃尔玛公司是一种合作伙伴的关系，它们共同的目标就是努力做到最好。

(2) 挑战“无缝点对点”物流系统

在物流方面，沃尔玛公司尽可能以最低的成本为顾客提供快速服务。为了做到这一点，沃尔玛公司给自己提出了一些挑战。其中的一个挑战就是要建立一个“无缝点对点”的物流系统，即能够为商店和顾客提供最迅速的服务。这种“无缝”的意思是指使整个供应链达到一种非常顺畅的链接。

(3) 自动补发货系统

沃尔玛公司之所以能够取得成功，还有一个很重要的原因是沃尔玛公司有一个自动补发货系统。每一个商店都有这样的系统，包括在中国的商店。它使得沃尔玛公司在任何一个时间点都可以知道，目前某个商店中有多少货物，有多少货物正在运输过程中，有多少是在配送中心等。同时补发货系统也使沃尔玛公司可以了解某种货物上周卖了多少，去年卖了多少，而且可以预测将来的销售情况。

(4) 零售链接系统

沃尔玛公司还有一个非常有效的系统叫作零售链接系统，这是一个可以使供货商们直接进入到沃尔玛公司的系统。任何一个供货商都可以进入这个零售链接系统中来了解他们的产品卖得怎么样：可以知道昨天、今天、上一周、上个月和去年卖得怎么样；可以知道这种商品卖了多少，而且可以在24小时内就进行更新。供货商们可以在沃尔玛公司每一个店当中，及时了解到有关情况。

5. 骄人的业绩

2001 年、2002 年，沃尔玛公司连续成为美国《财富》杂志的榜首。这使沃尔玛公司不仅成为零售业的奇迹，而且成为了世界经济的奇迹。美国沃尔玛公司之所以能取得如此好的成绩，与它的物流运作体系是分不开的。

（1）有统一明确的配送目标

沃尔玛公司配送部门的每位职员都能根据自己的任务准确、高效地完成作业，并向下一作业环节推进。不管是人工作业还是自动化作业，整个流程协调一致形成一个有机整体共同完成配送任务。

（2）配送体系有高度的灵活性

沃尔玛公司的配送体系能利用信息系统的配送数据进行预测，能实现多品种、少批量商品的及时送达，并注意减少库存，节约物流费用，实现效益最大化。

综上所述，沃尔玛公司的物流配送运作体系有许多值得我们学习的地方：一是使现代物流观念进入每个员工的心中；二是物流配送的系统性思维及其运用方式；三是时刻为顾客着想的服务理念。

资料来源：芮约翰，戴豪文，《沃尔玛公司物流配送体系》，中国国际现代物流研讨会

本章小结

本章首先概述了物流配送的概念、功能要素、分类，国内外物流配送和配送中心的发展现状，以及物流配送和配送中心的作业流程；然后分析了电子商务环境下配送过程中的关键优化问题，包括：配送路径优化问题、配送流程优化问题，给出了一套基础、完整的，在电子商务环境下能够提升物流配送效率的解决方案；最后，本章阐述了电子商务环境下配送中心规划设计的目标、原则、内容和步骤，给出了配送中心规划设计中最重要的一个环节——配送中心选择的一般方法和量化模型。

习　题

一、单项选择

1. 在配送中心的运作过程中，（　　）是配送中心的首要功能。

A. 采购功能　　B. 存储功能　　C. 分拣功能　　D. 集散功能

2. （　　）是根据采购计划与实际进货单据，以及供应商的送货规律，送货方式来制订的。

A. 进货作业计划　　B. 搬运作业计划　　C. 存储作业计划　　D. 补货与出货计划

3. （　　）是最终解决用户企业担心断供之忧，大幅度提高供应保证能力的重要手段。

A. 加工配送　　B. 共同配送　　C. 准时配送　　D. 即时配送

4. 一般情况下，配送中心的（　　）主要是根据企业使命、市场需求来确定的。

A. 功能定位　　B. 商品定位　　C. 区域定位　　D. 模式定位

5. 在经济合理区域范围内，根据用户要求，对物品进行拣选、加工、包装、分割、组配等作业，并按时送达指定地点的物流活动是指（　　）。

A. 配送　　B. 运输　　C. 分拣　　D. 装卸搬运

6. 下列哪项是按照配送中心功能划分的配送中心？（　　）

A. 城市配送中心　　B. 流通加工配送中心C. 共同配送中心　　D. 第三方配送中心

7. 配送中心核心作业项目是（　　）。

A. 接受订单　　B. 进货作业　　C. 理货配货　　D. 出货作业

8. 配送是物流系统的（　　）环节。

A. 起始　　B. 中间　　C. 终端　　D. 以上答案均不正确

9. 下列关于物流配送的重要作用的描述不正确的是（　　）。

A. 有利于促进物流运动的社会化　　B. 有利于提高客户满意度

C. 有益于实现物流资源的合理配置　　D. 有利于创造社会整体效益

10. 下列不是常见的物流中心选址的定量模型的是（　　）。

A. 德尔菲选址法　　B. 集合覆盖选址法　　C. 最大覆盖选址法　　D. P－中位选址法

二、多项选择

1. 配送中心选址时必须考虑的因素有（　　）。

A. 保证一定的物流服务水平　　B. 配送距离　　C. 配送时间

D. 配送成本　　E. 配送中心的功能

2. 配送线路确定的原则有（　　）。

A. 以效益最高为目标　　B. 以成本最低为目标　C. 以准确性最高为目标

D. 以路程最短为目标　　E. 以方便性为目标

3. 配送中心的规划设计主要包括（　　）。

A. 作业流程的规划设计　　B. 作业区域的能力规划

C. 作业区域的功能规划　　D. 作业区域设施规划

E. 作业区域的工作时间

4. 配送中心的功能主要包括（　　）。

A. 采购功能　　B. 存储功能　　C. 分拣功能　　D. 加工功能　　E. 付款功能

5. 配送具有（　　）两种基本功能。

A. 采购　　B.　存储　　C.　送货　　D. 订货　　E. 商品组配

三、简答题

（1）简述配送与送货的异同。

（2）什么是共同配送中心？

（3）配送包括哪些功能要素？

（4）配送在物流中的作用？

四、实训题：物流配送中心实务操作

（1）实训目的：通过实训，了解并掌握目前国内主流物流配送中心的操作规范和流程。

（2）实训内容：了解并掌握国内主流配送中心的工作模式、操作规范和流程。

（3）实训要求：参与实训的学生以分组的形式，在教师的指导下，深入到物流配送中心内部，观察并记录物流配送中心的操作规范和流程，并形成最终的实训报告。

第3章　电子商务物流的仓储和库存管理

【学习目标】

1. 了解和掌握仓储的基本概念、功能和作用

2. 了解和掌握电子商务环境下仓储的重要作用、仓储和库存的特征及仓储模式选择

3. 了解和掌握电子商务环境下仓储作业流程和管理

4. 了解和掌握传统仓储库存管理模式：定量与定期订购库存控制法、MRP库存控制法及JIT库存控制法

5. 了解和掌握牛鞭效应的产生和成因分析及弱化

6. 了解和理解电子商务环境下减弱牛鞭效应的库存管理模式创新：电子商务环境下的VMI和电子商务下的“云仓储”

【引例】

朵朵云的仓储布局术

电商自建物流，异地建立自有仓储，早已不是新鲜事。这几年，一些自营型B2C电商企业已选择了自建物流，如京东商城、苏宁易购、凡客诚品等。这其中仓储中心的建立成为布局的重中之重，如唯品会在全国的物流仓储面积已经超过10万m^2，酒仙网的分仓已覆盖一半以上的省会城市，而京东商城将在全国建设20~40个大家电的仓储中心。但随着“菜鸟”网的出现，物流仓储的格局已被改变，这也加速了电商对物流仓储布局的重视和投入。

当前，淘宝店铺之间的竞争早已白热化，在做好产品的前提下，更是进入了速度和后端服务比拼的时代。对于不少淘宝大卖家来说，一个仓库已经无法满足他们日益庞大且地域差异极大的客户群，在各地建立自有仓储系统，成为后端发力的重要一环，异地建仓正成为电商竞争的有力武器。

根据淘宝店铺自身的情况，寻找合适的地址建立自有仓储中心，一方面可以节省物流成本，另一方面也可以就近配送提高物流速度，这种模式正在淘宝店铺中兴起。2013年6月份，淘宝四金冠母婴店铺朵朵云便正式在武汉建立了分仓，异地建仓可以说是其布局物流仓储、后端发力的证明，但也因此给企业的正常运作流程带来考验。

其一：分仓选址，成本为大。随着店铺的发展，上海本部的仓储场地已经开始捉襟见肘，这让朵朵云开始着手在物流、仓储上进行布局。经过一段时间的考察，其仓储面积达6000 m^2的武汉分仓于6月份正式建立。根据其规划，该店铺上海仓将以江浙沪皖的快递为主，武汉仓以江浙沪皖的外围为主，理论上占总量的45%。不过，目前由于货物没有全部调配到位，武汉仓只承载了30%的发件量。

之所以在武汉建仓，除了有上海的员工在武汉可以管理外，主要是做了周密的成本核算。相对上海而言，武汉不管是人工、场地、还是快递费用都偏低。武汉仓没有建起来之前，其发货人员占据了90人（上海总部有160人左右），武汉仓建起来后，效率高了，上

海仓仓储人员减少到60人，武汉仓有24~25个人，全部负责仓储物流，分为打包组、配件组、收货组。据朵朵云联合创始人徐庆介绍，目前店铺整体的平均日单量为6 000单左右。武汉仓建立后，湖北省内的快递包裹基本能够实现24小时完成配送，而距湖北省周边1 500 km范围内的其他9个省份则能在第2天或第3天完成配送，使得更多省内的消费者享受到快捷的物流体验。

其二：借助系统，灵活配单。异地建仓，除了考验店铺的资金实力外，还需要考虑管理系统支持能力。在最初的时候，朵朵云使用的管理系统无法支持异地仓储管理，改善后仍会受网络速度、稳定性等因素的影响。仓库建好了，却无法进行正常的运作，这不免让大家都很头疼，最终店铺不得不更换ERP系统。通过更换新的ERP系统"旺店通"，针对异地仓储进行新的功能设定，朵朵云最终将两地的仓库很好地结合在一起，在整个店铺运营中将上海、武汉两地仓储物流打通，店铺的采购、销售、售后、制单等各环节都通过新的管理系统实现了无缝对接和正常的运作。

其三：优化细节，提升效率。武汉仓的建设，目的便是要让店铺达到吞吐量的扩容。当然，对于异地加仓，店铺需要做好的方面还包括物流控制，以及对供应链各环节的优化和控制。目前朵朵云已将更多的精力花在运营环节的优化和成本的缩减上，以及提高用户体验方面。

另一方面，在物流快递成本上的精简，也是该店铺一直在尝试的方向。通过精确的成本预算进行选址，结合量身定做的ERP系统进行良好的对接，同时做好店铺各环节的优化和控制，店铺获得了一定程度的成本缩减。但店铺不能简单将减少的成本收归囊中，而是用来反哺客户。就如朵朵云所做的，利用缩减的成本加大包邮力度，让更多的客户真正得到实惠。

对物流仓储的规划和布局，朵朵云创始人徐庆表示，如果物流的速度、成本没有改善，开分仓没有意义。但店铺不排除在别地新建分仓的可能。就如马云的"菜鸟"网给大家勾画的蓝图那样，未来中国的智能物流网络将能实现中国任何两个城市之间购物的24 h必达，仓储物流的发展将会使得消费者的物流体验急剧上升，这也将成为店铺的下一个增长点。

资料来源：《之天下网商》2013年09月25日

3.1 电子商务环境下的仓储和库存概述

3.1.1 仓储概述

1. 仓储的基本概念

仓储活动是随着人类社会的产生而出现的。自从人类社会有了剩余产品开始就有了储存，但这时候的储存主要是由于人们的生活物资没有消耗完，有多余的剩下来，因此是被动的储存。直到战争和自然灾害的出现，人们为了防备，平常有计划、有目的地进行储备，由原先被动的储存到主动的储存，这个时候真正意义上的仓储活动才产生了。这时主要是对生活物资的一种保险储备。例如，"积谷防饥"即将丰年剩余的粮食储存起来以防歉年之虞。

随着社会的发展，在原始社会末期，产生了专门储存产品的场所——"窖穴"。而随着农业、手工业的发展，出现了多环节的生产过程和流通过程，为保障生产和流通顺利进行，需要进行储备，这时候就由原先的保险储备逐渐发展到了周转储备，这使得仓储从物品储存的静态过程，发展为包含对物品存取、保管、控制的动态过程。中华人民共和国国家标准《物流术语》（GB/T18354－2006）对仓储的定义为："利用仓库及相关设施设备进行物品的入库、存贮、出库的活动"。"仓"，即仓库，是指特定场所，可以是房屋建筑、大型容器或洞穴；"储"，表示收藏以备使用，包括收存、保管、交付使用，又称为储存。

在当今社会，很多产品此时有余而彼时不足，此地有余而彼地欠缺。在当前信息技术和电子商务快速发展环境下，如何在生产与消费或者供给与需求的时间差里，妥善地保持物质实体的使用价值，快速衔接不同的地域需求，以及平衡社会产品和物资的价格，是物流系统仓储环节所要解决的问题。现代仓储远远不是传统意义上的仓库管理，而是以满足供应链上下游的需求为目的，依托仓库设施与信息技术对物品的进出、库存、加工、包装、分拣、配送及其信息进行有效计划、执行和控制的物流活动。现代仓储有四大基本特征：

一是动态管理，即存储的商品越少越好，商品进出仓库的速度越快越好。

二是增值服务，如加工包装、分拣配送、信息资讯、监管服务等。

三是信息化管理，如协助盘点、库存查询、进出库跟踪等。

四是机械化与自动化作业。现代仓储的典型模式就是各类物流配送中心，即物流与供应链管理中的库存控制中心、加工配送中心、增值服务中心与现代物流设备技术的应用中心。

总之，库存控制是现代仓储服务的核心，信息化与自动化是现代仓储发展的关键，融入供应链并不断创新增值服务是现代仓储的发展方向。

2. 仓储的功能

从仓储环节对社会生产生活的作用和意义来看，其功能主要有基本功能、增值功能和社会功能，如表3-1所示。

表3-1　仓储的功能

功　能	含　义	具体体现	作用与意义
基本功能	为了满足市场的储存和流通需求，仓储所具有的基本操作或行为	储存、保管、拼装、分类等基础作业	保持劳动产品价值；质量管理，数量管理；方便流通；实施有效的物流管理
增值功能	带来附加价值的操作，主要有提高客户的满意度；信息的传递等	仓单质押、信息决策增值、对存货的各种流通加工和延期交货	提供信用保证；收集和传递市场信息；形成来自"第三个利润源"的利润；提供现货交易的场所，交易中介
社会功能	主要是指满足社会正常运转的操作	时间调整、价格调整、流通调控（存期控制）、配载	保证社会生产顺利进行；调整生产和消费的时间差，维持市场稳定；创造"时间效用"；衔接流通过程

3. 仓储的作用

在商品的流通过程中，仓储具有两面性，既有积极作用，也有消极作用。其积极作用如下：

（1）仓储是保持物资原有使用价值和物资使用合理化的重要手段

社会生产和消费在供需上的不均衡和不同步，会导致物资使用价值的变化，如质量的降低和数量的减少，在这些时间差里，必须通过仓储的环节最大限度地减少物资的损耗和过剩浪费，调配余缺和价格差异，使物资在合适的时间发挥最大的效用或者在效用最大的时间发挥作用，实现其最大效益。

（2）仓储是加快资金周转，节约流通费用，降低物流成本，提高经济效益的有效途径在流通中，仓储作为一个节点，在减少生产和销售的库存积压、加快资金周转、整合运输并为运输做好必要的准备、节约流通费用、降低物流成本方面都起着必不可少的作用。

（3）仓储可以实现物流增值服务

当前社会，个性化的产品需求愈来愈甚，对产品外观尺寸大小的不同需求、功能的拓展，很多都是在仓储环节通过进行简单的流通加工完成，如鱼和肉类的冷冻、蛋品加工、生鲜食品和大米的包装、家具的组装、地毯剪切、玻璃套裁、钢板切割、水泥熟料加工包装、防锈除锈加工、上色、贴标签等，这些生产性的服务，可以满足消费者多样化的需求和极大地提高商品的附加值，实现物流增值。

（4）仓储有安全保障作用

为了保证生产稳定和促进销售，很多物资和商品需要仓储，特别是当前，自然灾害和一些突发事件频发，很多生活物资和医药品、疫苗需要仓储作为应急物流的必要保障。另外，维持社会国家机器正常运转的一些大宗食品（如食盐、粮食等）和能源也需要仓储作为安全储备。

虽然仓储是物流系统的必要环节，但是开展各种仓储作业，需要相应的投入，主要体现在：第一，仓储设施设备投入、员工工资待遇等固定成本和伴随仓储作业开展的各项变动成本，如保管保养成本、水电及原材料费、仓储保险费、税金等；第二，库存物资占用资金导致的机会损失以及可能有资金利息；第三，储存期控制不当造成的陈旧损失和贬值损失。这些都是仓储的消极作用，并且如果控制不当，还会冲减物流系统的整体效益，特别是仓储中的库存，有时候会掩盖企业很多的管理问题，甚至被认为是“万恶之源”。

3.1.2 电子商务环境下的仓储和库存

1. 电子商务物流仓储的重要作用

电子商务物流仓储是网络经济和现代物流一体化的产物，是指基于电子化、网络化的仓储活动，包括软体商品或服务的网络传送和实体商品或服务的物理传送，构成一个四流（即信息流、商流、资金流和物流）合一的完整的商务过程。电子商务物流仓储的重要作用主要体现在以下两个方面。

（1）仓储物流是实现电子商务的基本保障

电子商务的终极目的是将商品和服务的所有权从卖方转移到买方，仓储物流在电子商务交易中起着后续和服务的作用，如果没有仓储物流，电子商务就难以完成。

（2）仓储物流决定着电子商务的效率和效益

① 在电子商务条件下，顾客通过网络购物，完成了商品所有权的交割过程，但电子商务活动并未结束，只有商品和服务真正到达顾客手中，商务活动才宣告结束。在整个电子商务运作中，物流实际上是其后续和服务环节，也是其最重要的关键环节。物流是电子商务实现以顾客为中心理念的最终保证，缺少现代化物流技术与管理，电子商务不能发挥真正的作用。

② 仓储物流占据着物流相当大的比重，是物流体系中至关重要的环节，因此会对电子商务产生举足轻重的影响。好的电子商务仓储物流模式可以帮助企业在降低经营成本的同时，提高客户响应速度和客户满意度。

2. 电子商务物流仓储的特点

电子商务仓储物流和传统仓储物流具有较大差异，具有自身的特点。

（1）信息化

仓储物流通过现代化的物流系统，实现仓储——供应商或制造商——顾客的联系，能快速对市场和顾客的个性化需求做出准确、及时、高效的反应，信息化是电子商务运行的必然要求。

（2）柔性化

电子商务仓储物流服务根据具体订单灵活掌控和实施物流作业，可以满足“小批量、多批次、多品种、短周期”的消费需求。

（3）系统化

与传统仓储物流单纯提供出租库房的简单服务所不同，电子商务仓储物流通过先进的管理手段和技术支持，对商品的采购、进货、储存、分拣、配送等流程进行统一管理，形成了有序、系统的物流作业模式。

3. 电子商务环境下的库存管理的新特点

库存（Inventory）是以支持生产、维护、操作和客户服务为目的而存储的各种物料，包括原材料和在制品，维修件和生产消耗品，成品和备件等。因此，库存管理的主要目的，就是将各种物料储备保持在经济合理的水平上。

库存管理是企业管理中最为重要的环节，企业的库存管理实际上就是企业物资运动的管理，一般包括订货管理、订货处理、配送作业、运输、采购等，是一项系统性较强的活动，需要制订周密的计划。库存管理主要包括：采用商业建模技术对企业的库存策略、提前期和运输变化的准确度进行评价；测算存货经济订货量时，考虑对供应链企业的影响；充分了解库存状态，确定适当的服务水平。电子商务环境下的库存管理的新特点为：

（1）管理信息化

当今市场在急剧变化，企业要想在激烈竞争的环境中取得持续发展，最主要的是要掌握用户需求的变化和在竞争中知己知彼。信息技术的应用是推进供应链系统中信息共享的关键，改进整个供应链的信息精度、及时性和流动速度，被认为是提高供应链绩效的必要措施。企业管理战略的一个重要内容就是搭建供应链运作的信息支持平台，构建企业的供应链信息集成系统。

（2）横向一体化与网络化

从 20 世纪 80 年代后期开始，“横向一体化”的供应链思想开始兴起，即利用企业外部资源快速响应市场需求，本企业只抓最核心的东西：产品的方向和市场。“横向一体化”形成了一条从供应商到制造商再到分销商的贯穿所有企业的“链”；利用现代信息技术改造和集成业务流程、与供应商和客户建立协同的业务伙伴联盟。

（3）生产经营的敏捷柔性化

全球性市场竞争的加剧，单个企业已经难以依靠自身的资源进行自我调整，在 20 世纪末，美国提出了以虚拟企业或动态联盟为基础的敏捷制造模式。敏捷制造面对的是全球化激烈竞争的买方市场，采用可以快速重构的生产单元构成的扁平组织结构，以充分自治的、分布式的协同工作代替金字塔式的多层管理结构，注重发挥人的创造性，变企业之间的生产竞争关系为“共赢”关系，强调信息的开放和共享，集成虚拟企业。电子商务的兴起为实现敏捷制造提供了可能。

（4）物流系统化、专业化

在此前的企业经营管理中，物流作为商务活动的辅助职能而存在，其本身并不构成企业管理的重要领域，其业务管理也往往是分散进行的，没有总体统一的协调和控制。在电子商务时代，物流上升为企业经营中重要的一环，其经营的绩效直接决定整体交易的完成和服务的水准，尤其是物流信息对于企业及时掌握市场需求和商品的流动具有举足轻重的作用，物流活动必须综合起来，进行系统化管理。在这种要求下，人们利用系统科学的思想和方法建立物流系统，包括社会物流系统和企业物流系统，使得物流活动能够全方位、全过程、纵深化地得到管理和协调。

4. 电子商务环境下仓储物流模式的分析和选择

根据国内外电子商务市场的具体情况，电子商务的仓储物流模式可以分为自建仓储物流模式、外包仓储物流模式、混合仓储物流模式、仓储物流联盟模式和共同集配仓储物流模式。

（1）自建仓储物流模式的分析和选择

自建仓储物流模式是指电子商务企业为了满足自身物流业务的需要，由企业自己建设物流仓储的模式。这种模式在有助于增强企业对仓储的控制力的同时，由于物流服务柔性强，还有利于保证服务质量和提升企业形象。此外，自建仓储物流模式从长远发展来看，还具有节约物流成本的优点。然而，自建仓储物流模式同样具有一些劣势：业务覆盖范围有限、资规模大、周期长、资金占用多和需要具备较强的综合物流管理能力。选择自建仓储物流作为电子商务企业的物流模式，要求企业具有较强的仓储物流管理能力和雄厚资金支持；同时要注重建立现代化、信息化、高效率的仓储物流团队，不断扩展仓储物流的服务范围和规模。

（2）外包仓储物流模式的分析和选择

外包仓储物流模式是指电子商务企业以增强企业核心竞争力为重，将仓储物流业务外包给第三方物流公司的模式。这种模式具有覆盖区域广泛、企业投入精力较少、有利于社会物流资源的开发利用和提升企业核心竞争力等优点。然而，由于企业对物流的控制力较低的原因，造成对第三方物流的依赖性较强。企业业绩会受到第三方公司的水平的影响，从而使企业的发展产生一定的风险和不确定性。

外包仓储物流模式适合仓储物流管理能力弱、企业资金实力一般的电子商务企业。它同样适用于平台交易数量小，但交易批次多的企业。企业在采用外包仓储物流模式时，需要选择适合企业自身特点的第三方物流公司合作，并维持与第三方物流密切沟通。

（3）混合仓储物流模式的分析和选择

混合仓储物流模式是指企业在拥有自己仓储的同时，还将一部分非核心仓储物流业务外包给第三方物流企业的仓储物流模式。这种模式有助于电子商务企业扩大仓储物流业务的范围和保存实力、全力以赴核心业务的仓储物流服务。其缺点一方面是建设自身物流体系需要大量资金投入，而且经营时存在较大的风险；另一方面，这种两手抓的模式，不易实现管理的标准化。混合仓储物流模式适合仓储物流管理能力较强但物流成本优势较小的企业，这样有助于核心仓储物流业务的保障。需要注意的是，企业要选择质量和服务佳的外包公司进行合作，并持续保证对其的掌控能力。

（4）仓储物流联盟模式和共同集配仓储物流模式的分析和选择

仓储物流联盟模式是指多个电子商务企业为了实现自身目标，通过协议达成共同进行仓储物流业务的企业战略联盟。它具有降低仓库成本、降低运营风险、提高整体仓储物流能力和扩展仓储物流业务的优势。然而在这种模式下，各企业对仓储物流业务的控制力较弱、联盟管理和资金分配艰难使得冲突容易发生。

共同集配仓储物流模式是指电子商务企业虽然具有自有仓储物流服务，但是为了调配商品更快速、便捷，而根据业务需求将货物聚集到集配中心，进而配送到各地的企业协同仓储物流管理模式。这种模式有助于解决企业单独备货不足，降低了仓储物流成本，但是不便于企业对集配中心的管理。

对于电子商务企业仓储物流管理能力不强，且物流成本优势较弱的企业来说，这两种模式都可以选择。共同集配仓储物流要求的管理能力更高。仓储物流联盟更有助于缓解单个企业的仓储压力。总而言之，影响仓储模式选择的因素主要有三个要素，即货物的周转总量、市场需求的稳定性和市场密度。一般来说，周转总量越大，需求稳定性越高，市场密度越集中，则越趋向于自建仓储模式，反之则趋向于外包仓储和仓储物流联盟模式。

3.2 电子商务环境下的仓储作业管理

电子商务环境下的仓储业务中，每个作业流程都会涉及大量数据的处理。这些数据处理工作需要后台的仓储管理信息系统来完成，包括在商品入库过程中的质检通过确认、返厂操作、数据更新、进货日志查询；在出库过程中的订单分配与打印、拣配货批次与路线规划、打包记录、配送单打印、收货确认以及其他相关数据的处理等。而目前仓储管理系统（WMS）是信息技术对仓储系统进行支持和辅助的主要表现形式。它的具体目标：

一是满足基本的事务管理要求（含出入库及盘点管理）。

二是加强子系统内部的分析和控制功能。即着重加强库存分析和库存控制分类分析各种储备定额（含 EOQ）。库存分析包括：库存量和库存资金的构成分析。库存控制包括存量标准、订货期、订货量的确定、库存报警等。

三是强化库存管理和信息集成。即与物资财务信息的集成，其集成要求体现在出入库信息在登账时自动生成相应的机内凭证；与采购合同信息的集成，主要是动态反映合同执行情况和内部银行账单；与用料管理系统的集成，反映各生产部门的物资耗用情况，便于限额和供料计划的编制，也便于企业内部材料成本的结算；与物料需求计划的集成，便于平衡库存资源，编制各类物资计划。

四是提升和扩大仓库管理功能。仓储管理系统（WMS）通过不同的功能模块支持企业仓储配送的执行并适应不断变化着的商务策略、电子商务、客户需求、现代化设备、订单的大小和结构环境，通过提高作业效率与资源利用率来降低物流成本和增强客户服务水平，实现对一个大型仓库或配送中心的所有执行过程的有效管理，极大地实现了仓库管理功能的提升和扩大。

3.2.1 电子商务环境下的仓储作业流程

1. 入库流程

在电子商务零售企业中，货物的仓储主要经过入库、出库、盘点与质量控制等流程。货物入库过程中，首先需要按照商品的质量标准对货品进行检测，通过检测的商品方能成功入库，否则将进行返厂检修，入库的货品则要按照已有的规则摆放在指定的存储场所（即上架操作），以便于后期的盘点或拣货。B2C 电子商务零售业仓储入库业务的基本流程如图 3-1 所示。

2. 出库流程

当有订单下达时，货品则要经历出库操作。出库操作的流程则相对复杂，包括订单的分配及打印、按照订单进行拣货、配货，订单所需货品配装完整后则进行打包、配送，直至将货品送到客户手中。货品的出库流程以客户成功收货为终点，但当客户收到的商品存在瑕疵或其他问题时，还需要进行退换货的处理，在这种情况下，货品将再次经历入库的质检流程进入到仓储系统中。B2C 电子商务零售业仓储出库业务的基本流程如图 3-2 所示。

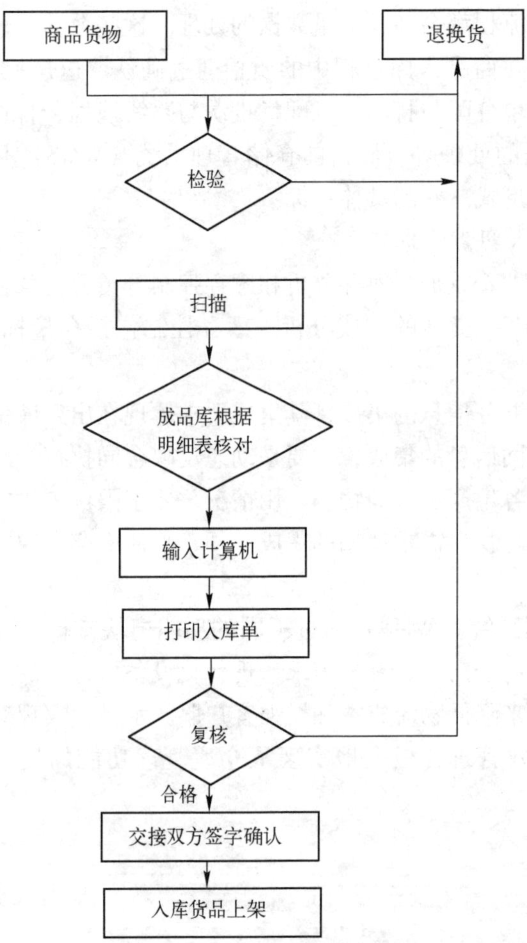

图 3-1　电子商务物仓储入库业务的基本流程

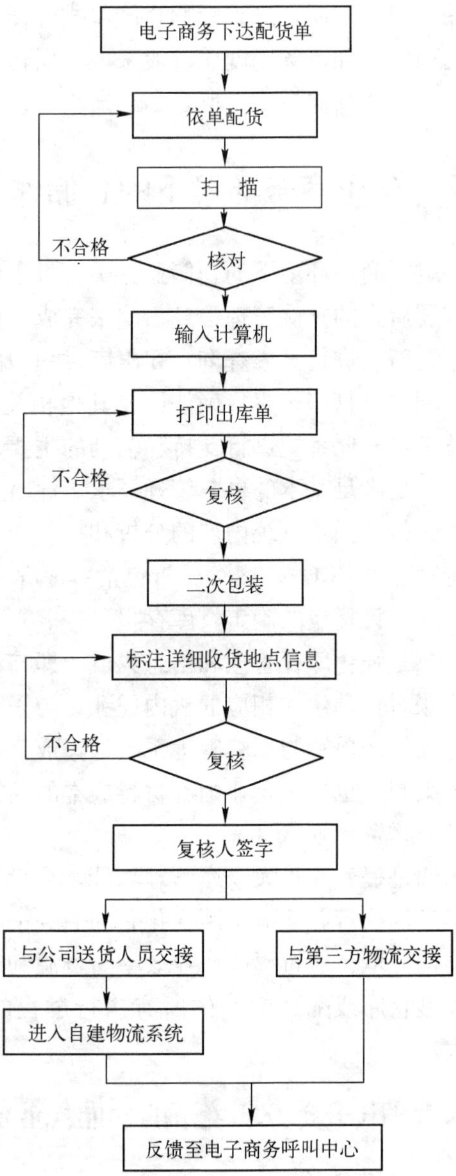

图 3-2　电子商务货物仓储出库业务的基本流程

3. 发货流程图

发货流程图如图 3-3 所示。

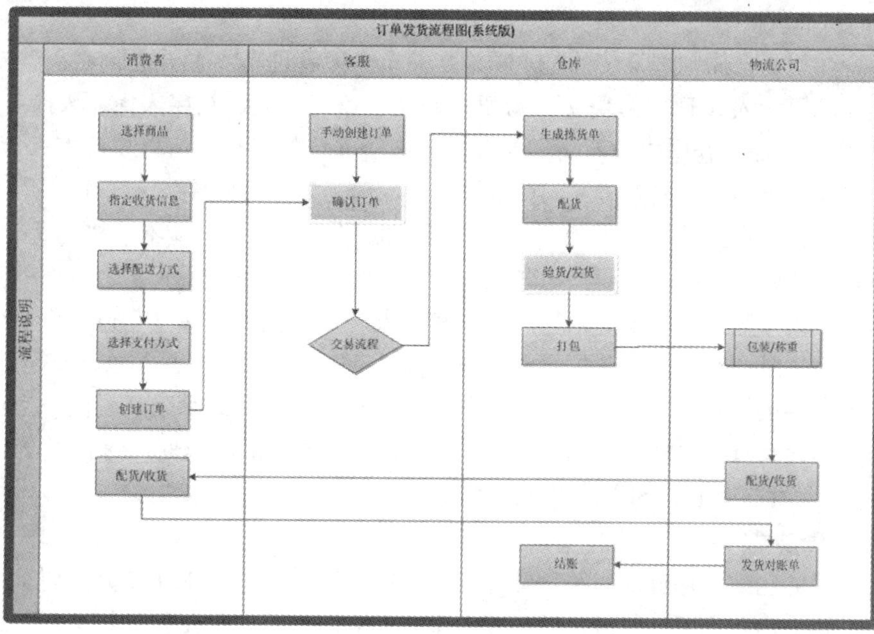

图 3-3　发货流程图

3.2.2　电子商务仓储管理系统中的主要功能

一般来说，电子商务零售企业所需的仓储管理系统中应包含的主要功能有入库管理、库存管理、订单管理、库存精度与质量控制管理、调拨管理、出库管理、系统管理，其功能架构图如 3-4 所示。

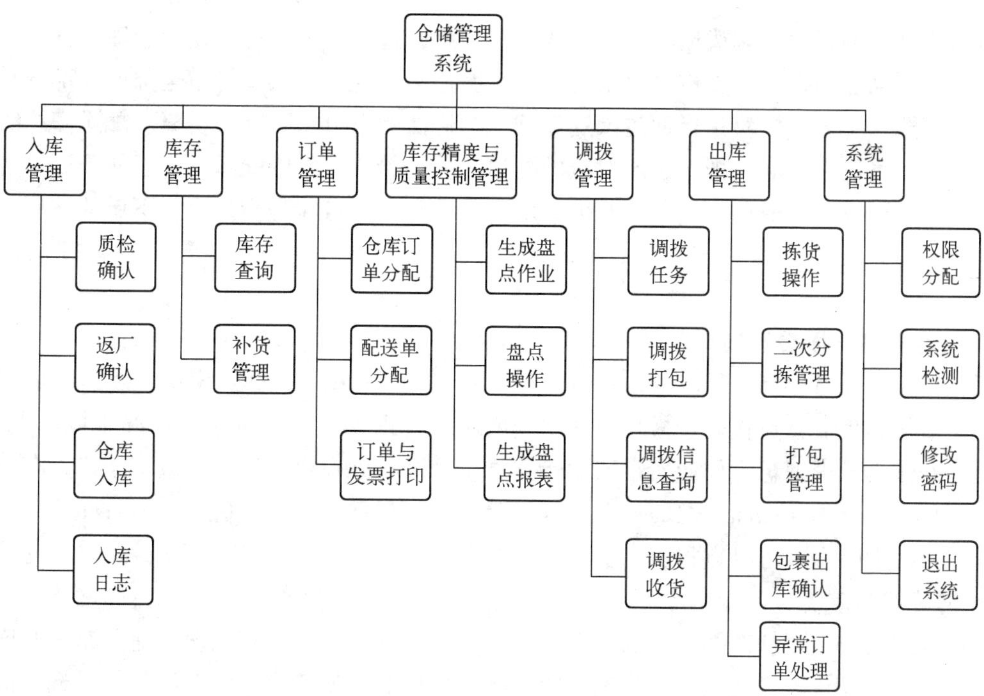

图 3-4　WMS 功能架构图

1. 入库管理功能

入库管理功能是仓储管理系统的基本功能之一。入库管理功能主要是针对入库前货物的质检与登记入库阶段，入库管理模块又分为质检确认、返厂确认、仓库入库、入库日志等子模块。由于 B2C 电子商务仓库中的商品都是直接配送给下单的客户，所以要确保入库的商品都符合质量要求才能提高客户满意度，因此货品在入库前需要进行质检确认操作，质检通过的商品会在系统中进行记录，并可标志为"等待入库"状态，而对于质检不合格的货物则需要做返厂确认处理。仓库入库操作主要是把各类入库信息登记到后台数据库中，这些信息主要包括货物自身信息、入库数量、成本价格、入库时间、入库操作人员、库存货位、供应商信息等。入库日志主要是通过商品库存量单位（Stock Keeping Unit，SKU）或者入库单号等条件来查询入库记录，为库存决策和质量管理等提供数据来源。同一型号的商品或者说同一个产品项目，因为产品与产品之间有某些属性不同，用以区别开这些不同商品的属性即商品变异属性，又称作 SKU 属性，因为它决定了 SKU 的绝对数量。

2. 库存管理功能

库存管理功能包括库存查询与补货管理等子功能。库存查询功能主要是通过商品 SKU 对货物的库存进行查询，也可以通过预设的安全库存直接把接近或者低于安全库存的货物商品查询结果反馈，为补货决策提供依据。补货管理功能是库存查询后，针对需要补货的商品，提交补货采购申请给采购部门。

3. 订单管理功能

订单管理功能也是仓储管理系统的基本功能之一。在本系统中，订单管理模块主要由仓库订单分配、配送单分配、订单与发票打印三个子模块组成。仓库订单分配主要是根据电子商务网站前台客户订单中的客户收货地理位置、是否允许拆单发货等信息将此订单任务分配给指定仓库。仓库订单分配的功能主要是针对在多地区拥有仓库（即分布式仓库）的企业，它综合分析分布式仓库的库存、调拨成本、配送成本等信息，选择一个最优的发货仓库，并把此订单分配给该仓。当然，操作人员也可以根据实际情况把某个仓库的某些订单全部或者部分转移给其他仓库。配送单分配模块是指通过配送地址、配送商网点分布、配送价格、配送商等级等信息计算出成本最优配送商，把包裹所对应的配送单分配给所选择的配送商，以便于处理客户的包裹追踪、配送投诉、退换货服务等其他要求。订单与发票打印是指把客户下单的基础信息通过排版程序打印出客户订单与发票，客户订单同时也是仓库拣货、二次分拣、打包的纸质凭证。

4. 库存精度与质量控制

库存精度与质量控制（Inventory Control Quality Assurance，ICQA）模块主要由生成盘点作业、盘点操作、生成盘点报表子模块组成。仓库质量管理人员会根据实际情况生成盘点作业，仓库质量操作人员根据盘点作业所抽取的盘点货位，进行库存盘点操作，以便生成库存记录数差异率（Integrated Research on Disaster Risk，IRDR）、百万机会的缺陷数（Defects Per Million Opportunities，DPMO）等盘点报表。

5. 调拨管理模块

调拨管理模块主要针对拥有分布式仓库的企业，根据销售与库存状况，对分布式仓库间的库存进行调整，使货物在仓库之间运输。它包括调拨任务、调拨打包、调拨信息查询、调拨收货等几个子模块，其操作与出库入库功能模块类似。

6. 出库管理功能

出库管理功能是仓储管理系统中处理商品分拣、配货以及出库等主要业务的功能模块。出库管理模块主要分为拣货操作、二次分拣管理、打包管理、包裹出库确认、异常订单处理等子模。拣货操作主要是通过无线手持终端为拣货人员提供商品信息、货位信息以及拣货路线等，便于拣货人员以较高的效率将订单中购买的商品从货位取出。二次分拣管理主要是针对于“一单多件”（即一个订单购买多件商品）的订单进行拣货操作后的再次分拣，按照订单对拣出的商品进行归并分拨，使得属于同一订单的商品同时传送给打包工作站进行整体打包。打包管理功能则是协助操作人员对分拣出的商品进行打包称重处理，在这个过程中操作人员需要通过扫描枪依次扫描纸质订单编号与商品条码，匹配确认后方可进行商品打包、装箱、称重并打印出配送单，同时在仓储管理系统内记录此订单打包信息，并将订单状态更改为“打包而未出库”状态。包裹出库确认是指出库操作人员把打包完成后的包裹整理转移到待发货区域，等待配送商取货配送，仓储管理系统通过这一功能将此订单的状态更改为“出库而未配送”。异常订单处理子模块主要处理出库过程中发生的各类异常问题，如拣货错误、称重错误等，并把异常订单处理成正常状态。

7. 系统管理模块

系统管理模块由权限分配、系统检测、修改密码、退出系统等子模块组成。权限分配是指按照业务流程作业需求给用户账号授权，使其可以操作对应的系统功能。系统检测是当仓储管理系统客户端出现故障时，对仓储管理系统服务器、数据库服务器、图片服务器等进行通信检测，并将检测报告反馈给操作用户，以便排除系统网络等故障。

3.2.3 电子商务对仓储管理系统性能需求分析

与其他行业相比，电子商务零售业的仓储业务具有其独特的特征，因此，电子商务企业对仓储管理系统在性能方面提出了一些特殊的需求，主要体现在：

1. 高效率与高负载

电子商务企业的网站 IP 流量普遍较高，尤其是大型 B2C 网站，其 IP 流量以日均千万计，限时抢购、秒杀等促销活动更可能带来数倍甚至数十倍的流量和更高的订单转换率。我国领先的电子商务企业的仓库每天需要处理几十万、上百万件的商品配送，并且这些仓库往往建设在不同的国家与城市。这些区别于传统行业仓储物流的特征，对电子商务企业的仓储管理系统提出了更高的要求，主要体现为高负载性能及高效性能。为了实现这样的性能需求，可采用以下方法：良好的关系数据库设计、数据库群集部署等技术；利用无线网络、无线射频终端与条码技术等仓库数字化应用以简化仓储管理系统的输入输出，提高系统的输入输出性能；利用高性能的私有云或 IDC 中央数据中心给仓储管理系统流畅运行提供一个高效的硬件平台。

2. 高可用性与高稳定性

电子商务网站都需要实时在线交易，分布式的仓库需要处理来自于各国家或地区的订单。订单不仅可能发生在任何时点，而且受到季节、地域、节假日、促销活动等因素的影响，因此订单高峰期难以准确预测。这就要求仓储管理系统具有非常高的可用性与稳定性，以确保客户体验和业务运营。提高仓储管理系统的可用性与稳定性可以考虑借助备份容灾设施、负载均衡设备等技术手段。

3. 界面友好与高普适性

电子商务企业仓储管理系统的使用者涵盖了一线操作员工、数据与效率分析人员、管理人员等诸多部门的操作人员，这些使用者的计算机应用水平参差不齐，为了降低培训成本，提高操作效率，仓储管理系统需要具有清晰友好的界面，并且便于使用和容易掌握。这一需求主要是通过合理的用户输入输出接口、友好的界面设计、与实际操作相符合的设计理念来实现。

4. 良好的安全性

仓储管理系统的安全性能以及信息数据的安全，决定了仓储业务中数据的完整性以及私密性，影响电子商务网站业务运营数据的机密，是仓储管理需要克服的主要难题。确保系统安全的关键是实现对系统自身管理和数据资源存取的权限管理，这不仅需要借助数据库技术，同时可以通过多层次的访问控制技术有效地控制用户访问操作的合法性，特别是在分布式仓储环境下，对异地站点间应用系统访问控制模型的动态性和灵活性提出了更高的要求。并且，可以结合企业自身部署的活动目录等企业目录数据库进行访问控制。

3.3 传统仓储库存管理模式

库存（Inventory）是指储存作为今后按预定的目的使用而处于闲置或非生产状态的物品。广义的库存还包括处于制造加工状态和运输状态的物品（GB/T18354－2006）。为了保证企业的正常经营活动，库存是必要的，但是库存同时又占用了大量的资金，增加了企业成本。怎样既能保证经营活动的正常进行，又使流动资金的占用量最小，即在期望的客户服务水平和相关的库存成本之间寻找平衡，是库存管理人员最关注的问题。要解决这个问题，就必须对仓库中的库存量进行合理的控制。常见的库存控制方法有定量与定期订购库存控制法、MRP 库存控制法及 JIT 库存控制法。

3.3.1 定量与定期订购库存控制法

定量与定期订购库存控制法是通过控制物资采购的量来达到控制仓库库存的目的。

3.3.1.1 定量订购库存控制法

1. 定量订购库存控制模型的工作原理

定量订货法是预先规定一个订货点和订购批量，随时监控货物库存，当实际储备量降到订货点时，就按固定的订购批量发出订货的一种监控技术。运用这种方法，每次订购的数量不变，而订购时间由市场对物资的需求速度来决定。定量订货法可以分为不确定型的定量订货法和确定型的定量订货法。定量订货法模型图如图 3-5 所示。

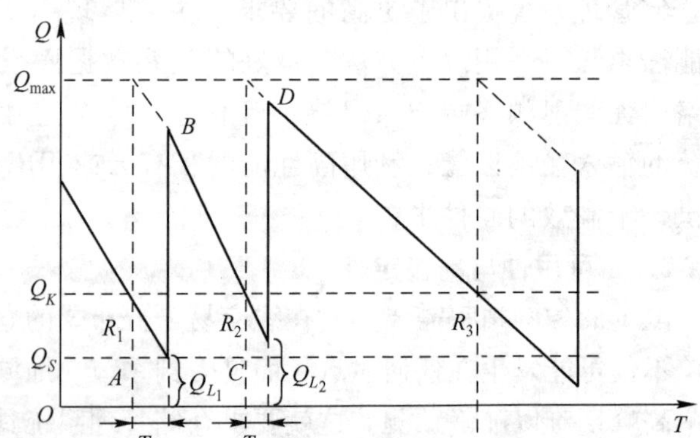

图 3-5　定量订货法模型图

（1）不确定型的定量订货法

在表示定量订货法的坐标系中，纵轴表示库存的数量，用 Q 表示，横轴表示时间，用 T 表示。在纵轴上有几个重要的点，Q_S 为安全库存，Q_K 为订货点，Q_{max} 为名义最高库存量。

由于库存量和提前期的变化是随机

的，也就是库存量下降速度 $R_1 \neq R_2 \neq R_3 \neq L$，提前期 $T_{K_1} \neq T_{K_2} \neq T_{K_3} \neq L$，因而提前期需求量 $Q_{L_1} \neq Q_{L_2} \neq Q_{L_3} \neq Q_L$，各个提前期的平均需求量就是 Q_{LP}。

实施订货点控制技术之前，已经确定了订货点 Q_K 由两部分构成：一部分是安全库存 Q_S，另一部分是提前期需求量 Q_L。$Q_K = Q_S + Q_L$。在系统开始运作之时，从 O 时刻开始，每天检查库存，假设在第一个周期，随着生产和销售的进行，库存量以 R_1 的速度下降到 A 点，即订货点 Q_K，系统发出订货信息，订货量为 Q^*。随后进入订货量提前期 T_{K_1}。在提前期内，生产经营继续进行。提前期 T_{K_1} 结束时，在 T_{K_1} 内消耗的库存量 Q_{L_1} 使库存水平下降到最低。在 T_{K_1} 周期末，库存水平正好下降到安全库存 Q_S。这时所订货批量到达，实际库存上升一个 Q^*，到达 $Q_{max} = Q_S + Q^*$（B 点时），然后进入第二个周期的循环。假设第二个周期的销售速度为 R_2，库存下降到 C 点，即订货点 Q_K 时，系统又发出订货信息，订货批量为 Q^*。随后进入第二个订货进货提前期 T_{K_2}，T_{K_2} 结束时，T_{K_2} 内所消耗的库存数量为 Q_{L_2}，使库存水平又下降到最低，由于提前期需求量小于提前期平均需求量 Q_{LP}，因而实际库存高于安全库存 Q_S。这时所订的货物批量到达，实际库存又增加一个 Q^*，再次达到高库存（D 点）。随着生产经营的不断进行进入第三个周期，并不断循环下去。

（2）确定型的定量订货法

确定型的系统运行原理和不确定型的系统运行原理是一样的，只是由于库存量和提前期的变化是稳定的，也就是库存量下降速度 $R_1 = R_2 = R_3 = L$，提前期 $T_{K_1} = T_{K_2} = T_{K_3} = L$，因而提前期需求量 $Q_{L_1} = Q_{L_2} = Q_{L_3} = Q_L$，各个提前期的平均需求量 Q_{LP} 等于每个提前期的需求量 Q_L。所以每个周期发出订单后订货批量到达的时间及实际的最高库存量是相同的。

定量订货法系统运行的结果，由于控制了订货点和订货批量，所以就控制了最高库存水平。名义最高库存（虚线表示）Q_{max} 不会超过 $Q_K + Q^*$，实际各点的最高库存不会超过 $Q_K + Q^* - Q_{LP}$。

综上分析，不管是确定型的还是非确定型的定量订货法，对用户需求的满足程度主要取决于安全库存量大小的设置，应根据库存满足率要求的大小来设定安全库存的数量。如图 3-5 所示，在整个库存变化中所有的需求量均被满足，没有缺货现象，但是第三周期的消耗量，安全库存 Q_S 被动用了，如果 Q_S 设定太小，则 T_{K_3} 期间的库存曲线会下降到横坐标线以下，出现负库存，即缺货。安全库存程度越高，则库存满足需求的程度也就越高，但是相应的成本也提高了。

2. 定量订货法的控制要求

第一，确定一个订货点，解决什么时候订货的问题。

第二，确定每次订购的数量，解决每次订货多少的问题。

第三，确定订货如何具体实施与操作，以及库存系统的基本库存、安全库存和周转率等。

第四，对库存物资进行动态盘点，随时了解货物的储存数量。

3. 订货点的确定

在定量订货法中，订货点以库存水平作为参照点，当库存水平降低到某个库存水平时就发出订货信息。因此，将发出订货信息时的库存水平称为订货点。

订货点的设立是控制库存水平的关键因素，订货点的高低决定了库存成本和服务水平。订货点不能太高，如果太高，库存量过大，就会导致占用资金和库存成本增大。同样订货点也不能太低，如果太低，就可能会造成缺货损失，妨碍企业经营活动的持续进行，进而降低服务水平。因此订货点要适度。影响确定合理订货点的因素有三个：

（1）需求速率

需求速率指的是货物需求的速率，用单位时间内的平均需求量 R_P 表示。需求速率越高，则订货点就越高。

（2）提前期

提前期是指从向供应商发出订单到收到货物的这段时间，用 T_K 表示。提前期的长短取决于路途的远近和运输工具速度的快慢以及其他某些提前不能预测的影响因素。提前期越长，则订货点就越高。

（3）提前期需求量

提前期需求量是指按照已有的需求速率在提前期内发生的需求量，用 Q_L 表示，关系式为：提前期需求量 $Q_L=R_P \times T_K$。

因此，合理的订货点量等于提前期需求量加上安全库存量，关系式为：

$$订货点\ Q_K=Q_L+Q_S=R_P \times T_K+Q_S$$

例 3–1：企业某种物资的订购批量为 2 000 个，平均提前时间为 10 天，平均每日正常需用量为 50 个，预计日最大耗用量为 80 个，则

安全库存量 $=(80-50)\times 10=300$（个）

订购点量 $=50\times 10+300=800$（个）

这就是说，当实际库存量超过 800 个时，不考虑订购；而当降低到 800 个时，就应及时按规定的订购批量 2 000 个提出订购。

4. 订货批量的确定

订货批量是指每一次订货的数量。订货批量的高低不仅直接影响库存量的高低，而且直接影响货物供应的满足程度。因此，订货批量要合理。订货批量的大小主要有以下影响因素：

（1）需求速率

需求速率越高，订货批量就越大；反之，订货批量就越小。

（2）经营费用

经营费用分配越低，订货量可能就越大；反之，订货批量就越小。

5. 定量订购控制法的优缺点

（1）优点

1）能经常地掌握库存储备动态，及时地提出订购，不易出现缺货。

2）保险储备量较少。

3）每次订购量固定，故能采用经济订购批量模型，亦便于包装运输和保管作业。

（2）缺点

1）要随时掌握库存动态，对安全库存和订货点进行严格控制，占用了一定的人力和物力。

2）订货模式过于机械，缺乏灵活性。

3）订货时间不能预先确定，不利于人员、资金、工作业务的计划安排。

4）受单一订货的限制，难以享受到合并订购的好处（如价格优惠、减少运输和采购费用等）。

6. 定量订货法的适用范围

1）单价比较便宜，不便于少量订货的产品，如螺栓、螺母等。

2）需求预测比较困难的维修材料，如马达的机修配件。

3）品种数量繁多、库房管理事务量大的物品。

4）消费量计算复杂的产品。

5）通用性强、需求量比较稳定的产品等。

7. 经济订货批量模型

（1）经济订货批量模型的原理

经济订货批量模型（Economic Order Quantity，EOQ）就是通过平衡采购订货成本和仓储保管成本，确定一个最佳的订货批量来实现最低总库存成本的方法。它可以根据需求和订货、到货间隔时间等条件是否处于确定状态分为确定条件下的模型和概率统计条件下的模型。

（2）经济订货批量的基本模型

1）不允许缺货、瞬时到货的确定型存储模型。这种情况有以下假设条件：

① 只涉及一种产品。

② 缺货费用为无穷大，因此不允许缺货。

③ 货物需求是连续的、均匀的，即货物每天的需求量为常数。

④ 货物储存量减少到零时，可即刻得到补充。

⑤ 每次订货费用不变。

⑥ 货物单位时间储存费用不变。

此时，与物资仓储有关的成本分为三大类：采购成本、订货成本和保管成本。因需求是均匀连续的，所以有：

① 平均库存量等于订购批量的一半，即 $\overline{Q}=\frac{1}{2}Q$

② 年保管成本 = 平均库存量 × 年单位物资存储费用，即 $\overline{Q}H=\frac{1}{2}QH$

③ 年采购成本 = 年需求量 × 单价，即年采购成本 $=DP$

④ 年订购成本 = 年订购次数 × 每次订购费用，即年订购成本 $=\frac{D}{Q}C$

设年库存总成本为 TC，则有：

$$\mathrm{TC}=DP+\frac{D}{Q}C+\frac{1}{2}QH$$

式中 D——物资的年需求量。

P——物资单价。

H——单位物资年存储费用。

C——每次订购费用。

Q——订货批量。

我们的目的是使总费用即 TC 值最小，对 Q 求导，并求 TC 的极小值，即令

$$\frac{d\mathrm{TC}(Q)}{dQ}=-\frac{DC}{Q^2}+\frac{1}{2}H=0$$

得出 $Q^*=\sqrt{\frac{2DC}{IP}}$

这就是著名的经济订货批量公式。

在实际中，因单位物资存储费用直接收集较烦琐，一般运用单位物资存储费用率来求得。

令 I 为单位物资年存储费率，则 $H=IP$。

相应的经济订货批量公式就变为：$Q^*=\sqrt{\frac{2DC}{H}}$

例 3-2：某企业每年耗用某种材料 3600 kg，该材料单位成本 10 元，单位存储成本 2 元，一次订货成本 25 元。则：

$$Q^*=\sqrt{\frac{2KD}{K_c}}=\sqrt{\frac{2\times3600\times25}{2}}=300(\text{kg})$$

即该材料经济订货批量为 300 kg。

2）不允许缺货、持续到货的确定型存储模型。该模型在假设条件下，除进货需持续进行的条件以外，其余皆与上述模型相同。该模型的货物不是一次全部到达，而是持续到达。储存量也不是一下由 0 增至最大值，而是逐步地增加。在进货的过程中，货物同时也被消耗。

设每日送货量为 r，故该批货全部送达所需日数为$\frac{Q}{r}$，称为送货期。设物品每日耗用量为 d，故送货期内全部耗用量为$\frac{Q}{r}d$。由于物品是边送边用，所以每批物品送完时，最高库存量为：$Q-\frac{Q}{r}d$。平均存量则为：$\frac{1}{2}\left(Q-\frac{Q}{r}d\right)$，于是，总库存成本公式变为：

$$TC=DP+\frac{D}{Q}C+\frac{1}{2}\left(Q-\frac{Q}{r}d\right)H$$

对 Q 求导，并计算 TC 的极小值，最后得出：

$$Q^*=\sqrt{\frac{2DC}{H}\cdot\frac{r}{r-d}}$$

例 3-3：某零件年需用量为 3 600 件，每日送货量为 30 件，每日耗用量为 10 件，单价为 10 元，一次订货成本为 25 元，单位储存变动成本为 2 元，则：

$$Q^*=\sqrt{\frac{2DC}{K}\cdot\frac{R}{R-d}}=\sqrt{\frac{2\times25\times3600}{2}\times\frac{30}{30-10}}=367(\text{件})$$

即该零件经济订货批量为 367 件。

（3）考虑有数量折扣的经济订货批量模型

供应商为了吸引顾客一次购买更多的商品，往往会有批量折扣购货的政策，即对于一次购买数量达到或超过某一数量标准时给予价格上的优惠。这个事先规定的数量标准，称为折扣点。在批量折扣的条件下，由于折扣之前购买的价格与折扣之后购买的价格不同，因此，需要对原经济批量模型做必要的修正。其计算步骤如下：

1）计算经济批量。用确定型经济批量的方法，按原价计算经济订货批量（EOQ）。

2）计算总成本。按照步骤 1）的计算结果分别计算出按原价采购的经济批量的总成本（TC）和按享受折扣单价时的经济批量采购的总成本（$TC_{折}$）。

3）进行判断分析。把按原价采购的经济批量的总成本（TC）和按享受折扣单价时的经济批量采购的总成本（$TC_{折}$）进行比较。若 $TC>TC_{折}$，则以供应商提供的折扣数量为最佳采购批量；若 $TC\leqslant TC_{折}$，则以按原价计算的经济订货批量（EOQ）为最佳采购批量。

3.3.1.2　定期订货库存管理法

1. 定期订货法的工作原理

定期订货法是指从时间上控制订货周期，从而达到控制库存量目的的一种库存控制方法。

这种方法不需要每天检查库存，只是在订货周期来临前检查即可。

其基本工作原理是：预先确定一个订货周期 T 和一个最高库存量 Q_{max}，周期性地检查库存，发出订货。订货批量的大小应使得订货后的名义库存量达到额定的最高库存量 Q_{max}。定期订货法的模型图如图 3-6 所示。

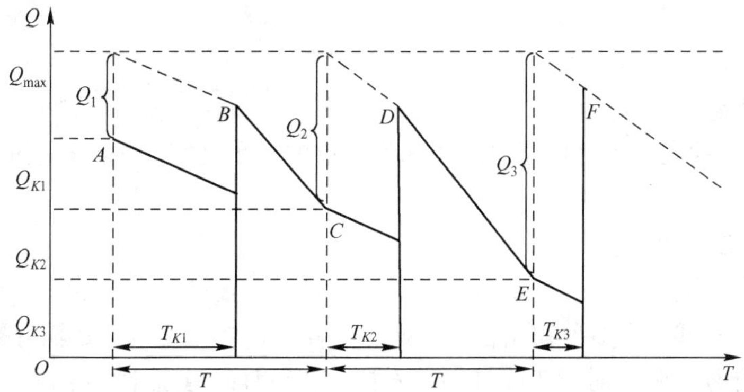

图 3-6　定期订货法模型图

在表示定期订货法的坐标系中，纵轴表示库存量，用 Q 表示，横轴表示时间，用 t 表示。在纵轴上有 Q_K、Q_{max} 等重要的点。

在系统运行前，先确定好订货周期，假设为 T，也确定好仓库库存控制的最高库存量，假设为 Q_{max}。假设在时间轴的 O 点开始执行定期订货法，到订货周期；来临时检查库存量，库存水平如果处在 A 点，库存量为 Q_{K_1}，则发出订单。订货量取 Q_{max} 与 Q_{K_1} 的差值，即第一次的订货量 $Q_1=Q_{max}-Q_{K_1}$。随后进入第一个订货提前期 T_{K_1}。提前期结束，所订购 Q_1 的商品到达，实际库存升高 Q_1，达到高库存（B 点）。然后进入第二个周期，生产或销售仍然按正常进行，整个过程中可以不管库存量的变化。经过一个订货周期，到了周期末的日子，又检查库存量，假设这时（C 点）的库存量为 Q_{K_2}，又发出订货量 Q_2，Q_2 的大小等于 Q_{max} 与 Q_2 的差值。随后进入第二个订货提前期 T_{K_2}。随着生产经营的进行，随即进入下一个周期，这样不断循环下去。

这样的库存操作为何能既控制库存量又满足用户的需求呢？实际上，刚订货时，包括订货量在内的名义库存量最高是 Q_{max}，待经过一个订货提前期消耗，所订商品到达，实际最高库存量比 Q_{max} 还要少一个提前期平均需求量，等于 $Q_{max}-Q_{LP}$。所以 Q_{max} 就是最高库存量的控制线，它是定期订货法用以控制库存量的一个关键性控制参数。

2. 定期订购法的控制要求

1）确定订货周期，解决隔多长时间订货的问题。

2）确定最高库存量 Q_{max}，解决企业库存量的高库控制线是多少的问题。

3）确定订货量，解决一次订货多少的问题。

3. 订货周期的确定

订货周期与定量订货法的订货间隔期不同，定量订货法的订货间隔期是随机的，可能不等，而定期订货法的订货间隔周期总是相等的。订货周期的长短直接决定着最大库存量的大小，因而决定了库存费用的大小。

实际操作过程中，经济订货周期可通过结合供应商的生产周期和供应周期来调整，从而确定一个切实可行的订货周期。当然也可以结合人们比较习惯的时间单位，如周、旬、月、季、年等来确定经济订货周期，从而吻合企业的生产计划、工作计划。

4. 最高库存量的确定

假设 T 为订货周期，T_K为提前期，每天的需求速率为 R_P。定期订货法的最高库存量是为了满足 $T+T_K$期间的库存需求的。因此，以此时间为基础，考虑到不确定因素，增加一个安全库存量 Q_S，则有：

$$Q_{\max}=R_P(T+T_K)+Q_S$$

5. 订货量的确定

每个周期订货量的大小都是按当时的实际库存量的大小确定。每次检查的值不同，则订货量也不同。

6. 定期订购控制法优缺点

（1）优点

1）由于定期订购可以将多种物品合并订购，这样可以降低订购和运输等费用。

2）库存管理计划性强，对于工作计划的安排，实行计划管理十分有利。

（2）缺点

1）每次订货批量不一致，无法制订出经济订货批量，运营成本降不下来，经济性较差。

2）安全库存量不能设置太少，因为它的保险周期较长，期间的需求量也较大，需求标准偏差也较大，因此需要设置较大的安全库存量来保障需求。

7. 定期订货法适用范围

1）消费金额高、需要实施严格管理的重点物品。

2）根据市场状况和经营方针经常调整生产或采购数量的物品。

3）需求量变动幅度大，但变动具有周期性，可以判断其周期的物品。

4）建筑工程、出口等对时间可以确定的物品。

5）受交易习惯的影响，需要定期采购的物品。

6）多种商品一起采购可以节省运输费用的。

7）同一品种物品分散保管、同一品种物品向多家供货商订货、批量订货分期入库等订货、保管和入库不规则的物品。

8）取得时间很长的物品，定期生产的物品。

9）制造之前需要人员和物料的准备、只能定期制造的物品等。

定量订货法和定期订货法的比较如表 3-2 所示。

表 3-2　定量订货法和定期订货法的比较

特　征	定量订货法	定期订货法
订货数量	每次订货数量相同	每次订货数量不同
订货时间	在库存量降低到订货点时订购	订货周期到来时订购
订货周期	每次订货周期发生变化	每次订货周期发生不变
库存检查	随时进行货物库存状态检查	在订货周期到来时检查库存
订货种类	每个货物品种单独进行订货	多品种统一进行订货
缺货情况	只发生在提前期	整个订货周期及提前期都有可能发生
订货对象	一般物资	昂贵、关键或重要物资

3.3.2 MRP 库存控制法

1. 物料需求计划的定义

物料需求计划（Material Requirement Planning，MRP）是指根据产品结构各层次物品的从属和数量关系，以每个物品为计划对象，以完工时期为时间基准倒排计划，按提前期长短区别各个物品下达计划时间的先后顺序，是一种制造企业内物料计划管理模式（GB/T18354－2006）。物料需求计划解决的是相关需求物料的库存控制问题。

MRP 系统运行的逻辑思想如表 3-3 所示。

表 3-3　MRP 系统运行的逻辑思想

处理的问题	所需要的信息
生产什么？生产多少？	切实可行的主生产计划（MPS）
要用到什么？	准确的物料清单（BOM）
已具备什么？	准确的物料库存数据
还缺什么？何时需要？	MRP 的计算结果（生产计划和采购计划）

MRP 逻辑原理图如图 3-7 所示。

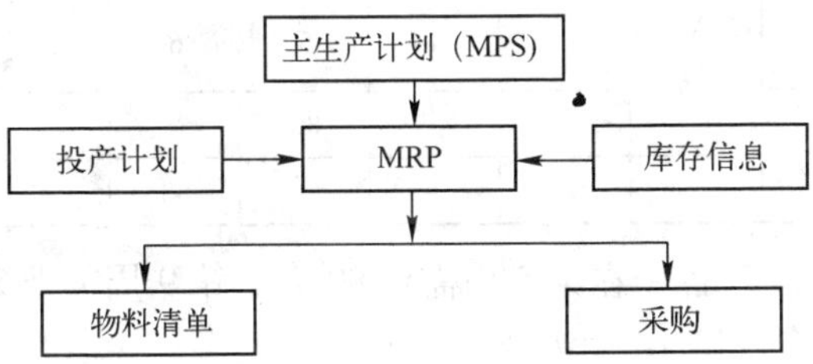

图 3-7　MRP 逻辑原理图

2. MRP 的提出和产生

由于相关需求物料破坏了使用订货点方法的前提，即物料需求是连续的和库存量消耗是稳定的，所以对于这些非独立性需求的原材料、零部件等库存项目就不适合采用传统的定量或定期库存管理方法组织生产供应。

为此，美国生产与库存管理学会冲破了当时在企业生产线上必须保持大量库存以预防发生停工待料的传统观念的束缚，即对生产所需非独立性需求原材料、零部件等库存项目，实行与企业多阶段批量生产类型相适应，适时、适量订购，适时到货，保证了生产按节拍不间断地进行，从而降低了库存水平，节省了资金占用和保管费用。这种管理方法就是今天我们称之为物料需求计划的库存控制法，即 Material Requirement Planning，MRP。

由此可看出，MRP 是为了更有效地适应相关需求物品而发展起来的，是在当时库存管理专家们为解决传统库存控制方法的不足，不断探索新的库存控制方法的过程中产生的。对相关需求的物品，由于其需求取决于最终产品的生产数量和交货期，因此要采用 MRP 对其进行控制，按最终产品的需求量和需求时间，来确定各种物资的需求数量和订购时间。所以，MRP 既是一种精确的排产（按优先次序）系统，又是一种有效的物料控制系统，它的目标是将库存量既保持在最低限度，又能保证及时供应所需数量的物料。即怎样才能在需要的时间，按需要的数量得到相应的数量。

3. MRP 基本原理

MRP 系统并不是仅仅代替订货点法开订单的库存管理系统，而是一种能够提供物料计划及控制库存，决定订货优先度，根据产品的需求自动地推导出构成这些产品的零件与材料的需求量，由产品的交货期展开成零部件的生产进度日程和原材料与外购件的需求日期的综合管理系统，即将主生产计划转换为物料需求表，然后按物料需求量和需求时间进行生产或安排采购。MRP 系统不仅给出需求数量，而且特别强调需要的时间，因此，系统的输出可以作为采购、生产等工厂中各项管理的输入。

MRP 是通过主生产计划（Master Production Schedule，MPS）明确企业将要生产什么、什么时候需要；通过物料清单（Bill Of Material，BOM）回答企业用什么生产、需要用些什么、什么时候需要；最后，库存信息（也叫库存状态文件）显示企业有什么，通过与库存记录比较回答企业还需要再得到些什么、什么时候需要。

（1）主生产计划

主生产计划（Master Production Schedule，MPS）主要描述主产品及由其产品结构文件决定的各种零部件的制造进度。主生产计划说明在可用资源条件下，企业在一定时间内，生产什么、生产多少、什么时间生产，如表 3-4 所示。

表 3-4　主生产计划

产品 需求时间/周	1	2	3	4	5	6	7	8	9	10
产品 A/台					80				20	
产品 B/台						80		10		50

从表 3-4 中可以看出，产品 A 在第 5 周需要 80 台、第 9 周需要 20 台；产品 B 在第 6 周需要 80 台、第 8 周需要 10 台、第 10 周需要 50 台。

（2）物料清单

物料清单（Bill Of Material，BOM）又可以称为产品结构文件，反映产品的层次结构，即所有零部件的结构关系和数量组成，通常用产品结构树来分析，如图 3-8 所示。

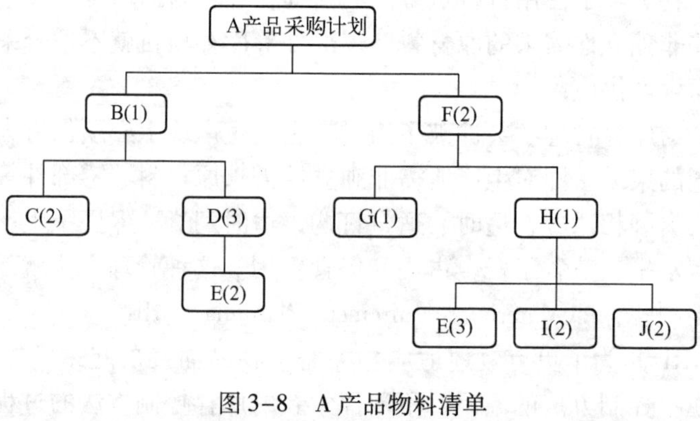

图 3-8　A 产品物料清单

该结构树反映出产品 A 由 1 个单位 B 和 2 个单位 F 组成。部件 B 又是由 2 个单位 C 和 3 个单位 D 构成。部件 F 又是由 1 个单位 G 和 1 个单位 H 构成。零件 D 需要 2 个单位 E。零件 H 又是由 3 个单位 E、2 个单位 I 和 2 个单位 J 构成。

（3）库存信息

库存信息又称为库存产品文件，反映的是对相关需求物料企业已有什么，是对企业的原材料、零部件、在制品等库存状态的一种反映。其主要参数如下：

1）总需求量是指部件或原材料等在需求时间内的需求总量，不考虑当前库存量。

2）预计入库量是指已经确定的，在规定时间内将到达的采购物料的数量。

3）现有库存量是指企业的仓库中可用的物料库存数量。

4）净需求量是指各具体的时间实际需求数量。

5）已分配量是指目前保存在企业仓库中，但已经分配出去了的物料数量。

6）计划订货量是指根据需求时间计算出的物料需求的数量。

7）计划下达量是指企业根据订货提前期应当发出订货的物料数量。

其中总需求量和净需求量可以根据主生产计划及物料清单和其他库存信息计算得出。

例 3-4：已知 A 为最终产品，独立需求，其需求量由客户或市场所决定。且已知 A 在第 9 周的需求量为 100，计算其他零部件的最佳需求量及发出订单时间。

A 产品物料清单如图 3-9 所示。

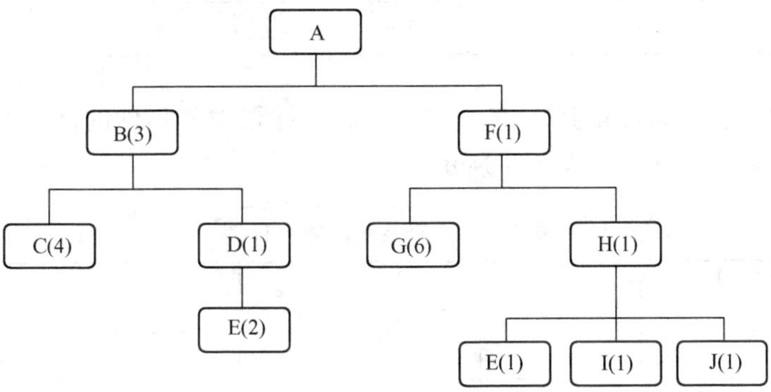

图 3-9　A 产品物料清单

A 产品库存信息如表 3-5 所示。

表 3-5　A 产品库存信息

名　称	库　存　量	总 需 求 量	实际需求量
A	0		
B	250		
C	14		
D	20		
E	40		
F	16		
G	54		
H	10		
I	6		
J	40		

根据图 3-9 A 产品物料清单和表 3-5 A 产品库存信息可以计算出 A 产品的总需求量和实际需求量，如表 3-6 所示。

表 3-6　A 产品的总需求量和实际需求量

名　称	库 存 量	总 需 求 量	实际需求量
A	0	100	100 - 0 = 100
B	250	3 × 100 = 300	300 - 250 = 50
C	14	4 × 50 = 200	200 - 14 = 186
D	20	50	50 - 20 = 30
E	40	2 × 30 + 1 × 74 = 134	134 - 40 = 94
F	16	1 × 100 = 100	100 - 16 = 84
G	54	6 × 84 = 504	504 - 54 = 450
H	10	1 × 84 = 84	84 - 10 = 74
I	6	1 × 74 = 74	74 - 6 = 68
J	40	1 × 74 = 74	74 - 40 = 34

根据以上信息，我们可以得到 A 产品的物料需求计划中各零件的需求时间和生产或者订货时间。A 产品物料需求计划如表 3-7 所示。

表 3-7　A 产品物料需求计划

名称	时间 需求计划	1	2	3	4	5	6	7	8	9	提前期
A	需求时间									100	A 提前期一周
	生产或者订货时间								100		
B	需求时间								50		B 提前期一周
	生产或者订货时间							50			
C	需求时间							186			C 提前期二周
	生产或者订货时间					186					
D	需求时间							30			D 提前期二周
	生产或者订货时间					30					
E	需求时间					94					E 提前期一周
	生产或者订货时间				94						
F	需求时间								84		F 提前期一周
	生产或者订货时间							84			
G	需求时间							450			G 提前期一周
	生产或者订货时间						450				
H	需求时间							74			H 提前期二周
	生产或者订货时间					74					

（续）

名称	需求计划 \ 时间	1	2	3	4	5	6	7	8	9	提前期
I	需求时间					68					I 提前期一周
	生产或者订货时间				68						
J	需求时间					34					J 提前期一周
	生产或者订货时间				34						

4. MPR 的特点

第一，需求的相关性。在流通企业中，各种需求往往是独立的。而在生产系统中，需求具有相关性。例如，根据生产经营的目的确定了所需主产品的数量之后，由产品结构文件 BOM 即可推算出各种零部件和原材料的数量，根据这种逻辑关系推算出来的物料数量称为相关需求。不但品种数量有相关性，需求时间与生产工艺过程的决定也是相关的，即有先主后从的依存关系。

第二，需求的确定性。MRP 的需求都是根据主产品的生产计划、产品结构文件和库存文件精确计算出来的，一旦主产品的需求量和需求时间确定，则相应物料的需求品种、数量和需求时间就随之确定下来，不可改变。

第三，计划的复杂性。MRP 要根据主产品的生产计划、产品结构文件、库存文件、生产时间或者采购时间，把主产品的所有零部件需要数量、时间、先后关系等准确计算出来。当产品结构复杂，零部件数量特别多时，其计算工作量非常庞大，人力根本不能胜任，必须依靠计算机实施这项工作。

3.3.3 JIT 库存控制法

JIT（Just In Time）直译为“正好准时”，所表达的含义是“只在需要的时候，按需要的量，生产所需的产品”。JIT 由日本的丰田公司在 20 世纪 70 年代首先提出。JIT 的目的是使生产过程中物品（零部件、半成品及制成品）有秩序地流动并且不产生物品库存积压、短缺和浪费，同时暴露出系统在生产过程中的问题和存在的瓶颈。

1. JIT 的工作原理

JIT 的工作原理是以需定供，即供方根据需方的要求（或称看板），按照需方需求的品种、质量、数量、时间、地点等要求，将物品配送到指定的地点。

与传统推动式物流控制原理相反，JIT 采用的是拉动式物流控制原理，即逆着生产工序，由顾客需求拉动，由订单到产成品、组件、配件、零件和原材料，最后到供应商。整个生产是动态的，逐个向前逼进的，上道工序提供的正好是下道工序所需要的，且时间和数量上正好。JIT 工作原理如图 3-10 所示。

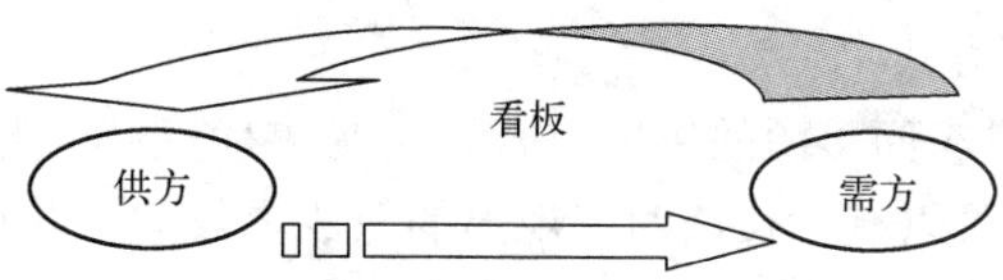

图 3-10　JIT 工作原理

其中，看板是一种信息系统，用它来传递信息，是信息的载体，实际中可以用卡片、周转箱、容器等来充当。看板可以协调所有的生产过程以及各生产过程中的每个环节，使生产过程同步。它可用于在一条生产线内、一个公司范围内、协作厂之间。

看板可以分为以下三种：传送看板、生产看板、临时看板。

传送看板分为工序间看板和外协看板。工序间看板是指工厂内部后工序到前工序领取所需的零部件时所使用的看板。外协看板是指针对外部的协作厂家所使用的看板。对外订货看板上必须记载进货单位的名称、进货时间和每次进货的数量等信息。

生产看板分为工序内看板和信号看板。工序内看板是某工序进行加工时所用的看板。信号看板是在不得不进行成批生产的工序间所使用的看板。信号看板挂在成批制作出的产品上，当该批产品的数量减少到基准数时摘下看板，送回到生产工序，然后生产工序按该看板的指示开始生产。另外，从零部件出库到生产工序，也可利用信号看板来进行指示配送。

临时看板是在进行设备保全、设备修理、临时任务或需要加班生产的时候所使用的看板。与其他种类的看板不同的是，临时看板主要是为了完成非计划内的生产或设备维护等任务，因而灵活性比较大。

看板使用时需遵循以下规则：后道工序必须准时到前道工序领取适量的零件；前道工序必须及时、适量地生产后道工序所需的产品；决不允许将废次品送给下一道工序；看板的数量必须减少并控制到最少；看板必须和实物在一起。

2. JIT 系统的主要要素

（1）零库存

零库存是一种现代库存管理方法，是指在生产与流通领域按照准时制组织物品供应，使整个过程库存最小化的技术总称。它基于在准确的时间把准确的数量送到准确的地点，任何多余的库存都是浪费。JIT 理念认为，库存是由于计划不当、能力不够、供应商过失、订单处理延迟和生产运作不规范、设备保养差等原因所造成的。JIT 追求零库存，认为任何库存都是浪费，是不允许的，甚至将库存视为“万恶之源”。

（2）备货期短

由于采用小批量供货和比较短的供货周期，JIT 使备货时间大大地缩短了。相应地，生产提前期的缩短也使成本下降。

（3）高频率小批量补货

高频率小批量供货可以减少和避免存货，当发现问题时容易得到改进和实现均衡作业及柔性化生产的实现等。

（4）高质量和零缺陷

JIT 要求消除各种引起浪费的不合理的原因，要求在整个生产过程中每一个操作都要达到精益求精，将质量管理引入每一个操作中，对产品质量进行及时的监测和处理，努力追求零缺陷。

3. JIT 的特点

（1）采用单源的供应方式

JIT 采用有别于传统供应商多源的供应方式，是与供应商建立长期的合作伙伴关系，而不是传统的交易关系。这样可以享受长期的、规模的低成本效益，并且在原材料和外购零部件等质量上得到保证。由于长期的合作伙伴关系，JIT 把质量的保障责任放在供应商处，而不需要企业部门来把关。供应商参与生产企业从产品设计到生产管理的整个过程，而不仅仅是按指令进行供货。从源头上保证供货质量，将供应商所供的货直接送到生产线上，减少了一系列的中间传统环节，从而达到降低成本的目的。

（2）小批量供货和较短的备货时间

小批量供货是 JIT 的特点之一，以保证按时、按质、按量地供货。由于小批量供货要求和较短的备货时间要求，在采用 JIT 模式时，供应商或仓储设施应建在生产企业的周围。

（3）高效的信息共享

要达到消除浪费、降低成本和零库存的目的，从供应商供货到产品的生产及产品出厂销售等整个供应链就需要依赖高效的信息来协调整个系统。及时、准确的信息可以使产、供、销之间的时间差、地区差和空间差降低到最低限度，以达到降低成本和提高企业效益的目的。

4. JIT 的实施条件

从企业内部来讲，强调全面性预防维护，实行全面质量控制，鼓励全员参与是实施 JIT 的基本保障。具体的实施条件包括以下几点：

1）客户至上，信息技术发达。

2）标准化的流水生产线，生产区域的合理组织，制订符合逻辑、易于产品流动的生产线。

3）生产系统要有很强的灵活性，为改变产品品种而进行的生产设备调整时间接近于零。

4）完善的质量保证，无返工，次品、不合格品为零，人员生产高度集中，事故发生率为零，要求平时注重设备维修、检修和保养设备。

5）JIT 存货管理只是 JIT 系统的一个子系统，其管理水平的提高有待于企业 JIT 系统整体管理水平的提高。而整个 JIT 系统的成功运作需要企业各个部门、每个员工的通力合作，因此，实施 JIT 必须鼓励全员参与。

从企业外部来讲，全社会科技水平、管理水平的提高，企业之间的真诚、密切协作是实施 JIT 的有利环境。具体的实施条件包括以下几点：

第一，完善的市场经济条件。

第二，全社会科技水平、管理水平的提高。

第三，企业与外部供应商要建立良好的互动关系。

要推行 JIT 库存控制除了具备上述的条件外，还需要其他的一些条件。例如，在信息时代要充分利用信息优势，建立灵敏、可靠的采购渠道网络，快速高效地满足采购需要；其次，要进行生产经营环节的高度自动化，这样一方面能随时满足客户需要，另一方面，最大限度降低生产过程中人工不可避免的缺陷，消除因生产出次品对整个生产作业流程带来的不良影响。

5. JIT 实现的基本步骤

（1）进行准备工作

实施 JIT 系统的第一步就是要进行人员培训。企业高级管理人员对 JIT 系统的支持是实施 JIT 的首要条件，因此必须首先让企业的高层人员深刻理解和领会 JIT 思想的实质，明确各自的职责；其次就是对工人进行培训和激励，使所有人员都参与 JIT 系统的建设。

（2）实行全面质量管理

全面质量管理是与 JIT 系统紧密联系的。JIT 系统的各个环节，需要在全面质量管理的思想指导下，才能协调一致。也只有在全面质量管理的作用下，才能在每一个环节上把好质量关，便之尽力实现“零缺陷”，进而实现“零库存”。

(3) 对现行系统进行分析

在实施 JIT 系统之前，首先要对现行的制造系统进行仔细分析和解剖，找出现行系统存在的缺陷与不足，明确改进目标。

(4) 工艺和产品设计

运行 JIT 要求企业的生产工艺流程具有很强的柔性。目前一些高科技的企业成功地把 JIT 与柔性制造系统（FMS）结合在一起，产生了巨大的经济效益。JIT 要求尽可能地采用标准件以降低 JIT 生产系统的复杂性。

(5) 使供应商成为 JIT 系统的一部分

供应商能否及时向企业提供优质的材料是 JIT 系统运行的前提条件。把企业 JIT 系统与供应商的 JIT 系统联结在一起，使供应商成为企业 JIT 系统的一部分，将有利于保证物料供应的及时性和可靠性。

(6) 不断改善

JIT 生产系统是一个生产过程，是一个需要不断改进完善的过程。理想 JIT 系统的最高目标是“零机器调整时间”“零库存”“零缺陷”“零设备故障”，而这些目标的实现是以企业各项工作不断改进和完善为前提的，因而 JIT 是一个永不停止的过程。

3.4 电子商务环境下的库存管理模式创新

物流作为电子商务行业线下对接的保障环节，在整个模式运作中起到了举足轻重的作用，任何规模的电子商务商家都无法忽视仓储管理的问题。仓储效率的提高是衡量仓库管理状况的重要指标，也直接影响电子商务企业的绩效和客户服务质量。

仓储系统的库存管理不仅对于企业提高资金使用效率、降低经营成本等有着非常重要的意义和作用，而且也是整个电子商务供应链中最可控的环节，提高这一环节的效率和质量，对于提升用户体验、形成美誉度有着巨大的帮助。电子商务的快速发展需要其仓储库存管理模式的不断创新。

目前，信息技术已成为仓储库存管理模式创新的主要手段。本节将从仓储库存产生的牛鞭效应和成因分析及弱化为基础，探讨减弱库存牛鞭效应的电子商务库存管理模式的创新途径。

3.4.1 牛鞭效应的产生和成因分析及弱化

1. 牛鞭效应的产生

(1) 牛鞭效应的提出

牛鞭效应最早发现于美国麻省理工学院斯隆管理学院的福里斯特（J. W. Forrester）教授的供应链系统动力学仿真实验中。1961 年，福里斯特教授在其研究著作 *Industrial Dynamics* 中描述了牛鞭效应现象并提出了相应概念，最早对牛鞭效应现象进行了分析。而在企业界，越来越多的实际企业案例证实了牛鞭效应的存在。例如 20 世纪 90 年代初，宝洁公司发现其“帮宝适”牌纸尿裤的客户的需求量和销售商的订货数量之间有很大的偏差。通常该纸尿裤的消费量在它的顾客群中相当的稳定，但批发商的订单量总是随着时间的推移不停地波动，他们还发现，原材料供应商接收到的订单量的波动比批发商还要大。为此，宝洁公司使用“牛鞭效应”这一名称来形容供应链中顾客的需求信息在向上游传递的过程中发生的被扭曲和放大的现象。

当供应链的各节点企业只根据来自其相邻的下级企业的需求信息进行生产或供应决策时，需求信息的不真实性会沿着供应链逆流而上，产生逐级放大的现象，达到最源头的供应商时，其获得的需求信息和实际消费市场中的顾客需求信息发生了很大的偏差，这样“牛鞭效应”就产生了。

（2）牛鞭效应的普遍性

福里斯特教授通过一系列案例研究，发现该现象普遍存在于季节性商品中。1961 年，福里斯特从工业动力学的角度进行分析，认为牛鞭效应是工业动力学或者是工业组织随时间变化的行为的结果，他认为牛鞭效应可以通过改变组织行为方式来加以克服。

在此之后，很多学者继续对牛鞭效应现象进行了深入的研究。1989 年，美国麻省理工学院的斯特曼（Sterman）通过“啤酒分销博弈”的模拟实验，进一步证明了牛鞭效应存在的普遍性，归纳出了供应链动态性的三大基本特征：振动、放大和阶段延迟，并再次强调了将供应链整体考虑的重要性，深化了对牛鞭效应的研究。在他之后，古德温（Goodwin）和富兰克林（Franklin）、埃文斯（Evans）和霍姆斯特姆（Holmstrom）等利用斯特曼的啤酒分销模型从库存水平等其他方面再一次证明了牛鞭效应存在的普遍性。

（3）牛鞭效应的定义和研究进展

牛鞭效应的成因众多，传播机理复杂，并且其作用效果涉及供应链系统运作的方方面面。虽然目前还没有对牛鞭效应的统一定义，但学术界和企业管理界普遍接受的牛鞭效应定义是由李效良（Haul Lee）等人提出的：牛鞭效应描述的是在一个供应链中，供应商收到的订单量相对于终端顾客的需求量具有更大的方差，即需求信息扭曲现象；同时，需求信息误差在沿供应链向上游节点企业传递过程中会逐级放大，具体体现在方差放大现象上。这种需求信息的扭曲放大效应广泛地存在于各类生产领域和经济系统中，为企业的生产运作管理和经济系统的稳定发展带来一系列的负面影响。例如，对顾客真实需求信息的扭曲导致制造商产品预测能力下降，引起过量生产或缺货；需求变动性的增大促使供应链上各参与者为了维持已有的服务水平而增加安全库存，从而导致库存持有成本增加；过度的需求不确定性及需求变化还使得产品销售不畅，有效需求得不到满足，客户服务水平下降，潜在顾客流失。所有这些危害导致供应链上的资源被无效利用，整条供应链的运作效率严重受损，从而人为地增大了上游供应商的生产、供应、库存和市场营销的风险。

在 2005 年匈牙利首都布达佩斯举办的欧洲运营管理协会（the European Operations Management Association，EurOMA）国际会议上，霍尔韦格（Holweg）和迪斯尼（Disney）将至今为止供应链牛鞭效应的研究进展分成了以下六个阶段：

1）早于 1958 年，生产和库存控制研究时期。

2）1958—1969 年，生产平稳化理论研究时期。

3）1970—1989 年，牛鞭效应控制理论发展时期。

4）1989—1997 年，“啤酒游戏”的研究时期。

5）1997—2000 年，牛鞭效应再认识时期。

6）2000 至今，牛鞭效应的预防和控制研究时期。

2. 牛鞭效应成因分析

在牛鞭效应产生的原因这个问题上，主要有非理性根源说和理性根源说两种观点，另外还有一些其他学者从各自的角度分析了牛鞭效应的原因。对比情况如表 3-8 所示。

表 3-8　不同学者对牛鞭效应产生原因分析的对比

产生的原因	代表学者	说　明	对牛鞭效应研究的贡献
非理性根源说	以美国麻省理工斯隆管理学院的福里斯特等为代表的案例研究者和以斯特曼为代表的模拟实验者	提出从供应链动态性的角度考虑，认为供应链个体成员的非理性决策和供应链本身的阶段延迟问题是牛鞭效应产生的最根本原因。即决策者总是过分响应顾客需求的变化，导致向上游订货过量，而且供应链成员之间的阶段延迟加剧了这种动态性	福里斯特：在供应链系统的系统动力学仿真建模分析中首次发现了牛鞭效应的存在，并进行了开创性的研究。斯特曼：强调了系统思维对供应链运作管理的重要性，将供应链管理从企业管理层面提升到了系统管理层面
理性根源说	斯坦福大学的李效良（Haul Lee）	更关注供应链的结构和相关的运作过程，认为牛鞭效应是供应链成员在供应链结构下进行理性决策的结果，需求预测、批量订货、价格波动和配给短缺博弈是牛鞭效应的四个主要原因	从定量化研究角度对牛鞭效应的成因、表现进行了数理描述和分析，总结出牛鞭效应的四种成因并针对各类成因探讨了可能的管理策略
其他观点	其他学者，如怀尔丁（Wilding）和泰勒（Taylor）	提出确定性混沌、平行交互作用和需求放大和机器故障、产出波动和产品质量差异加剧了供应链的波动性	有关牛鞭效应问题的研究向着更加细化、更加深入的方向发展，并且从经济管理领域扩展到了工程领域，相关工程技术方法也被大量应用于牛鞭效应分析研究中，呈现出了多学科交叉研究的局面

综合分析以上各学说，牛鞭效应产生的原因不外乎系统原因和非系统原因，具体来说包括以下八个方面：

（1）供应链的层级结构

供应链是由若干成员组成的链状结构，在传统的供应链结构下，供应链中每个成员总是以其直接下游的需求信息作为自己需求预测的依据，并据此安排生产计划或供应计划。因此，供应链中的成员个数越多，信息被加工的次数越多，其被扭曲的现象就越严重。

（2）顾客需求的变化

顾客需求的变化，即顾客需求自身的波动幅度。顾客受季节、价格、购买心理等因素的影响，其需求往往呈现出上下波动的形式，这在一定程度上增加了供应链的不稳定性。因此，需求波动大，牛鞭效应相应强烈；需求平稳，则效应减弱。

（3）时间延迟

由于顾客的订货信息需要经过零售商、批发商进行订单处理之后才能传递到制造商，这就造成了信息延迟；同样，制造商生产的产品也需要经过批发商和零售商等中间环节才能交付到顾客手中，势必引起物流延迟。上述两者都使得供应链上各成员企业无法同步响应市场需求变化，大大增加了供应链的牛鞭效应。

（4）供应变动

这种变动性来源于机器的不可靠性，如机器故障、产出波动和产品质量差异等。举例来说，一家制造商的每星期平均需求是 800 个单位，如果在第一个星期由于机器故障只能产出 700 个单位，那么在第二个星期就必须产出 900 个单位来弥补第一个星期的不足。这种机器的可靠性问题就导致了需求波动。同样，如果上游成员不能持续提供完美的产品，那么其下游成员每次接收到的有用产品的数量就不确定了，这种变动性加剧了需求波动。

（5）多级需求预测

当零售商在某时期发现顾客需求增加时，往往会认为这是未来需求增长的预兆，从而大幅度地增加订货量，造成信息的失真。在传统的运作管理中，每个上游成员仅仅依靠其下游买方的需求数据做出预测和决策，因此其制订的订货数量和库存水平将更加偏离真实需求。这样，顾客需求在往上层各级供应链成员的传递过程中将不断被放大，多级预测明显加剧了牛鞭效应。

（6）批量订货

传统上，供应链中的成员是通过监控自己的库存水平来决定是否向上游企业订货。因此，当市场需求增加时，由于有安全库存，并不立即向供应商订货，而是等需求累积到一定程度时按批量订货。此外，由于处理订单的时间和成本考虑以及运输的经济性等问题，也使得订货一般是周期性的。如果所有客户的订货均匀分布在各周期，那么牛鞭效应会小一些。然而，客户往往随机地订货，这种现象越明显，牛鞭效应就越显著。

（7）价格促销

在目标市场中，预先购买由价格波动而产生，如制造商和分销商经常采用特殊促销方式，如价格折扣、数量折扣、赠票等；制造商还向分销商、批发商提供交易特权，如特别折扣、价格条款与分期付款。这些特殊促销方式的运用导致客户的预先购买行为，结果造成客户的购买模式无法反映实际的需求情况，并且购买数量的变化大于消费数量的变化，产生了牛鞭效应。

（8）缺货博弈

当制造商的生产能力不能满足潜在的需求时，制造商理性的决策是按客户订货量的一定比例实施定量配给。买方为避免潜在的缺货可能，就会在订货时故意提高订货量，而当需求降温后，订货又突然下降甚至取消。由于供应商无法获取准确、真实的需求信息，常常为这些抽象需求信息付出超量存货、增加生产能力或赶工引起成本增加的代价。

在以上这八种原因中，供应链的层级结构、顾客需求的变化、时间延迟和供应变动属于供应链系统原因或者客观原因，是供应链系统本身客观存在的因素，也是导致牛鞭效应无法真正消除的原因。而多级需求预测、批量订货、价格促销和缺货博弈是供应链成员在自身利益的驱动下所做出的理性行为造成的，可以利用特定的手段加以管理和改善，从而大大弱化牛鞭效应。

3. 牛鞭效应的弱化

牛鞭效应是由供应链的系统原因和非系统原因共同造成的，鉴于供应链本身必然存在的层级结构和时间延迟等问题，我们无法从根本上消除牛鞭效应。然而，大量的研究表明，在了解了牛鞭效应产生的各种原因的基础上，有针对性地实施一些策略能够对牛鞭效应起到很大的抑制和减轻作用，从而大大提高整个供应链的运作效率。

针对牛鞭效应产生的系统原因和非系统原因，可以从减少不确定性、缩短提前期和实行有效的战略联盟三个方面考虑以弱化牛鞭效应。

（1）减少需求的不确定性

需求的不确定性主要来源于顾客需求本身的波动、需求信息在传递过程中的扭曲和由于广告等促销行为带来的提前购买。由于顾客需求本身自然的波动是不可避免的，而且有研究已经证明它对整个牛鞭效应的影响不大，因此可以主要考虑从抑制信息扭曲和减少价格波动两方面探索降低需求不确定性的方法。

首先，利用信息共享有效地抑制需求信息的扭曲。需求信息的个别占有是信息扭曲的一个重要原因，于是信息的共享便为减轻牛鞭效应提供了一条途径。这是因为，采用信息技术后，需求信息的传递由原来的线形结构变为网状结构，即供应链中的每个成员不仅接收其直接下游传来的订单信息，同时还接收来自最终顾客的需求信息，每个成员利用流向自己的各种信息来预测实际需求和向上游企业的订货量，能够有效地避免由多头预测引起的信息失真。同时，现代先进的信息技术如 POS、EDI、ERP、Internet 等，也为实现供应链成员之间的信息共享，减少信息传递过程中的失真，使信息在传递过程中更加快捷、便利提供了可行条件。

其次，稳定价格，减少提前购买。由于分销商和零售商在销售过程中经常采用一些促销方式，如打折、数量折扣、分期付款等，这些导致了顾客的提前购买行为，使顾客的购买模式脱离真实需求，变得更难以预测，这在很大程度上加剧了牛鞭效应。因此，企业应通过限制促销行为来降低牛鞭效应，如可以学习沃尔玛公司采用“天天低价”的策略，通过给顾客提供一个固定的价格，而不是周期性的促销价，这样可以减少需求的变化，产生相对稳定的顾客需求模式。

（2）改善供应链结构，缩短提前期

订货提前期越长，牛鞭效应越显著。所谓订货提前期是指从下游企业发出订单到收到货物所需要耗费的时间，提前期又包括信息时间、决策时间、生产和运输时间。提前期越长，预测的准确性越差，因此，要通过改善供应链结构等各种其他手段缩短订货的提前期。

首先，减少供应链环节。供应链环节越冗长，需要的订货提前期越长，而需求信息经过越多的环节到达生产者，越可能产生信息的扭曲，越接近顾客越能够了解顾客的真实需求。因此，对于环节过多、链条过长、联系错综复杂的供应链应该进行详细分析，对其中的一些赘余环节应该进行简化处理，同一节点企业间应该进行业务的优化整合，以减少顾客信息的传播途径和订货的提前期，提高各环节的响应速度。

其次，利用其他手段缩短订货的提前期。例如通过应用先进的信息技术和高效、快速的物流技术来缩短提前期，而且可以针对不同的订货周期采取不同的措施。例如，针对信息提前期（即处理订单的时间），可以采用先进的网络技术来缩短；针对产品决策期（即安排产品生产的时间），使用决策支持系统来加速；针对订货提前期（即生产和运输产品的时间），利用现代化的物流技术和管理手段来减少。另外，在需求变动很大的情况下，缩短交货期更是一种很好的解决办法。

（3）加强供应链协调，建立有效的战略联盟

通过建立战略联盟改变信息独享的状态，实现供应链内部的库存管理，从而降低牛鞭效应。例如使用卖方库存管理（Vendor Inventory Management，VIM）的库存管理方式。VIM 是正在流行的敏捷物流合作关系协议。在 VIM 的协议下，供应商监视零售商的分销网络中的库存状况，确定库存补充时间和数量，而不是被动地响应零售商的订货。这样的协议对供应商和零售商是双方有益的。零售商减轻了监视库存、采购订货的负担，享受有保障的服务；供应商由于需求预测误差大大减少，降低了安全库存水平，减少了交货时间，节约了物流成本。

再如，调整库存补充策略。零售商可以利用电子数据交换，减少每次订货的成本，从而可以减少每次订货的批量，提高订货频率。小批量经常性的订货，可以更有效地控制库存，并且更加有效地响应客户的需求。

另外，加强契约管理，建立更加完善的契约制度与激励机制，也是促使供应链成员强化战略联盟伙伴关系，强调整体利益最大化的重要手段。

总之，为减轻牛鞭效应，有很多不同的运作方法，如减少不确定性、缩短提前期和供应商管理库存等，但无论采用什么方法，最根本的是供应链成员间必须实现信息共享。有研究表明，信息共享可以增加供应链的整体绩效，但并不是所有的企业都能从中得到更多好处。为了解决牛鞭效应，要求下游企业向上游企业提供原本属于自己的私有信息，这会给上游企业带来

额外的收益，但下游企业获得的收益不明显。另外，链中所有的企业都可能担心这些私有信息会泄露给自己的竞争对手。因此信息共享在具体的运作中很难实施。如何协调各成员企业的利益目标，如何将信息共享所得的利益进行再分配等问题还有待进一步的研究。

3.4.2 减弱牛鞭效应的电子商务库存管理模式创新

1. 电子商务环境下的供应商管理库存

从牛鞭效应的根源来看，主要是受需求信息波动的影响，因此实施有效的信息共享，保证供应链中信息流的畅通，可以有效减弱牛鞭效应。但需求信息仅占供应链系统信息流的一小部分，供应链的正常运行同时也离不开库存状态信息、订货策略、库存控制策略、生产计划安排、企业财务构成等众多信息。随着信息技术的发展，各种电子数据交换系统使得需求信息能够更快捷、更准确地在供应链系统成员之间传递。以下内容着重从库存管理方面来探讨减弱牛鞭效应。

库存管理，作为供应链管理中的一个重要环节，是电子商务中供应链管理的重要内容，在新时代对企业的生产成本、盈利能力以及服务水平等都将有着比以前愈发重要的影响。供应商管理库存（Vendor Managed Inventory，VMI）作为一种集成化的供应链库存管理方式，从企业组织层面化解了供应链企业之间的组织隔阂，从供应链整体上优化了供应商和零售商之间的库存管理。特别是信息技术的持续发展使 VMI 相关领域的许多书面理论转变为可操作的现实，RosettaNet 和 VMI 两者的结合正好是其表现之一。

（1）VMI 概述

供应商管理库存，即 Vendor Managed Inventory，简称 VMI，是供应链环境下的一种库存运作模式，也有个别学者将之称为寄售库存，即 Consignment Inventory。供应商管理库存与零售商管理库存完全相反。VMI 是希望供应链能够通过这种管理模式以期在供应方和零售方之间整体达到最低成本，在接收方与供应方之间双方签订达成共识协议的条件下，由供应商负责对库存进行管理，并实时监督和反馈实施情况和不断地完善协议，是一种持续性改进的库存管理的方略。

VMI 的基本内容是：客户将库存决策的代理权交由供应商管理，由供应商即批发商和零售商代理行使库存的相关管理以及何时订货等决策的权利。一方面实现了由终端销售信息拉动的上下游信息共享，使得供应商在下游用户的协助下更有效地做计划，另一方面是寄售方式的运作，在一个合作协议下由供应商管理甚至拥有库存直到用户将其售出。

因为 VMI 需要准确和实时的库存信息，并且对实施 VMI 的企业有两点要求：第一点是客户库存状态信息必须共享，即供应商必须有能力且被授权实时跟踪客户的库存信息；第二点是双方业务流程的标准必须统一，这里指的是订单形式的统一化，有一个一致的模式。达到这个要求，信息系统和网络技术的支持必不可少，因为当一个企业有成百上千家供应商、上千上万件原材料时，依赖手工计算无法每天将需求信息完整、准确地发送给供应商，而一旦供应商无法获得实时准确的库存信息，VMI 系统的实施就失去了现实意义。随着互联网的发展和虚拟专用技术以及加密传输技术的发展，物流综合管理系统的出现，使 VMI 的应用得以实现。

（2）VMI 的实施价值

VMI 的实施价值体现于它的应用成效。它的实施既可以使得通过终端库存信息和销售信息实现上游和下游企业信息的共享，让供应商可以做出更为有效的安排，在遵从同一合作协议下由供应商管理甚至拥有库存直到用户使用里面的库存，这对客户来说一来可以节约成本，二来可以节约时间，这就大大提高了客户供应链的效率和降低了相应的管理费用和成本。其实质是通过 VMI 将多级供应链转变成单一库存管理的问题，通过查看客户销售信息和库存状况，供应商能够及时地做出需求预测和制订正确的库存补货方法，而作为客户把库存管理这一主动权授权给了供应商，客户需要做的就是监督，而供应商则是负责实施。和以前实行的由客户发出订单，再由供货商发货进行补货的传统方法相比，VMI 是按照实时的销售数据进行跟踪补货的。也就是说，VMI 实际上可以说是实时、自动的补货计划。一旦觉察到客户的库存有可能低于安全水平，就自主地补货到客户的 VMI 仓，客户使用了货物的那天才开始作为付款的结算点。

在以前的管理模式下，由于各个企业间的非合作竞争关系的存在与 IT 技术发展局限性的原因，即便是自己的供应商，企业也还是无法完全了解供需的匹配状态，市场的流通环节中的每一个部分（包括供应商、供应商的代理商）都有自己的库存，各自拥有完全保密的库存管理方式，导致需求量的放大，在这样的库存管理方式下，信息扭曲不可避免，由供应链下游企业积累到上游企业的需求放大，即是所谓的牛鞭效应，在这种形势下，要求实现供应链整体的成本最低化是完全不可能的。

由于电子商务的蓬勃发展，库存管理信息可以通过虚拟专用网等方式在任意企业之间实现共享。因此，VMI 可以依靠信息技术的发展将之前相对隔离状态的库存管理模式彻底革新，使用整合整条供应链的方式进行库存的管理，使不同企业之间以合作为基础打造高效的供应链系统，使得牛鞭效应得以避免。总结而言，VMI 实施价值如下：

1）由供应商自主进行库存管理，既可以降低双方的管理成本，又可以使下游企业集中财力、人力打造核心竞争力。

2）可以使整条供应链上各个企业的缺货率下降，同时克服产品积压状况的产生。

3）由于供应商对下游企业的库存信息实施掌控，使得对产品的需求预测更加精准，能指导合理安排生产，完善相关采购计划，并且能按客户要求改进生产；控制不确定性需求的产品保有和由此带来的成本增加；使得安全库存量得以下降。

4）由库存节省的开支可以使得产成品的成本下降，最终增强了企业的市场竞争力并增加销售量，提高企业的经营效益。

5）与客户深入培养长期的合作伙伴关系、增强战略互信，使得供应商的发展策略能平稳有效地施行，在市场竞争中保持客户的稳定性。

6）使供应商可以提供更专业、更高效的库存管理服务，增强供应链的专业分工合作。

7）显著削减供求双方花费在物流、库存管理上的时间成本和交易成本。

8）增进上下游企业的战略关系，为供应链的持续发展提供基础和可能。

（3）电子商务 RosettaNet 标准下的 VMI

在信息化、网络化不断深入应用的时代，企业运用更多的管理信息系统（Management Information System，MIS）来辅助实现企业经营管理。依靠电子商务理念和技术帮助供应链实现集成化管理已是不争的事实。而集成化的供应链管理模式可以让企业管理者很方便地获得各个部门的数据信息，RosettaNet 标准下的 VMI 是其模式之一。

RosettaNet 是一个非盈利机构，它致力于为电子行业 B2B 商业行为创建数据交换标准，由著名的法迪·切哈德（Fadi Chehade）创建于 1998 年，是一种不限制于任何软件之间进行文件传输的平台软件，简称 RN。它实际上是一个业务协议，主要致力于建立、应用并提倡开放性的电子商务标准，目标是是以开放商业流程标准为手段，使全球的企业都能够实现 B2B 集成。目前，RosettaNet 标准逐步填补了电子商务交换标准体系中众多的空白，有效地帮助企业加强了贸易联系，提高了操作效率，与此同时，创造了大量的商业机会。RosettaNet 标准的系统构架大体可以分为三个部分：合作伙伴接口流程（Partner Interface Processes，PIPs）、实施框架（Implementation Framework）和字典（Dictionary）。

RosettaNet 合作伙伴接口流程（PIPs）：RosettaNet 标准是由许许多多的 PIP 组合而成的，而每个 PIP 都定义了一项合作伙伴之间的业务流程，所谓的业务流程包括有采购订单管理、新产品信息的发布等，每个都含有一个文件模板和一个业务流程图解。文件，这里称作信息，包含了一些字段，而操作方可以在字段里输入针对这次信息交换的信息进去。信息通过网路连接送到的合作方的系统里。PIPs 里的图解说明了在一个 PIPs 传输之前和之后都必须马上进行的业务流程。如果一个 PIP 的传送信息假设 PIPs 的信息交换已经发生了，图解就会指出来。PIPs 还有关于基于有传递需求的，与业务有关的文件的格式和结构的定义，还包括相关信息交换流程的实时性、保密性等多方面的要求。

RosettaNet 实施架构（RNIF）：规范化了在日常业务文件传递过程里所有相关的 RN 业务内容格式，支持包括授权和加密认证等应用在传输格式方面的支撑；此外，还限定了备选的数据交换协议的范畴；另外，实施架构还指出了有效保障上下游企业在 RN 框架下数据交换的安全性所必须遵守的规则。

RosettaNet 词典：RN 词典是用于说明 PIPs 的使用方式和相关业务文件需要使用的属性的集合，经过简单的划分，它包括商务词典和技术词典。技术词典是一份 XML 文件，里面包含了电子元件、信息技术和半导体制造行业电子产品的品名和描述。RosettaNet 商务词典的作用是保存所有相关属性的定义，而这些相关属性是供应商和客户方之间一些最基本业务活动涉及的。它为公司文件定义了标准的台头还有字段名字，如发票和产品信息清单等。值得特别注意的亮点是，纵使不同的行业在具体的业务操作方式上必然存在不同，然而事实上所有行业的 RN 标准都是共用相同的 RN 商务词典。

（4）基于 RosettaNet 标准的 VMI 系统的优越性

基于 RosettaNet 标准的 VMI 系统，由于传输的报文是 XML 格式，与具体应用无关。因此，常见的网络架构、通信协议、加密协议都可与其相结合，从而构成多样化的解决方案。同时，其通过合作伙伴接口流程（PIPs）定义业务流程，赋予了采用 RosettaNet 标准的企业很大的灵活性，可以自己实现 PIPs 规范。

RosettaNet 截至目前为止大概有 100 个 PIPs，但并不需要客户一次全部购买所有的 PIPs，因为每个 PIP 都有自己特有的功能。客户可以根据自己的实际需求来定制适合自己的优化计划从而订购 PIPs。基于 RosettaNet 标准的 VMI 系统的优越性主要体现在兼容性、灵活性高，可扩展性、实时性强，效率高，成本低。

RosettaNet 可以提供整条供应链中的信息共享，利用互联网服务实现从产品检索到供应商选择，从商品议价到下单，从订单处理到在线送货、在线支付以及实时反馈与售后服务等的全过程都提供了支持。而传统的电子数据交换（EDI）则局限于从下单到支付的过程，归根结底主要是因为 EDI 的费用太高，局限了自身的发展。当然两者都需要强大的物流体系做保障。

RN 标准在电子产业链中使用的一大突破表现是允许上下游企业之间相互共享企业自身 ERP 系统的库存和销售预测报告甚至生产计划和销售计划安排等。RosettaNet 可以很好地支持供应商管理库存（VMI）供应链上下游企业高度整合的管理方式，在这种状态下 PIPs 和 RosettaNet 词典不限于普通的交易文件的传输，它更看重的是合作伙伴之间库存信息和预测信息的实时共享，特别加强在实时上的功能。总而言之，RN 模式下的供应链信息共享层级是处于较高的信息共享层级。

与 EDI 相比，RosettaNet 解决的重要问题在于供应链和对供应链的优化，为了使供应链的效率和性能得以加强，RN 不断增强 B2B 的集成度。RosettaNet 还完全消除了 EDI 的主要成本花费之一，即业务程序中上下游合作企业的信息主管部门必须要为与和他们企业进行业务往来的对方单位设计、研发和测试新的业务流程。相较于传统的基于 EDI 的 B2B 集成方式，RN 在安全性和按需集成方面占有绝对优势，而这大大提高了业务处理效率。EDI 和 RN 之间的主要区别在于，EDI 在公司之间交换文档，而且 EDI 只能实现 10% 左右的 B2B 流程。而 RosettaNet 跨网络定义业务流程并对其进行集成，能完成 100% 的 B2B 流程，并通过流程设计制订最佳操作过程。RN 在各个方面优于 EDI。目前公认的有 RN 带来的好处可以总结为：一是便捷性和高效率的实现方式，投资回报率增大；二是大量业务数据流量的处理能力，实现了自动化；三是对数据的实时处理能力，四是更高的可伸缩性；五是更适合跨国中大企业；六是适合企业间的紧耦合。

2. 电子商务下的云仓储

（1）云仓储的基本概念

云仓储是一个非常新的概念，目前，理论和实践领域都没有对它作出确切的定义。不同学者通过自己的认识和研究，尝试着给出了对云仓储的理解。他们认为云仓储是基于云计算，在全国各区域中心建立分仓，分仓为云，由总公司建立一体化信息系统，实现网络货物的就近配送的一种模式。并在此基础上，提出了云仓储的实施思路：建立实体分仓，实现就近配送；完善社会化信息系统，实现货物信息共享；物流企业整合，形成物流集团；加快物流网络架设，形成区域配送网络。简单地说，云仓储就是一种利用云计算，整合全社会资源的仓库体系模式。云仓储实施的关键是配送中心的选址问题和配送中心的库存策略问题。

在现有的电子商务物流模式下，电子商务企业通常在接到订单后，会先将货物从自己的仓库交至第三方物流企业仓库，然后再由第三方物流实现配送。这样大大增加了配送的冗余环节，尤其是在存在加盟商的电子商务配送模式中，还会存在由于加盟而导致的多次转手问题。云仓储是一种全新的仓库体系模式。其实质就是实体分仓，即基于“云”的思路，整合整个社会资源，在全国各区域中心建立分仓，并由公司总部建立一体化的信息系统将全国各分拣中心联网，形成公共仓储平台。在云仓储模式下，商家可以就近安排仓储，物流公司可以就近配送，实现快递网络的快速反应。无论是消费者、快递公司，还是其他参与的当事人，都可以透明、方便地访问服务器，实现网络货物的就近配送，极大地减少配送时间，提升用户体验，甚至整个社会物流的生态都可能发生改变，这也给其他企业带来了新的机遇和挑战。

云仓储对整个物流过程进行动态调控，按照电子商务企业的物流运营现状，通过构建云仓储设施选址模型和库存策略模型，解决企业区域商品配送网络的节点选址和库存管理问题；通过构建“云物流”信息平台，解决企业产品链的信息共享问题，为云仓储的实施提供信息支撑和技术支持。

云仓储的实施思路主要包括：

第一，建立实体分仓，实现就近配送。根据客户需求地的不同，将客户购买的商品送往指定的、离客户较近的仓储中心，并由适合的物流承运商负责配送，当客户退货换货时，若商品没有损坏，便不用退回到仓储中心，而是直接存放在中转站或配送站，等待下一次的客户配送。

第二，完善社会化信息系统，实现货物信息共享。通过信息平台，整合社会物流资源，通过公共信息平台，实现公共分仓，降低信息失灵或不顺畅带来的成本增加。

第三，物流企业整合，形成物流集团。由邮政总局或政府部门牵头，形成几家信誉好、规模大、资金足的大物流快递集团，实现整体快递企业的整合。

第四，加快物流网络建设，形成区域配送网络。加大基础设施投资，加快物流通道建设，尽快形成全国公路、铁路、航空、水路等的运输网络，实现区域配送一体化。

以淘宝网为例，其云仓储实施主要是在全国七大区域选择区域中心城市建立实体分仓，同时由公司总部建立一体化的信息系统，用信息系统将全国各分仓分拣中心联网，分仓为云，信息系统为服务器，实现快递网络的快速反应。无论是消费者、快递公司，还是其他参与的当事人，都可以透明、方便地访问服务器，实现网络货物的就近配送。比如某货物从广州发往武汉，如果客户拒收，货物就送到武汉中转站，但会通知广州的分公司，说货物没有卖出去，实物还放在武汉当地。如果另有客户购买的话，就把 A 客户改为 B 客户，可以在短时间内再次就近配送。即通过提供一个信息交换平台，同时利用全国布局的分仓，解决了供给能力的调配问题，从而，在一定程度上化解了快递“爆仓”现象。

在电子商务环境下，消费者根据自身的消费习惯，在网上购买了其所需的产品，通过网银支付货款，按网店的购物流程填写收获地址。在这个过程中，消费者可能是在给自己购买货品，也可能是在给其亲人、朋友购买货品。其收货地址可能与其居住地址一致，也可能存在很大的差别。

电子商务网站在收到消费者订单后，其内部的云仓储系统出现两种运行方式。其一，是根据消费者的订单要求在其全国各直营卖场和公司仓库中搜索该名消费者订购的货品，并通过搜索到该消费者需求的货品。在找到有消费者需求货品的门店后，系统会根据之前设定的参数：货品在该门店的成本（实际成本、公司送到该门店的运费）、该名消费者所支付的货款金额、消费者网上所写的收货地点、送货时间、最大利润，计算出在企业能获得最大利润或较大利润的情况下，送至该名消费者的收货地点的最佳路线。使企业的利润相对最大，送货时间相对最短。其二，是根据消费者收货地点和企业所有门店的地址进行比较，找出距离消费者所填写地址较近的几个门店，并在查出该门店后对这些门店的库存进行搜索，若发现门店有所需要的库存，则系统会根据之前所设定的参数：货品在该门店的成本（实际成本、公司送到该门店的运费）、该名消费者所支付的货款金额、消费者网上所写的收货地点、送货时间、最大利润，计算出企业能获得最大利润或较大利润的情况下，选出满足该消费者所需货品所在的门店。

综上所述，云仓储的运作流程为：企业将各个门店和地址、总公司及分公司地址、总公司及分公司库存单品、各门店的库存单品、每个单品的库存量存入系统，并根据实际的销售情况，随时变更所属门店或公司仓库的库存量，从而达到“云仓储”的目标。整个系统可以通过互联网、条码扫描技术从商品进入企业仓库的时候开始，就做到了每个单品货物的更时跟踪。通过这种“云仓储”系统，企业可以及时地对消费者的订单做出回应，通过查看客户地址，对比公司、分公司仓库、各门店总仓库存数量，经过对数据的计算之后，可以筛选出送到客户最短时间的门店地址，从而从系统中在该门店下发货单，通过门店营业员的快递发送，达到最短时间响应客户收货的目的。

（2）云仓储的实施意义

电子商务已经不是几个人、几台计算机就能“打天下”的原始阶段，现在的电子商务正在向专业化的方向发展。电子商务企业如果想在激烈的竞争中取得胜利，就必须关注企业运行的每个方面，从企业的组织架构、产品营销、市场销售、售后服务、产品质量等各个方面做到精益求精。

每个企业的经营状况和战略不同，企业所具有的竞争优势也不尽相同。在如此巨大的竞争压力下，企业必须最大限度地发挥自身公司的优势，整合周边资源才能脱颖而出，在电子商务的市场中占据自己的一席之地。传统企业较一般的电子商务企业，所具有的一个很明显的优势就在于，其多年经营所积累的门店数量和顺畅的地面分销渠道。“云仓储”平台的搭建，充分利用了传统企业这一明显的竞争优势，合理整合了企业的现有资源，节省了企业在电子商务方面的投入，避免了企业的资源浪费。

云仓储是现代物流业在信息技术支撑下衍生出来的一种全新的物流仓储运作模式，本质上，云仓储就是通过实体分仓的方式，以“云”的思路为指引，集合社会各方面的资源，实现分仓的全面覆盖，同时通过构建一体化的信息系统实现对供应商及销售商的联网管理，这样各个供应点、销售商或客户则成为了“云”，一体化的信息系统则扮演了服务器的角色，从而形成了一个完整的公共仓储体系，进一步扩大了“仓储”的概念。在云仓储模式下，各物流参与主体可以通过便捷的信息网络，快速地完成货物的配送和仓库的选择，同时也极大地提升了物流风险的可控性和效率，有效地降低了物流企业的经营成本，为客户带来了全新的物流感受，这将成为现代物流实现飞跃发展的“助推剂”。

（3）云仓储的战略分析

云仓储是一种全新的仓库体系模式。在这一模式下，商品可直接由公共分拨点实现就近配送，这极大地减少了配送时间，提升了用户体验，甚至改变了整个物流社会的生态环境，给物流企业带来了新的机遇，同时也带来了巨大的挑战。

首先，云仓储的基本问题和一般的仓库体系一样，主要包括：仓库选址、仓库数量及规模、库存决策这些问题。要想实施好云仓储战略，首先必须解决好这些问题。

其次，云仓储战略实施的关键在于预测出消费者的需求分布特征。只有把握了需求分布，才能确定出最佳仓库规模，并进行合理的库存决策从而有效地降低物流成本，获得较好的利益，达到较高的服务水平。那么怎样才能把握好用户需求分布呢？这需要充分利用云物流平台的信息优势，通过云计算进行计算和分析。

最后，仓库选址、仓库数量和规模以及库存决策这些问题并不是相互独立的，而是密切关联的。云仓储战略需要从整体出发，以整体最优和总成本最小为目标。云仓储的建立是一个长期的过程，而且投资巨大，必然会伴随着风险。面对风险问题的时候，可以仿照标杆企业的成功经验。例如亚马逊的做法，在高峰期将服务器和仓库租赁给一些其他的企业，以获得收益，减少损失。

（4）云仓储的设施选址

云仓储的设施选址是指电子商务企业在全国各区域建立配送中心，形成公共仓储平台，使得企业可以就近安排仓储，物流公司可以就近配送。由于电子商务企业的物流配送业务物品品种多、批量小，区域广泛，客户众多且分散，配送的业务量较大，配送频繁，这就给电子商务企业的物流带来了较为严峻的挑战。

目前，云仓储的设施选址是按照消费者的分布特征，采用统一的观点全面布局所有的配送中心。由于电子商务企业的客户众多且分布区域广泛，单一的配送中心可能不能按时完成配送量，而且由于配送线路过长，配送费用也会较高。因此，在当前大物流环境下，云仓储的设施选址问题应考虑建立多级、多设施的配送网络体系。以京东商城和亚马逊网上商城为例，其企业都是在各个区域建立一级配送中心，由各一级配送中心覆盖各城市的配送站，形成“配送中心——配送站”的物流网络体系。其物流网络体系如图 3-11 所示。

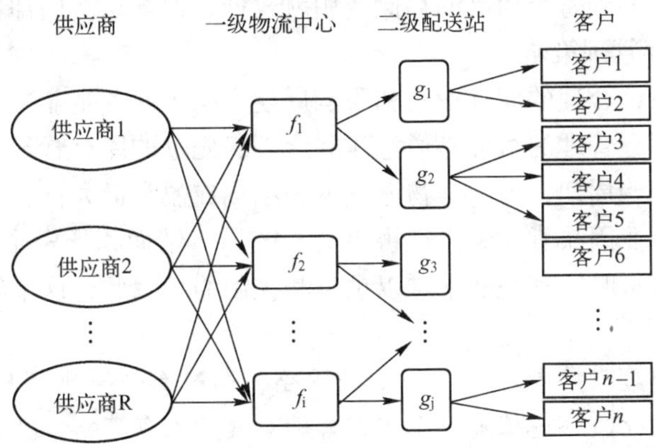

图 3-11　基于云仓储的物流网络体系图

在该配送中心体系中，供应商为一级物流中心送货，其物流费用计入供应商物流费用中，不计入电子商务企业的物流费用。因此，在选址过程中，其物流费用不考虑供应商到一级物流中心的配送。一级物流中心处于主导地位，通常设立在资源集中的产地或处在枢纽城市，主要是向二级配送站进行配送，具有配送货物批量大，辐射能力强，占地面积大等特点。二级配送站处于被辐射的地位，主要是直接向客户进行配送，通常设在靠近客户需求点的位置，具有配送货物批量小、占地面积不大、分布地区广、配送方式灵活等特点。

云仓储设施选址的影响因素很多，除了考虑自然环境因素、人力资源因素、社会环境因素等一般配送中心应该考虑的因素外，还需要结合电子商务企业的特点和大物流环境下云仓储的特殊要求，考虑其特有的影响因素。

1）总物流费用。物流费用是配送中心选址的重要考虑因素之一。对于电子商务企业的商品流通来说，供应商到配送中心的流通费用不列入电子商务的物流费用中，因此，商品从一级配送中心，经过二级配送站到达客户手中，其物流费用指的是从一级配送中心到客户的整个流通环节的流通费用，包括一级配送中心的建设费用和存储费用，二级配送站的建设费用和存储费用。因此，其配送中心越接近客户需求地，其物流费用最低，电子商务环境下云仓储要求设立的新型物流中心的选址应考虑是否靠近客户群。

2）客户的分布情况。网上购物的销售量总是在经济发达的地区较高，而贫困落后的地区其销售量较低，为了降低物流配送成本，提高效率，物流配送中心的建设一定要保证有足够的货流量。因此，电子商务环境下云仓储要求设立的新型物流中心的选址必须考虑客户的分布和货流量的流向、大小，在客户分布密集、货流量大的地区建立配送中心。

3）区域网络化发展水平。无论是一级配送中心还是二级配送站，其主要功能就是货物的集、疏、运，若区域物流网络化水平低，则会阻碍电子商务企业的业务发展，从而减少配送需求。因此，物流网络是否完善是决定物流配送中心和配送站是否发挥其物流功能的主要决定因素之一，大物流环境下云仓储要求设立的新型物流中心的选址必须考虑区域网络化发展水平。

4）各级配送中心需实现的物流功能。明确各级配送中心的物流功能，针对所需建立的物流配送中心的物流功能，做出建立或租赁实现物流功能最大化、费用最小化的物流配送中心。对于本文所建立的一级配送中心，所实现的主要功能是商品的存储、配送到二级配送站，具有批量存储、存储时间长、批量配送、配送间隔时间长等特点，其存储费用和配送费用较低。二级配送站的主要功能是商品的集结、分拣，配送到客户手上，具有存储时间短，甚至有的直接就不入库组织配送，分摊到每个商品的存储费用就较低，但配送费用却较一级配送较高。

（5）云仓储的库存管理策略

在电子商务环境下，合理的库存策略和采购周期是电子商务企业建立云仓储应该考虑的两个核心问题。云仓储库存管理的目标是通过建立合理、先进的库存管理方法，准确确定电子商务企业的库存策略和采购周期，力求其物流成本最小化或盈利最大化。建立库存策略和采购周期的目的是为了避免企业因缺货而失去销售机会，或因滞销而积压资金。然而在现实情况下，客户的需求和企业的订货时间都是非常难以预测和控制的，因此，这个问题一直以来都是库存管理的难点。

云仓储的库存管理策略是指基于“云”的思路，通过有效管理客户的需求分布和交易信息等，在传统的企业库存策略的基础上，实施合理有效的库存策略，准确获得客户的需求和订货的时间，从而有效地降低物流成本，获得较好的利益，达到较高的服务水平。

云仓储库存管理策略的影响因素有：

1）存储成本。在电子商务物流模式中，需要使其配送中心仓库保持一定的库存量，保证客户在购买时，能够及时地供应客户。尽管现在大多数企业提出“零库存”策略，但是在电子商务库存策略中，却仅仅适用于大件家电产品，可将其库存转移到供应商库存上。而其他中小产品都不适用于“零库存”，也很难达到“零库存”。因此，云仓储存在一定的存储成本。

2）缺货成本。目前，我国大多是电子商务企业异军突起。当客户需要购买所需货物，而该货物在某一电子商务网站上显示缺货时，客户就很可能转投其他电子商务网站进行购买。其次，缺货也容易造成客户商品配送送达时效性低下，影响客户对该电子商务网站的满意度。因此，从一定程度上讲，一旦发生缺货，就必然存在缺货成本。

3）销售收入。对于一级配送中心，上游面对的是电子商务企业的供应商，下游面对的本企业内部的二级配送站；而对于二级配送站，上游面对的是本企业内部的一级配送中心，下游面对的是需求点的客户。一级配送中心和二级配送站同属一个企业，合作模式为紧密合作，一级配送中心可直接根据客户需求信息制订相应的订货策略和出货策略，该策略的制订将直接影响企业的收益水平，因此，在构建一级配送中心库存模型过程中，应以收益最大化为目标函数，这就要求必须考虑企业的销售收入。

【案例】

美国亚马逊网店与中国当当网的物流配送

一、美国亚马逊

美国亚马逊（amazon. com）是世界上著名的网上书店，可以提供310万册图书目录，却仅拥有员工1600名，管理层9名，人均销售额37.5万美元，比全球最大的Barnes & Noble图书公司要高3倍以上。2011年，亚马逊净销售额480.8亿美元，相比2010年的342亿美元，同比增长41%。

亚马逊在短短的10年时间里迅速成长为全球著名的电子商务公司，其主要得益于完善的物流系统。自1995年成立以来，美国亚马逊致力于物流、运输和整体供应链管理的结合，实现了对物流资源的成功整合和组织运作，并逐步扩张扩展为完整的供应链系统。具体包括：

1. 快速、便利的搜索系统

亚马逊建立的快速、便利的搜索系统主要包括：使用 Alpha 服务器提供对书名、主体、关键字、作者的全面搜索，最佳书、畅销书目等热门数目的导航及同类产品货比三家的机会；使用 A9 搜索引擎记录用户搜索记录，当顾客再次进入书店时，系统自动推荐“购物建议单”；使用“书内搜索”让用户获得样品；使用 Amazon Pages 和 Amazon Upgrade 的新型数字图书服务让用户即可选择获得本书全部内容或部分内容的在线访问权；使用“一点通”记录客户信息，提高用户订货便捷性。

2. 完善的发货系统

（1）快速的订单确认

亚马逊在收到一份订单后几分钟内就给读者发出“订购确认”电子邮件，其内容包括运送的方式、运（到）达日期、书籍数量与价格等，在发货之时，还会为顾客寄送“发货通知”。不仅响应快速，而且还给人以安全友善的感觉。

（2）顺畅的分拣流程

顾客下订单后，亚马逊会将顾客订单数据传回配送中心，通过特殊的书橱设备（Closet Facility），提醒员工分拣。

（3）零库存系统

一般情况下，亚马逊是在顾客买书下了订单后，才从出版商那里进货，并在图书售出 46 天后才向出版商付款。2011 年，亚马逊的库存平均周转次数就达到 19.4 次，是世界第一大零售企业沃尔玛公司的两倍之多。

（4）不同商品类别的配送中心

亚马逊按其商品类型的不同，分别设立不同的配送中心对其进行配送。这样不仅有利于简化作业流程，提高配送中心的专业化作业程度，也有利于提高作业的效率，降低管理和运转费用。

（5）送货方式、送货期限及收费标准的个性化服务

根据客户的所在地、所定商品是否有现货等情况，结合客户的个性化需求，亚马逊为其提供了多种可供选择的送货方式和送货期限。根据送货方式和送货期限及商品品类的不同，采取按固定费率收取的批次费、按件数收取的件数费、按重量收取的不同的收费标准。

（6）免费送货

亚马逊为顾客提供免费送货服务，并不断降低免费送货服务的门槛。免费送货极大地激发了人们的消费热情，使那些担心网上购物运费昂贵的网民们迅速加入亚马逊消费者的行列。

（7）订货跟踪服务

货物发出后，用户可以在网上通过“订单查询”直接跟踪货物的投递过程，其采用的跟踪技术是基于射频识别技术（RFID）的条码跟踪追溯系统。

（8）“邮局注入”的配送模式

美国亚马逊采取一种被称之为“邮政注入”的模式减少送货成本，其实质就是将客户所订购的订购商品从亚马逊的仓库运输到当地邮局库房，由邮局向顾客送货。据估计，亚马逊“邮政注入”配送模式可节省 5% ~17% 的资金。

（9）应用“组合包装”技术

由于亚马逊的零库存策略，其配送中心一般只保持少量的库存，在接到顾客订货后，同一张订单上商品有的可以立即发货，有的则需要等待。因此，在确认订单时，亚马逊建议顾客在

订货时不要将需要等待的商品和有现货的商品放在同一张订单中。

3. 健全的退货系统

虽然亚马逊经营的商品种类很多，但其退书率仅有0.25%，远远低于传统书店25%的退书率。但是，亚马逊仍拥有健全的退货系统。

（1）较长的退货期限

亚马逊允许读者在拿到订货的30天内，将完好无损的书或未开封的CD退回亚马逊网上书店；同时将全部费用退回（包括运费）。若在假期里，可以延长退货期限。

（2）便利的退货网络

在亚马逊退货，客户只需从网站上打印一份带有条码的退货单，贴在所要退回的包裹上，到附近邮局或美国联合包裹公司（UPS）服务点投递即可。客户很快就会收到亚马逊公司发来的邮件通知：退货已经收到退款将打入客户的银行账户。

4. 物流外包的配送模式

美国亚马逊在本土的主要配送业务外包给联邦快递公司（FedEx）和美国联合包裹公司（UPS），将国际物流委托给国际海运公司等专业物流公司。据估算，通过与第三方物流公司合作，亚马逊的物流成本可节约10%～20%。

二、中国当当网

当当网是全球最大的中文网上商城之一，于1999年正式成立，目前向全世界提供包括图书、音像、家居、化妆品、数码、饰品等精品门类的近百万种商品的在线销售服务，已拥有全球近1 560万名顾客。在电子商务物流模式中采用的是轻公司轻资产模式，即企业着重管理好业务数据，管理好物流信息，把配送环节全部外包。

当当网的物流服务是当当网收到投诉最多的一个环节，但是，当当网在受理物流投诉过程中表现得非常专业。这与其物流系统的构建有关。具体包括：

1. “本地仓库区域化覆盖”的物流网点布局

当当网的物流网点布局采取了“本地仓库区域化覆盖”的模式，即根据其客户群的地域集中度，选择区域重点城市建库，以此承担周边城市和地区的货品存储以及发货。截至2012年3月，当当网已在北京、上海、广州等地设有10个物流中心，其中北京有2个全国性物流中心，其他5个城市（上海、广州、成都武汉、郑州）有8个地区物流中心，合计建筑面积18万平m^2。其中，北京库房的面积已达到4万m^2，上海仓库经过扩容也达到了12万m^2，而广州仓库则接近2万m^2。日处理订单能力为16.5万件。

2. 运输配送环节外包

在运输配送环节，当当网与国内100多家第三方物流企业建立了合作，货物到达当当网物流中心后，有第三方物流公司取货送往客户。

3. 整合物流资源

目前，当当网正计划整合第三方物流资源，将这些资源变成电子商务行业公共资源，进而以物流整合者和公众服务平台的角色向其他企业开放物流服务，为其他电子商务企业提供商品储存、分拣、包装及全国1 200多个城市的代收货款（COD）配送服务。

4. 绿色通道的开辟

当当网通过物流提速，开辟了北京、上海、广州、深圳四个城市的绿色通道。对于北京地区，将原有每日一班（晚上提货）的提货班次改为每日两班（晚上提货、上午提货），保证了只要在下班前下单的北京用户，当当网都能做到“次日达”；对于广州城区、深圳（关内）

等，由原来100%的铁路运输改为50%的航空货运和50%的铁路运输，保证了当日15:00至次日8:00所下的广州、深圳的纯图书订单，均能在第三日送达。

5. 货到付款

当当网提出客户在验收商品准确无误后再支付货款，这是当当网长期以来坚持的，更加方便、安全的交易模式，更是得到了越来越多顾客的认可与支持。目前，当当网提供货到付款的城市已经达到了360个，而销售网络则覆盖了全国的所有省份，包括港、澳地区。

资料来源：中国电子商务研究中心，http://www.100ec.cn，2014年04月11日

本章小结

本章首先概述了仓储、库存的基本概念、功能和作用，电子商务环境下仓储的重要作用、仓储和库存的特征及仓储模式选择，以及电子商务环境下仓储作业流程和管理，4种传统仓储库存管理模式（定量与定期订购库存控制法、MRP库存控制法及JIT库存控制法）；然后重点分析了电子商务环境下减弱牛鞭效应的库存管理模式创新之一——电子商务环境下的VMI问题和电子商务下的云仓储，包括VMI概述、VMI的实施价值和电子商务RosettaNet标准下的VMI及其优势，电子商务环境下云仓储概述，云仓储平台搭建的意义，云仓储仓库战略分析，云仓储设施选址概述及云仓储库存策略。

习　题

一、单项选择

1. 仓储具有（　　）和静态仓储两种。

A. 动态　　B. 流动　　C. 静止　　D. 停滞

2. 电子商务物流仓储是网络经济和现代物流一体化的产物，是指基于电子化、（　　）的仓储活动。

A. 数据化　　B. 无纸化　　C. 网络化　　D. 现代化

3. （　　）是指企业在拥有自己仓储的同时，还将一部分非核心仓储物流业务外包给第三方物流企业的仓储物流模式。

A. 自建仓储物流模式　　B. 混合仓储物流模式

C. 仓储物流联盟模式　　D. 外包仓储物流模式

4. （　　）主要是针对入库前货物的质检与登记入库阶段，入库管理模块又分为质检确认、返厂确认、仓库入库、入库日志等子模块。

A. 库存管理功能　　B. 入库管理功能

C. ICQA管理功能　　D. 订单管理功能

5. SKU是Stock Keeping Unit即（　　）的简称。

A. 订单量　　B. 安全库存量　　C. 库存周转量　　D. 库存量单位

6. （　　）是当WMS客户端出现故障时，对WMS服务器、数据库服务器、图片服务器等进行通信检测，并将检测报告反馈给操作用户，以便排除系统网络等故障。

A. 权限分配　　B. 系统检测　　C. 退出系统　　D. 修改密码

7. 1961年，（　　）教授在其研究著作*Industrial Dynamics*中描述了牛鞭效应现象、提出

了相应概念，最早对牛鞭效应现象进行了分析。

A. Forrester　B. Lee　C. Sterman　D. Goodwin 和 Franklin

8. 针对牛鞭效应产生的系统原因和非系统原因，可以从减少不确定性、缩短提前期和（　　）三个方面考虑以弱化牛鞭效应。

A. 时间延迟　B. 供应变动　C. 价格促销　D. 实行有效的战略联盟

9.（　　）作为一种集成化的供应链库存管理方式，从企业组织层面化解了供应链企业之间的组织隔阂，从供应链整体上优化了供应商和零售商之间的库存管理。

A. JIT　B. VMI　C. MRP　D. EOQ

10. 以下库存控制方法中，订货周期相同的是（　　）。

A. ABC 分类法　B. 订货点法　C. 定量订货法　D. 定期订货法

二、多项选择

1. 从仓储环节对社会生产生活的作用和意义来看，其功能主要有（　　）。

A. 基本功能　B. 增值功能　C. 社会功能　D. 保管功能　E. 增值功能

2. 一个企业具体采用何种仓储管理模式，主要由（　　）三大因素决定。

A. 经济成本　B. 货物周转总量　C. 需求的稳定性　D. 市场密度　E. 市场要求

3. 仓储物流在电子商务交易中起着（　　）和（　　）的作用，如果没有仓储物流，电子商务就难以完成。

A. 前续者　B. 后续者　C. 服务者　D. 引导者　E. 中继者

4. 电子商务下仓储的特点有（　　）。

A. 信息化　B. 柔性化　C. 系统化　D. 智能化　E. 个性化

5. 库存管理功能包括（　　）与（　　）等子功能。

A. 库存查询　B. 盘点操作　C. 补货管理　D. 订单分配　E. 采购管理

三、简答题

(1) 电子商务环境下的库存管理的新特点有哪些?

(2) 熊猫电子集团与中外运苏州公司合作，将全国 128 个库存点收缩为 8 个，经由销售网络信息化及专业化的物流和配送服务，使彩电库存资金由 2.5 亿元减至 5 000 万元，节省了大笔资金，也规避了彩电跌价的巨大损失。熊猫电子集团这种仓储模式是哪一种，有何优势?

(3) 电子商务零售企业所需的仓储管理系统中包含的主要功能有哪些?

(4) 云仓储的内涵是什么?

四、实训题：电子商务环境下物流企业库存管理模式创新的调查

(1) 实训目的：通过实训，了解目前国内电子商务环境下，物流企业有哪些库存管理模式。

(2) 实训内容：通过网络资料搜集分析、学校所在城市物流企业的实际调研，了解电子商务环境下，有哪库库存管理模式创新，这些库存管理模式的代表物流企业有哪些，分析其库存管理模式的优势和不足，并将这些库存管理模式进行对比。

(3) 实训要求：参与实训的学生以分组的形式，在教师的指导下，分工协作完成实地调研和网上资料收集，并将资料进行分类整理，进行小组讨论归纳，形成最终的实训报告。

第4章　电子商务物流的包装、装卸搬运和流通加工

【学习目标】

1. 了解包装、装卸搬运和流通加工的基本概念及其在现代物流系统中的地位
2. 熟悉电子商务条件下的包装、装卸搬运及流通加工的作用与管理
3. 掌握常见的包装法并判断包装的合理性，根据实际需要合理选择包装，判断装卸搬运的合理性、流通加工的合理化

【引例】

几个典型的日本企业包装减量化的案例

1. 索尼公司电子产品的新包装

索尼公司不但遵循“减量化、再使用、再循环”循环经济的“3R”原则，而且还在替代使用（Replace）上想办法，对产品包装进行改进。1998 年索尼公司对大型号的电视机的泡沫塑料材料（EPS）缓冲包装材料进行改进，采用八块小的 EPS 材料分割式包装来缓冲防震，减少了40% EPS 的使用；有的产品前面使用 EPS 材料，后面使用瓦楞纸板材料，并在外包装采用特殊形状的瓦楞纸板箱，以节约资源；另外对小型号的电视机采用纸浆模塑材料替代原来的 EPS 材料。

2. 大日本印刷株式会社的新型包装

大日本印刷株式会社的产品包装贯彻环境意识的四原则，即包装材料减量化、使用后包装体积减小、再循环使用、减轻环境污染的原则。

1）包装材料减量化原则。具体是指采用减少容器厚度、薄膜化、削减层数、变更包装材料等方法。

2）使用后包装体积减小原则。具体是指采用箱体凹槽、纸板箱表面压痕、变更包装材料等方法。

3）再循环使用原则。例如采用易分离的纸容器，纸盒里面放塑料薄膜，使用完毕后，纸、塑分离，减少废弃物，方面处理；还有一种可易分离的热塑成型的容器。

4）减轻环境污染原则。该企业在包装产品的材料、工艺等方面进行改进，减少生产过程中二氧化碳（CO_2）的排放量，从而保护环境。

3. 东洋制罐株式会社的包装产品

由东洋制罐株式会社开发的塑胶金属复合罐（Toyo Ultimate Can），以 PET 及铁皮合成的二片罐，主要使用对象是饮料罐。这种复合罐既节约材料又易于再循环，在制作过程中低能耗、低消耗，属于环境友好型产品。东洋制罐还研发生产一种超轻的玻璃瓶。像用这种材料生产的 187 ml 的牛奶瓶的厚度只有 1.63 mm，89 g 重，而普通牛奶瓶厚度为 2.26 mm，重 130 g，这种超轻瓶重量比普通瓶轻 40%，可反复使用 40 次以上。该公司还生产不含木纤维的纸杯和可生物降解的纸塑杯子。东洋制罐为了使塑料包装桶、瓶在使用后方便处理，减少体积，在塑料桶

上设计几根环形折痕，废弃时可很方便折叠缩小体积。

资料来源：《上海包装》，2006 年

4.1 电子商务物流的包装

4.1.1 电子商务物流包装的基本概念

1. 包装的概念

我国国家标准《包装通用术语》（GB4122—1983）将包装定义为：包装是为在流通过程中保护产品、方便储运、促进销售按一定技术方法而采用的容器、材料及辅助物等的总称。“包装”一词的含义可以从两个方面来理解：一是从静态的观点来解释，认为包装仅是用有关包装材料或容器将产品包装起来使之起到保护作用，这是一种古老的传统的看法。二是用动态的观点加以说明，认为产品包装是使处于稳定状态，使之在运输、储存、搬运移动时保持完整无损并便于销售。

包装是在流通过程中为保护商品、方便储运、促进销售，按一定技术方法而采用的容器、材料及辅助物等的总体名称。也是为了达到上述目的而在采用容器、材料和辅助物的过程中施加一定技术方法的操作活动。在社会再生产过程中，包装既是生产的终点，又是物流的起点。作为生产的终点，包装必须根据产品的性质、形状和生产工艺的要求来进行，满足生产的要求。作为物流的起点，包装完成之后，被包装的产品有了物流的能力，在整个物流的过程中，包装便可以发挥对产品的保护和方便物流的作用，最后实现销售。

产品作为商品要能开拓市场、占领市场，具有竞争地位，要满足广大消费者日益增长的要求，就必须做到下述两点：一是要有好的内在质量；二是要有好的包装。大量的实际经验说明，落后的包装会使商品在储运过程中造成破损，使商品的使用价值降低，甚至完全丧失，因而无法实现商品的价值。

2. 包装的类型

现代包装门类繁多、品种复杂，这是由于要适应各种商品性质的差异和不同装载工具的要求，使包装的设计、选料、包装技法、包装形态等出现了多样化。

（1）按包装的作用划分

按包装在流通中的不同作用划分，包装可分为销售包装和运输包装两大类。

1）销售包装。销售包装又称商业包装，是以促进商品销售为主要目的的包装。它主要是根据零售业的需要，作为商品的一部分或为方便携带所做的包装。这种包装的特点：外形美观、有必要的装潢，包装单位适合顾客的购买量以及商店陈设的要求。在流通过程中，商品越接近顾客，越要求包装有促进销售的效果。

2）运输包装。运输包装又称工业包装，是商品运输、保管等物流环节所要求的必要包装。它是以强化输送、保护商品、便于储运为主要目的的包装。

在运输包装中主要考虑的问题是：抵御在储运过程中温度、湿度、紫外线、雨、雪等气候和自然条件对商品的侵害；减缓静压力、震动、冲击、摩擦等外力对商品的作用；防止商品散漏、溢泄、挥发而造成的污染；便于流通环节中装卸、搬运、保管等各项作业；提高运载工具的载重力和容积；缩短各种作业时间和提高作业效率。

(2) 按包装的层次划分

按包装的层次划分，包装可分为单件包装、内包装和外包装三种。

1) 单件包装。单件包装又称小包装、个体包装，是指直接用来包装物品的包装，通常与商品形成一体，在销售过程中直接送到用户手中。单件包装属于销售包装。

2) 内包装。产品的内包装，即考虑到水分、潮湿、光照、碰撞、震动等因素对产品的影响，选择相应的材料或包装物对物品所做的保护性包装。

3) 外包装。商品包装的最外层，一般属于运输包装，在物流过程中有保护产品的作用。

(3) 按包装的适用性划分

按包装的适用性划分，包装可分为专门包装和通用包装。

1) 专门包装。它是指根据被包装物的特点进行专门设计、专门制造，只适用于某种专用产品的包装。

2) 通用包装。它是指不进行专门的设计、制造，而是根据标准系列尺寸制造的包装，用于包装各种标准尺寸的产品。

(4) 按包装容器划分

1) 按包装容器的抗变形能力划分，包装可分为硬包装和软包装两类。硬包装又称为刚性包装，包装体有固定形状和一定强度；软包装又称柔性包装，包装体可有一定程度变形，且有弹性。

2) 按包装容器的形状划分，包装可分为包装袋、包装箱、包装盒、包装瓶、包装罐等。

3) 按包装容器的结构形式划分，包装可分为固定式包装和拆卸折叠式包装两类。固定式包装，其尺寸、外形固定不变；拆卸折叠式包装是通过折叠拆卸在无须包装时缩减容积以利于管理及返运。

4) 按包装容器的使用次数划分，包装可分为一次性包装和多次周转包装两类。

(5) 按包装技术划分

1) 按包装层次及保护要求划分，包装可分为个装、内装、外装三类。

2) 按包装保护技术划分，包装可分为防潮包装、防锈包装、防虫蚀包装、防腐包装、防震包装、危险品包装等。

3. 包装的功能

一般来说，包装的功能可以概括为：保护商品、方便流通、促进销售和信息传递。

(1) 保护商品

这是包装的首要功能，它可以达到维护商品质量、保护商品安全的目的。商品在流通过程中一般会受到两种因素的影响和损害：一种是流通环境的自然因素，如温度、湿度、光线、有害气体等对商品的影响；另一种是遭受外力破坏的因素。通过包装，可以有效地保护商品，使商品安全地完成流通过程，实现商品在空间位置上的转移。

包装的保护功能主要包括：

1) 防止商品破损变形。商品包装可以保护商品在流通过程中避免或减轻在装卸、运输、保管等过程中的冲击、振动、颠簸、挤压、摩擦等外力的损害，形成对外力的防护，而且包装要具有一定的强度。

2) 防止商品发生化学变化。为防止商品受潮、发霉、腐败变质、锈蚀等化学变化，商品包装必须在一定程度上起到阻隔水分、潮气、光线以及空气中各种有害气体的作用，避免外界环境中不良因素的影响。

3）防止有害生物的影响。为了防止鼠、虫及其他有害生物对商品的破坏，要求包装有阻隔霉菌、鼠、虫侵入的能力，形成对生物的防护作用。

4）防止异物混入、污物污染、丢失、散失等现象的发生。

（2）方便流通

在流通过程中，商品要经过多个环节，合理地包装会提供很大的方便，从而提高整个物流效果。因此包装的方便流通功能显得十分重要。

包装的方便流通功能主要包括：

1）方便商品的运输。包装后的商品便于装载，运输途中不容易碰撞、散失和损坏。商品包装的规格、形状、重量与运输的关系密切。包装尺寸与运输车辆、船、飞机等运输工具的箱、仓容积的吻合性，方便了运输，提高了运输效率。

2）方便商品的装卸。商品的包装要便于各种装卸、搬运机械的作用，要有利于提高装卸、搬运机械的生产效率。包装的规格尺寸标准化为集合包装提供了条件，从而能极大地提高运输装卸效率。

3）方便商品的储存。商品的包装为仓库的搬运、装卸作业提供了方便；包装物本身也为商品的保管提供了方便条件，可以起到保护商品的作用；商品包装件外部印刷的各种储运标志能正确指导商品的储运操作与管理，便于识别、易于存取、易于盘点，对有特殊保管要求的易引起注意，为仓库的管理提供了便利；易于开包、便于重新打包的包装方式为验收提供了方便；包装的集合方法、定量性，对节约验收时间、加快验收速度也会起到十分重要的作用。

（3）促进销售

产品经过包装后，可利用包装物的造型及其外部印刷的文字、图案、色彩等装潢设计来美化产品，宣传商品的性能，介绍商品的使用方法，增强商品销售的陈列效果，使消费者通过包装了解内装商品，从而喜爱、购买商品。在商品经营中促进销售的手段很多，包装策略是其中之一。包装对消费者的购买行为起着说服作用，促进了商品的销售。

（4）信息传递

最明显的信息传递作用是识别包装的物品。信息通常包括制造厂、商品名称、容器类型、个数、通用的商品代码等数字。在收货人入库、拣选和出运查验过程中，包装上的信息用来识别商品。信息易识别是主要要求，同时操作人员应能从各个方向，在合适的距离看到标签。同时包装也能在收货、储存、出运的各个环节跟踪商品。使用扫描设备和代码的标准化提高了商品跟踪能力和效率。另外商品的包装提供了有关装卸和防止货损的说明书，说明书为专门的商品装卸提出容器、温度控制、堆垛要求、潜在的环境要求等。

4. 包装对于电子商务物流的影响

电子商务对传统物流提出了新的要求，无论是B2C模式还是B2B模式，都要求交货速度要快；对用户、供应商、承运商之间能进行高效的信息交互；服务的方式更直接，“门对门”或“门对人”；对采购、仓储、包装、分拣、配送等管理的高效一体化管理方案的迫切需求。在这样的情形下，电子商务对包装产品结构有如下影响：

（1）电子商务对包装基本功能的影响

按照传统的包装理论，包装的功能主要有：保护产品、方便储运、促进销售和信息传递任何商品从生产者到达消费者，都要经历运输、储存、销售等一系列的环节。因此在传统的商务环境下，销售是一个重要的环节。而在电子商务时代，销售是在互联网上完成的，消费者是从网上选择自己需要的商品，因此绕过了中间的零售环节，实现了销售渠道的“扁平化”。那么这时对包装功能的要求向其基本要求回归，即保护产品、方便储运功能显得相对重要。

(2) 电子商务会促进个性化的包装

假设有一家经营化妆护肤美发的电子商务网站，顾客进入网站后，可以输入头发长度、发质类型，皮肤是否油性，皮肤颜色等因素去选择香波和护发剂、沐浴露和润肤霜、底粉和口红、指甲油等，一旦选择了一种产品，屏幕上就提示消费者选择设计的包装，消费者依据自身的喜好，选择个性化的包装。从手工作坊生产到工业化革命到现今的大批量商品销售时代，以至到电子商务，我们看到制造领域的供应链又回到了单一体——仅仅是为个体制造产品，当然这并不是回到原来的地方，而是社会的大大进步。这种个性化的包装，因为产品不是零售(属于电子零售 E - Retailing 而不属于传统零售) 出去的，而是专门为你定制的，所以产品的价格可能贵些。

(3) 电子商务对包装工艺提出多样化的要求

因为订购数量的不同，就要求采用不同的包装工艺流程，包装生产线也就有所不同。在 B2C 模式中，为了适应小批量包装生产和快速变换包装规格的需要，加强初级包装（内包装）和二级包装（中包装）的研究开发（包括结构、材料和功能），使它能应对小包裹直接运输到消费者手中而不损坏。

(4) 电子商务要求包装全球化

今天的市场全球化趋势日趋明显，这导致产品的包装方式发生什么变化呢？从一个市场(比如中国市场) 到另一个市场要保持包装外观的统一性，这一点非常重要。在产品开发中，企业在考虑产品具有一定生命周期的条件下，应迎合消费者的要求不断开发出多元化和系列化的包装。系列化的包装是指一个企业或一个商标、品牌的不同种类产品用一个共性的包装特征进行统一风格的设计，如统一画面设计、统一色彩设计、统一文字设计、统一图形设计等。使品种繁多的产品在包装特点上具有共同的辨认性，从而树立产品的整体形象，加深消费者对产品与企业的印象。系列化包装有助于塑造企业的产品形象，有利于巩固和发展名牌产品，提高企业在国际市场中的竞争力。为了能推向全球市场，包装的大小要发生一定的变化，比如原先用 OZ（ounce 盎司）作单位的要代之以公制的单位，公制的尺寸在世界范围内更为人所熟知。

4.1.2 电子商务物流的包装技术

1. 包装材料

包装材料是形成商品包装的物质基础，是商品包装各种功能的具体承担者，是构成商品包装使用价值最基本的要素，它是发展包装技术，提高包装质量和降低包装成本的重要基础。包装材料在商品包装中占有重要的地位，包括木材包装材料、纸质包装材料、金属包装材料、玻璃包装材料等类型。在强调可持续发展的今天，应该提倡使用绿色包装材料。绿色包装材料又称环保包装，是指包装节省能源，可回收利用，焚烧时无毒害气体，填埋时少占耕地并能生物降解和分解的包装。

2. 包装技术

(1) 包装容器技术

包装容器是以方便储存、运输、销售为目的而使用的任何容纳、限制或封闭物品（或内包装件）的器具，如袋、盒、瓶、罐、箱等。其中用金属、木材、玻璃、硬质塑料等刚性材料制成的容器，装填或取出物品后其形状和尺寸不发生变化的称为刚性容器。用软质塑料、瓦楞纸板等制成的容器，受到一定的外来压力会变形，压力取消后就恢复成原样的称为半刚性容器。另外，用纸、塑料薄膜、铝箔或布等柔性材料制成的容器，具有柔软性，装填或取出物品后其形状尺寸会发生变化的称为挠性容器。

（2）包装保护技术

由于产品的种类繁多，性能各异，所以包装必须根据产品的类别、性能及聚集状态等因素，采用正确的包装及相应的包装技术，才能以最低的货物消耗保障产品完整地送到消费者手中。

1）一般包装方法。

① 个包装方法。个包装方法的类型与用途如表4-1所示。

表4-1　个包装方法的类型、用途表

类　型	具体内容	用途与优缺点
机械性保护包装	使产品稳定于容器内，在储运时不因外力而发生移动，并防止其受震动或互相碰撞的包装	不密封，外界的水或水汽均可侵入，是一种保护程度最低的包装方法
保护剂保护包装	将产品外表涂上一层防护油剂，再适当包裹后放入容器中的包装	不密封，外界的水或水汽仍可与涂有防护剂的产品接触，用于包装工具盒一般金属产品
抗水包装	用防水或抗水包装材料或容器，如塑料袋、沥青纸、防水纸等将产品密封	外界的水或水汽不能侵入，但包装内仍存留有原包装的水汽。如电扇、食品、书籍、纸张等都采用这种包装方法
防水、防水汽包装	产品涂以防护剂，再用防水、防水汽材料或容器（如密封罐、玻璃容器及防水汽的密封袋）	仅遗留少量水汽与产品相接触，外界水和水汽均无法侵入，防护性强，适用于包装精密制品，如仪器、仪表等
存放吸湿剂的防水、防水汽包装	在防水、防水汽密封包装内存放吸湿剂以吸去遗留的水汽，以提高保护性能	一般精密仪器、光学器材等均采用此种包装方法
可剥除的化合物保护包装	先将产品侵入加温熔融的可剥除的化合物中，取出冷却后，即形成一层薄膜紧密包裹于产品上，中间无遗留水汽存在，外界水汽也不能侵入	适合于包装不受温度影响，体积小，并且表面平坦的金属产品，如工具、齿轮等

② 内包装方法。产品经个包装后，置入内包装容器内，并适当加以衬垫，即完成内包装。内包装中加以衬垫的目的是吸收震动，防止产品在容器内发生移动和摩擦，避免产品与包装容器相撞，以保护产品，这对于易碎或精密产品极为重要。内包装容器外表应粘贴适当标志，尽可能按需要说明产品名称、规格号码、数量、单位、合同号码、生产厂名及地址、包装日期、包装方法、产品批号等。对一些体积小的内包装件，还要进行中包装，即将两个以上的内包装件放入中包装容器中，以方便搬运及装箱，增加保护作用。

③ 外包装方法。外包装的主要目的是方便储运，使产品获得足够的保护。外包装主要包括档塞与支撑、衬垫、防水设施、包装容器、捆扎与标志。若使用内包装容器再装入外包装容器的产品，通常可省去档塞及支撑。外包装容器需有足够的强度，可以在运输过程中抗拒一切外力的危害，同时外包装容器的形状和外径尺寸，必须便于储运作业。外包装容器种类很多，可分为木制、纸制、金属制及塑料制等，可视产品装载、产量、形状及性质等，选用相应的外包装容器。产品装入外包装容器后，视其载重量的大小，可相应采用退火或回火的钢皮束或钢丝、塑料扁带在箱外捆扎，以使外包装容器再震动或冲击时不溃散，并可使箱内档塞与支撑不易松动。

2）集合包装技术。集合包装技术是指将若干包装件或商品组合在一起形成一个适合运输的单元。它能使装卸合理化，包装合理化，方便运输及保管作业，便于管理，有效利用运输工具和保管场所的空间，改善环境。

集合包装主要以集装箱为主，可以将装满货物的托盘和集装容器、集装货捆在一起装进大型的集装箱内，以便搬运、装卸和运输。

托盘包装是为了有效地装卸、运输、保管，将其按一定的数量组合放置于一定形状的台面上。这种台面有供叉车从下部插入并将台板托起的插入口。以这种结构为基本结构的平板台板和各种在这种基本结构基础上所形成的集装器具都叫作托盘包装。

集装箱是一种用于货物运输、便于用机械装卸的集合包装容器。

3）其他特殊包装技术。它涉及防震包装、防破损包装、防锈包装、防霉包装、防虫害包装、危险品包装方面的技术，以及空气包装、真空包装、收缩包装、拉伸包装、脱氧包装等技术。

① 防震包装技术。在机械、电工、仪器和仪表等产品中，有的比较精密，有的比较脆弱，经受不了运输和装卸过程中发生的较大冲击和振动等外力的影响，必须采用防震包装来加以保护，才能保证这些产品的功能和形态。防震包装的作用主要是克服冲击和振动对被包装物品的影响。克服冲击所采用的防范通常叫缓冲，所用材料叫缓冲材料；克服振动而采用的方法通常叫防振、隔振，所用的材料叫防振材料、隔振材料。缓冲材料与防振材料、隔振材料统称为防震材料。防震包装是综合考虑了冲击和振动的影响而采用的方法，所用的防震材料起着重要的作用，是防震包装的关键因素之一。

防震材料的种类很多，包括天然、合成、定形、无定形等。按材质分类，防震材料可分为以下几种。

纤维素类：如纸屑、纸浆、稻草、麦草、合成纤维等。

动物纤维类：如猪鬃、羊毛、毛毡等。

矿物纤维类：如玻璃纤维、石棉、矿物棉等。

气泡结构类：如天然橡胶、合成橡胶、泡沫塑料、气泡塑料薄膜、气泡片材、发泡板材和就地发泡材料等。

纸类：如瓦楞纸板、开槽隔板、玻璃纸材料、旧报纸和纹纸等。

防震装置类：如弹簧、悬挂装置等。

防震材料的基本特性包括：冲击能量吸收性、回弹性、吸湿性、温湿度稳定性、酸碱度、密度、加工性、经济性等。若使一种防震材料同时具备冲击能量吸收性能好、回弹性好、密度低、温湿度稳定性高、吸湿性高、加工性好等优点，是难以做到的，可以根据产品的具体情况选择具备其中某些特性的材料，使之满足防震包装要求，还可以灵活利用各种材料的特点，搭配使用。

防震包装结构是指对产品、包装容器、防震材料进行系统考虑后，所采用的防震材料进行系统考虑后，所采用的防震固定方式。一个典型的防震包装结构有五层：产品（包括内衬）、内包装盒（箱）的防震衬垫、内包装盒（箱）、外包装箱内的防震衬垫、外包装箱。而一般的防震包装结构为三层：产品（包括内衬）、包装箱内防震衬垫和包装箱。

防震包装方法一般区分为全面防震、部分防震和悬浮式防震三类。在具体选择防震包装方法时，往往还需要根据产品的特殊形状、质量、尺寸、大小等情况采用一些特殊的处理措施。

综上所述，各种防震包装方法都在最后形成一定的防震包装结构和形成一个整体的防震能力来抵御外部各种作用力的影响。

② 防潮包装技术。防潮包装技术就是为防止因潮气影响包装件而影响内装物质量所采取的一定防护措施的包装。即采用防潮材料对产品进行包装，以隔绝外部空气相对湿度变化对产品的影响，使得包装内的相对湿度符合产品的要求，从而保护产品质量。

由于被包装的物品种类繁多、性能差异，有的商品对水十分敏感，少量的湿度变化即会影响商品的品质。而有的商品可以承受较大的湿度（含水量）的变化范围，此时就可以降低防湿包装的要求，降低包装成本，减少不必要的费用。因此在实施包装前，要预先对商品进行了解，确定其包装的等级，然后进行包装。

依据被包装产品的性质、储运期限与储运过程的温湿条件，防潮包装可分为三级，如表 4-2 所示。

表 4-2　防潮包装的等级

等级	包装储运条件		
	储运年限	气候种类	内装物性质
1	一年以上，二年以下	A	贵重、精密，对湿度敏感，易生锈、长霉变质
2	半年以上，一年以下	B	较贵重、较精密，对湿度轻度敏感
3	半年以下	C	对湿度不大敏感

表 4-2 中的气候种类分为 A、B、C 三种，它是依据包装储运气候与环境的温湿条件来划分的如表 4-3 所示。

表 4-3　防潮包装的气候种类

气 候 种 类		A	B	C
气候特征		高温高湿	中温中湿	常温常湿
气候条件	湿度/℃	>30	30～20	<20
	相对湿度/%	>90	90～70	<70
	绝对湿度/mb	>38	36～16	<16

防潮包装应采用密封包装。根据产品性质与实际流通条件，需要恰当地选择包装方式。

绝对密封包装：绝对密封包装是指采用透湿度为零的刚性容器包装，如将产品装入金属容器内。但此时应注意检查容器壁面及焊封处有无缺焊、砂眼、破裂等造成漏气的隐患。

A. 真空包装：将包装产品容器内残留的空气抽出，使其处于符合要求的负压状态，从而可以避免容器内残留的湿气影响产品的品质，同时还可以利用抽真空造成负压来减小膨松物品的体积，减少商品占用的储存空间。

B. 充气包装：将包装容器内部的空气抽出，再充以惰性气体，可以防止湿气及氧气对包装物产生不良影响，充入的气体应进行过滤干燥。充气包装除了防湿防氧外，还可以克服真空包装中容器被商品棱角和突出部分戳穿的缺点。

C. 贴体包装：用抽真空的方法使塑料薄膜紧贴在产品上并热封容器封口可大大降低包装内部的空气量及其影响。

D. 热收缩包装：用热收缩塑料薄膜包装产品后，经加热薄膜可紧裹产品，并使包装内部空气压力稍高于外部空气，从而缓解外部空气向包装内部的渗透。

E. 泡罩包装：采用全塑的泡罩包装结构并热封，可避免产品与外部空气直接接触，并减缓空气向包装内部的渗透。

F. 泡塑包装：将产品先用纸或塑料薄膜包裹，再放入泡沫塑料盒内或就地发泡，这样可不同程度地阻止空气渗透。

G. 油封包装：机电产品涂以油脂或进行油浸后，金属部件不与空气直接接触，可有效地减缓湿气的侵害。

H. 多层包装：采用不同透湿度的材料进行两次或多次包装，从而在层与层之间形成拦截空间，不仅可减缓水蒸气的渗透，且可使内部气体与外界空气掺混而降低湿度。多层包装除湿效果较好，但操作麻烦，然而在一般情况下比采用复合材料的成本低。

I. 使用干燥剂的包装：在包装产品的容器内放入干燥剂，它可吸收湿气而保护产品。

③ 防水包装技术。防水包装是为防止因水浸入包装件而影响内装物质量采取一定防护措施的包装。例如用防水包装材料衬垫包装容器内侧，或在包装容器外部涂刷防水材料等。防水包装属于外包装，与内装物的个装或其他防护包装特性的包装措施、方法、容积和重量等没有直接的联系。但是在外包装部采取防水措施时，有时也可利用内包装兼作防水措施。例如外包装用花格木箱，用防潮内包装兼作防水措施，这对防潮防水要求不高，一般的防水防潮包装可考虑这样的措施。

一些具有防护性的内包装，如防潮包装、防锈包装、防震包装等，可以与防水包装相结合考虑，但不能相代替。一般来说，外包装采用防雨结构，内包装采用防潮或是防锈、防霉等结构。虽然液态的雨水和气态的水蒸汽（潮湿空气）的物理化学性质是相同的，但它们对包装件的侵袭方式和现象是不尽相同的。所以防雨包装结构不一定能起到防潮包装的作用，因为防雨包装仅单纯是为防止外界雨水（包括雪、霜、露等）渗入包装内侵害内装物，对外界潮湿空气的侵蚀影响是防止不了的，也不能起阻止作用，除非是采用气密性容器作为防水包装容器时。一般防水包装对包装内的残存潮气，及内装物蒸发出来的潮气的影响更是未考虑和加以防护的，这就需要采用防潮包装来解决。

防潮包装或是防锈包装所用的阻隔层材料，有时虽然和防水包装相接近，甚至部分相同，但其包装的工艺措施是截然不同的。所以防水包装不能代替防潮包装。反之防潮包装可防止雨水的侵入，但是它不能防止储运过程中过分的机械力的破坏。通常，当遭到机械损伤后，将降低或破坏其防潮性能，失去防潮作用，故对防潮包装要求防水时，其外包装仍需采用防水包装。

④ 防锈包装技术。金属由于受到周围介质的化学作用或电化学作用而发生损坏的现象叫金属锈蚀。按腐蚀介质的不同，可分为大气锈蚀、海水锈蚀、地下锈蚀、细菌锈蚀等。锈蚀对于金属材料和制品有严重的破坏作用。据试验，钢材如果锈蚀 1%，它的强度就要降低 5% ~ 10%，薄钢板就更容易因锈蚀穿孔而失去使用价值。金属制品因锈蚀而造成的损失远远超过所用材料的价值。

用包装的方法来防锈，是指当包装件中的产品投入使用时，该防锈包装材料可以顺利地除去。经验证明，防锈包装的有效期为几个月到数年，有时甚至超过 10 年以上，因此防锈包装技术对金属或合金制品的生产、运输和储存具有重大意义。

防锈包装技术是按清洗、干燥、防锈处理与包装等步骤逐步进行的，应选择各种适当的方法加以应用。

第一步，清洗。清洗时尽可能消除金属制品表面的油迹、汗迹、灰尘、加工残渣等。清洗的方法主要有浸洗、擦洗、喷淋和超声波清洗等，通常根据清洗物的大小、形状繁简、批量大小等条件而选择清洗方法。

第二步，干燥。干燥是指清除在清洗后残存的水和溶剂。干燥方法有压缩空气吹干、烘干、红外线干燥、擦干、滴干、晾干和脱水干燥。压缩空气吹干是用经过净化处理的压缩空气来吹干；烘干是将产品或零部件放在烘房或烘箱内烘干；红外线干燥是用红外灯或远红外线装置直接进行干燥，此法效果好且适合大量生产；擦干是用干净的布或棉纱擦干但要注意不要将纤维物、指纹等留在金属表面上；滴干、晾干适用于用石油系列溶剂清洗的制件；脱水干燥适用于用水基清洗剂清洗的制件。

第三步，防锈处理。所谓防锈处理就是将腐蚀抑制剂使用到金属表面上来防锈。通常采用防锈油脂、气相防锈和可剥离性塑料。防锈油脂能在金属表面形成隔膜，借此隔离外界种种腐蚀介质；气相防锈是采用挥发性缓蚀剂，在密封包装条件下对金属表面进行防锈的技术；可剥离性塑料就是在可塑性树脂中加上腐蚀抑制剂而制成的。它可在金属表面上形成塑料薄膜，在薄膜的防潮性和薄膜中所含有的防锈剂的共同作用下，发挥出防锈效果。

选择合适的防锈处理时，必须综合考虑下列几个方面的需要：制品特点（组成、形状、结构和加工精度）提出的要求；防锈程度和期限的要求；对处理的难易程度和方法的要求；使用时清楚防锈材料的难易程度和方法的要求；防锈处理后包扎的要求和经济性要求。总之在选择防锈处理时，要特别注意将制品的特点和防锈剂的特性结合在一起考虑。包装是防锈包装技术的最后阶段，从防锈角度看，包装的目的是为了防止外部冲击造成防锈薄膜的损伤，防止防锈剂的流失而污染其他物品。

在选择一个合理的防锈包装方法时，需要把包装对象制品的种类等储运环境，运送过程中的搬运状况以及包装材料费用、操作费用和时间等经济性都考虑进去。当然防锈期限是一项最重要的因素。在具体进行防锈包装时，需要特别注意包装材料的选择，如选用包装纸、隔离材料、容器、缓冲材料、衬垫材料、黏胶带和捆绳等，应共同注意以下几点：应该干燥无吸湿性；应没有异物附着；应不含有酸性组成成分或可溶性盐类。

⑤ 防虫害包装技术。防虫害包装是以用包装容器将易遭虫害的产品密封起来为主要手段，并以防虫、驱虫或杀虫为辅助手段，从而达到使产品免遭虫害的目的。不仅要用包装来达到防虫的目的，而且需要净化生产环境，尤其需要注意包装材料、包装容器加工以及包装操作等环节的防虫。

防虫害包装技术室通过各种物理因素（光、热、电、冷冻等）或化学药剂作用于害虫的肌体，破坏害虫的生理机能和肌体结构，劣化害虫的生活条件，促使害虫死亡或抑制害虫繁殖，以达到防虫害的目的。主要的防虫害包装技术有以下几种：

第一，高温防虫害包装技术。高温防虫害包装技术就是利用较高的温度来抑制害虫的发育和繁殖。高温杀虫包装技术可以采用烘干杀虫、蒸汽杀虫灯方法来进行。烘干杀虫一般是将待装物品放在烘干室或烘道、烘箱内，使室内温度上升到 65 ~ 100℃，也可以按照待装物品的品种规格，容易滋生害虫种类的特性来定出温度和升温时间的要求，进行烘烤处理。蒸汽杀虫是利用高热的蒸汽杀灭害虫，一般利用蒸汽室，室内温度保持在 80℃ 左右，要处理的受害商品在室内处理 15 ~ 20 min，害虫即可以完全被杀死。

第二，低温防虫害包装技术。低温防虫害包装技术室利用低温抑制害虫的繁殖和发育，并使其死亡。为了破坏害虫的抗寒性，加速它的死亡，在低温处理时应注意以下两个问题：害虫的抗寒性与其食物的含水量有密切的关系，害虫的抗寒性与冷却速度有密切的关系。冷却越慢则害虫体内热量散失越慢，害虫存活时间较长；反之冷却速度越快，害虫体温在较高的温度下，体液骤然进入到结晶状态，则可以加快害虫死亡。如果在短时间内一次接一次重复急剧加温、急剧冷却，也可以降低害虫的抗寒性，加速害虫的死亡。

第三，电离辐射防虫害包装技术。电离辐射防虫害包装技术是利用X射线、γ射线、快中子等辐射的杀伤能力使害虫死亡或者不育，从而达到防虫害的目的。

第四，微波与远红外线防虫害包装技术。微波杀虫原理是，害虫在高频的电磁场作用下，虫体内的水分、脂肪等物质受到微波的作用，其分子发生振动，分子之间产生剧烈的摩擦，产生大量的热能，使虫体内部温度迅速上升，可达60℃以上，因而致死。微波杀虫具有处理时间短、杀虫效力高、无残害、无药害等优点。但是微波对人体健康有一定的影响，会引起贫血、嗜睡、神经衰弱、记忆力减退等病症，因此操作人员应不要进入有害计量（150 MHz 以上）的微波范围，或采取必要的防护措施。远红外线具有与微波相似的作用，主要是能迅速干燥储藏物品和直接杀死害虫。远红外线杀虫的优点与微波杀虫的优点也基本相似，是一种有效地防治害虫的包装技术方法。

第五，化学药剂防虫害包装技术。利用化学药剂防虫，通常使用防虫剂、杀虫剂处理包装材料，或在包装容器中加入杀虫剂或驱虫剂，以保护内装商品免受虫类侵害。最常用的杀虫剂是从除虫菊中提取的除虫菊酯。这是一种神经毒剂，它在较高的温度条件下会快速分解，因此对于具有较高体温的鸟类和哺乳动物等毒性较低。在较高温度下，昆虫也对除虫菊酯呈现较高的抵抗能力。除虫菊酯对人、畜几乎无毒性，使用安全。

4.1.3 电子商务物流包装的合理化

1. 包装作业的合理化

包装作业合理化是物流合理化的组成部分，从物流的角度看，包装合理化不仅仅是包装本身合理化与否的问题，而是在整个物流大环境下的包装合理化。包装合理化，一方面包括包装总体的合理化，这种合理化往往用整体物流效益与微观包装效益统一来衡量；另一方面包括包装材料、包装技术、包装方式的合理组合及运用。

（1）包装合理化的要求

1）防止包装不足。包装不足是指包装强度不足；包装材料水平不足；包装容器层次与容积不足；包装成本过低，不能保证有效地包装。

2）防止包装过剩。包装过剩是指包装物强度设计过剩；包装材料选择过高；包装技术过高；包装层次过多；包装体积过大；包装成本过高。

3）用科学方法确定最优包装。确定包装形式，选择包装方法，都要与物流诸因素的变化相适应，必须考虑装卸搬运、保管、运输等因素的变化与影响。

（2）包装合理化的途径

1）包装的轻薄化。由于包装只是起到保护作用，对产品使用价值没有任何意义，因此在强度、寿命、成本相同的条件下，更轻、更薄、更短、更小的包装，可以提高装卸搬运的效率，而且轻薄短小的包装一般价格比较便宜，如果用作一次性包装还可以减少废弃包装材料的回收。

2）包装的标准化。包装的规格和托盘、集装箱关系密切，也应考虑到与运输车辆、搬运机械的匹配，从系统的观点制订包装的尺寸和标准。

3）包装的单纯化。为了提高包装作业的效率，包装材料及规格应力求单纯化，包装形状和种类也应单纯化。

4）包装机械化。为了提高作业效率和包装现代化水平，各种包装机械的开发和应用是很重要的。

5）包装的大型化。随着交易单位的大型化和商品流通过程中搬运装卸的机械化，包装的大型化趋势也在增强。

6）包装的绿色化。绿色包装是指无害、少污染的符合环保要求的各类包装物品。主要包括纸包装、可降解塑料包装、生物包装和可食用包装等，这是包装合理化的发展主流。

2. 包装作业的标准化

所谓包装标准化是指对包装的类型、规格、容量、包装材料、包装结构、造型、印刷标志及产品的盛入、衬垫、封装、名词术语、检验要求等加以统一的规定并贯彻实施的政策和技术措施。其中主要是统一材料、统一规格、统一容量、统一标记和统一封装方法。

包装标准是对包装标志，包装所用的材料规格、容量，包装的技术要求，包装件的实验方法等的技术规定。包装标准可分为下列五类：

(1) 包装基础标准和相关标准

包装基础标准是包装的最基本标准，具有广泛的使用性。它包括名词术语、包装尺寸系列、包装标志和运输包装基本实验四大类。相关标准主要由包装管理标准、集装箱与托盘标准、运输储存条件标准构成。

(2) 包装材料与实验方法标准

包装材料与实验方法标准对各类材料及包装辅助材料规定了不同技术质量标准及相应的物理、化学指标、具体的实验测定和卫生标准及检验方法。

(3) 包装容器与实验方法标准

不同的包装材料所指定的各种容器，或用同一材料包装不同的物品容器及实验方法的技术指标、质量要求、规格容量、形状尺寸、性能测试方法等都有具体的规定。

(4) 包装技术标准

包装技术标准对各种防护技术的防护等级、技术要求、检验规则、材料选择、防护试剂、防护方法、防护性能等都做了明确的规定。

(5) 产品包装标准

产品包装标准是对某一具体产品的包装用料要求、包装技术、包装含量、包装标志、容器形状、填充要求、捆扎方法等的具体规定。

4.1.4 电子商务物流包装的未来趋势

1. 商品防伪包装技术

(1) 防伪包装技术概述

防伪包装技术主要以商品为对象，它既是防伪技术的组成部分，又是包装技术的组成部分。因此防伪包装既有防伪技术的一般功能特点，同时又具有适合于商品包装的自身特点。

通常最方便的做法，即借用防伪技术中某些做法，加以变化与处理，使之适合商品流通的需要，成为一种防伪包装方法。客观地说，防伪包装技术的选择使用，不管对广大厂商还是对包装设计人员而言都是有一定难度的，因为一方面防伪包装技术是动态的、发展的，理解它并应用它需要新技术知识的支持；另一方面防伪包装受到成本的制约，若因防伪技术的应用而使成本增加太多，必然影响到产品的市场竞争力。关键的问题就是如何做到既符合防伪包装技术要求，又简单实用。

（2）防伪包装技术的衡量标准

防伪包装技术的不易被仿制性和易于被识别性是商品防伪包装的基本要求，任何一项技术如果不满足这两条要求，那么就不能用于商品的防伪包装。防伪包装技术的时效性也应引起足够的重视。一般的技术在开发成功的初期由于比较新颖，掌握的人数比较少，防伪效果就比较明显，而在使用了一段时间以后，该技术得到了普及，因而也就失去了新颖性，也会逐渐失去防伪能力。

（3）防伪包装技术类型简介

1）激光全息图像。利用全息印刷技术做出防伪标识附于包装物表面是当前最流行的防伪手段。全息图像综合了激光、精密机械和物理化学等学科的最新成果，技术含量高，每一张合格的全息模压图的完成，需要美工设计、专业技术人员和全息技术专门工作环境的通力合作。对多数小批量伪造者而言，全息标志的技术含量高，全套制造技术的掌握和制造设备的购置难以做到。

模压全息防伪标识对全息印刷和防伪技术起到启蒙推动作用。在它之后，产生了激光全息技术。具有防伪功能的全息图形技术有：高质量全色三维技术、复杂动态全息图技术、加密全息技术、数字全息技术、特殊全息图载体技术。

2）激光防伪包装材料。经过激光处理的材料兼有防伪和装潢两方面的功能。它改变了以一小块激光全息图像标识的局部防伪方式，达到整体防伪效果。整个包装都经激光处理，加工厂家名称、商标等呈现大面积主体化防伪，制假者无从着手。经过激光处理的包装材料的使用共有四大类：软包装袋、硬包装盒、手提袋和镭射纸。

目前还有一种经过激光处理的烫印箱——高档电化铝产品。用它专门制成的标芯可呈多维立体显示，可借计算机设计出动态画面，也可预留出“光点”加密，并使主体图案在不同视角下显示不同图像。这种烫、印相结合到包装物表面后，与包装浑然一体，达到防伪和美观的双重效果。

3）隐形标识系统。美国生物码公司（Bio Code）成功地开发了一种全新的隐形标识系统——将抗体作为制造防伪标识的新材料。此系统包括两个物体：加入到产品中的标志化合物；用于识别标识存在与否，必要时做定量分析的抗体。标识化合物可选日用化学品，但必须是持久的、惰性的、易于产品混合的，并符合卫生及有关法规要求的。抗体是特定的生物识别分子，每一种抗体只认识或结合一种特定化合物。

标志物识别操作既可测试标志物存在与否，又可测出其精确含量，被替代或被稀释的产品皆可测出。虽然普通消费者不能看到隐形标识，但检验人员可以明察秋毫。与全息图标识相比，隐形防伪商标更有生命力。

4）激光编码。激光编码主要用于包装的生产日期、产品批号的印刷，防伪似乎并非是其首要功能。激光编码封口技术是一种较好的容器防伪技术。在产品被充填完并封口加盖后，在盖与容器接缝处进行激光印字，使字形的上半部分在盖上，下半部分印在容器上。

此技术的防伪作用在于：包装容器不能复用，新盖与旧容器相配字迹很难对齐；激光器价格昂贵，且在生产线上编码印字，一般造假者难于投资购买此设备；厂家可任意更换印字模板，不同日期用不同模板，更换细节仅少数人知晓，外人较难破解。

5）凹版印刷防伪。凹版印刷以按原稿图文刻制的凹坑载墨，线条的粗细及油墨的浓淡层次在刻板时可加以控制，不易被模仿和伪造，尤其是墨坑的深浅。仿照印好的图文进行逼真雕刻的可能非常小。故纸币、邮票、有价证券、珍贵艺术品一般都用凹坑印刷。由于具有防伪效果，凹坑印刷业越来越多地推广到企业商标和包装装潢印刷等方面。

凹坑的制版方法分雕刻法和腐蚀法两种。雕刻法又分为手工雕刻、机械雕刻、电子雕刻。腐蚀法分为蚀刻、照相、网点凹版三种。采用者可根据印刷要求和防伪要求选择合适的凹版制版方法。

6）特种工艺与材料。某些产品能长期占领市场，就是依靠自己的产品特种工艺。这是一种有效的防伪手段。越是独特的生产技术的产品越不容易被仿造。包装中使用或加入自己公司特有的材料，也是常见的防伪方法。典型例子就是钞票中使用特种纸张并加入安全线。

7）特殊包装结构。一次性使用的包装容器，一旦开启即自行报废，也不能重复使用。这可以防止"真瓶装假酒"一类的伪装。食品饮料中大量使用的防窃取包装也具有一定的防伪功能，主要防止偷换与掺假。某些容器可设计得难以假冒，只要在容器结构方面或在容器制造工艺方面加入自己公司的技术秘诀即可。

2. 商品的电子信息组合包装

电子信息组合包装将电子线路或微芯片与专门的包装组合，已经逐渐成为包装革新的重要标志。

（1）带电子芯片的销售包装

欧洲国家流通的商品往往需要用几种语言印刷同一项信息，方便欧洲各国消费者购买，这样就占用了标签中大部分信息，减弱了装潢设计与视觉冲击力。

美、英等国已进行试验，采用光学数据存储技术，将大量必要的信息压缩在一张小软盘或一个微芯片中，然后组合到产品包装中。各种子信息不必印在传统的标签上，这种电子信息组合包装特别适合于消费者的便捷购物。有了这种包装，消费者进入超市后可利用联结手推车上的微电脑，扫描识读货架上的商品信息，甚至可把同一类相领产品的价格、质量、保存期、重量归纳比较，帮助顾客决策。带有电子数据信息的包装几乎可以运用在所有消费品上。

（2）智能化微波食品包装

目前采用微波加热的食品，烹制效果不理想，原因是不同食品有不同的阻热传导性和加热性能，不同包装又有不同的尺寸与形状，不同微波炉具有不同的加热特性，微波炉无法区分这些差异。

微波炉食品包装将是电子信息技术在包装应用的先例。例如，由美国罗杰斯（RUTGES）大学开发的智能化微波加热包装，可使食品在微波炉内自动烹制，不需人工操作。这种智能化包装，使食品、包装和微波炉三者的信息相互沟通，包装好像是一个信使携带各种微波加热所必需的信息。只要微波炉上装有扫描仪和微处理器（它含有处理微波加热所需信息的逻辑软件）就可对微波磁控管的功率与时间做出合理的选择，由微波工程师、计算机工程师和食品专家共同制订出逻辑程序、信息编码和解码系统。这项技术提供消费者以方便性、准确性和快速性，避免了消费者识读包装物上文字信息的麻烦，尤其是对不懂包装物上语言的外国人更加方便，优化了微波加热烹制质量。这种智能化电子信息包装也可推广到其他商品上。

（3）可追溯性运输包装

采用可追溯运输包装技术，可使运输容器在流通渠道中被全程跟踪，管理者可及时完成对运输路径的优化调控。这种可追溯电子芯片，容纳记录下的各种信息。它联结于容器上或托盘上，能在任何时间任何地点被读出信息。

可追溯性运输包装尤其适合自动化运输管理和电子购物送货方式。因为电子交易时代要求以 JIT（精益生产法）供货方式，同时电子购物流通中心和地区配货中心希望以最短的运输路径和混装货物满载化进行送货，以达到低成本的目的。

3. 数码印刷包装

据美国印刷市场与资讯研究机构 PRIMIR 发布的数据显示，2014 年，美国印刷行业总产值达到 1610 亿美元，其增速与往年相比，基本保持平稳。其中，商业印刷和相关支持服务的产值从 2013 年的 820 亿美元，增加到 2014 年的 840 亿美元，并将在 2015 年达到 845 亿美元，而全球印刷业总产值预计到 2015 年将达到 4400 亿欧元。在过去的 10 年中，中国印刷业一直在以超过 10% 的年增长率迅速发展，远远高于北美、日本和西欧这些更为成熟的经济体。进入“十二五”后，我国的印刷业会以更快的速度发展，我国印刷业总产值增长速度与国民经济发展基本保持同步。中商情报网发布的《2013 - 2018 年中国印刷行业市场调查及投资前景咨询报告》指出，到“十二五”末，我国印刷业总产值预计超过 1.1 万亿元人民币，成为全球第二印刷大国。

数码印刷是印刷技术的数码化，是泛指全过程的部分或全部的数码化。例如：激光照排、远程传版、数码打样、计算机直接制版、数字化工作流程、印厂 ERP 等都属于数码印刷的范畴。数码印刷是将计算机文件直接印刷在纸张上，有别于传统印刷繁琐的工艺过程的一种全新印刷方式。它的特点：一张起印，无须制版，立等可取，即时纠错，可变印刷，按需印刷。数码印刷是在打印技术基础上发展起来的一种综合技术，以电子文本为载体，通过网络传递给数码印刷设备，实现直接印刷。印刷生产流程中无版和信息可变是最大特征，涵盖印刷、电子、计算机、网络、通信等多种技术领域。至 2014 年，全球数码印刷方式的市场占有率提高一倍，占总市场的 27.4%，其未来发展前景被业内一致看好。

1）数码印刷是全数字信息传输，省去了胶片及印版的在机制版。

2）数码印刷品的信息实现 100% 可变。

3）数码印刷是利用数码印刷系统将数字信息直接转换成印刷品的过程。数字原稿可以是数字印前系统处理好的数字文件，也可以来源于网络、数字媒体。

4）数码印刷可以随时随地、远程实现印刷品输出，没有时间、空间限制。

5）数码印刷的价值产生于对客户提供的服务，而不是生产厂家固有的费用。根据成像机理，数码印刷分为静电成像方式、喷墨成像方式、电凝聚成像方式、热转移成像方式、磁记录成像方式等。市场上以静电成像方式和喷墨成像方式的数码印刷机为主流。

数码印刷由于无须传统胶印繁杂的工序，只需由计算机发往印刷机即出成品，因此在急件印刷、可变印刷、按需印刷方面，是传统印刷无法实现的。因此，数码印刷行业真正迎合了日新月异的商业印品快速印刷需求，发展速度相当快，发展空间非常大。

对于数码印刷的发展趋势，数码印刷将作为胶印、网印和柔印的补充，并且与之竞争；网络化的激光打印机将会挑战复印机，复印机挑战数码印刷，数码印刷挑战胶印，而喷墨打印机将会面临严峻挑战；数码印刷的质量将不再是问题，但是其生产能力、可靠性以及尺寸问题将仍然需要进一步解决；胶印正在改进，提供更加经济和竞争力的产品，但是它的市场将会继续被数码印刷蚕食；数码印刷将会影响到印刷行业的方方面面，将会在艺术品、包装、标签印刷、纺织品、书、广告等印刷品上得到广泛应用。

随着大众的消费观的改变，印刷品的需求也趋向多样化发展，印刷业务已从追求大批量、小成本向小批量、多品种、个性化等更具针对性的方向发展。在我国，人工成本在不断增加，相对于传统印刷来说，需要人工更少的数码印刷在人工成本方面就有了不少的节约。一部分传统印刷业务正向数码印刷转移。网络个性印刷经过这几年的快速发展，已经比较成熟，也推动了数码印刷的发展。

4.2 电子商务物流的装卸搬运

4.2.1 电子商务物流装卸搬运的含义与特点

1. 装卸搬运的概念

按照中华人民共和国国家标准《物流术语》（GB/T 18354—2006）中对装卸的定义是："物品在指定地点以人力或机械装入运输设备或卸下。"搬运的定义是："在同一场所内，对物品进行水平移动为主的物流作业。"由此可见，在同一地域范围内，装卸是改变"物"的存放、支撑状态的活动，而搬运是改变"物"的空间位置的活动。两者全称为装卸搬运。在物流领域中，常将装卸搬运这一整体活动称作"货物装卸"；在生产领域中，常将这一整体活动称作"物料搬运"，实际上内容都是一样的，只是领域不同而已。在实际操作中，装卸与搬运密不可分，两者是伴随在一起发生的。

2. 装卸搬运作业的类型

装卸搬运作业的分类方法有很多种，可按作业场所、操作特点等进行分类。

1）按作业场所分类。根据装卸搬运作业场所的不同，流通领域的装卸搬运作业可以分为铁路装卸、港口装卸和场库装卸三类。

① 铁路装卸。铁路装卸是指在铁路车站进行的装卸作业。除了装、卸火车车厢的货物以外，还包括汽车在铁路货场和站台旁边的装卸作业，铁路仓库和堆场的堆码、拆散、分拣、配货、中转等作业。

② 港口装卸。港口装卸是指在港口进行的各种装卸作业。它包括在码头前沿的装卸船作业，前方与后方间的搬运作业，港口仓库的堆码、拆取、分拣、理货等作业。

③ 场库装卸。场库装卸是指在货主处进行的装卸作业，即铁路车辆和汽车在厂矿或储运业的仓库、堆场、物流中心等处进行的装卸作业。

2）按操作特点分类。根据装卸作业操作特点的不同，流通领域的装卸搬运作业可以分为堆码拆取作业、分拣配货作业和挪动移位作业三类。

① 堆码拆取作业包括车厢、船舱、仓库内的码垛和拆垛作业。

② 分拣配货作业包括将货物按品类、到站、货主等不同特征进行分类的作业；按去向、品类构成等一定原则要求，将已分类的货物集合为车辆、汽车、集装箱、托盘等装货单位的作业。

③ 挪动移位作业，即单纯地改变货物的支撑状态的作业（如从汽车上将货物卸到站台上等）和显著（距离较远）改变空间位置的作业。

3）按作业方式分类。根据装卸搬运作业方式的不同，流通领域的装卸搬运作业可以分为吊装吊卸法和滚装滚卸法两类。

① 吊装吊卸法（垂直装卸法）。它主要是使用各种起重机械从货物上部起吊，依靠起吊装置的垂直移动实现装卸，并在吊车进行的范围内或回转的范围内实现搬运或依靠搬运车实现小搬运。

② 滚装滚卸法（水平装卸法）。它主要是以改变货物水平方向的位置为主要特征的方法，如各种轮式、履带式车辆通过站台、渡板开上开下装、卸货物，用叉车、平移机装、卸集装箱、托盘等。

4）按作业对象分类。根据装卸搬运作业对象的不同，流通领域的装卸搬运作业可以分为单件作业、集装作业和散装作业三类。

① 单件作业。单件作业主要是指装卸一般单件货物，通常是逐件由人力作业完成的，对于一些零散货物，诸如搬家货物等也常采用这种作业方法；长大笨重货物，不宜集装的危险货物以及行包等仍然采用单件作业法。单件作业依作业环境和工作条件可以采用人工作业法、机械或半机械化作业法。在特定场所，有些像包裹那样的货物也可采用半自动化作业法，如采用自动或半自动控制的分拣传输设备进行有关作业。

② 集装作业。集装作业是将货物集装化后再进行装卸作业的方法，具体包括以下方法。

A. 托盘作业法。托盘作业法是用托盘系列集装工具将货物形成成组货物单元，以便采用叉车等设备实现装卸作业机械化的装卸作业方法。其中托盘可分为平板托盘、柱型托盘、笼式托盘、箱式托盘、轮式托盘、特种专用托盘。在托盘作业中，一些不宜采用平板托盘的散件货物可采用笼式托盘形成成组货物单元，一些批量不是很大的散装货物，如粮食、食糖、啤酒等可采用专用箱式托盘形成成组货物单元，再辅以相应的装卸机械、泵压设备等的配套，实现托盘作业法。

B. 集装箱作业法。集装箱作业法通常采用垂直装卸法和水平装卸法进行，有的集装箱在货物堆场也可采用功能很大的集装箱叉车装卸。按集装箱装货物分类，集装箱可分为保温集装箱、通风集装箱、罐式集装箱、动物集装箱、汽车集装箱。按集装箱主体材料分类，集装箱可分为钢制集装箱、铝制集装箱、不锈钢制集装箱、玻璃钢制集装箱。

C. 框架作业法。管件以及各种易碎建材，如玻璃产品等，一般适用于各种不同集装框架实现装卸机械化，以确保装卸质量，降低装卸过程中的损耗，提高装卸效率。框架通常采用木制或金属材料制作，要求有一定的刚性、韧性，质量较轻，以保护商品、方便装卸、有利于运输作业。

D. 货捆作业法。货捆作业法是用捆装工具将散件货物组成一个货物单元，使其在物流过程中保持不变，从而能与其他机械设备配合，实现装卸作业机械化。木材、建材、金属之类的货物最适于采用货捆作业法。

E. 滑板作业法。滑板是用纸板、纤维板、塑料板或金属板支撑，与托盘尺寸一致的、带有翼板的平板，用以承受货物组成的搬运单元。在此作业过程中，叉货时推拉器的钳口夹住滑板的翼板，将货物支上货叉，卸货时先对好位，然后叉车后退、推拉器前进，货物放置到位。

F. 网袋作业法。将粉粒状货物装入多种合成纤维和人造纤维编织成的集装袋，将各种袋装货物装入多种合成纤维或人造纤维编织的网、将各种块状货物装入用钢丝绳编成的网，这种先集装再进行装卸作业的方法称为网袋作业法。它适宜于粉粒状货物、各种袋装货物、各种块状货物、粗杂物品的装卸作业。

G. 挂车作业法。挂车作业是先将货物装到挂车里，然后将空车拖上或调到铁路平板车上的装卸方法。通常将此作业完成后形成的运输组织方式称为背负式运输，是公路联运的常用组织方式。

③ 散装作业。散装货物装卸方法通常可以分为重力法、倾翻法、机械法、气力输送法。重力法是利用货物的势能来完成装卸作业的方法，主要适用于铁路运输，汽车也可以采用这种装卸方法。重力法卸车主要是指底门开车或漏斗车在高架线或卸车坑道上自动开启车门，煤或矿石依靠重力自行流出的卸车方法。倾翻法是将运载工具的载货部分倾翻而将货物卸出的方法。它主要适用于铁路敞车和自卸汽车的卸载方法，汽车一般是依靠液压机械装置顶起货厢实

现卸载的。机械法是采用各种机械，使其工作直接作用于货物，如通过舀、抓、铲等作业方法达到装卸目的的方法。气力输送法是用风机在管道内形成气流，应用动能、压差来输送货物的装卸作业方法。

5）按装卸设备作业原理分类

根据装卸设备作业原理的不同，流通领域的装卸作业可以分为间歇作业法和连续作业法两类。

① 间歇作业法。它是指货物支撑状态和空间位置的改变是以断续、间歇、重复、循环方式进行的，主要使用起重机械、工业车辆、专用机械进行作业，具有较强的机动性，装卸地点可在较大范围内变动。其主要适用于货流不固定的各种货物，尤其适用于包装货物、大件货物。

② 连续作业法。它是指货物支撑状态和空间位置的改变是以连续、持续、流水式进行的，主要使用连续输送机械组合成的专用机械进行作业，中间无停顿，货物间隔短。散堆货物一般可采用连续作业法，重量轻、体积小的包件货物也可采用此方法。

3. 装卸搬运的特点

（1）装卸搬运是附属性、伴生性的互动

装卸搬运是物流每一项活动开始及结束时必然发生的活动，因而有时常被人忽视，有时被看作其他操作时不可缺少的组成部分。例如：汽车运输就实际包含了相随的装卸搬运，仓库中泛指的保管活动，也含有装卸搬运互动。

（2）装卸搬运是支持、保障性活动

装卸搬运的附属性不能理解成是被动的，实际上，装卸搬运对其他物流活动有一定的决定性。装卸搬运会影响其他物流活动的质量和速度。例如，装车不当会引起运输过程中的损失；卸放不当会引起货物下一步运动的困难。物流活动只有在有效地装卸搬运支持下才能实现高水平、高效率。

（3）装卸搬运是增加物流成本的活动

对传统物流而言，物流过程中多次的装卸搬运活动，不仅延长了物流时间，而且要投入大量的活劳动和物化劳动，这些劳动不能给物流对象带来附加价值，只是增大了物流成本。由于装卸搬运会反复进行的次数多，累计成本的数量是不可忽视的。

4.2.2 电子商务物流装卸搬运的设备

1. 装卸搬运设备的类型

装卸搬运设备是指工厂内、仓库内、货物中转中心、物流配送中心等物流现场用来从事货物装卸搬运运用的各种机械设备的总称。装卸搬运设备是进行装卸搬运作业的物质基础，它的技术水平是装卸搬运作业现代化的重要标志之一。对设备的类型、主要参数以及各种类型机械特征的了解，是使用选择装卸搬运设备必须具备的条件。常用的装卸搬运设备有以下几类。

（1）起重设备

起重机是将货物吊起，在一定范围内做水平移动的机械设备。起重机按其构造或形状可分为吊车、悬臂起重机、桥型起重机、集装箱起重机、巷道堆垛机或库内理货机、汽车起重机、龙门起重机等各种悬臂（转臂）式起重机等。

（2）输送设备

在物流中心的内部作业中，如果搬运的数量非常大且是连续作业，输送机的采用就非常有效且合适。输送机按自动化水平可分为无动力式（重力式）、半自动化、自动化和无人化四种；输送机按形式的不同，又可分为滚筒输送机、皮带输送机、搁板输送机、悬吊式输送机、可积累式输送机、链条输送机、可伸缩式输送机和自动分类输送机等。

未来的物流中心厂房有朝高楼发展的趋势，但是传统的电梯无法满足物流频繁的进出库作业，唯有利用高速的垂直输送机。垂直输送机按货物形态不同可以分为托盘式和箱式两种，若按进、出口来分则有单进单出的垂直输送机和多进多出的垂直输送机两种。

（3）升降机和绞车

升降机和绞车是使物体做垂直方向移动的机械。升降机被广泛应用于多层楼房仓库。绞车是使用缆绳和链条吊升重物的装置，有电动和手动两种。

升降机又称堆高机，搬运效率非常高且富有机动性，是仓储搬运作业中使用最普遍的搬运设备。堆高机的种类形式非常多，若按动力来区分，有人力、电力、天然气动力及柴油动力四种。若按功能来区分，有油压拖板车、电动拖板车、手动式堆高机、配重式堆高机、伸缩式堆高机、窄道式堆高机、拣货式堆高机、薄片式托盘专用堆高机、无人堆高机等。

在操作堆高机时必须注意其动力、最大荷重、最大扬高、直角作业宽度、机高和机宽等几个因素。

（4）工业车辆

在厂区、仓库、运输的起止点专用于搬运的车辆统称为工业车辆。工业车辆有用内燃机（汽油、柴油）做动力的，也有使用电池组驱动的。工业车辆的分类主要有叉车、拖车、卡车、手推车、手推托盘车、电瓶车、牵引车、台车、搬运车、跨运车等。在物流现场使用最多的是叉车，从其基本构造来说有平衡重式、前移式、侧叉车。

（5）专用设备

专用设备包括翻车机、堆取料车、堆垛机、拆垛机，以及分拣专用设备、集装箱专用装卸机械、托盘专用装卸机械、船舶专用装卸机械、车辆装用装卸机械。

2. 装卸搬运设备的选择

不同类别的货物，不同的装卸搬运场所，所需要的装卸搬运设备不尽相同。合理选择装卸搬运设备，无论在降低装卸搬运费用上，还是在提高装卸搬运效率上，都有着重要意义。

装卸搬运设备的选择，应本着经济合理、提高效率、降低费用的总要求，在考虑货物的特性、作业的特性、机械特性、作业环境以及经济性等方面的因素后，做出综合判断，以便使设备发挥出最大的效益。

4.2.3 电子商务物流的装卸搬运合理化

1. 装卸搬运作业的指导原则

（1）降低装卸搬运作业次数原则

虽然装卸搬运是物流过程中不可避免的作业，但是有必要将装卸搬运的次数控制在最小范围内。可以通过合理安排作业流程、采用合理的作业措施以及仓库的合理化设计来实现物品装卸搬运次数最小化。

（2）移动距离（时间）最小化原则

移动距离的长短与搬运作业量的大小和作业的效率是联系在一起的，在货位布局、车辆停放位置、出入库作业程序等设计上要充分考虑货物移动距离的长短，以货物移动距离（时间）最小化为设计原则。

（3）提高装卸搬运灵活性原则

货物所处的状态会直接影响到装卸和搬运的效率，在整个物流过程中物品要经过多次装卸和搬运，前者的卸货作业与后者的装载或搬运作业关系密切。因此在组织装卸搬运作业时，应灵活运用各种装卸搬运工具和设备，前者作业要为后者作业着想。从作为物流起点的包装作业开始，应以装卸搬运灵活性指数最大为目标。一般将灵活性指数分为 5 个等级，即散堆于地面上为 0 级，装入箱内为 1 级，装在货盘或垫板上为 2 级，装在车台上为 3 级，装在输送带上为 4 级，如表 4–4 所示。

表 4–4　灵活性指数

放置状态	活性指数
散放地上	0
装入箱内	1
装在货盘或垫板	2
装在车台	3
装在输送带	4

（4）集装单元化原则

集装单元是指用各种不同的方法和器具，把所有包装或无包装的物品整齐地汇集成一个扩大了的、便于装卸搬运的作业单元，这个作业单元在整个物流过程中保持一定的形状。采用集装单元化技术，使货物的储运单元与机械等装卸搬运手段的标准相一致，从而把装卸搬运劳动强度减少到最低限度，便于实现机械化作业。通过集装单元不仅可以降低物流费用，提高装卸搬运效率，而且可以防止货物的损坏与丢失，数量的确认也变得更加容易。

（5）机械化原则

机械化原则是指自装卸搬运作业中用机械作业替代人工作业。实现作业的机械化是实现省力化和效率化的重要途径，通过机械化改善物流作业环境，将人从繁重的体力劳动中解放出来。当然机械化的程度除了技术因素外，还与物流费用的承担能力等经济因素有关。机械化的原则同时也包含了将人与机械合理地组合到一起，发挥各自的长处。在许多场合，简单机械的配合同样可以达到省力和提高效率的目的。片面强调自动化会造成物流费用的膨胀，在经济上难以承受。

（6）利用重力原则

利用重力原则是指借助货物本身的重力实现货物的移动。在搬运时，最好能利用重力将货物从高处移向低处，达到降低人工作业强度的目的。

（7）搬运的顺畅原则

在搬运货物时，常常将搬运前后的相关作业进行有机地结合，各工序之间要紧密衔接。作业路径尽量为直线，消除迂回和交叉，使货物的运动十分顺畅，从而提高搬运效率。这样在货物连续流动时，才能获得较好的经济效果。

（8）系统化原则

所谓系统化原则是指将各个装卸搬运活动作为一个有机整体实施系统化管理。也就是说运用综合系统的观点，提高装卸搬运活动之间的协调性，提高装卸搬运系统的柔性，以适应多样化的物流需求，提高装卸搬运的效率。

2. 装卸搬运作业的合理化

所谓无效作业是指在装卸活动中超出必要的装卸量、搬运量的作业。显然防止和消除无效作业对装卸作业的效率有重要作用。为了有效地防止和消除无效作业，可以从以下几个方面入手。

（1）尽量减少装卸次数

在物流过程中，货损主要发生在装卸环节，而在整个物流过程中，装卸作业又是反复进行的。从发生的频率来讲，装卸作业超过了任何其他活动，过多的装卸次数必然导致货损的增加。从发生的费用来讲，一次装卸的费用相当于几十公里的运输费用，因此每增加一次装卸，物流费用就会较大比例地增加。此外减少装卸次数又是提高物流速度的重要因素。

（2）提高被装卸物料的纯度

物料的纯度是指物料中含有水分、杂质等与物料使用无关的物质的多少。在反复装卸时，实际对这些物料反复消耗劳动，因而形成无效装卸。物料的纯度越高则装卸作业的有效程度越高。

（3）包装要适宜

包装是物流过程不可缺少的辅助作业手段。包装重量过大，在装卸时实际上是反复在包装上消耗较大的劳动，包装的轻薄化、简单化、实用化会不同程度地减少作用于包装上的无效劳动。

（4）缩短搬运作业的距离

物料在装卸搬运过程中，要实现水平和垂直两个方向的位移，选择最短的路线完成这一活动，就可避免超过这一最短路线以上的无效劳动。

3. 重力利用原理

装卸搬运使物料通过做功实现垂直或水平位移，在这一过程中，要尽可能实现装卸作业的省力化。

在装卸作业中应尽可能地消除重力的不利影响。在有条件的情况下利用整理进行装卸，可减轻劳动强度和能量的消耗。利用货物本身的重量，进行有一定落差的装卸，以减少或从根本上消耗装卸的动力，这是合理化装卸的重要方式。将没有动力的小型运输带（板）斜放在货车、卡车或站台上进行装卸，使物料在倾斜的输送带（板）上移动，这种装卸就是靠重力的水平分力完成的。在搬运作业中，不用手搬，而是把物料放在台车上，由器具承担物料的重量，人们只要克服滚动阻力，使物料水平移动，这无疑是十分省力的。

利用重力式移动货架也是一种利用重力实现省力化的装卸方式之一。重力式移动货架的每层格均有一定的倾斜度，利用货厢或托盘物料可以自己沿着倾斜的货架层板滑到输送机械上。为了使物料滑动的阻力越小越好，通常货架表面处理得十分光滑，或者在货架层上装有滚轮，也有的在承重物资的货箱或托盘下装上滚轮，这样将滑动摩擦变成滚动摩擦，物料移动时所受到的阻力会更小。

4. 提高装卸搬运灵活性

装卸搬运灵活性的含义是从物的静止状态转变为装卸搬运状态的难易程度。如果很容易转变为下一步的装卸搬运而不需要多做装卸搬运前的准备工作，则灵活性就高；如果难于转变为下一步的装卸搬运，则灵活性就低。

为了对灵活性有所区别，并能有计划地提出灵活性要求，使每一步装卸搬运都能按一定灵活性要求进行操作，应对不同放置状态做出不同的灵活性规定。“灵活性指数”就是标定灵活性的一种方法。灵活性指数分为0～4共5个等级，如表4-5所示。

表4-5　灵活性指数

放置状态	需要进行的作业				灵活性指数
	整理	架箱	提起	托运	
散放地上	需要	需要	需要	需要	0
置于一般容器		需要	需要	需要	1
集装化	0	0	需要	需要	2
无动力车	0	0	0	需要	3
动力车辆或传送带	0	0	0	0	4

由于装卸搬运是在物流过程中反复进行的活动，因而其速度可能决定整个物流速度，每次装卸搬运的时间缩短，多次装卸搬运的累计效果则十分可观。因此提高装卸搬运灵活性，对合理化是很重要的因素。

5. 合理组织装卸搬运作业设备

合理组织装卸搬运作业具体包括下列内容：

（1）确定装卸任务量

物流企业应根据物流计划、经济合同、装卸作业不均衡程度、装卸次数和装卸车时等，确定作业现场年度、季度、月、旬、日平均装卸任务量。装卸任务有事先确定的因素，也有临时变动的可能。因此要合理地运用装卸设备，就必须把计划任务量与实际装卸作业量之间的差距缩小到最低水平。同时装卸作业组织工作还要对装卸作业的物资对象的品种、数量、规格、质量指标以及搬运距离尽可能地做出详细的计划。

（2）确定装卸设备数量

物流企业应根据装卸任务和装卸设备的生产率，确定装卸搬运设备需用的台数和技术特征。

（3）编制装卸计划

物流企业应根据装卸任务、装卸设备的生产率和需用的台数，编制装卸搬运作业进度计划。它通常包括装卸搬运设备的作业时间表、作业顺序、负荷情况等详细内容。

（4）下达作业进度计划

物流企业应下达装卸搬运作业进度计划，安排劳动力和作业班次。

（5）效益评价

物流企业应统计和分析装卸搬运作业成果，评价装卸搬运作业的经济效益。

6. 合理安排装卸搬运作业过程

装卸搬运作业过程是指对整个装卸搬运作业的连续性进行合理地安排，以减少运输距离和装卸次数。装卸搬运作业现场的平面布置是直接关系到装卸搬运距离的关键因素，装卸搬运设备要与货场的长度、货位面积等互相协调。要有空的场地集结货场，并满足装卸搬运设备工作面的要求，场内的道路布置要为装卸搬运创造良好的条件，有利于加速货位的周转。要使装卸搬运距离达到最小，平面布置是减少装卸搬运距离的最理想的方法。提高装卸搬运作业的连续性应做到：作业现场装卸搬运设备合理衔接；不同的装卸搬运作业在相互连接使用时，力求使它们的装卸搬运效率相等或接近；充分发挥装卸搬运调度人员的作用，一旦发生装卸搬运作业障碍或停滞状态，应立即采取有力的措施予以补救。

4.2.4 电子商务物流装卸搬运的未来趋势

1. 自动化装卸搬运设备

（1）自动导向车

自动导向车（Automated Guided Vehicle，AGV）能用于取代机械化的拖车，两者之间的本质区别是 AGV 是无人驾驶，可以自动运行和定位。AGV 设备主要依靠光导或磁导系统来进行运作。在光导应用系统中，方向导线置于仓库的地板上，通过聚集在指导路线上的光束来引导 AGV 运作。AGV 的主要优点是直接人力的大幅减少和预先确定了仓库货运的方向。新式的 AGV 通过录像和信息技术作业时比较频繁、不断重复的工作，因此仓库常常是比较拥挤的区域，而 AVG 的低成本，尤其是更高的灵活性，大大地提高了仓库中进行物料装卸搬运作业的能力。

（2）工业机器人

工业机器人是一种能自动定位控制、可重复编程、多功能、多自由度的操作机。它能搬运材料、零件或操持工具，用以完成各种作业。机器人技术的优点在于利用专业系统就能指导机器人进行作业的功能程序。

在仓储活动中，机器人技术主要应用于单元装卸和单元拆分。在单元拆分过程中，机器人可以按照设定的程序对组合装载的堆放模式进行区分，并把货物放在传送带的理想位置上。使用机器人完成单元装载的过程正好与之相反。在仓储活动中，机器人技术的另一个用途表现在人力难以发挥作用的作业环境里，如高噪声环境中的物料处理作业、危害性材料、极点温度时的作业（如冷冻食品）等。

（3）信息导向系统

信息导向系统是一个全新的概念，并且是一个有待于研究和发展的课题，它把自动化作业控制和机械化的灵活性紧密地结合起来。常见的由信息来指导物料搬运装卸作业的系统有无线电频控制设备和灯控操作。

1）无线电频控制的作业设备。射频通信（RFDC）技术可以控制和管理标准的、机械化的物料装卸搬运作业设备。它可以通过信息技术为操作人员提供实时的方向和控制。常见的应用是将 RFDC 技术用于叉车。目前，利用 RFDC 指导叉车作业的应用已经成为高度整合的物料搬运装卸作业系统中非常重要、不可分割的一部分。

2）光导拣货系统。利用光导拣货系统，拣货作业人员从光照的旋转位置或在储存箱里挑拣指定的产品，并且直接把货物放进货箱里或传送带上。每一个选择位置的前面都有一系列光亮或光束，这些光亮也能表明从每个位置所拣的货物数量。光导系统的使用也使拣货作业更加便利。在系统中，如果针对某一种产品需要完成多个订单的装货，分拣指示码将显示给拣货作业人员每个货箱到底需要多少件该种产品才能够满足某一订单的需要。另一种光导拣货系统是由光导选货，分拣作业人员把分拣出来的产品放进光照的货箱中。每一个货箱都分配给特定的订单或客户，因此特定的光线可以说明哪一个客户应该接受哪一种货物。

2. 采用先进技术不断提高装卸机械性能

（1）装卸机械采用新材料、新工艺

采用轻金属材料（铝、镁、钛等）和新型合金（非晶态合金、形状记忆合金等）、非金属材料（工程塑料、精细陶瓷、橡胶等）、复合材料（FRP、FRM、FRC 等）替代钢铁材料，以增加装卸机械的强度、降低质量。

（2）提高装卸机械的自动化程度

装卸机械总的发展趋势是，所有的物流装卸机械都可以实现自动控制，进一步节省时间，提高效率和工作质量。

（3）物流装卸工作的智能化

装卸工作的智能化是现代人工智能技术在物流领域的应用，是将设备的局部自动化纳入整个计算机控制和管理网络系统。计算机之间，数据采集之间，机械设备的控制器之间，它们与计算机之间的联系完全做到智能化，可以及时地汇总信息，做出最优的决策或指令。

4.3 电子商务物流的流通加工

4.3.1 电子商务物流流通加工的含义与功能

1. 流通加工的概念

流通加工是指某些原料和产品从供应领域向生产领域，或从生产领域向消费领域流动的过程，为了有效利用资源、方便用户、促进销售、维护产品质量和提高物流效率，在流通领域对产品进行初级或简单再加工，使原料和产品发生物理、化学变化。

流通加工是物流系统构成要素之一，但有人认为流通加工不属于物流，产生场所效能和时间效能的是物流，加工是通过改变物品的形态或性质而创造价值，因此加工属于生产活动。但是在流通阶段中的加工即流通加工，处于不易区分生产还是物流的中间领域，其目的在于提高物流系统效率。尽管它也可以创造性质和形态的使用效能，但还是应该从物流机能拓展的角度将其看作物流的构成要素为宜。流通加工的内容一般包括袋装、配货、拣选、分类、混装、拴牌子、贴标签、刷标记等。生产的外延流通加工包括剪断、打孔、折弯、拉拔、挑扣、组装、改装、配套以及混凝土搅拌等。从简单地贴标价牌，直到一些需要高科技手段才能完成的加工，加工形态是多种多样的。流通加工受市场竞争、消费需求及技术革新等因素的影响，今后将会越来越趋向多样化。

2. 流通加工的类型

在物流过程中，根据流通加工的目的和作用不同，流通加工可分为以下类型。

（1）以保存产品为主要目的的流通加工

这种加工形式的目的是使产品的使用价值得到妥善的保护，以延长产品在生产与消费、使用时间之间的间隔。例如，肉、禽、蛋、水产品的保鲜保质的冷冻加工、防腐加工等；棉、麻、丝、毛织品的防霉、防虫加工等；为了防止金属材料的锈蚀而喷漆、涂防锈油等措施，运用手工、机械或化学的方法除锈；木材的防腐、防干裂加工；水泥的防潮、防湿加工；煤炭的防高温自燃加工等。

（2）为适应多样化需要的流通加工

这种加工形式的目的是通过对标准产品进行改制加工，使产品品种、规格、质量多样化，这既保证了高效率的社会化大生产，又满足了用户多样化的需要。例如，对钢材卷板的舒展、剪切加工；木材改制成枕木、方材、板材的加工；平板玻璃按需要规格的开片加工等。

（3）为提高原材料利用率的流通加工

通过在流通领域的集中加工来替代分散在各使用部门的分别加工，可以提高物资的利用率。集中加工形式可以减少原材料的消耗，提高加工质量。例如，钢材的集中下料，可以充分进行合理规划、搭配套裁，减少边角废料，从而达到提高原材料利用率，减少浪费的目的。

（4）为提高物流效率、降低物流损耗的流通加工

通过改变一些产品本身的形态，使之更易于流通操作，如自行车在消费地区的装配加工，可防止整车在运输过程中的低效率；造纸用木材磨成木屑的流通加工，可大大提高运输工具的装载效率；集中煅烧熟料、分散磨制水泥的流通加工，可有效地防止水泥的运输损失，减少包装费用，也可以提高运输效率；石油气的液化加工，使很难输送的气态物转化为更容易运输的液态物，也可提高运输效率。

（5）为促进产品销售的流通加工

通过对一些产品各种形式的流通加工，可以从若干方面起到促进产品销售的目的。例如，将过大包装或散装产品进行适合一次性销售小包装的分装加工；将原有保护产品为主的运输包装改换成销售包装；将蔬菜、肉类进行清洗、包装等。

3. 流通加工的特点

相对于生产而言，流通加工在加工方法、加工组织、生产管理方面与生产加工并无显著区别，但在加工对象、加工程度方面差别较大。其主要特点如下。

（1）加工对象的属性不尽相同

生产加工贯穿于整个生产过程，就其对象而言，除了加工原材料以外，而且也加工半成品和成品（为了满足个别消费者需要而加工的产成品）。因后者（指处于生产过程中的半成品）是尚未进入流通领域的劳动产品，故不具有商品属性。由此不难看出，生产加工的对象不完全是商品，而流通加工的对象（不管是成品还是半成品）均为通过交换而获得的劳动产品，具有商品的属性，亦即完全性的商品。

（2）加工的复杂程度和深度不同

生产加工较流通加工不但作业范围广，而且加工的技术，程序也很复杂，加工的深度很强，并且常常形成系列化的操作。而一般性的流通加工多为简单的初级加工活动，其复杂程度和加工的深度都远远不及生产加工。在一般情况下，流通加工常常是作为生产加工的外延或补充形式而存在和开展起来的。从这个意义上说，流通加工绝对不是对生产加工的否定和取代，而是生产加工的延伸。

（3）加工的主体各异

生产加工的组织者是生产者，流通加工的当事人是从事流通活动的经营者。在我国，从事流通加工活动的单位是流通企业、商业企业、电子商务的个体商户，而生产加工是生产企业组织完成的。

（4）加工的目的不完全一致

在商品经济条件下，无论是生产加工还是流通加工，其目的都是为了方便生产和满足市场需要，但开展流通加工又是为了发展和完善流通自身。

从流通加工的特点可以看到：延伸到流通领域内的加工即流通加工，实际上是一种辅助性的生产作业，其结果只是部分地改变了加工对象的物理形态和化学性质。然而虽然流通加工的深度和范围有限，但它在流通即再生产运动中所起的作用同样是很大的。

4. 流通加工的功能

流通加工的具体功能主要体现在以下几个方面。

（1）提高原材料的利用率

利用流通加工环节进行集中下料，可将生产厂家直接运来的简单规格产品按使用部门的要

求下料。

(2) 完善商品功能，增加商品价值，提高经济效益

在流通过程中可以进行一些改变产品某些功能的简单加工，其目的除了上述几点外，还在于完善商品功能、增加商品价值，提高产品销售的经济效益。

(3) 提高加工效率及设备利用率

由于建立集中加工点，可以采用效率高、技术先进、加工量大的专门机具和设备。这样做的好处有：一是提高加工质量；二是提高设备利用率；三是提高加工效率。其结果是降低了加工费用及原材料成本。

(4) 进行初级加工，方便用户

对于一些用量小或临时需要的使用单位，由于缺乏进行初级加工的能力，依靠流通加工可使使用单位省去进行初级加工的投资、设备及人力，从而搞活了供应，方便了用户。

(5) 充分发挥各种运输手段的最高效率

流通加工环节将实物的流通分成两个阶段。一般来说，由于流通加工环节设置在消费地，因此从生产厂商到流通加工的第一阶段输送距离长，而从流通加工到消费环节的第二阶段距离短。第一阶段是在数量有限的生产厂商与流通加工点之间进行定点、直达、大批量的远距离输送，因此可以采用船舶、火车等大量输送手段；第二阶段则是利用汽车和其他小型车辆来输送经过流通加工后的多规格、小批量、多用户的产品。这样可以充分发挥各种运输手段的最高效率，加快输送速度，节省运力运费。

(6) 提高生产效益和流通效益

由于采用流通加工，生产企业可以进行标准化、整包装生产，这样做不仅适应了大生产的特点，提高了生产效率，节省了包装费用和运输费用，降低了成本；而且流通企业可以促进销售，增加销售收入，也提高了流通效益。

(7) 提高物流效率和服务质量

由于进行多样化的流通加工，可以使商品满足用户的个性化、多样化需求，使物流功能得以完善和提高。

4.3.2 电子商务物流流通加工的常见技术

流通加工功能是物流功能中的辅助性或延伸性功能，它可以方便客户，提高物流服务水平，提高物流对象的附加价值，提高物流行业的经济效益。仅从技术角度看，流通加工技术与生产技术、包装技术等并无多大区别，相互交错。

(1) 生鲜食品的流通加工

1) 冷冻加工。它是指为解决鲜肉和鲜鱼、虾等水产品保鲜及搬运装卸问题，采取低温冻结方式的加工，这种方式用于某些流体商品、药品等。

2) 分选加工。农副产品的规格、质量差异较大，为获得一定规格的产品，采取人工或机械分选的方式进行加工称为分选加工。它广泛用于果类、瓜类、谷物、棉毛原料等的加工。

3) 精制加工。它是指农、牧、副、渔等产品精制加工时在产地或销售地设置加工点，去除无用部分，甚至可以进行切分、洗净、分装等加工。这种加工不但大大方便了购买者，而且还可以对加工的淘汰物进行综合利用。

4) 分装加工。许多生鲜食品零售起点较小，而为保证高效输送，出厂包装较大，也有一些是采用集装运输方式运达销售地区。为便于销售，在销售地区要按所要求的零售起点进行新

的包装，即包装改小、散装改小包装、运输包装改销售包装，这种方式称为分装加工。

（2）木材的流通加工

1）磨制木屑、压缩运输。这是一种为了实现流通的加工。木材是容重轻的货物，在运输时占有相当大的容积，往往使车、船装满但不能满载，同时装车、捆扎也比较困难。例如从林区外送的原木中有相当一部分是造纸木材，美国采取在林木生产地就将原木磨成木屑，然后采取压缩方法，使之成为容重较大、容易装运的形状，然后运至靠近消费地的造纸厂，取得了较好的效果。根据美国的经验，采用这种方法比直接运送原木要节约一半费用。

2）集中原木下料。它是指在流通过程加工点将原木裁成各种规格的锯材，同时将碎木、碎屑集中加工成各种规格的材料，甚至还可以打眼、凿孔等初级加工。过去用户直接使用原木，不但加工复杂、加工场地大、加工设备多，更严重的是材料浪费大，木材平均利用率不到50%。实行集中下料后，按用户要求供应规格材料，可以使原木利用率提高到95%，出材率提高到72%左右。木材加工从原来锯成板、方材为主的加工，演化到如今加工生产宝丽板、密度板等深加工形式。

（3）平板玻璃的流通加工

平板玻璃的“集中套裁，开片供应”是重要的流通加工方式。这种方式是在城镇中设立若干个玻璃套裁中心，负责按用户提供的图样，统一套裁开片，为用户供应成品，用户可以直接安装使用。在此基础上可以逐步形成从工厂到套裁中心的稳定的、高效率的大规模的平板玻璃“干线输送”，以及从套裁中心到用户小批量、多用户的“二次输送”这样一种现代化模式。采用专用设备进行集中套裁，可以使平板玻璃的利用率由不套裁时的62%~65%提高到90%以上，并且使废玻璃易于集中处理；同时还可以促进平板玻璃包装方式的改革，节约包装材料，防止流通中的大量破损。

（4）煤炭及其他燃料的流通加工

1）除矸加工。这是一种以提高煤炭纯度为目的的加工形式。一般煤炭中混入的矸石有一定的发热量，混入一些矸石是允许的，也是比较经济的。但是有时则不允许煤炭中混入矸石。在运力十分紧张的地区，要求充分利用动力，多运“纯物质”，少运矸石。在这种情况下，可以采用除矸的流通加工来排除矸石。

2）为管道输送煤浆进行的煤炭加工。煤炭的运输方式主要采用容器载运方法，运输中损失浪费较大，又容易发生火灾。采用管道运输，是近代兴起的一种先进技术。目前一些发达国家已开始投入运行。有些企业内部也采用这一方法进行燃料输送。在流通的起始环节将煤炭磨成细粉，本身便有了一定的流动性，再用水调和成浆状，则具备了流动性，可以像其他液体一样进行管道输送。这种方式不和现有运输系统争夺运力，输送连续、稳定而且快速，是一种经济的运输方法。

3）动力配煤加工。在使用地区设置集中加工点，将各种煤及一些其他发热物质，按不同配方进行掺配加工，生产出各种不同发热量的燃料，称作配煤加工。这种加工方式可以按需要发热量生产和供应燃料，防止热能浪费和“大材小用”的情况，也防止发热量过小，不能满足使用要求的情况出现，在经济上及技术上都有价值。目前，借助于计算机，运用数字模型技术，对煤炭进行合理、科学的配方，提高了配煤加工水平。

4）天然气、石油气的液化加工。由于气体输送、保存都比较困难，天然气及石油气往往只好就地使用。如果当地资源充足，使用不完，往往就地燃烧掉，造成浪费和污染。天然气和石油气的输送可以采用管道运输，但因投资大，输送距离长，也受到制约，而将产地的天然气和石油气压缩到临界压力，使之由气体变成液体，就可以用容器装运，使用时机动性也较强，这是目前采用较多的方法。

（5）水泥的流通加工

在需要长途调入水泥的地区，变调入成品水泥为调进熟料这种半成品，在该地区的流通加工据点（粉碎工厂）粉碎，并根据当地资源和需要的情况掺入混合材料及添加剂，支撑不同品种及标号的水泥，供应给当地用户，这是水泥流通加工的重要形式之一。

（6）机械产品及零配件的流通加工

1）组装加工。多年以来，自行车及机电设备储运困难较大，主要原因是其不易进行整体包装。如进行保护包装，包装成本过大，并且运输装载困难，装载效率低，流通损失严重。但是这些货物有一个共同特点，即装配较简单，装配技术要求不高。所以，为解决储运问题，降低储运费用，采用半成品（部件）高容量包装出厂，在消费地拆箱组装的方式，组装之后随机进行销售。

2）石棉橡胶板的开张成型加工。石棉橡胶板是机械装备、热力装备、化工装备中经常使用的一种密封材料，单张厚度 8 mm 左右，单张尺寸有的达 4 m，不但难于运输，而且在储运过程中，极易发生折角等损失。尤其是用户单张购买时，更是容易发生这种损失。此外许多用户所需的垫塞圈，规格比较单一，不可能安排不同尺寸的垫圈的套裁，利用率也很低。石棉橡胶开张成型加工，而且可以安排套裁，提高利用率，减少边角预料损失，降低成本。这种流通加工套裁的地点，一般设在使用地区，由供应部分组织。

（7）钢板剪板及下料加工。热轧钢板和钢带、热轧后钢板等板材最大交货长度可达 7 ~ 12 m，有的成卷交货，对于使用量不大的企业和多数中小型企业来讲，单独设置剪板、下料的设备有设备闲置时间过长、人员浪费大、不易采用先进方法的缺点。钢板的剪板及下料的加工可以有效地解决上述弊端。以往钢材加工基本局限于卷板展平、气割剪切、线性拉直、钢筋剪断等，目前的剪板加工已从切割方式转化到具有横剪、纵剪的流通加工生产线，加工质量已从过去的 10 mm 左右的气焊发展到今天的 ±0.2 mm 以上的精度要求。

（8）搅拌供应商品混凝土。改变以粉状水泥供给用户，由用户在建筑工地现制现拌混凝土的习惯使用方法，而将粉状水泥输送到使用地区的流通加工据点（集中搅拌混凝土工厂或生混凝土工厂），在那里搅拌成生混凝土，然后供给各个工地或小构件使用，这是水泥流通加工的另一种重要方式。它优于直接供应或购买水泥在工地现制混凝土的技术经济效果，因此受到许多发达国家的重视。商品混凝土除采用搅拌站集中加工方式外，还与混凝土专用搅拌车相联系，形成了新的流通加工形式。

4.3.3 电子商务物流的流通加工作业管理

1. 流通加工的生产管理

（1）流通加工可行性分析

流通加工只是生产加工制造的一种补充形式，是否需要进行流通加工应进行认真的可行性分析。

1）研究是否可以延续生产过程或改造生产方式，使之充分与需求衔接。在技术不断进步的情况下，原来难以实现的多品种灵活生产现在已经可以实现，因此无须设置流通加工来衔接，只有在生产过程确实不能满足要求或经济效益不好的前提下才可考虑设置流通加工。

2）充分考虑技术进步的因素，研究是否可通过集装、专门装运等方式，而不进行未实现流通的加工。有些加工如增加防护性运输包装的加工，是在运输技术水平较低的情况下所需进行的加工。因此如果开拓少包装的运输技术，则可以不进行此种加工。

总之，流通加工虽然有许多优越性，但毕竟造成了产需之间的中间环节，也存在许多降低效益的因素。因此即使在技术上可行，也还要研究效益问题，要进行效益对比以及加工中心投资回收的计算等。

（2）流通加工的生产管理

流通加工的生产管理内容和项目很多，如劳动力、设备、动力、物资等方面的管理。对于套裁型流通加工，其最具特殊性的生产管理是出材率的管理，这种主要流通加工形式的优势就在于利用率高、出材率高，从而获取效益。为了提高出材率，需加强消耗定额的制订和管理，采取科学防范进行套裁的规划和计算。

（3）流通加工的质量管理

流通加工的质量管理，重要的是对加工产品的质量控制。由于流通加工产品一般是国家质量标准中没有的品种规格，因此对这种产品进行质量控制的依据，主要是根据用户的要求。各用户对加工产品的要求不尽相同，对质量的宽严程度也不一样，流通加工企业必须能够进行灵活的柔性生产，才能满足不同用户的质量要求。

（4）流通加工的技术经济指标

衡量流通加工的可行性，对流通加工环节进行有效的管理，可以采用两类管理指标。

1）流通加工建设项目可行性指标。流通加工的投资特点是投资额较低，投资时间短，投资回收快，投资收益大。因此投资可行性研究可用投资时间的长短、投资回收期的快慢等指标进行分析。

2）流通加工日常管理指标。由于流通加工的特殊性，不能全部搬用考核一般企业的指标。例如在八项技术经济指标中，对流通加工较为重要的劳动生产率、成本利润率指标，此外还有反映流通加工特殊性的指标。

① 增值指标：反映流通加工后单位产品的增值程度。

$$增值率=\frac{产品加工后价值-产品加工前价值}{产品加工前价值}\times100\%$$

② 品种规格增加额及增加率。

$$品种规格增加率=\frac{品种规格增加额}{加工前品种规格}\times100\%$$

③ 资源增加量指标。

$$新增出材率=加工后出材率-原出材率$$

$$新增利用率=加工后利用率-原利用率$$

（5）流通加工中心的布局

1）设置在靠近生产地区，以实现物流为主要目的加工中心。这种加工中心的货物能顺利地、低成本地进入运输、储存等物流环节，如肉类、鱼类的冷冻食品加工中心，木材的制浆加工中心等。

2）设置在靠近消费地区，以实现销售、强化服务为主要目的的流通加工中心。经这里加工过的货物能适应用户的具体要求，有利于销售，如平板玻璃的开片套裁加工中心等。

2. 电子商务物流流通加工不合理的加工形式

流通加工是在流通领域中对生产的辅助性加工，从某种意义来讲它不仅仅是生产过程的延续，实际上是生产本身或生产工艺在流通领域的延续，但是不合理的流通加工往往会破坏甚至是抵消电子商务物流流通加工的经济效益。

几种不合理的流通加工形式如下：

（1）流通加工地点设置的不合理

流通加工设置即布局状况是使整个流通加工是否有效的重要因素。一般而言，为衔接单品种大批量生产与多样化需求的流通加工，加工地设置在需求地区，才能实现大批量的干线运输与多品种末端配送的物流优势。

如果将流通加工地设置在生产地区，其不合理之处在于：

1）多样化需求的产品多品种、小批量由产地向需求地的长距离运输会出现不合理。

2）在生产地增加了一个加工环节，同时增加了近距离运输、装卸、储存等一系列物流活动。所以在这种情况下，不如由原生产单位完成这种加工而无须设置专门的流通加工环节。

一般而言，为方便物流的流通加工环节应设在产出地，设置在进入社会物流之前。如果将其设置在物流之后，即设置在消费地，则不但不能解决物流问题，又在流通中增加了一个中转环节，因而也是不合理的。即使是产地或需求设置流通加工的选择是正确的，还有流通加工在小地域范围的正确选址问题，如果处理不善，仍然会出现不合理。这种不合理主要表现在交通不便，流通加工与生产企业或用户之间距离较远，流通加工点的投资过高（如受选址的地价影响），加工点周围社会、环境条件不良等。

（2）流通加工方式选择不当

流通加工方式包括流通加工对象、流通加工工艺、流通加工技术、流通加工程度等。流通加工方式的确定实际上是与生产加工的合理分工。如果分工不合理，本来应由生产加工完成的，却错误地由流通加工完成，本来应由流通加工完成的，却错误地由生产过程去完成，都会造成不合理性。

流通加工不是对生产加工的代替，而是一种补充和完善。所以一般而言，如果工艺复杂，技术装备要求较高，或加工可以由生产过程延续或轻易解决者都不宜再设置流通加工，尤其不宜与生产过程争夺技术要求较高、效益较高的最终生产环节，更不宜利用一个时期市场的压迫力使生产者变成初级加工或者前期加工，而流通企业完成装配或最终形成产品的加工。如果流通加工方式选择不当，就会出现与生产夺利的恶果。

（3）流通加工作用不大，形成多余环节

有的流通加工过于简单，或对生产及消费者作用都不大，甚至有时流通加工的盲目性，同样未能解决品种、规格、质量、包装等问题，相反却实际增加了环节，这也是流通加工不合理的重要形式。

（4）流通加工成本过高，效益不好

流通加工之所以能够有生命力，重要优势之一是有较大的产出投入比，因而起着有效补充完善的作用。如果流通加工成本过高，则不能以较低投入实现更高使用价值。除了一些必须的、由政策要求即使亏损也要进行的加工外，都应看成是不合理的。

3. 电子商务物流流通加工合理化方式

流通加工合理化的含义是实现流通加工的最优配置，不仅要做到避免各种不合理现象，使流通加工中存在的价值增加，而且要做到最优的选择。

为了避免各种不合理现象，对是否设置流通加工环节，在什么地点设置，选择什么类型的加工，采用哪些技术装备等都需要做出正确选择。实现流通加工合理化主要考虑以下几个方面：

（1）加工与合理商流相结合

通过加工，有效促进销售，使商流合理化，也是流通合理化的考虑方向之一。加工和配送的结合，通过加工，提高了配送水平，强化了销售，是加工与合理商流相结合的一个成功例证。此外，通过改变包装加工，形成方便的购买量，通过组装加工，解决用户使用前进行组装、调试的难处，都是有效促进商流的例证。

（2）加工与配送相结合

这是将流通加工设置在配送点中，一方面配送的需求进行加工，另一方面加工又是配送业务流程中分货、拣货、配货中的一环，加工后的产品直接投入配货作业，这就无须单独设置一个加工的中间环节，使流通加工有别于独立的生产，而使流通加工与中转流通巧妙地结合在一起。同时由于配送之前有加工，可使配送服务水平大大提高，这是当前对流通加工做合理选择的重要形式，在煤炭、水泥等产品的流通中已表现出较大的优势。

（3）加工与合理运输相结合

流通加工能有效衔接干线运输和支线运输，促进两种运输形式的合理化。利用流通加工，在支线运输转干线运输或干线运输转支线运输这本来就必须停顿的环节，不进行一般的支转干或干转支，而是按干线或支线运输合理的要求进行适当加工，从而大大提高运输及运输转载水平。

（4）加工与配套相结合

在对配套要求较高的流通中，配套的主体来自各个生产单位。但是完全配套有时无法完全依靠现有的生产单位，进行适当的流通加工，可以有效促进配套，大大提高流通的桥梁和纽带作用。

（5）加工与节约相结合

节约能源、节约设备、节约耗费是流通加工合理化的重要考虑因素。对于流通合理化的最终判断，要看其是否能实现企业本身的经济效益和社会效益，而且是否取得了最优效益。流通加工企业与一般生产企业有一个重要的区别，就是流通加工企业更应树立社会效益第一的观念。如果只是追求企业的微观利益，不适当地进行加工，甚至与生产企业争利，这就有违流通加工的初衷，或者其本身已不属于流通加工范畴。

【案例】

上海联华生鲜食品加工配送中心物流案例

上海联华生鲜食品加工配送中心有限公司是联华超市股份有限公司的下属公司，于1999年12月在上海市闸北区合资注册成立，注册资本500万元，主营生鲜食品的加工、配送和贸易，拥有资产总额近3亿元，是具有国内一流水平的现代化的生鲜加工配送企业。公司总占地面积22 500 m^2。其中包括生产车间、冷库、配送场地、待发库、仓库（地下室）、办公楼等。冷库8 700 m^2；运输车辆46辆（其中24辆为制冷保温车），保证商品安全生产，快速流通。联华生鲜食品加工配送中心是我国国内目前设备最先进、规模最大的生鲜食品加工配送中心。联华生鲜食品加工配送中心总投资6 000万元，建筑面积35 000 m^2，年生产能力20 000 t，其中肉制品15 000 t，生鲜盆菜、调理半成品3 000 t，西式熟食制品2 000 t，产品结构分为15大类约 1 200 种生鲜食品；在生产加工的同时配送中心还从事水果、冷冻品以及南北货的配送任务。联华生鲜食品加工配送中心的配送范围覆盖联华标超、快客便利、世纪联华、华联吉买盛、联华电子商务（联华 OK 网）等两千余家门店，为企业的快速发展奠定了基础。连锁经营的利润源重点在物流，物流系统好坏的评判标准主要有两点：物流服务水平和物流成本。物流服务是指对在供应链中商品要在企业和供应商/顾客之间移动，与每笔交易相关的资金和信息移动相关的业务流程进行管理。物流成本是物流活动中所消耗的物化劳动和活劳动的货币表现。

物流成本管理方法：

第一，通过采用物流标准化进行物流管理。物流标准化是以物流作为一个大系统，制订系统内部设施、机械设备、专用工具等各个分系统的技术标准，制订系统内各个分领域如包装、装卸、运输等方面的工作标准，以系统为出发点，研究各分系统与分领域中技术标准与工作标准的配合性，统一整个物流系统的标准。

第二，通过实现供应链管理，提高对顾客物流服务的管理来降低成本。实行供应链管理不仅要求本企业的物流体制具有效率化，也需要企业协调与其他企业以及客户、运输业者之间的关系，实现整个供应链活动的效率化。

第三，通过效率化的配送降低成本。对于用户的订货要求尽力短时间、正确的进货体制是企业物流发展客观要求，但是，随着配送产生的成本费用要尽可能降低，特别是多频度、小单位配送要求的发展，更要求企业采取效率化的配送，就必须重视配车计划管理，提高装载率以及车辆运行管理。

下面介绍联华生鲜食品加工配送中心是从如何做到“快”和“准”的。

1. 订单管理

门店的要货订单通过联华数据通信平台，实时的传输到生鲜配送中心，在订单上标明各商品的数量和相应的到货日期。生鲜配送中心接收到门店的要货数据后，立即到系统中生成门店要货订单，此时可对订单进行综合的查询，在生成完成后对订单按到货日期进行汇总处理，系统按不同的商品物流类型进行不同的处理。

(1) 储存型的商品

对于此类商品，系统计算当前的有效库存，比对门店的要货需求以及日均配货量和相应的供应商送货周期自动生成各储存型商品的建议补货订单，采购人员根据此订单和实际的情况做一些修改即可形成正式的供应商订单。

(2) 中转型商品

此种商品没有库存，直进直出，系统根据门店的需求汇总按到货日期直接生成供应商的订单。

(3) 直送型商品

此类商品不进配送中心，由供应商直接送到各相关需求的门店。系统根据到货日期，分配各门店直送经营的供应商，直接生成供应商直送订单，并通过 EDI 系统直接发送到供应商。

(4) 加工型商品

系统按日期汇总门店要货，根据各产成品/半成品的 BOM 表计算物料耗用，比对当前有效的库存，系统生成加工原料的建议订单，生产计划员根据实际需求做调整，发送采购部生成供应商原料订单。

各种不同的订单在生成完成或手工创建后，通过系统中的供应商服务系统自动发送给各供应商，时间间隔在 10 min 内。供应商收到订单后，会立即组织货源，安排生产或做其他的物流计划。

2. 物流计划

在得到门店的订单并汇总后，物流计划部根据第二天的收货、配送和生产任务制订物流计划。计划包括人员安排、车辆安排、批次计划、线路计划、生产计划、配货计划等。

（1）线路计划

根据各线路上门店的订货数量和品种，做线路的调整，保证运输效率。

（2）批次计划

根据总量和车辆人员情况设定加工和配送的批次，实现循环使用资源，提高效率；在批次计划中，将各线路分别分配到各批次中。

（3）生产计划

根据批次计划，制订生产计划，将量大的商品分批投料加工，设定各线路的加工顺序，保证和配送运输协调。

（4）配货计划

根据批次计划，结合场地及物流设备的情况，做好配货的安排。

3. 储存型物流运作

（1）进货

上海联华公司的商品进货时先要接受订单的品种和数量的预检，预检通过方可验货，验货时需进行不同要求的品质检验，终端系统检验商品条码和记录数量。在商品进货数量上，定量的商品的进货数量不允许大于订单的数量，不定量的商品提供一个超值范围。对于需要重量计量的进货，系统和电子秤系统连接，自动去皮取值。

（2）拣货

拣货采用播种方式，根据汇总取货，汇总单标识从各个仓位取货的数量，取货数量为本批配货的总量，取货完成后系统预扣库存，被取商品从仓库仓间拉到待发区。在待发区配货分配人员根据各路线各门店配货数量对各门店进行播种配货，并检查总量是否正确，如不正确向上校核，如果商品的数量不足或其他原因造成门店的实配量小于应配量，配货人员通过手持终端调整实发数量，配货检验无误后使用手持终端确认配货数据。

（3）配货

在配货时，冷藏和常温商品被分置在不同的待发区。

（4）笼车出库

当全部区域拣选结束后，装有商品的笼车由笼车升降机送至一层。工作人员将不同商店分散在多台笼车上的商品归类，附上交货单，依照送货平台上显示的商品号码将笼车送到等待中的对应运输车辆上。计算机配车系统将根据门店远近，合理安排配车路线。

4. 中转型物流运作

供应商送货同储存型物流先预检，预检通过后方可进行验货配货；供应商把中转商品卸货到中转配货区，中转商品配货员使用中转配货系统按商品再路线再门店的顺序分配商品，数量根据系统配货指令的指定执行，贴物流标签。将配完的商品采用播种的方式放到指定的路线门店位置上，配货完成统计单个商品的总数量/总重量，根据配货的总数量生成进货单。

中转商品以发定进，没有库存，多余的部分由供应商带回。如有不足，则在门店间进行调剂。

三种不同类型的中转商品的物流处理方式：

1）不定量需称重的商品：设定包装物皮重；由供应商将单件商品上秤，配货人员负责系统分配及其他控制性的操作；电子秤称重，每箱商品上贴物流标签。

2）定量的大件商品：设定门店配货的总件数，汇总打印一张标签，贴于其中一件商品上。

3）定量的小件商品（通常需要冷藏）：在供应商送货之前先进行虚拟配货，将标签贴于周转箱上；供应商送货时，取自己的周转箱，按箱标签上的数量装入相应的商品；如果发生缺货，将未配到的门店（标签）作废。

5. 加工型物流运作

加工型物流运作，是为了促进销售、方便用户，或是为了提高物流效率，在配送中心对物品进行生产辅助性加工后再进行配送的物流运作模式。其内容包括分割、包装、计量、检验、贴标等。

加工型物流运作的主要作用表现在；通过分割加工，可实现小批量、多批次的配送，有利于降低用户库存或实现零库存配送。包装、贴标是实现自动化的重要手段。

加工有利于提高运输工具的配载和装卸效率；可净化物流环境，有利于实现绿色物流；还可增强增值服务功能，增加附加值。

生鲜的加工按原料和成品的对应关系可分为两种类型：组合和分割，两种类型在BOM设置和原料计算以及成本核算方面都存在很大的差异。在BOM中每个产品设定一个加工车间，只属于唯一的车间，在产品上区分最终产品、半成品和配送产品，商品的包装分为定量和不定量的加工，对于称重的产品/半成品需要设定加工产品的换算率（单位产品的标准重量），原料的类型区分为最终原料和中间原料，设定各原料相对于单位成品的耗用量。

生产计划/任务中需要对多级产品链计算嵌套的生产计划/任务，并生成各种包装生产设备的加工指令。对于生产管理，在计划完成后，系统按计划内容出标准领料清单，指导生产人员从仓库领取原料以及生产时的投料。在生产计划中考虑产品链中前道与后道的衔接，各种加工指令、商品资料、门店资料、成分资料等下发到各生产自动化设备。

最后，由加工车间人员根据加工批次加工调度，协调不同量商品间的加工关系，满足配送要求。

6. 配送运作——送货作业

送货作业是利用配送车辆把用户订购的物品从制造厂、生产基地、批发商、经销商或配送中心，送到用户的手中的过程。通常是一种短距离、小批量，高频率的运输形式，以服务为目标，以尽可能满足客户需要为宗旨。

送货作业是配送中心最终直接面对用户的服务，具有以下几个特点：时效性，是流通业客户最重视的因素，也就是要确保能在指定的时间内交货；可靠性，送货的任务就是要将货物完好无损地送到目的地；沟通性，送货是配送的末端服务，它通过送货服务直接与客户接触，是与客户沟通最直接的桥梁，它不仅代表公司的形象和信誉，还在沟通中起着非常重要的作用；便利性，配送以服务为目标，以最大限度地满足客户要求为宗旨。因此应尽可能地让客户享受最便捷的服务。通过采用高弹性的送货系统，如急送货、顺道送货与退货、辅助资源回收的方式；经济性，在满足客户要求，提供高质量、及时方便的配送服务，还必须提高配送效率，加强成本管理与控制，实现一定的经济利益。

资料来源：中国物流与采购联合会案例库

本章小结

电子商务物流包装是在流通过程中为保护商品、方便储运、促进销售，按一定技术方法而采用的容器、材料及辅助物等的总体名称，也是为了达到上述目的而在采用容器、材料和辅助物的过程中施加一定技术方法的操作活动。电子商务物流包装是电子商务环境下物流链中间一个关乎损益的关键节点，现代化的物流包装知识和技术研究能给各行各业带来多种实际利益，它对因包装问题导致的企业经济损失等问题的解决都有着重要的现实意义。

围绕着电子商务物流包装的基本概念和理论，本章首先对电子商务物流包装的定义及包装在电子商务流通过程中作用和功能、电子商务装卸搬运的定义及装卸作业的方式方面、电子商务的流通加工的定义及功能进行介绍；接着分别介绍了包装的各种技术及包装的防护知识、各种电子商务物流装卸搬运的设备、电子商务流通加工的常见技术等内容；最后重点介绍电子商务包装的合理化及未来发展趋势、电子商务包装的装卸搬运的合理化及未来发展趋势、电子商务物流流通加工的作业管理方式。

习　　题

一、单项选择

1. 装卸搬运按货物运动形式分类有垂直装卸和（　　）。

A. 吊上吊下　　B. 叉上叉下　　C. 滚装方式　　D. 水平装卸

2. 装卸搬运按作业特点分类有连续装卸和（　　）。

A. 垂直装卸　　B. 间歇装卸　　C. 滚装方式　　D. 水平装卸

3. （　　）是指将货物集中成一个单位进行装卸搬运的原则。

A. 单元化原则　　B. 机械化原则　　C. 利用重力原则　　D. 系统化原则

4. 包装技术的选择应遵循科学、经济、牢固、美观和（　　）的原则。

A. 高标准　　B. 适用　　C. 标准化　　D. 一次性

5. 包装按包装保护技术方法可分为（　　）、防虫害包装、防腐包装等。

A. 防潮包装　　B. 硬包装　　C. 运输包装　　D. 出口包装

6. 我国常用的流通加工主要形式有：剪板加工、集中开下料、燃料掺配加工、冷冻加工和（　　）等。

A. 产品加工　　B. 精制加工　　C. 配额加工　　D. 库存加工

7. 以下项目中不是物流中心功能的是（　　）。

A. 运输功能　　B. 包装功能　　C. 出售功能　　D. 流通加工功能

8. 为加速出入库而采用的托盘堆叠储存时，一般用（　　）存取。

A. 人工　　B. 叉车　　C. 吊车　　D. 堆垛机

9. 属于专用分拣机的类型是（　　）。

A. 链式分拣机　　B. 胶带分拣机　　C. 悬挂式分拣机　　D. 辊道分拣机

10. 下列属于输送机械的是（　　）。

A. 堆料机　　B. 斗式提升机　　C. 机船　　D. 翻车机

二、多项选择

1. 按照包装保护技术划分，包装可分为（　　）。

A. 防潮包装　　B. 防锈包装　　C. 缓冲包装

D. 收缩包装　　E. 真空包装

2. 下面哪些属于包装的一般技法（　　）。

A. 对内装物的合理置放、固定和加固　　B. 包装外的捆扎

C. 缓冲包装技法　　D. 外包装形状尺寸的合理选择

E. 防锈包装技法

3. 装卸搬运按作业方式分类，可分为（　　）。

A. 吊上吊下　　B. 叉上叉下　　C. 滚张方式

D. 移上移下　　E. 散装散卸

4. 拟定装卸搬运作业计划应考虑（　　）。

A. 移动转运的规模经济性　　B. 搬运过程的流畅性

C. 搬运设备之间转移货物是否频繁　　D. 搬运效率

E. 搬运的距离

5. 流通加工分为（　　）。

A. 深度加工　　B. 延续加工　　C. 后期服务加工

D. 促销加工　　E. 时效加工

6. 装卸搬运机械的选择因素包括（　　）。

A. 货物特性　　B. 作业特性　　C. 环境特性

D. 装卸机械特性　　E. 经济性

7. 物流搬运技术装备的主要作用有（　　）。

A. 提高装卸效率，节约劳动力，减少装卸工人的劳动强度，改善劳动条件

B. 缩短作业时间，加速车辆周转

C. 提高装卸质量

D. 降低物料搬运作业成本

E. 充分利用货位，加速货位周转，减少货物堆码的场地面积

8. 下列属于臂架起重机械的有（　　）。

A. 桅杆起重机　　B. 甲板起重机　　C. 流动起重机

D. 门座起重机　　E. 浮式起重机

9. 起重机的工作速度有（　　）。

A. 起升速度　　B. 变幅速度　　C. 旋转速度

D. 变频速度　　E. 下落速度

10. 下列运输机械中能用于终端距离需倾斜给料的机械有（　　）。

A. 带式输送机　　B. 刮板式输送机　　C. 埋刮板式输送机

D. 斗式提升机　　E. 辊子输送机

11. 带式输送机布置方式有（　　）。

A. 水平式　　B. 倾斜式　　C. 带凸弧

D. 带凹弧　　E. 带凸凹弧

12. 叉车按性能和功用分为（　　）。

A. 平衡重式叉车　　B. 侧面叉车　　C. 前移叉车

D. 插腿式叉车　　E. 内燃式叉车

三、简答题

（1）包装的合理化需要哪些要素？

（2）在实现物流包装现代化过程中遇到了哪些问题？

（3）在物流活动中，流通加工具有哪些作用？

（4）流通加工有哪些类型？

（5）流通加工有哪几种不合理形式？

（6）谈谈你觉得流通加工的合理化措施有哪些？

（7）装卸与搬运在物流中的作用如何？

（8）装卸搬运具有哪些合理化的原则？

四、实训题：电子商务环境下物流流通加工服务类型及水平调查

（1）实训目的：通过实训，了解目前国内电子商务环境下，物流企业所提供的流通加工服务的类型及水平。

（2）实训内容：通过网络资料收集分析、学校所在城市物流市场的实际调研，了解电子商务环境下各类物流企业的代表所提供的流通加工服务内容，分析其服务水平，并将各类物流企业所提供的流通加工服务水平加以对比。

（3）实训要求：参与实训的学生分组的形式，在教师的指导下，分工协作完成实地调研和网上资料收集，并将资料进行分类整理，进行小组讨论归纳，形成最终的实训报告。

第 5 章　电子商务物流的信息化技术

【学习目标】

1. 熟悉电子商务物流技术的含义、特点及分类
2. 掌握物流信息化的概念与内容，了解物流信息化对物流企业的影响
3. 掌握理解电子商务信息技术的构成，熟悉条码技术、电子订货系统、电子数据交换（EDI）、射频技术（RF）、地理信息系统（GIS）、全球定位系统（GPS）等信息技术在电子商务物流中的应用
4. 认识信息技术在电子商务物流发展中的重要作用
5. 理解物联网的概念及关键技术，通过相关实例分析了解物联网技术运用前景

【引例】

当当网的天使之翼

“没有信息化，就没有当当网今天的业务”，当当网联合总裁俞渝这样评价，“就像你去任何一个商场 100 次，或许也没有人认得你，但你到当当网一次，系统就认识你了”。不同于传统企业的运行方式，网上交易的前端主要是消费者，所以对他们的管理便成了一切的源头。这也是当当网信息化的重点，即客户关系管理（Customer Relationship Management，CRM）系统。CRM 是一个不断加强与顾客交流、不断了解顾客需求并不断对产品和服务进行改进和提高以满足顾客需求的连续过程。比如当当网 2003 年开始涉足百货业时，根据对客户群特点的分析，当当网发现客户群的构成中 60% 是女性，这样的数据就让当当网有一定的把握去尝试化妆品品类。再比如，看到育儿类图书的畅销，当当网就开拓了母婴类产品品类。就是这样一个简单的推理，当当网不断地拓展着产品类别，一直到数码产品、个人洗护用品等。同时，这是一个相互促进的过程，产品线的增加也意味着 CRM 系统要有更多的细分，目前这项工作已经在开展。用户通过登录“我的账户”“购物车”就可以全程跟踪自己的订单去向。前端的成熟给当当网的供应畅通提出了更高的要求，“现在是供应商跟不上。”俞渝说。作为当当网的后端，规模不一的供应商给当当网带来了不少阻力。当当网要根据不同商品的不同周期，进行产品库存、订货和退货操作。同时，还要把供应链系统开放给供应商，指导他们补货、退货和换货。对某些成熟的供应商，当当网也可以完全借助他们的经验，完成产品的补货工作。据当当网的统计，每年来当当网购物的顾客有 140 ~ 170 万人次，而每天都有 5 位数的订单数量，值得一提的是，有些订单中会包括很多件物品。每天如此多的订单进入系统，要准时、准确地把货物送出，自然需要一系列的流程，这个流程便是当当网的生产系统。目前，最初的一些审核是由系统完成的，随后核对过的订单会被送到物流部门打印单据，按照打印出来的订单，进行配货和外部采购，再按不同的地区选择不同的送出方式。这个流程需要监控的信息基本上是，每天订单进入的数量、配齐后发出的数量，以及可能需要做缺货处理的数量。当当网的生产系统从客户端做起，首先就是订单处理。对商品的管理，通常按照类别进行。当当网有不同的产品

组，比如图书音像、家居、电子类消费等，支撑其发展的是同一个信息系统。所以各个信息系统需要通过互联网数据中心（Internet Data Center，IDC），同步支持后端信息实施和前端供应。而其中最大的任务，就是自己要制作大量的信息。信息化是当当网发展的基石，构建了当当网的商场，铺建了渠道。同时，它又是连接供应商、客户、配送服务的纽带。对于B2C的商业模式，俞渝表示，当当网会毫不犹豫地坚持下去。在俞渝看来，当当网的核心竞争力不仅仅是单纯通过信息知道顾客的需要，更重要的是，理解了销售和采购的交接点，尽可能充分地利用信息化实现价值。

资料来源：中国物流与采购网案例库，2006年。

5.1 物流信息化技术概述

5.1.1 物流信息和物流信息化技术

1. 物流信息

(1) 物流信息概述

物流信息（Logistics Information）是物流各种活动内容中的知识、资料、图像、数据、文件的总称。电子商务物流的目标是既要实现向顾客提供满意的服务，又要实现物流系统成本的最低化，也就是要消除物流活动各个环节的浪费，通过顺畅高效的物流系统实现物流作业的成本最低化。若想为顾客提供最为满意的服务，那么可能就要增加物流的成本；而如果想要降低物流的总成本，那么可能就会带来服务水平的下降。因此我们需要在这两个目标之间进行权衡，力求整体效益的最大化。事实上，通过对物流信息进行合理控制和使用就能够实现这个目标，从而在物流服务和成本两个目标之间找到最佳的平衡点。因此，物流信息在电子商务物流中起着举足轻重的作用，它关系到电子商务物流的整个过程。

(2) 物流信息的特点

物流信息除了具有准确性、完整性、实用性、共享性、增值性等信息的一般特点外，和其他领域信息比较，还具有特殊性，主要表现在以下三个方面：

1）物流信息具有信息量大、分布广的基本特点，其信息的产生、加工和应用在时间、地点上不一致，在方式上也不相同。这对信息处理机构的信息收集、传输和存储能力提出了较高的要求。

2）物流信息具有很强的时效性，绝大多数物流信息动态性强，信息的价值衰减速度快。这对信息管理的及时性要求就比较高，信息都是在一定的时间内才具有价值，即信息具有寿命，当信息的寿命结束，就意味着信息失去了价值。

3）物流信息种类多，物流管理系统内各个环节有不同种类的信息，而且由于物流系统与其他系统，如生产系统、销售系统、消费系统等密切相关，因而还必须收集这些相关系统的信息，这就使物流信息的分类、研究、筛选等的难度增加。

在物流基本过程中，物流信息不断地产生。根据产生的领域和作用，物流信息可分为综合信息、运输信息、库存信息、配送信息、订货及进货信息等。

(3) 物流信息的作用

物流信息在物流活动中起着类似于人脑中枢神经的作用，具有计划、协调、控制功能。其作用主要是通过以下几个方面来实现的。

1）支持市场交易活动。交易活动主要记录订单和接货内容、安排储存任务、作业程序选择、制定价格和相关内容查询等。物流信息的交易作用就是记录物流活动的基本内容，主要特征是程序化、规划化和交互式，强调整个信息系统的效率性和继承性。

2）支持业务控制。物流服务的水平和资源和利用的管理，需要有信息的反馈并做好相关的控制，要通过建立完善的考核指标体系来对作业计划和绩效进行评价和鉴别。这里强调了信息作为控制工作和加强控制力度的工具的作用。

3）支持工作协调。在物流运作中，物流系统各环节、各子系统加强信息的集成与流通，有利于提高工作的质量与效率，减小劳动强度。

（4）支持决策和战略功能

物流信息管理有利于协调工作人员和管理层进行活动的评估和成本——收益分析，从而更好地进行决策。

2. 物流信息化技术

（1）物流信息化技术概述

物流信息化技术（Logistics Information Technology）是现代信息技术在物流各个作业环节中的综合应用，是现代物流区别传统物流的根本标志，也是物流技术中发展最快的领域，尤其是计算机网络技术的广泛应用使物流信息化技术达到了较高的应用水平。同时，随着物流信息化技术的不断发展，产生了一系列新的物流理念和新的物流经营方式，推进了物流的变革。在供应链管理方面，物流信息技术的发展也改变了企业应用供应链管理获得竞争优势的方式，成功的企业通过应用信息技术来支持它的经营战略并选择它的经营业务，从而提高供应链活动的效率，增强整个供应链的经营决策能力。

（2）物流信息化技术的分类

物流信息化技术是物流现代化的重要标志，也是物流技术中发展最快的领域，从数据采集的条形码系统，到办公自动化系统中的微机、互联网，各种终端设备等硬件以及计算机软件都在发生日新月异的变化。

按照物流信息化所处的应用层面对其进行分类，可以将其分为：

1）基础技术层面的技术，如互联网、地理信息系统、全球卫星定位系统、条形码技术、射频技术等等。

2）环境体系层面的技术，如电子数据交换（EDI）。

3）作业管理层面的技术，如 JIT、销售时点管理信息系统、有效客户信息反馈、自动连续补货、快速响应等。

4）管理信息系统层面的技术，如分销业务计划与决策分析系统和分销体系与资源运营管理系统，客户关系管理系统、供需链管理系统等等。

（3）物流信息化技术的应用

在我国，各类物流信息化技术已经广泛应用于物流活动的各个环节，对企业的物流活动产生了深远的影响。主要表现在以下 3 个方面：

1）自动化设备技术的应用。

- 自动化拣选设备。自动化拣选设备是物流信息化技术的一种典型应用。国内很多超市、医药、邮包等行业的配送中心都引进了物流自动化拣选设备。如北京市医药总公司配送中心，其拣选货架（盘）上配有可视的分拣提示设备，这种分拣货架与物流管理信息系统相连，动态地提示被拣选的物品和数量，指导着工作人员的拣选操作，提高了货物拣选的准确性和速度。

● 自动化分拣设备。自动化的分拣设备首先将条码或电子标签附在被识别的物体上（一般为组包后的运输单元），由传送带送入分拣口，然后由装有识读设备的分拣机分拣物品，最后使物品进入各自的组货通道，完成物品的自动分拣。目前，自动化的分拣设备在国内大型配送中心有所应用，但这类设备及相应的配套软件基本上是由国外进口，或者是进口国外的机械设备，国内配置相应的软件。

● 自动化立体仓库和巷道堆垛机。近年来，自动化立体仓库和巷道堆垛机在我国的发展速度非常迅速，在机械制造、汽车、纺织、铁路、卷烟等行业都有广泛应用。虽然国产堆垛机在其行走速度、噪声、定位精度等技术指标上有了很大的改进，运行也比较稳定。但是与国外著名厂家相比，在堆垛机的一些精细指标，如最低货位极限高度、高速（80 m/s 以上）运行时的噪声、电机减速性能等等方面还存在不小差距。

2）自动化设备跟踪和控制技术的应用。

自动化物流设备跟踪和控制技术主要是指利用物流信息化技术对物流的运输载体及物流活动中涉及到的物品所在地进行跟踪。

当前，世界上先进的自动化物流设备跟踪和控制技术是运用 RFID 手段对物流的运输载体进行阶段性的跟踪技术。但目前，我国使用的主流设备跟踪和控制技术仍是 GPS 技术。利用 GPS 能够使货主及车主随时了解车辆与货物的位置与状态，保障整个物流过程的有效监控与快速运转。

3）动态信息采集技术的应用。

企业的全球化发展、产品生命周期和用户交货期的缩短等都对物流服务的可得性与可控性提出了更高的要求，实时物流概念由此诞生。动态的货物或移动载体本身具有很多有用的信息，例如货物的名称，数量、重量、质量、出产地、或者移动载体（如车辆、轮船等）的名称、牌号、位置、状态等一系列信息，这些信息可能在物流中反复地出现和使用。因此，正确、快速读取动态货物或载体的信息并加以利用，可以显著提高物流的效率和效益。物流动态信息采集应用技术是一种可以实时、准确和快速地搜集动态货物和载体信息的物流信息化技术，它能够完全掌控物流过程，是当前全球范围研究的重点领域。在当前主流的物流动态信息采集技术应用中，一维、二维条码技术应用范围最广，其次还有磁条（卡）、语音识别、便携式数据终端、射频识别（RFID）、全球定位系统（GPS）以及全球地理信息系统（GIS）等技术。

5.1.2 物流信息化建设的内容、层次和意义

1. 物流信息化建设的内容

（1）基础环境建设

物流信息化基础环境的建设包括：制定物流信息化规划和相应的法律、法规、制度、标准、规范，开展物流关键技术的研发和应用模式的探索，以及通信、网络等基础设施建设。在国家的中长期科技规划研究中，把信息化和标准化列为物流科技最主要的两大关键技术。

（2）物流公共信息平台建设

物流公共信息平台建设是指基于计算机通信网络技术，提供物流信息、技术、设备等资源共享服务的信息平台。它具有整合供应链各环节物流信息、物流监管、物流技术和设备等资源，面向社会用户提供信息服务、管理服务、技术服务和交易服务的基本特征。

物流公共信息平台的信息服务需要大量权威的政务信息，管理服务是物流相关管理部门的政府职责，这两项功能应由相关政府管理部门负责建设提供；物流公共信息平台的技术服务和交易服务则完全可以采用市场化的机制建设和运行。

2. 物流信息化建设的层次

（1）第一层次：单点应用

第一层次针对个别功能的各种软件工具和单点系统的建设。这一层次的主要建设内容包括办公套件、企业邮箱之类的通用工具软件以及物流行业专用的条码器、自动识别软件、物流仿真软件等工具软件或单点系统等。

（2）第二层次：流程优化

第二层次是针对物流企业的个别业务流程或管理职能，实施部门级的信息系统建设。该层次的信息化建设内容既包括一般企业通用的信息系统，也包括物流企业专用的信息系统。

（3）第三层次：综合管理

第三层次是针对整个企业的综合管理，实施企业级的信息系统建设。该层次的信息化建设内容既包括一般企业通用的综合管理信息系统，也包括物流行业专用的综合管理信息系统。

（4）第四层次：公共平台

第四层次所要解决的问题是整个物流行业的信息化问题，如物流信息的发布与共享，物流行业与其他相关机构的信息交互。这些信息化需求不可能由某一家物流企业单独承担，而应该由外部的服务供应商或政府部门负责满足。这一层次的建设内容主要包括：物流公共信息交换平台、全球定位系统、地理信息系统、EDI 网络服务中心等。当前，物流公共平台领域发展较为快速的是物流公共信息交换平台系统，国内知名的物流行业信息平台，如锦程物流和中国物通网，都属于这个范畴。

3. 物流信息化建设的方向和意义

（1）物流信息化建设的方向

国务院在《物流振兴规划》指出的，当前物流信息化建设应该坚持抓住两个重点：一是，提高广大物流企业对信息技术的单元应用水平，逐步提高企业内部的工作效率；二是，重点支持物流信息平台的建设，活跃市场交易，提高整个行业的工作效率和效益。

未来，随着物流国际化、物流高级化的发展以及现代高新技术的迅速发展，物流系统各个环节的作业将会出现机械化、自动化、智能化为主的发展趋势，物流信息平台，尤其是第三方物流公共信息平台，将成为物流行业发展的中枢神经。

（2）物流信息化建设的意义

电子计算机及信息网络技术正促进电子商务迅速发展、支持信息流加速运动，实现物流少批量、多频率、高性能、快速度、低成本运行，以满足各类用户适应市场需要的变化。全球移动通信、企业内联网、电子数据交换、全球定位技术、物联网等的发展与应用，使物流信息化建设在其物流发展战略中的作用和意义越来越突出。

当今社会，物流信息化的影响已经从生产作业层次深化到管理变革层次。因为，物流信息化建设必然要求企业组织结构、业务流程和管理方式相应变化，才能从根本上实现管理与信息的融合，发挥二者作为生产力的最大潜力。在企业战略实施的全过程中，如果信息不对称、不准确、不及时，会导致企业做出错误判断，影响既定战略的实施、评估和控制，最终会导致总战略不能顺利实现；相反，准确及时的信息有利于企业总战略的实现。物流信息化建设服务于物流企业的总战略目标，它不仅要解决上述信息不对称、不准确、不及时的问题，同时还要解决企业乃至整个供应链的信息共享问题。

总之，物流信息化建设是现代物流发展的灵魂，是现代物流发展的必然要求和基石。物流信息化建设目标要清晰，要与物流企业经营战略目标相辅相成、互为依托。正确的物流信息化建设能够促进物流信息化的发展，提高物流效率，降低物流成本，整合各类物流信息资源，实现供应链信息的无缝接轨，实现物流信息的网络化、实时化传输，真正达到物畅其流的效果。

5.2 电子商务物流信息技术

5.2.1 条码技术

1. 条码技术的发展和应用

条码（Bar Code）技术最早出现于20世纪40年代，但其实际应用和迅速发展却是在最近的20年。最初美国的两位工程师研究出用代码表示食品项目及相应的自动识别设备，并获得美国专利，这标志着条码的诞生。20世纪70年代，条码技术才真正地应用于生产领域。

从20世纪80年代中期开始，我国一些高等院校、科研部门及一些出口企业，把条码技术的研究和推广应用逐步提到议事日程。一些行业如图书、邮电、物资管理部门和外贸部门也开始使用条码技术。1991年中国物品编码中心正式加入国际物品条码协会，许多企业获得了条码标记的使用权，使中国的大量商品打入了国际市场，给企业带来了可观的经济效益。

条码技术广泛地应用在各种行业和领域，如商业、邮政、图书管理、仓储、工业生产过程控制等。它具有输入速度快、准确度高、成本低、可靠性强等优点。其中物流条码技术是重要的物流技术，是条码技术的主要组成部分。它在国际范围内提供了一套可靠的代码标识体系，为贸易和物流管理活动提供标准信息。在流通和物流信息采集活动中，为了能够迅速准确地识别商品，自动读取有关商品的信息，条码技术被广泛应用。条码是有关生产厂家、批发商、零售商、运输业者等经济实体进行订货和接收订货、销售、运输、保管、出入库检验等活动的信息源。在物流领域中，利用条码技术可以实现对商品进行识别和描述，从而解决了数据录入和数据采集的瓶颈问题，为物流供应链管理提供了有力支持。

条码技术在当今的自动识别技术中占有重要的地位。使用条码输入比键盘输入速度提高了5倍。使用条码准确度高、可靠性强、所需费用较低。目前在欧美等发达国家兴起的有效客户反应（Elficinet Conrumer Response，ECR）、快速响应（Quick Response，QR）和自动连续补货（Automatic Consecutive Entrance Planning，ACEP）等供应链管理策略，都离不开条码技术的支持。条码技术是完善POS系统、EDI系统、电子商务和供应链管理的技术基础，是实现物流管理现代化、提高企业管理水平和增强企业竞争能力的重要工具。因此物流条码的标准化在推动各行业的信息化与现代化进程以及供应链管理的过程中起到了不可估量的作用。

2. 条码技术的内容

条码技术包括条码的编码技术、条码标识符号的设计、快速识别技术和计算机管理技术，它是实现计算机管理和电子数据交换必不可少的前端采集技术。

条码标识简称条码，物流条码是物流过程中用以标识具体实物的一种代码，它是由一组黑白相间的条、空组成的图形，利用识读设备可以实现自动识别、自动数据采集。条码隐含着数字信息、字母信息、标志信息、符号信息，主要用以表示商品的名称、产地、价格、种类等，是全世界通用的商品代码的表示方法。

条码的工作原理是黑色条对光的反射率低而白色空对光的反射率高，再加上条与空的宽度不同，就能使扫描光线产生不同的反射接收效果，在光电转换设备上转换成不同的电脉冲，形成了可以传输的电子信息。由于光的运动速度极快，所以可以准确无误地对运动中的商品条码予以识别。

条码技术编码方案，根据编码方式的不同条码可以分为：一维码和二维码。

（1）一维码

一维码包括 UPC 商品条码、EAN 商品条码、Code39 条码、交叉 25 码、库德巴码、Code 128 条码、EAN－128 码等。1977 年欧洲经济共同体各国按照 UPC 码的标准制定了欧洲物品编码 EAN 码，EAN 码的国别由 EAN 总部分配管理，制造商代码由 EAN 在各国的分支机构分配管理。EAN 码由代表 12 位数字的产品代码和 1 位校验验码组成。EAN13 码如图 5-1 所示。

EAN13

6 901234 567892

国家代码　厂商代码　商品代码　检查码

图 5-1　EAN13 码

前三位数字组成前缀码，是国家的代码，是由国际物品编码协会统一决定的，我国为 690、691、692。中间 4 位数字组成制造商代码，我国物品编码中心统一分配并统一注册，一厂一码。之后 5 位数字为产品代码，表示每个制造商的商品，由厂商根据规定自己编制，其字符集为 0～9。可标识 10 万种商品。最后 1 位为校验码，用以检验前面各码的正误。

国际上存在两种编码系统，我国产品销往美国、加拿大时应使用 UPC 码，而出口到其他国家和地区时则应使用 EAN 码。

此外，物流条码还有其他类型，如交叉 25 码（包含定量存储单元信息）和 128 码（用于贸易单元信息标识）等。物流条码一般采用 14 位数字组成的标准物流条码，它是在通用商品条码单位数字之前加入一位数字，标识物流识别码。

（2）二维码

二维码是指能够在横向和纵向两个方向同时表达信息，不仅能在很小的面积内表达大量的信息，而且能够表达汉字和存储图像。二维码的出现拓展了条码的应用领域，它的诞生解决了一维码不能解决的问题，被不同的行业所采用。二维码是用某种特定的、按一定的规律在平面（二维方向上）分布的黑白相间的几何图形记录数据符号信息的一种条码技术。简单地说，在水平和垂直方向的二维空间存储信息的条码，称为二维码。每种码制有其特定的字符集，每个字符占有一定的宽度，具有一定的校验功能。二维码具有对不同行业的信息自动识别功能及处理图形旋转变化等特点。二维码提高了信息密度，实现了用条码对物品的“描述”。其纠错功能强，可表示多种语言文字，可表示图像数据。二维条码引入加密机制可以防止各种伪造，具有储存量大、保密性高、追踪性高、抗损性强、备援性大、成本低等特性，其适用于表单、安全保密、追踪、证照、存货盘点、资料备援等方面。二维条码在物流方面可以用于物流中心、仓储中心的货品及固定资产的自动盘点。

二维码主要有 PDF417 码、Code 49 码、Code 16K 码、Data Matrix 码、Maxi Code 码等。

PDF417（Portable Data File 为“便携式数据文件”）二维码是美国 Symbol 公司于 1991 年正式推出的。因为组成条码的每一个条码字符由 4 个条和 4 个空共计 17 个模块构成，故称为 PDF417 码。PDF417 码是一种高密度、高信息含量的便携式数据文件，是实现证件及卡片等大容量、高可靠性信息自动储存、携带并可用机器自动识读的理想代码。它是目前应用最为广泛的二维码。

（3）条码阅读器

条码阅读器用于读取条码所包含的信息设备。条码阅读器的结构通常包括：光源、接收装置、光电转换部件、译码电路、计算机接口等。条码阅读器工作时，由光源发出的光线经过光学系统照射到条码符号上面，被反射回来的光经过光学系统成像在光电转换器上，使之产生电信号，信号经过电路放大后产生模拟电压，它与照射到条码符号上被反射回来的光成正比，再经过滤波、整形，形成与模拟信号对应的方波信号，经译码器解释为计算机直接接收的数字信号。

条码阅读笔通常有：光笔、CCD 和激光枪，每一种识读设备都有自己的识读范围，各种识读设备分辨率不同，用户在选择码制时应加以考虑，以便与自己的现有设备相匹配。光笔是最先出现的一种手持接触式条码阅读器，它也是最为经济且轻便的一种条码读入装置。CCD 阅读器的优点是价格较便宜，容易使用。激光枪自动扫描器是各种扫描器中价格相对较高的，但它所能提供的各项功能指标最高，因此在各个行业中被广泛采用。

3. 条码识别技术的应用

（1）条码技术在不同行业中的应用

1）交通运输业。国际运输协会已做出规定，货物运输途中，物品的包装上必须贴上条码符号，以便所运物品进行自动化统计管理。此外，铁路、公路的旅客车票自动化售票及检票系统，公路售票站的自动化，货运仓库物流信息系统中的条码作为一种及时、准确、可靠、经济的数据输入手段已被物流信息系统所采用。在工业发达国家已经普及应用，已成为商品独有的世界通用的“身份证”。欧美、日本等国家已经普遍使用条码技术，在世界各地迅速兴起的运输自动化管理中，都必须利用条码技术来实时采集数据。

2）邮电通信业。邮件的分拣、登单是非常繁重的工作，占用了邮电职工的绝大部分工作量。在邮件上贴上或印刷上条码符号，就能用条码阅读设备输入相应的信息，实施分拣、登单的自动化管理。例如，6 位数的邮政编码用条码符号代替，各邮电局（所）都贴上相应的条码标签作为它们的代码，用条码阅读设备读取这些信息，则利用计算机就可实现挂号函件的自动登单。

3）物流行业。物流行业是条码技术一个很重要的应用方面。在物资入库、分类、出库、盘点和运输等方面，可以全面实行条码管理。通用商品流通销售在这方面除抓好出口商品条码自动化管理外，应着手研制是适合中国国情的专用收款机和商场综合管理系统，并经过商场试用，逐步进行推广。POS 系统由若干个子系统组成，其中现金收款机（又叫收银机）是集个人计算机和译码器为一身，既能自动识别条形符号，又能进行数据处理，而且能打印出购物清单，内容包括商品名称、价格、数量、总金额及日期等，顾客可把它作为购物收据。系统中的计算机是用来对数据进行综合处理的，为此应事先建立数据库和应用软件。这样有利于根据各终端的当日报告情况，进行商品的销售综合分析，及时提供市场动态，并据此确定订货计划，以保证经营活动的正常进行。由于使用了条码技术，既方便迅速，又保证了信息准确。

4）其他行业。实践表明，商店采用条码系统管理体制所带来的直接效益可达营业额的

6.12%。更为重要的是，它不仅促进了商品流通化管理，而且对生产厂家来说，采用条码技术不仅能有效地掌握生产线上各工序元器件、部件、半成品数量以及成品和原材料的库存情况，而且还可以通过计算机网络快速获得销售信息，及时有效地预测市场动向，建立产、供、销为一体的高效运行机制。由于现代工商贸易异常活跃，商品种类多而庞杂，因此采用物品编码可使出口商在贸易中避免出现差错，并能及时了解货物分布情况。零售业采用了 POS 系统，不仅提高了结算速度，也避免了人为差错，使顾客量由此大增。对顾客而言，可大大减少购物等待时间，而有购物清单便于家庭记账。条码管理系统的应用也为商场服务人员为顾客咨询服务创造了有利的条件。

条码技术还可以在海关用于商品报关单管理和海关商品检验等；在公安系统用于出入签证管理以及护照、身份证管理等方面；在企事业单位可用于人事档案管理、设备管理、会务管理、考勤管理、高考自学考试管理和各种票证、票据管理等。条码技术为商品管理和各国间贸易往来以及各领域的自动化管理，提供了极为简便的共同语言。

4. 二维码在移动商务市场的应用前景

手机二维码是二维码与移动增值业务的结合，是指将相关信息用二维码进行编码，使二维码信息以彩信的形式在手机里存储、阅读、传播。手机同时作为二维码信息的载体、识读设备。手机扫描二维码技术，简单地说是通过手机拍照功能对二维码进行扫描，快读获取到二维码中存储的信息。手机二维码具有信息量大、纠错能力强、识读速度快、全方位识读等优点。它最大的优势在于实现了精准信息的直达。

手机二维码的应用在传统商业和网络商业之间架起了一座桥梁，推动移动商务迈上一个新的台阶。用户通过扫描二维码上网可以及时获得优惠打折信息，迷路时能指明方向，购买产品时能够方便地获得产品信息。此外它还能随时下载图文、音乐、视频、获取公共服务、进行手机阅读，方便大众生活。随着 4G 时代的到来，二维码还可以为在线视频、网上购物、网上支付等提供方便的入口。因此二维码在移动商务市场的未来应用前景还是非常广阔的。具体到现有和潜在的手机二维码应用主要有以下四个方面：

1）大众服务类。例如，手机二维码名片业务：通过二维码名片的手机识读，条码所载名片信息可存入本机名片夹或发至他人，为移动商旅提供方便快捷的信息联通。身份识别卡的应用也具备很好的实用性和推广性。持卡人的姓名、照片和其他人信息被编成二维码印在卡上或直接存储在手机上，可用来做重要场所的进出管理及医院就诊管理等。该项应用的优点在于数据采集的实时性、低实施成本及防伪性。此外市场宣传、广告业务、电子门票等也是大众服务方面的主要业务应用。

2）商品信息类。如查询商品信息、验证商品真伪等。手机用户扫描商品上的条码，并将服务请求和条码所载内容发至条码业务管理平台，平台转发服务请求至商品条码业务管理平台，通过内容服务商的信息反馈，用户可查阅该产品的相关信息，可进一步获取该产品的真假。

3）移动识读类。它是指各种“离线/在线”移动条码识读，如证件管理、报表管理、行包、货物的运输和邮递、资料管理等。邮政函件或包裹上的二维码包含有收件人的地址和联络信息，投递人员用手机识读该条码，在投递前可以调整定位导航功能快速到达投递地址，在投递后可以及时更新数据库中的邮包状态。

4）行业应用类。例如运输业在单据处理前要进行数据的录入，人工键盘录入的方式存在效率低、差错率高的问题，已不能适应现代运输业的要求。二维码在这方面提供了一个很好的解决方案。将单据的内容编成一个二维码，打印在发货单据上，在运输业务的各个环节使用二维码阅读器扫描条码，信息便录入到计算机管理系统中，既快速又准确。在时间紧迫的情况下，通过手机可以快速将信息传递给买方，使得整个运输过程的沟通效率大大提高。

5.2.2 电子订货系统

1. 电子订货系统简述

（1）电子订货系统的概念

电子订货系统（Electronic Ordering System，EOS）是指企业间利用通信网络和终端设备以在线联络的方式进行订货作业和订货信息交换的系统。EOS 按应用范围可分为企业内的 EOS（如连锁店经营中各个连锁分店与总部之间建立的 EOS）、零售商与批发商之间的 EOS 以及零售商、批发商和生产商之间的 EOS。EOS 的基本框架如下图 5-2 所示。

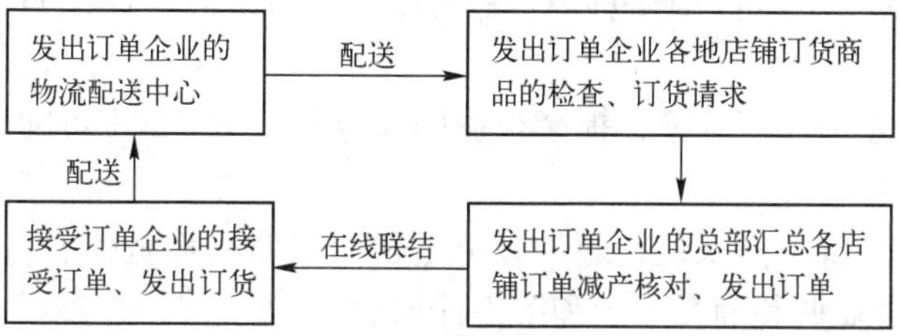

图 5-2　EOS 基本框架

流通业者借助 EOS 促进销售的增加，用来广泛地支持及时采购的经营战略，成为流通业的厂商积极推动 EOS 的重要因素。

（2）EOS 的特点

1）商业企业内部计算机网络应用功能完善，能及时产生订货信息。

2）销售点管理（POS）与 EOS 高度结合，产生高质量的信息。

3）满足零售商和供应商之间的信息传递。

4）通过网络传输订货信息。

5）信息传递及时、准确。

6）EOS 是许多零售商和供应商之间的整体运作系统，而不是单个零售店和单个供应商之间的系统。

7）电子订货系统在零售商和供应商之间建立了一条高速通道，使双方的信息及时得到了沟通，使订货过程的周期大大缩短，既保障了商品的及时供应，又加速了资金的周转，实现了零库存战略。

（3）EOS 的发展过程

1）基于电话、传真。早期的 EOS 通过电话、传真在零售商和供应商之间传递订货信息。

2）基于点对点（Point To Point）。EOS 零售商和供应商的计算机通过专线或电话线直接相连，相互传递订货信息。这种方式要求双方采用的通信协议、传输速率必须相同，且要求对方开机才能建立连接。在供应商很多的情况下，这种方式就不适宜了。

3）基于增值网络（VAN）。EOS 零售商和供应商之间通过增值网络，即成立区域性的 VAN 运营公司，为本地区的零售业服务，支持本地区 EOS 运行。

① 地区 VAN 网络。由许多中小零售商在各地设立区域性的 VAN，即成立区域性的 VAN

运营公司，为本地区的零售业服务，支持本地区 EOS 运行。

② 专业 VAN 网络。在商品流通中，常常是按商品的性质进行分类，如食品、医药品、农副产品、生鲜食品、服装等，因此形成了各个不同的专业。各专业为了达到流通现代化的目标，分别建立了自己的网络体系，形成专业的 VAN。基于 VAN 的 EOS 一般都通过 EDI 方式传递订货信息。

4）基于互联网。随着互联网在全球范围内的普及，利用 Web 技术，通过互联网传递订货信息，加速信息传递和共享，是越来越热门的话题。互联网上亿万用户是巨大的潜在供应商和零售商，但互联网的安全性和保密性问题制约着 EOS 的广泛应用。

（4）EOS 的作用

EOS 能及时、准确地交换订货信息，它在企业物流管理中的作用如下：

1）对于传统的订货方式，如上门订货、邮寄订货、电话、传真订货等，EOS 可以缩短从接到订单到发出订货的时间，缩短订货商品的交货期，减少商品订单的出错率，节省人工费。

2）有利于减少企业的库存水平，提高企业的库存管理效率，同时也能防止商品特别是畅销商品缺货现象的出现。

3）对于生产厂家和批发商来说，通过分析零售商的商品订货信息，能准确判断畅销商品和滞销商品，有利于企业调整商品生产和销售计划。

4）有利于提高企业物流信息系统的效率，使各个业务信息子系统之间的数据交换更加便利和迅速，丰富企业的经营信息。

2. EOS 所需设备

（1）附有数据机的通信设备

附有数据机的通信设备将已输入手持式终端机的订货材料，通过数据机的转换，经由电话线路传递给供货厂商或总部。

（2）通信方式

以个别经营的零售店来看，需要应付数十至上百家供应商的订货作业，通过 EOS 及共用型 VAN（增值网络，Value Added Network）应是最为可行的做法。

（3）计算机设备

（4）辅助工具

辅助工具如订货簿、标签、电子订货书。

（5）订单内容格式

订单内容格式必须符合 EDI 标准。

3. EOS 的作业流程与规划

（1）作业流程

1）订货人员在进行订货作业时，就要先在卖场查看各商品销售状况，确认所需订货，方可进行订货作业，要特别注意是否未上架的库存商品。

2）订货人员在卖场扫描所需进货的商品价格卡，输入订货商品的数量。

3）订货人员将移动终端机的订货资料输入后，再由后台计算机进行数据处理，把订货资料传送到供应商或连锁公司总部的配送中心。

4）如连锁店计算机系统没有与供应商或总部的配送中心进行联网，可将订货资料打印出来，传真到对方或派人送出。

（2）盘点作业流程

1）连锁店在进行盘点作业时，盘点人员可手持掌上终端机去卖场和仓库，逐一扫描商品的价格卡或商品的条码，并输入清点的商品数量。

2）商品存货清点与输入完成之后，将掌上终端机连接到后台计算机上，以便统计和传输出盘点资料。

3）在通过数据机把盘点资料传输至公司总部的计算机，总部计算机经过运算后，可做出盘点统计表、盈亏表和其他的管理报表。

（3）EOS 规划

导入电子订货系统首先要对本企业的情况以及社会配套条件等方面的问题进行全面的分析，如果决定导入，再考虑以下规划内容：

1）选择加入的社会配套管理信息系统。根据拟导入的电子订货系统的类型，以及服务功能、价格、同业参加状况，选择最合适的社会配套管理信息系统。

2）与交易对象共同建立 EOS 运作规范。如新商品加入、促销特价处理、适用商品扩大、变更登录、标签发行、例外状态处理等先建立规范的运作办法。

3）建立标准的商品代号与企业代号。EOS 作业不仅要利用统一的商品条码，还必须对商品分类码、企业代码、店内码等标准化。

4）建立商品订货簿和货架卡。订货簿和货架卡至少应表示的项目有：商品代号、商品条码、商品名称、售价。

5）建立标准的订货模式。一是订货方式，如利用货架卡、订货簿，或两者并用，或采用安全存量订货法。二是订货时间，如固定或不定式。三是订货周期，如每日、隔日、每周两次等。四是订货人员，可选择专业订货人员、商品群负责人或店长。五是电子订货系统终端机台数，根据订货作业量来确定。六是设备操作，应制作标准的作业手册。

6）建立商品交易档案。即根据商品目录，建立或提供交易对象目录，以便有关方面进行分单处理和数据分析。

7）货架卡定位。货架卡是 EOS 作业的必备条件，通常由连锁总部（或供应商、网络中心）制作发行，门店得到货架卡后应放置到指定的货架上，并随时注意其位置的变动。

8）建立统一的传票。使用统一的传票有利于交易各方交换信息，这也是 EOS 作业的基础。

9）作业人员教育训练。导入电子订货系统需要有关部门和人员的理解与支持，这就必须在导入前进入必要教育，以建立共识，同时应对直接相关人员针对维护、操作、例外处理等问题进行训练指导。

10）导入测试。正式导入之前，除了系统本身及通信线路的测试外，还应在门店对货架卡、订货簿、终端机等工具进行实地测试。测试无误后才能选定日期正式导入。

5.2.3 射频识别技术

1. 射频识别技术的发展

射频识别（Radio Frequency Identification，RFID）技术在历史上的首次应用可追溯到第二次世界大战期间，其当时的功能是分辨敌我方飞机。到 1970 年末，美国政府将 RFID 技术转移到民间。现在，RFID 技术已经被广泛应用于各个领域。

RFID 作为自动识别技术的新兴产物是目前最热门的新技术，俗称电子标签。RFID 提供了不直接接触采集物品信息的手段，读写距离范围在几毫米到几米之间，在自动识别技术领域已有广泛的运用。

2. 射频识别技术系统组成

从射频识别系统的工作原理来看，它一般由射频卡、阅读器、天线几部分组成。

（1）标签（Tag，即射频卡）

在 RFID 系统中，信号发射机在不同的应用场合会以不同的系统形式存在，典型的形式是电子标签，它相当于条码技术的条码符号，保存有约定格式的电子数据，用来存储需要被传输的信息。电子标签必须能够自动或在外力的作用下，把存储的信息主动发射出去。它由耦合元件及芯片组成，标签含有内置天线，用于和射频天线间进行通信。在实际应用中，电子标签附着在物体的表面。

（2）阅读器

阅读器也称信号接收机，用来读取标签信息的设备，可无接触地读取并识别电子标签中所保存的电子数据，从而达到自动识别物体的目的。它通过计算机及计算机网络进一步实现对物体识别信息的采集、处理及远程传送等管理功能。

（3）天线

天线是电子标签与阅读器之间传输数据的发射、接收装置。由于系统功率、天线的形状和相对位置影响数据的发射和接收，天线进行设计、安装需要由专业人员进行。

3. RFID 系统的工作原理

RFID 系统的基本工作流程是：阅读器通过发射天线发送一定频率的射频信号，当射频卡进入发射天线工作区域时产生感应电流，射频卡获得能量被激活，射频卡将自身编码等信息通过卡内置发生器天线发送出去。系统接收天线接收到从射频卡发送来的载波信号，经天线调节器传送到阅读器，阅读器对接收的信号进行解调和解码然后送到后台主系统进行相关处理。主系统根据逻辑判断该卡的合法性，针对不同的设定做出相应的处理和控制，发出指令信号控制执行机构动作。

4. RFID 系统的种类及特点

（1）RFID 系统的种类

按标签的能量来源不同可分为：有源系统和无源系统。按系统工作频率不同可分为：高频、中频及低频系统。按工作方式不同分为：主动式系统和被动式系统。按工作距离的远近可分为：远程、近程和超近程系统。

（2）RFDI 系统的特点

1）快速扫描。RFID 辩识器同时辨识读取数个标签。

2）体积小型化、形状多样化。RFID 在读数上并不受尺寸大小与形状限制，无须为了读取精确度而配合纸张的固定尺寸和印刷品质。此外 RFID 标签更可往小型化与多样形态发展，已应用于不同产品。

3）抗污染能力和耐久性。RFID 对水、油和化学药品等物质具有很强的抵抗性，因此即使标签受到污损，卷标的数据依然可以读取。

4）可重复使用。RFID 标签可以重复地新增、修改、删除卷标内储存的数据，方便信息的更新。

5）穿透性和无屏障阅读。在被覆盖的情况下，RFID 能够穿透纸张、木材和塑料等非金属或非透明的材质，并能够进行穿透性通信。

6）数据的记忆容量大。随着记忆载体的发展，数据容量不断扩大，而RFID最大容量有几百兆，未来物品所需携带的资料量会越来越大，对卷标所能扩充容量的需求也相应增加。

7）安全性。由于RFID承载的是电子式信息，其数据内容可经由密码保护，使其内容不易被伪造及变造。

5. 射频识别技术在现代物流中的应用

（1）RFID在邮政分拣中的应用

国家863计划“无线射频技术研究与开发”邮政应用子课题“射频识别的应用”项目于2006年3月28日在上海邮政局通过国家邮政局验收后，正式投入使用。该技术应用后，总体运行平稳，有效解决了速递总包在交接和分拣等生产环节中长期存在的生产效率低、劳动强度大和拒识率高等问题，缩短了邮件的传递时限，减轻了职工的劳动强度，提高了邮件识读率和交接质量，进一步提升了上海邮政信息化的水平。促进了业务的发展。射频识别技术在邮政的应用，标志着该项技术在邮政系统的应用与推广已经进入关键阶段，有力推动了信息流与实物物流统一化、分拣自动化、总包交接便捷化的进程。

（2）RFID技术使得合理地产品库存控制和智能物流技术成为可能

在物流行业，RFID技术使得合理地产品库存控制和智能物流技术成为可能。它在物流行业的应用流程是：每个产品出厂时都被附上电子标签，然后通过读写器写入唯一的识别代码，并将物品的信息录入到数据库中。此后装箱销售、出口验证、到港分发、零售上架等各个环节都可以通过读写器反复读写标签。标签就是物品的“身份证”，借助电子标签，可以实现商品对原料、半成品、成品、运输、仓储、配送、上架、最终销售，甚至退货处理等环节进行实时监控。RFID技术提高了物品分拣的自动化程度，降低了差错率，使整个供应链管理显得透明而高效。

（3）RFID在交通行业的应用

RFID在交通行业的应用主要是在高速公路收费及智能交通方面。通过在汽车上安装射频识别卡，可使汽车被自动识别，在车辆高速通过收费站的同时完成缴费，大大提高了行车速度和效率，从而避免拥堵，解决了交通瓶颈问题。而将该系统与车辆信息数据库、缴费信息数据库连接后，还可以自动对过往车辆实施不停车检查，通过与资料中心数据库进行对照，能在几秒钟以内查到车辆欠费情况和违规情况，通过运用信息化、网络化等科技手段最大限度地遏制车辆偷逃交通费用和违规营运的行为。

（4）RFID在零售业中的应用

由沃尔玛、麦德隆等大超市一手推动的RFID的应用，可以为零售业带来包括降低劳动力成本，提高商品的可视度，降低因商品断货造成的损失，减少商品偷窃现象等好处，可应用的过程包括商品的销售数据实时统计、补货、防盗等。

5.2.4　全球定位系统技术

1. 概述

GPS是全球卫星定位系统的英文简写。它是美国国防部于20世纪70年代初在“子午仪卫星导航定位”技术上发展起来的具有全球性、全能型（陆地、海洋、航空与航天）、全天候性优势的导航定位、定时、测速系统，目前已经广泛应用于军事和民用等众多领域。

GPS技术是一种直接、经济、可靠和成熟的定位技术，它由发射装置和接收装置构成，发射装置由若干颗位于地球卫星静止轨道的不同方位的导航卫星构成，不断向地球表面发射无线电波。接收装置通常装载在移动的目标（如车辆、船、飞机）上，接收装置接收不同方位的导航卫星的定位信号，就可以计算出它当前的经纬度坐标，然后将其坐标信息记录下来或发回监控中心。

由于 GPS 具备全天候、全球覆盖、高精度的特征，所以该技术已被全世界各行各业所接受。

2. 组成与功能

GPS 系统包括三大部分：空间部分——GPS 卫星星座，地面控制部分——地面监控系统，用户设备部分——GPS 信号接收机。

（1）空间部分——GPS 卫星星座

GPS 工作卫星及定位星座由 21 颗工作卫星和 3 颗在轨备用卫星组成 GPS 卫星星座，记作（21 +3）GPS 星座。24 颗卫星平均呈 55°斜角分布在 6 个轨道面，每个轨道面上有 4 颗卫星，轨道平均分割赤道面，每颗卫星每天以相同轨迹绕地球两周，这种设计使系统以 4 颗环绕地球运行的工作卫星为顶点基点，通过轨观测点和各卫星基点之间的距离测量，实时计算出观测点精确的地理位置、标准时间、速度信息。

（2）地面控制部分——地面监控系统

地面监控系统对于导航定位来说也是一个重要的组成部分。GPS 卫星是动态的已知点，卫星的位置是依据卫星发射的星历——描述卫星运动及其轨道的参数算得的。每颗 GPS 卫星所播发的星历是由地面监控系统提供的。卫星上的各种设备是否正常工作以及卫星是否一直沿着预定轨道运行，都要由地面设备进行检测与控制。地面监控系统的另一重要作用是保持各颗卫星处于同一时间标准——GPS 时间系统，这就需要地面站检测各颗卫星的时间，求出钟差，然后由地面注入站入站发给卫星，卫星再由导航电文发给用户设备。

（3）用户设备部分——GPS 信号接收机

GPS 信号接收机能够捕获到按一定卫星高度截获所选择的待测卫星的信号，并跟踪这些卫星的运行，对所接收的 GPS 信号进行变换、放大和处理，以便测量出 GPS 信号从卫星到接收机天线的传播时间，解译出 GPS 卫星所发送的导航电文，实时地计算机待测站的三维位置，甚至三维速度和时间。

3. GPS 在物流领域中的应用

（1）信息接收终端应用

就应用而言，我们主要使用的是 GPS 信息接收终端。而就 GPS 终端来说，它只是具备采集经纬度、GPS 时间与终端运行速度的功能设备而已，即信息采集的终端。在物流的程序中，信息流占据着主导地位，是很多物流企业的制胜关键。更确切地说，GPS 在物流中的应用就是 GPS 在物流信息中的应用。就现在的 GPS 系统与终端所具备的功能来讲，主要有以下几点：

1）车辆分布。可从操作界面中的电子地图上察看自己用户名上所有车辆的分布情况，从而了解到所有车辆在各区域分布的具体位置、行驶状况。

2）历史轨迹。通过对历史轨迹的查询，可以看出车辆在行驶过程中的状态、路线，根据该车的行驶轨迹，公司与客户都可对货物在途的运输过程有相应的了解，并可将此作为考评依据。

3）当前位置。通过即时位置的查询，可以看到车辆当前准确的位置所在、运行的方向和运行速度，如有报警信息发生需进行求援、急于查看车辆的具体位置时，可进行实时调度等。

4）连续监控。可根据实际情况设置对车辆进行监控的时间段和位置点上发生的条件。如在车辆出发前先预计设置行驶的时间对车辆进行监控上的发件时间，这样可达到对车辆进行全程的监控的目的，以便有据可查。

5）区域查车。可根据车辆预计行驶的范围或路线在电子地图上定一个或多个报警区域，当车辆驶出和驶入该区域时终端就会向系统发出报警信息，报警信息会以手机中文短信的方式发送到指定的手机上，告诉手机的持有者是何时、何地、何车，因何原因发生了报警。设置车辆行驶路线和定点上报功能，既可用于公司又可开放给客户。

通过对 GPS 这些功能的应用，在物流中可及时进行调度和配载，降低车辆空驶率，可对承运货物的车辆进行全程跟踪以保证其安全性，也可实时掌握车、货的所在位置，提前完成对相应工作的安排，加强对驾驶员的管理，彻底解决私拉乱运问题。

（2）GPS 在物流中的三方应用

GPS 在物流中普及应用后，通过互联网实现信息共享，实现三方应用，即车辆使用方、运输公司、接货方对物流中的车货位置及运行情况都能了如指掌，透明准确，利于三方协调好商务关系，从而获得最佳的物流流程方案，取得最大的经济效益。

1）车辆使用方（货运代理、生产厂家等用车单位）。运输公司将自己的车辆信息完全开放给合作客户，让客户自己能实时查看车与货的相关信息，能较为直观地在网上看到车辆分布和运行情况，找到适合自己使用的车辆，从而省去不需要的交涉环节，加快车辆的使用频率，缩短运输配货的时间，减少相应的工作量。在货物发出之后，发货方可随时通过互联网或是手机来查询车辆在运输中的运行情况和所到达的位置，实时掌握货物在途的信息，确保货物运输时效。

2）运输公司。运输公司通过互联网实现对车辆的动态监控式管理和货物的及时合理配载，以便加强对车辆的管理，减少资源浪费，减少费用开销。同时将有关车辆的信息开放给客户后，既方便了客户的使用，又减少了不必要的环节，提高了公司的知名度与可信度，拓展了公司业务，提高了公司的经济效益与社会效益。

3）接货方。接货方只需通过发货方所提供的相关资料与权限，就可在互联网实时查看到货物信息，掌握货物在途的情况和大概的运输时间，以此来提前安排货物的接收、停放及销售等环节，使货物的销售额可提前完成。

5.2.5 地理信息系统技术

1. 概述

地理信息系统（GIS）是以地理空间数据库为基础，在计算机软件、硬件的支持下，对空间相关数据进行采集、管理、操作、分析、模拟和显示，并采用地理模型分析的方法，适时提供多种空间和动态的地理信息，为地理研究、综合评价、定量分析和决策服务而建立起来的一类计算机应用系统。作为一种基于计算机的应用工具，GIS 把地图的视觉和空间地理分析功能与数据库功能集成在一起，提供了一种对空间数据进行分析、综合和查询的智能化手段。

地理信息系统一般包括计算机系统（硬件和软件）、地理数据库系统以及应用人员与组织机构三个基本部分。计算机软件系统由核心软件和应用软件组成。地理数据库系统由数据库和地理数据库管理系统组成。地理数据库主要用于数据库维护、操作和查询检索。而地理信息系统的开发需要技术和经验，需要投入高强度的人力与开发资金，所以应用人员和一定的组织机构也是必不可少的。

2. GIS 的基本功能

地理信息系统的基本功能可以分为：

1）数据采集、校验和编辑。它主要用于获取数据，保证 GIS 数据库中的数据在内容与空间上的完整性、数据的正确性等。

2）数据的格式化、转换、转化也称为数据的操作，包括不同数据格式之间的转换、数据比例尺的变换等。

3）数据的储存于组织。这是一个数据集成的过程，涉及空间数据与非空间数据的组织。

4）查询、检索、统计、计算功能。这是地理信息系统应该具有的最基本的分析功能。

5）空间分析功能。这是 GIS 与其他计算机系统的区别所在，它是分析和解决问题的方法体现。

6）显示功能。GIS 为用户提供了许多显示地理数据的工具，如图形、报告、报表、地图等。

3. GIS 在物流领域的应用

在物流领域中，利用 GIS 强大的空间数据功能，可以合理调配和使用各种资源，降低运输费用，提高经济效益。

（1）辅助决策分析

在物流管理中，GIS 提供全方位的信息，如历史的、现在的、空间的、属性的，并在空间数据上集成各种信息，进行销售分析、市场分析、选址分析以及潜在客户分析等空间分析，获得客户资料以及与企业相关的综合数据，帮助企业制订正确的生产和销售计划，提高决策分析的能力以及决策的准确性和工作效率。

（2）优化货物运输路径

在物流网络中，货物总是在流动，如从供应商到各分销中心，从配送中心到商场或消费者等。货物运输路线选取的好坏直接影响物流成本。从起点出发到终点，物流网络可以提供多条路径，选择最优路径就是确定从起点到终点的最短等效长度。借助 GIS 技术来选择网络中的最优路径，首先要确定影响最优路径选择的因素，如经验时间、几何距离、道路质量、拥挤程度等。采用层次分析法，确定每条道路的权值，求得最优路径。在此基础上，再根据现有车辆运行情况确定车辆调配计划。

（3）选择机构设施地理位置

在物流领域，供应商、第三方物流企业、配送中心、销售商等不仅存在着空间分布上的差异，而且它们的服务范围和销售市场范围也具有一定的空间分布上的差异，因此这些机构设施地理位置的选择和确定要科学合理，它直接影响到企业的经济效益和自身的发展，是现代物流管理所必须面临的问题。机构设施地理位置的选择包括位置的评价和优化，评价是对于现有设施的空间位置分布模式的评价，而优化是对于最佳位置的搜寻。例如假定一个企业要在某市设立 n 个供货点，要求能够完全覆盖这个城市交通图上标出居民地的空间分布位置，分析已有的供应点和潜在的供应点，按照给定的条件列出需求点和供应点的二元矩阵；根据矩阵约简方法，排除多余供应点，求得满足条件的最少量的供货点。由此可见，设施地理位置的合理布局实质上就是在距离最小化和利益最大化两者之间寻求平衡点，用尽量低的成本为企业赢得更高的经济效益。

（4）实时监控车辆与货物

GIS 能接收 GPS（全球定位系统）传来的数据，并将它们显示在电子地图上，帮助企业动态地进行物流管理。首先可以实时监控运输车辆，实现对车辆的定位、跟踪与优化调度，以达到配送成本最低，并在规定时间内将货物送到目的地，最大限度地避免了迟送或错送现象；其次根据电子商务网站的订单信息、供货点信息和调度等信息，货主可以对货物随时进行全过程的跟踪与定位管理，掌握运输中货物的动态信息，可以增强供应链的透明度和控制能力，提高客户满意度。

5.2.6 电子数据交换

1. 电子数据交换的定义与特征

电子数据交换（Electronic Data Interchange，EDI）是在20世纪80年代初发展起来的一种新颖的电子化贸易工具，是计算机、通信和现代管理技术相结合的产物，也称为“无纸贸易”。它是一种在公司之间传输订单、发票等作业文件的电子化手段，通过计算机网络将贸易、运输、保险、银行和海关等行业信息，用一种国际公认的标准化格式，实现各有关部门或公司之间的数据交换与处理，并完成以贸易为中心的全部过程。

EDI是一种信息管理或处理的有效手段，它是对物流过程中的信息流进行运作的有效方法。EDI的目的是充分利用现有计算机及通信网络资源，提高贸易伙伴间通信的效益，降低成本。EDI应用获益最大的是零售业、制造业和配送业。EDI在密切贸易伙伴关系方面有潜在的优势。

（1）EDI的定义

国际标准化组织（ISO）将EDI描述为“将贸易（商业）或行政事务处理按照一个公认的标准变成结构化的事务处理或信息数据格式，从计算机到计算机的电子传输”；联合国国际贸易法委员会EDI工作组（UNCITRAL/WG4）对EDI的法律定位为：EDI是用户计算机系统之间的对结构化的、标准化的信息进行自动传送和自动处理的过程。

（2）EDI的特征

EDI定义的主体是“经济信息”，即EDI是面向紧急信息的应用系统，如订单、运单、发票、报关单等，这些信息是“按照协议”形成的，“具有一定结构特征”，这一点对EDI很重要，是EDI标准。信息传递的路径是计算机到“电子数据通信网络”，再到对方的计算机，中间不需要人工干预。

（3）EDI的主要优势

企业采用EDI可以更快速地发送交易单证，加快了商业业务的处理速度。通过EDI，避免了人工处理而出现的错误，提高了交易的准确性。EDI能实现贸易伙伴之间快速交换交易信息，从而可以减少库存，并为实现零库存管理提供了条件。EDI存储了完备的交易信息和记录，可以为管理决策者提供更详尽和准确地信息，从而为企业提高效率和减少成本提供了更大的可能性。

2. EDI系统的组成

EDI系统包括软件、硬件和通信网络三大要素。

（1）EDI软件

EDI软件具有将用户数据库系统中的信息翻译成EDI标准格式以供传输的能力。由于EDI标准可以使用不同行业的众多需求，而每个企业有其自己规定的信息格式，因此当需要发送EDI电文时，就必须要EDI软件从企业的专有数据库中提取信息，并把它翻译成EDI标准格式再进行传输。

EDI 相关软件包括：转换软件、翻译软件和通信软件。转换软件将用户计算机系统中的文件转换成翻译软件能够理解的平面文件，或是从翻译软件接收来的平面文件转换成用户计算机系统中的文件。翻译文件将平面文件翻译成 EDI 标准格式或反之。通信软件将 EDI 标准格式的文件加上了通信信封，再送到 EDI 系统交换中心的邮箱，或从 EDI 系统交换中心将收到的文件取回。

（2）EDI 硬件

EDI 所需的硬件设备大致有计算机、调制解调器和通信线路。一般现有的 PC，即工作站、小型机、主机等均可以被应用到 EDI 中。

（3）EDI 的通信网络

EDI 的通信网络一般有两种形式：通信专网和增值网。通信专网在两个贸易伙伴之间建立专门的网络来进行通信，在贸易伙伴数量比较少的情况下可以采用这种通信方式。但由于通信网络的建设费用一般都比较昂贵，所以专用网络的 EDI 用户使用的费用很高，一般中小企业很难承受。随着贸易伙伴数目的增多，许多应用 EDI 的公司逐渐采用第三方网络公司来进行通信，即增值网络方式。它类似于邮局，为发送者和接收者维护邮箱，并提供存储转送、记忆保管、通信协议转换、格式转换、安全管理等功能。由于增值网络的用户数量比专网要多很多，这样大大降低了 EDI 用户的使用费用，也使 EDI 用户的使用变得十分简便。EDI 的通信网络如图 5-3 所示。

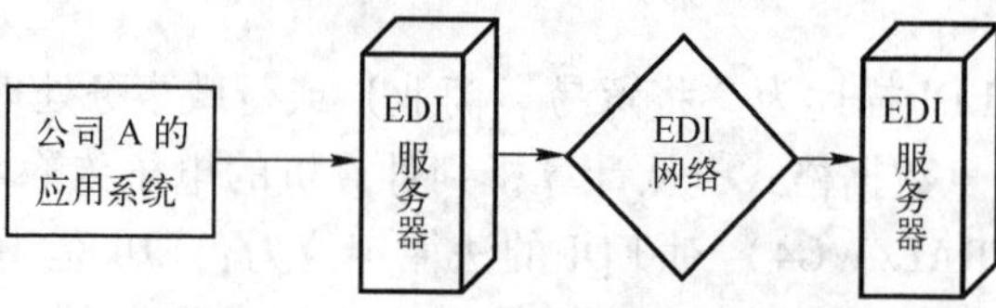

图 5-3　EDI 的通信网络

3. EDI 的工作原理

EDI 的工作原理就是用户将相关数据从自己的计算机信息系统传送到有关交易方的计算机信息系统的过程。在有 EDI 增值服务的条件下，EDI 的工作流程分为以下几个步骤，该过程是一个可逆过程，接收方向发送方发送 EDI 报文和上述过程是一样的。EDI 的工作原理如图 5-4 所示。

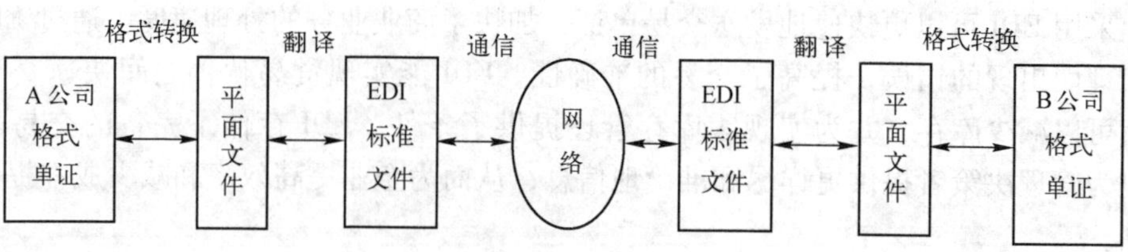

图 5-4　EDI 的工作原理

1）发送方将要发送的数据从 A 公司的信息系统数据库中提出，并通过转换软件成平面文件（中间件）。

2）平面文件通过翻译软件翻译成标准的 EDI 报文。

3）发送 EDI 信件。

4）接收方从 EDI 信箱中收取 EDI 信件。

5）将 EDI 信件拆开并通过翻译软件翻译成平面文件。

6）将平面文件转换并送到 B 公司的信息系统中进行处理。

4. EDI 的发展

（1）EDI 在发展过程中的问题

EDI 从 20 世纪 80 年代初发展至今已有 30 多年，但至今还未广泛普及，美国也仅有 5% 左右的企业使用 EDI，主要集中在大企业。

其主要原因有以下几个方面：

1）费用问题。EDI 传统运行方式费用是相当高的，这是影响 EDI 广泛应用的最主要原因。这些费用包括系统集成费、入网费、传输线路的租用费等。高额的费用就要求应用 EDI 的企业有相当大量的交易规模。传统的 EDI 的高额费用促使人们寻找更加便捷和低廉的通信网络来传输数据，而互联网商业应用的普及正好提供了一种解决 EDI“高门槛”的有效途径。目前 EDI 与互联网的融合正好地为 EDI 发展提供了便利，基于增值网络的传统网络 EDI 正在向基于互联网的 EDI 发展。

2）环境问题。EDI 应用至少是两个贸易伙伴之间的联合决策，二者之间的依赖关系和信任程度影响着 EDI 的使用。EDI 要求两个贸易伙伴之间能达到这样的信任程度，即供应商自动使用消费者计算机产生的订单作为其生产计划的输入而无须人工干预，且无须通过文件或声音方式的订单确认。贸易伙伴还应该有信心能友好地处理由于任何错误所导致的问题，这种信任关系的建立较难，导致 EDI 的应用被局限于很小的企业群体内。

（2）中国 EDI 应用的状况

我国 1991 年成立“EDI”小组，并以“中国 EDI 理事会”的名义参加了“亚洲 EDIFACT 理事会”，成为该组织的正式会员。1995 年 1 月，EDI 在我国海关成功应用；1996 年，我国成立“国际贸易 EDI 服务中心”，组建了中国国际电子商务网；广东省的 EDI 中心是我国首家投入实际运营的 EDI 中心，其他城市也逐渐展开了 EDI 中心的运营业务。中国公用电子数据交换业务网（CHINAEDI）是面向社会各行业的公用 EDI 网络，由 13 个 EDI 节点组成，提供信箱总容量为 3 万个，在全国 3 个大城市设立了 EDI 服务中心，为用户提供单证开发、技术培训、系统集成服务，可作为专用 EDI 网的公共转移和交换中心。CHINAEDI 具有多种 EDI 标准格式的转换功能，支持中文报文，提供信箱管理、存储转发、用户检索以及文件跟踪、确认、防篡改、仿冒领等 EDI 通信的安全功能。

5. EDI 系统的安全策略与服务

EDI 安全的内容一般是防止有 EDI 系统交换的信息被丢失、泄露、篡改，假冒 EDI 的合法用户，提交或接收过程中出现抵赖、否认以及 EDI 系统的拒绝服务。总体上说，EDI 安全包括两大问题：一个是 EDI 数据的安全；另一个是 EDI 系统的安全。EDI 数据的安全具体表现为数据的完整性、可用性和机密性。EDI 系统的安全包括实体安全、管理保护、计算机系统本身的软硬件保护和通信系统的安全等内容。

针对 EDI 应用系统所面临的威胁和攻击，EDI 系统制定其安全策略，即规定 EDI 系统的数据在什么情况下允许存取，什么情况下不允许读写等方面的要求。一般来讲，EDI 系统的安全策略大致包含如下内容：

1）他人无法冒充合法用户利用网络及其资源。

2）他人无法篡改、替换和扰乱数据。

3）与文件交换的各种活动及其发生时间均有精确、完整的记录和审计。

4）确保商业文件不被无关者或竞争对手知悉。

5）确保文件在交换过程中不丢失。

6）防止因自然灾害、人为原因和机器故障而引起的系统拒绝服务。

安全服务是指 EDI 系统为用户提供的一组系统功能，用户通过它们来保护自己的数据、维护系统的正常工作。系统安全服务的实现手段主要有如下内容：

1）数字签名。EDI 业务的源点鉴别和文件内容的完整性是由数字签名来实现的。

2）文电加密。文电内容的保密用对 EDI 文件内容的加密方法实现。

3）源点不可抵赖。采用数字签名方法，由文件发送者对文件进行数字签名。

4）接收不可抵赖。文件接收者在收到的文件中加入其身份识别信息和收到日期，计算和增加一个数字签名填满扩展了的电文，并将签名文件在交易完成接收之前发送回源点。

5）访问控制。一般采用常见的存取控制方法，如访问控制表等。

6）防止电文丢失。文件丢失可能是在通信链路上，也可能是在源点的操作失误或不当。防止电文丢失的方法是利用一个脱机的文档库将所有递交和投递的文件保存起来，还可采用安全审计跟踪的方法实现。

7）防止拒绝服务。硬件采用双备份措施，并有良好的应急计划，可以及时回复系统从而避免拒绝服务。

5.2.7 智能交通系统

1. 智能交通概述

交通是每一个人日常生活的重要方面，关系着政治、经济、军事、环境等各个方面。四通八达的交通是国民经济的重要基础设施，智能交通系统（Intelligent Transportation Systems, ITS）是通过在基础设施和交通工具等广泛应用信息、通信技术来提高交通运输系统的安全性、可管理性、运输效能，同时也能降低能源消耗和对地球环境负面影响。伴随着新的信息科技在仿真、实时控制、通信网络等领域的长足发展，智能交通系统开始进入人们的视野。

发展智能交通系统的初衷是为了应对日益严重的交通拥堵问题，但由于汽车工业的迅速发展、城市化进程的加快、人口的高速增长诸多原因，交通堵塞已经成为世界性的难题之一。交通堵塞显著降低了交通基础设施的效率，延误旅客行程，加重大气污染，增加燃料消耗，据统计交通拥堵造成的损失占 GDP 的 1.5% ~4%，美国每年因交通堵塞造成的燃料损失能装满 58 个超大型油轮，损失高达 789 亿美元。

在美国，从 20 世纪 20 年代开始的城市化进程促使城市规模不断膨胀，机动车对城市中心地区交通基础设施造成巨大压力，同时带来了严重的大气污染和安全隐患。美国政府对于智能交通系统关注的另外一个原因是国土安全，目前很多系统都包含了对道路的监控系统。

我国目前城市化和工业化的进程不断加快，机动车的数量快速增加，同时交通基础设施的建设也迅速发展，为智能交通系统的建设提出了迫切的需求，同时也创造了良好的契机。解决交通系统压力的传统方式是增加容量（如新增高速公路和车道等），但是这些措施不能从根本上解决这一难题，并且往往受到经济、社会发展和环境因素的制约。通过将智能技术运用到道路和汽车中，可以获得新的智能交通解决方案。

2. 智能交通系统组成

（1）无线通信

目前已经有多种无线通信解决方案可以应用到智能交通系统当中。UHF 和 VHF 频段上的无线调制解调器通信被广泛应用于智能交通系统中的短距离和长距离通信，车辆可以借助多种无线通信方式与卫星、移动通信设备、移动电话网络、道路基础设施、周围车辆等进行通信，并且利用广泛部署的 Wi - Fi、移动电话网络等途径接入互联网。

（2）计算机技术

目前汽车电子占普通轿车成本的30%，根据汽车电子领域的最新进展，未来车辆中将配备数量更少但功能更为强大的处理器，借助嵌入式系统平台可以支持更加复杂软件的应用，包括基于模型的过程控制、人工智能和智能计算，其中人工智能技术的广泛应用将有望为智能交通系统带来质的飞跃。

（3）感知技术

智能交通系统中的感知技术是基于车辆和道路基础设施的网络系统。交通基础设施中的传感器嵌入到道路或者周边设施之中，车辆通过感知即可知道车辆行驶的距离和位置，从而进行精准的定位。车辆感知系统包括了部署道路基础设施及车辆的电子信标来进行识别通信，同时利用闭路电视技术和车牌号码自动识别技术对热点区域的可疑车辆进行持续监控。

（4）视频车辆监控

利用视频摄像设备进行交通流量计算和事故检测属于车辆监测的范畴。当有车辆经过时，黑白或者彩色摄像机捕捉到的视频将会输入到处理器中进行分析以找出视频图像特性的变化，视频监测系统的输出结果是每条车道的车辆速度，车辆数量和车道占用情况。

（5）探测车辆和设备

部分国家开始部署所谓的“探测车辆”，它们通常是出租车或者政府所有的车辆，配备了专用短程通信技术（DSRC）或其他的无线通信技术，这些车辆向交通运营管理中心汇报它们的速度和位置，管理中心对这些数据进行整合分析得到广大范围内的交通流量情况以检测交通堵塞的位置。

3. 智能交通系统的应用

随着信息技术的日益发展和完善，其在智能交通系统中应用也越来越广泛深入，在世界各地都出现很多成功应用的实例。

（1）不停车收费系统

电子收费（Electronic Toll Collection，ETC）系统能够在车辆以正常速度驶过收费站的时候自动收取费用，降低了收费站附近交通拥堵的概率。最初电子收费系统被用于自动收费，但最近这项技术也被用来加强城市中心区域的高峰期拥堵收费。目前，大部分的电子收费系统都是基于使用私有通信协议的车载无线通信设备，当车辆穿过车道上的龙门架时自动对其进行识别。例如新加坡的智能交通系统，新加坡于 1998 年启动道路电子动态收费系统（Electronic Road Pricing，ERP），该系统包含车载单元（IU）、ERP 显示牌和控制中心。其中车载单元和车牌号相对应，能够直接通过现金卡来支付通行费用，经过收费路段的时间，路段基础设置中的装置能够和车载单元通信并扣除相应的费用。在城市中心和车流量较大的高速公路上实行收费政策，缓解了这些地区道路的拥堵现象。通过车载单元对高速公路上的车辆进行跟踪以了解目前道路上车辆的平均时速，管理部门据此可以判断出目前道路的拥堵状况，通过动态调整收费的费率。拥挤时段调高费率，空闲时间适当降低费率，这样既可以缓解交通堵塞又能充分利用道路资源。该系统运行以来，高峰时段的交通量减少了16%，而非收费空闲时段交通流量增加10.6%，同时从车流速度来观察，ERP 系统对城市内主干道的交通状况起到了显著的优化作用。

(2) 实时交通信息服务

实时交通信息服务是智能交通系统最重要的应用之一，能够为驾驶人员提供实时信息，如交通线路、交通事故、安全提示、天气情况以及前方道路修整工程等。高效的信息服务系统能够告诉驾驶员他们目前所处的准确位置，通知他们当前路段和附近地区的交通和道路状况，帮助驾驶员选择最优的路线，这些信息将在车辆内部和其他地方都能够访问到。除以上信息之外，智能交通系统还可以为乘客提供进一步的信息服务，如车内的互联网访问服务以及音乐电影的下载和在线观看。提供实时交通信息服务包括三个主要的组成部分：信息的收集、处理和发散。每一个部分都需要不同的平台和技术设备支持。

目前在很多城市，如新加坡、斯德哥尔摩等，智能交通系统的部署为人们提供了更为方便的停车服务，这些城市中的交通信息服务能够告诉驾驶人员附近的停车位，甚至帮助驾驶人员预订停车位。

(3) 智能交通管理

智能交通管理主要包括交通控制设备，如交通信号、匝道流量控制和公路上的动态交通信息牌（为驾驶人员提供实时的交通流量和公路状态信息）。同时一个城市或者一个省份交通管理中心需要得到整个地区的交通流量状况以便及时检测事故、危险天气事件或其他对车道具有潜在威胁的因素。为实现这一目标，管理中心需要利用信息技术、路边设备、摄像机等信息进行整合分析。

智能的匝道流量控制能够为交通管理带来巨大收益，引导调节灯是高速公路入口匝道的信号装置，负责引导车辆分流进入高速公路，降低了高速公路上车流断开的情况，并能提高车流合并的安全性。美国大概有 20 个大城市已经使用各种形式的匝道流量控制技术。

5.3 物联网

5.3.1 物联网的概念和分类

1. 物联网的概念

物联网最初被描述为物品通过射频识别等信息传感器设备与互联网连接起来，实现智能化识别和管理。其核心在于物与物之间广泛而普遍的互联。目前物联网还没有一个精确且公认的定义，主要归因于：第一，由于物联网的理论体系没有完全建立，对其认识还不够深入，还不能透过现象看出本质；第二，由于物联网与互联网、移动通信网、传感网等都有密切关系，不同领域的研究者对物联网思考所基于的出发点各异。短期内还没有共识。通过与传感网、互联网、泛在网等相关网络的比较分析，可知“物联网是一个基于互联网、传统电信网等信息载体，让所有能够被独立寻址的普通物理对象实现互联互通的网络。它具有普遍对象设备化、自治终端互联化和普适服务智能化 3 个重要特征。”在物联网时代，每一件物体均可感知，每一件物体均可通信，每一件物体均可控制。国际电信联盟在 2005 年一份报告中曾描绘物联网时代的图景：当驾驶人员出现操作失误时汽车会自动报警；公文包会提醒主人忘带了什么东西；衣服会“告诉”洗衣机对颜色和水温的要求等。毫无疑问，物联网时代的来临将会使人们的日常生活发生翻天覆地的变化。

继计算机、互联网和移动通信之后，业界普遍认为物联网将引领信息产业革命的新一次浪潮，成为未来社会经济发展、社会进步和科技创新的最重要的基础设施，物联网也关系到未来国家物理基础设施的安全利用。由于物联网融合了半导体、传感器、计算机、通信网络等多种技术，它即将成为电子信息产业发展的新制高点。美国权威资讯机构 FORRESTER 预测，到 2020 年，世界上物物互联的业务，跟人与人通信的业务相比，将达到 30∶1。因此“物联网”被称为是下一个万亿级的产业，其市场前景将远远超过计算机、互联网、移动通信等。

2. 物联网的发展

物联网的基本思想出现于 20 世纪 90 年代，但近年来才真正引起人们的关注。2005 年 11 月 7 日，在信息社会世界峰会（WSIS）上，国际电信联盟（ITU）发布了《ITU 互联网报告 2005：物联网》。报告指出，无所不在的“物联网”通信时代即将来临，世界上所有的物体从轮胎到牙刷、从房屋到纸巾都可以通过互联网主动进行信息交换。射频识别（RFID）技术、传感器技术、纳米技术、智能嵌入技术将得到更加广泛的应用。欧洲智能系统集成技术平台（EPOSS）于 2008 年在《物联网 2020》（*Internet of Things in 2008*）报告中分析预测了未来物联网的发展阶段。

奥巴马就任美国总统后，于 2009 年 1 月 28 日与美国工商业领袖举行了一次“圆桌会议”。作为仅有的两名代表之一，IBM 首席执行官彭明盛首次提出“智慧地球”这一概念，建议现任政府投资新一代的智慧型基础设施。奥巴马对此给予了积极的回应：“经济刺激资金将会投入到宽带网络等新兴技术中去，毫无疑问，这就是美国在 21 世纪保持和夺回竞争优势的方式。”

2009 年欧盟执委会发表题为 *Internet of Things – An action plan for Europe* 的物联网行动方案，描绘了物联网技术应用的前景，并提出要加强对物联网的管理、完善隐私和个人数据保护、提高物联网的可信度、推广标准化、建立开放式的创新环境、推广物联网应用的行动建议。韩国通信委员会于 2009 年出台了《物联网基础设施构建基本规划》，该规划是在韩国政府之前的一系列 RFID/USN（传感器网）相关计划基础上提出的，目标是要在已有的 RFID/USN 应用和实验网条件下构建世界最先进的物联网基础设施、发展物联网服务、研发物联网技术、营造物联网推广环境等。2009 年日本政府 IT 战略本部制定了日本新一代的信息化战略《I – Japan 战略 2015》，该战略旨在到 2015 年让数字信息如同空气和水一样融入每一个角落，聚集电子政务、医疗保健和教育人才三大核心领域，激活产业和市场的活性并培育新产业，以及整合数字化基础设施。

我国政府也高度重视物联网的研究和发展。2009 年 8 月 7 日时任国务院总理温家宝在无锡视察时发表重要讲话，提出“感知中国”的战略构想，表示中国要抓住机遇，大力发展物联网技术。2009 年 11 月 3 日，温家宝总理向首都科技界发表题为《让科技引领中国可持续发展》的讲话，再次强调科学选择新兴战略性产业非常重要，并指示要着力突破传感网、物联网关键技术。2010 年 1 月 19 日时任全国人大常委会委员长吴邦国参观无锡物联网产业研究院，表示要培育发展物联网等新兴产业，确保我国在新一轮国际经济竞争中立于不败之地。我国政府高层一系列的重要讲话、报告和相关政策措施表明：大力发展物联网产业将成为今后一项具有国家战略意义的重要决策。

5.3.2 物联网的关键技术

物联网是一种非常复杂、形式多样的系统。根据信息生成、传输、处理和应用的原则，可以把物联网分为 4 层：感知识别层、网络构建层、管理服务层和综合应用层。

1. 感知识别层

感知识别层是物联网的核心技术，是联系物理世界和信息世界的纽带。感知识别层既包括射频识别（RFID）、无线传感器等信息自动生成设备，也包括各种智能电子产品用来人工生成信息。RFID 是能够让物品“开口说话”的技术：RFID 标签中存储着规范而具有互用性的信息，通过无线数据通信网络把它们自动采集到中央信息系统，实现物品的识别和管理。另外作为一种新兴技术，无线传感器网络主要通过各种类型的传感器对物质性质、环境状态、行为模式等信息开展大规模、长期、实时地获取。近些年来，各类可联网电子产品层出不穷，智能手机、个人数字助理（PDA）、多媒体播放器（MP4）、上网本、笔记本电脑等迅速普及，人们可以随时随地连入互联网，分享信息。信息生成方式多样化是物联网区别于其他网络的重要特征。

2. 网络构建层

这层的主要作用是把下层（感知识别层）数据接入互联网，供上层服务使用。互联网以及下一代互联网（包括 IPV6 等技术）是物联网的核心网络，处在边缘的各种无线网络则提供随时随地的网络接入服务。无线广域网包括现有的移动通信网络及其演进技术（包括 3G、4G 通信技术），提供广阔范围内连续的网络接入服务。无线城域网包括现有的 WIMAX 技术（802.16 系列标准），提供城域范围（约 100 km）高速数据传输服务。无线局域网包括现有广为流行的 Wi－Fi（802.11 系列标准），为一定区域内（家庭、校园、餐厅、机场等）的用户提供网络访问服务。无线城域网包括蓝牙（802.15.1 标准、ZIGBEE、802.15.4 标准）等通信协议。这类网络的特点是低功耗、低传输率、短距离，一般用作个人电子产品互联、工业设备控制等领域。各种不同类型的无线网络适用于不同的环境，合理提供便捷的网络接入，是实现物物互联的重要基础设施。

3. 管理服务层

在高性能计算和海量存储技术的支撑下，管理服务层将大规模数据高效、可靠地组织起来，为上层行业应用提供智能的支撑平台。存储是信息处理的第一步。数据库系统以其后发展起来的各种海量存储技术，包括网络化存储（如数据中心），已广泛应用于 IT、金融、电信、商务等行业。面对海量信息，如何有效地组织和查询数据是核心问题。

4. 综合应用层

互联网最初用来实现计算机之间的通信，进而发展到连接以人为主体的用户，现在正朝着物物互联这一目标前进，伴随着这一进程，网络应用也发生了翻天覆地的变化，从早期的以数据服务为主要特征的文件传输、电子邮件，到以用户为中心的应用，如电子商务、视频点播、社交网络等，再发展到物品追踪、环境感知、智能物流、智能交通、智能电网等。网络应用数量激增，呈现多样化、规模化、行业化等特点。

物联网各层之间既相对独立又紧密联系。在综合应用层以下，同一层次上的不同技术互为补充，适用于不同环境，构成该层次技术的全套应对策略，而不同层次提供各种技术的配置和组合，根据应用需求，构成完整地解决方案。总而言之，技术的选择应以应用为导向，根据具体的需求和环境，选择合适的感知技术、联网技术和信息处理技术。

5.3.3 物联网在电子商务物流的应用

1. 智能物流

据 2004 年世界银行报告的数据，美国的物流消费占 GDP 的 9%，而中国的物流消费占

GDP 的 23%。目前全球零售订货时间为 6 ~ 10 个月，在供应链上的商品库存积压价值为 1.2 万亿美元，零售商每年因错失交易遭受的损失高达 930 亿美元，其主要原因是没有合适的库存产品来满足消费者的需求。基于物联网的智能供应链技术是对现有信息网和物流网技术的有力补充，应用到整个零售系统，零售商、制造商和供应商可以提高供应链各个步骤的效率，同时还可以减少浪费。该技术充分利用互联网和无线射频识别（RFID）网络设施支撑整个物流体系，从而使物流行业发生颠覆性的变化，可以使客户在任何地方、任何时候以最便捷、最高效、最可靠、成本最低的方式享受到物流服务。

2. 智能交通

现有的城市交通管理基本上自发进行的，每个驾驶人员根据自己的判断选择行车路线，交通信号标志仅仅起到静态的、有限的指导作用。这导致城市道路资源未能得到最高效率的运用，由此产生不必要的交通拥堵甚至瘫痪。据统计，目前我国交通拥堵造成的损失占 GDP 的 1.5% ~4%。美国每年因交通拥堵损失高达 780 亿美元。

物联网技术的发展为智能交通提供了更确切的感知，道路基础设施中的传感器和车载传感设备能够实时监控交通流量和车辆状态，通过泛在移动通信网络将信息传送至管理中心；更全面的互联互通，遍布于道路基础设施和车辆中的无线和有线通信技术的有机整合为移动用户提供了泛在的网络服务，使人们在旅途中能够随时获得实时的道路和周边环境信息甚至在线收看电视节目；更深入的智能化，通过智能的交通管理和调度机制充分发挥道路基础设施的效能，最大化交通网络流量并提高安全性，优化人们的出行体验。随着物联网技术的发展，未来的车辆能够提前知道并避开交通堵塞，沿最快捷的路线到达目的地，减少二氧化碳的排放，拥有实时的交通和天气信息，能随时找到最近的停车位，甚至在大部分的时间内车辆可以自动驾驶而乘客可以在旅途中欣赏在线电视节目。

3. 物联网对于电子商务信息技术的意义

目前我国发展物联网所需的自动控制、信息传感、RFID 等技术和产业都已经基本成熟，电信运营商和系统设备商也达到较高的水平，物联网将会向各个领域渗透和扩展，它将会对电子商务有很大的推动作用。

（1）库存

这里的库存包括分公司、仓库、配送中心三个方面。以京东商城为例，作为一个大型电子商务企业，按照区域成立了多个分公司，分公司管理一个地区设置好的仓库、配送中心。对于这样的多地库存方式，需要一个支持其运转的智能库存网络体系。这个体系由三部分网络构成：

1）分公司网络。分公司通过接入路由器与总公司连接，将其管理网络、仓库网络、配送中心网络和下属的销售网络连接，通过 RFID 技术和短距离无线通信技术，构成一张巨大的“网”，通过这张“网”，汇聚销售平台上的实时销售数据，向总公司汇报；总公司经过信息反馈，与连接的仓库与配送中心网络协调，实时采集当前商品的数据，控制仓库与商品配送。

2）仓库网络。精确的库存就是根据市场需求按订单生产，满足市场和消费者需求，精确掌握产品的分销渠道、价格、库存数量、生产日期等一些基本信息，利用 IT 技术准确掌握产品的流向等信息，通过互联网及时做出调整，提高企业的生产效率，提高市场竞争力，主要由条码技术和 RFID 系统组成。建立立体仓库的管理系统，采用固定式条码阅读器自动识别入库或出库运输系统上通过的托盘标号，上传计算机系统，经确认后由系统指挥将托盘上的货物送入或送出相应的库位。同时将 RFID 系统用于智能仓库货物管理，有效解决仓库里与货物流动有关的信息管理。射频标签贴在货物所要通过的必经路口或库门，读写器和天线放在仓库搬运车上，每个货物贴上条码并储存在仓库的中心计算机里。当货物被装走运往别处时，由另一读写器识别并告知计算机中心货物被放在哪辆货车上。这样管理中心可以实时地了解到库存多少和销售了多少，确定货物商品的位置。

3）配送中心网络。在配送环节采用 EPC 技术和连续补货系统，如果到达配送中心的所有商品都贴有 EPC 标签，在进入配送中心时，装在门上的读写器就会读取托盘上所有货箱上的标签内容并存入数据库。系统将这些信息与发货记录进行核对，以检测出可能的错误，然后将 EPC 标签更新为最新的商品存放地点和状态。这样就确保了精确的库存控制，甚至可确切地了解目前有多少货处于转运途中、转运的始发地和目的地，以及预期的到达时间等信息。利用连续补货系统，工作人员不用花很长的时间就可以自动对货物多少识别，并且系统自动更新其记录，当库存中的商品缺少时，智能补货系统给生产基地发送订单，生产基地供应商向配送中心补货。

（2）物流

作为电子商务的物流环节，最重要的特点就是及时性、便捷性和安全性。电子商务物流环节就是根据企业计算机系统的指令，完成商品配送、补给、运输的全过程。物联网智能物流系统对运行在辖区内的运输车辆位置、运送商品类型、数量进行管理和控制。物流中心通过网关连接移动通信网，移动通信网通过 M2M 与运输车辆通信。再通过 GPS 系统，配物流中心的显示屏上，管理人员通过 GIS 地图方便地掌握货物配送运输车辆当前的位置。物联网智能物流系统的主要作用表现在以下方面：

1）运输智能化升级。运输系统借助 GPS、GIS、网络等技术实现部分流程的可视化跟踪管理，准确预知货物运达时间，缩短配送时间，提高效率，让客户体验到像订外卖一样的购物服务。

2）商品安全升级。基于 RFID 等技术建立的产品智能可追溯网络系统，如食品的可追溯系统。这些智能的产品可追溯系统为食品货物安全、药品货物安全、特殊品货物安全提供了坚实的物流保障。

（3）支付

在支付环节中，基于物联网的电子商务支付有很多优点和发展空间。物联网技术的应用提高了支付的安全性和便捷性，降低了黑客和钓鱼类网站非法交易发生的频率。这里主要探讨移动支付的实现。

1）物联网掌上电脑支付。首先，掌上感知电脑是电子商务企业的一款个人移动智能终端，以轻便的平板电脑作为载体，内嵌 RFID 读卡支付模块，将网上销售和智能卡支付完美融合，实现简单安全的支付应用模式。掌上电脑物联网支付解决方案首次将 RFID 读卡模块与平板电脑相结合，实现了用户不需要烦琐的网银支付，只需拥有一部轻便的掌上电脑，刷卡就能完成整个流程。

和网上支付工具支付宝、财付通等不同，物联网智能卡支付是将最新的物联网 RFID 非接触射频技术创新应用，将互联网购物和物联网支付结合在一起，以轻便的平板电脑作为载体，内嵌 RFID 读卡支付模块；通过技术手段实现了简单安全的智能卡支付应用模式。掌上电脑物联网支付解决方案所有资金划拨，均通过银行专用通道，避免了由于互联网的开放性所带来的安全风险；使用 3DES 算法，加密卡上用户的所有数据和从移动设备到清算中心的数据传输，最大限度地保证资金的安全。

物联网掌上电脑这种支付技术被绑定在轻便的掌上感知电脑终端上，内嵌 RFID 读卡支付模块，对应掌上电脑背面一个类似迷你公交卡大小的感应区，消费者使用此终端产品购物，与传统的网上支付相比无须再进行繁复的支付操作，只需要在支付时将物联网智能一卡通在感应区附近轻轻拍下，就可以完成整个支付了。

2）智能 SD 卡支付。现今手机已经成为人们生活中不可或缺的工具。手机载体的移动支付工具让人们看到了移动支付的新希望。通过手机实现的移动支付方式，成为最接近人们日常使用习惯和消费习惯的移动支付方式，手机支付也呈现多用途化、多形式化的发展前景，如 SIMPASS 技术支付，RF - SIM 支付，NFC 支付等。手机中的智能 SD 卡支付也是其中一种。

智能 SD 卡移动支付在尽量避免改动手机主板和 SIM 卡的原则下，将 RFID 模块放置在智能存储卡中。这样做的优点在于不需要改动手机，支付功能可以随 SD 智能存储卡迁移至 PC 机平台或者其他移动终端平台上，大大提高支付的便捷性。智能 SD 卡移动支付是在 SD 智能存储卡上集成 RFID 功能，同时在存储卡上预留天线引脚，通过手机终端和移动网络连接 POS 机，智能 SD 卡在 POS 机上完成支付。

智能 SD 卡支付有以下特点：

① 运算安全性。SD 智能存储卡内置智能安全芯片，数据加密、数字签名、签名验证等密码运算都在安全芯片上进行，各种密钥在使用中均不出卡。SD 卡上的核心组件同时支持安全连接协议功能。

② 认证安全性。移动客户端实现的安全连接协议具有双向认证功能，保证客户端和服务器端都无法伪造。敏感信息在传递过程中都通过安全通道来传输，可以有效防止黑客攻击，也能够阻止钓鱼网站的侵扰。

③ 使用便利性。智能 SD 卡支付符合用户的使用习惯，使用智能 SD 卡实现支付，用户无须更换手机和 SIM 卡，即可使用移动支付功能。和其他移动支付相比，SD 卡支付无论在安全性、方便性、用户体验上都具有明显优势。

物联网技术在电子商务中的应用前景是十分广阔的，应用方法和类型多种多样。物联网技术在电子商务各环节中的应用，不仅能给电子商务带来新的经济增长点，而且能彻底解决电子商务中的一系列问题，明显提升电子商务的核心竞争力。但是必须清晰地认识到，物联网技术的应用还处于比较初级的阶段，一些相关技术还不成熟。这要求我们既要着眼长远，完善物联网相关技术和标准；又要立足当前，脚踏实地地推动物联网在电子商务各环节中的应用。只有这样，才能利用好物联网这个新技术，为电子商务的发展产生巨大的推动力。

【案例】

传化物流：信息对称坐收 30 亿元

2009 年 5 月 20 日，总投资 15 亿元、拥有 5 000 个停车位的传化集团成都物流基地正式运营；传化萧山物流基地 2008 年营收超过 30 亿元，跟集团同期 140 亿元的销售总额比还不算支柱；传化物流部门每年的增速是 30% ~50%，潜力巨大。

传化物流基地是浙江第一个现代化的物流基地，经过 5 年的发展，目前每年从这里发出的物流价值高达 400 亿元，算下来，每天从这里发出的货物价值超过 1 亿元。

1. 物流平台的资源集聚

传化集团自建仓储设施达到了 10 万 m^2，现已有 400 余家来自省内外的专业运输、仓储、零担、货代等物流企业进驻。传化集团在充分发挥公路运输优势的基础上，引进了铁运、水运、空运等物流企业资源，形成基地的多式联运功能。传化集团整合社会运输车辆38万多辆，日进出车辆超过了2 500多辆；日承运货物价值超过5亿元；日承运货物量超3万吨。传化集团业务辐射范围已经到达杭州、嘉兴、绍兴、金华、宁波、湖州等周边地区，达到了国内外单个物流基地辐射半径100 km的要求。

传化集团实现业务管理信息化、网络化，自主开发了物流信息平台，有服务器、交换机、监控设备、物流交易大屏幕显示屏、停车场智能IC卡等设施，日信息发布量5000条以上，成交的达4000条以上，日物流信息交易额超1000万元，是浙江省最大的物流信息化交易服务平台。

传化集团充分发挥对各类资源的聚集整合能力，使“物流服务资源”“物流设备和设施资源”“物流客户资源”和“管理服务资源”具有相当程度的集聚和协调运作水平，推进了各种资源间的整合与互补，已形成物流平台6+1基本模式（信息交易中心、零担快运中心、仓储配送中心或分拨中心、展示展销中心、物流商务中心、联运中心+配套服务功能）的物流园区服务功能。

2. 货车司机们的感受

刘师傅是江苏徐州人，今年36岁，开车已经十几年了。他几乎每个月都要到杭州两趟。运完货后的空闲时间，他最喜欢去的地方不是杭州的西湖，而是杭甬高速公路萧山出口附近的传化物流基地。在那里，刘师傅每回都不会空手而归，他回程的货最多一天就有着落了。

“这里的货比较真。”刘师傅说。

什么叫“货真”?

“就是没有虚假的信息，物流公司不会骗我们司机。”接着，刘师傅给记者讲起了当年他在温州某物流市场遭遇“假”货的经历。当时，他和物流市场内的一家物流公司签了单子，交了600元订金，去衢州运一车桔子回温州。结果到了约定地点，却找不到货主。打电话给物流公司，对方告诉他还要往里走，就这样车越走越远，可是货主依旧了无音讯。当他再一次打温州方面那家公司的电话时，号码已经被注销了。这时候，他才意识到自己可能被骗了，回到温州一看果然人去屋空。刘师傅吃了哑巴亏。

3. 共同成长的故事

曹永良是传化萧山物流基地入驻企业“永良物流”的老板，这4年多来，他真正体验了什么叫“共同成长”：从2004年到2008年，他的营业收入从百万元飙升到4 000万元。曹永良说：“萧山的企业很多，我的很多客户从小做到大——原来每年1万吨左右的货运量，现在往往到十万甚至几十万吨，我的营业额也做大了。”

入驻传化萧山基地，曹永良认为自己下对了一步棋。以前，他接到客户需求后，得赶到杭州石祥路的车辆集聚地调度运输车，“从城北过江到城南，有时得半天时间，影响运输计划。”

“以前，经常出现我组织了货源却找不到足够的车辆；同时，很多运输车空在那里，司机找不到活干。两边信息不对称，配货效率很低。”

2004年“永良”入驻位于钱江二桥西南侧的传化萧山物流基地（行车线路：艮山西路经彭埠口子上杭甬高速，经宁波方向行驶，过钱江二桥，萧山出口下即到）后，配货成了非常便捷的事情。基地占地近500亩，一天约可调度3000~5000辆车，420家物流公司及各种车队聚集在一起，供需信息能及时发布。

4. 制造企业节省数百万元成本

一方面，物流基地集中了大量相关社会资源，解决了“车找货，货找车”的矛盾；另一方面，制造企业也有了更多选择价廉物美物流方案的可能，节省了大量成本。

浙江恒达钢结构实业有限公司的负责人就告诉记者，“原来每 t 货从杭州运到上海，成本大概是 100 块钱。现在物流公司都在比价格、比服务，我们用 80 块钱就能搞定，而且服务比以前好。”一般中型制造企业，年运输量在十万到几十万 t，运费计划是几千万元人民币。现在，这些企业大都可以省下几百万元的费用。

6 年前，钱江南岸矗立起传化物流基地时，很多人还持观望态度。6 年后，传化的“公路港”物流模式开了运营先河，并有望在成都、上海、郑州、长沙等地复制成功。

5. 配货时间从三天缩短至 6 小时

传化萧山物流基地，是一个提供服务的物流平台。

2000 年，传化确定“公路港”物流发展战略。2002 年，萧山基地开建，2003 年 4 月正式投入运营。

“航空有航空港，海运有海港，我们是基于公路网络的平台，所以叫‘公路港’”。传化物流总裁姚文通告诉记者，“我们曾经做过调查，在中国跑运输的很多是个体户，送货到另一城市后，因为信息不畅往往空车返回，浪费大量社会资源。即使接到返回的单子，也得 3 天左右的接洽时间”。

“企业、物流公司、车队之间存在着很多信息盲点。我们萧山基地做的事情，就是提供一个可以入驻几千辆车辆、几百家物流公司的平台，我们做好各项服务，让他们通过信息系统迅速找到合适的客户。按照几年来的数据，我们把传统的 3 天左右配货时间降到了 6 ~ 8 小时。”

目前，在浙江传化物流平台上运行的物流企业有 420 多家，形成了 40 万辆的车源运输网络，每天进出传化物流基地的车辆达 3 000 多辆，日承运货物量达 3 万 ~ 5 万吨。传化还开通了 100 多个城市的货运班车，其中定期的零担货运班车有 40 多条。

为了解决货运市场的诚信经营问题，传化公路港建立了诚信交易系统，对所有入场的车辆、司机进行认证，确保货运交易的真实与安全。通过信息化的运作，传化的数据库里有 2 万多家工矿企业，40 多万辆社会车辆，另外还有与其他码头、港口和铁路干线的联系。

资料来源：中国电子商务研究中心案例库

本章小结

本章首先介绍了电子商务的物流信息和物流信息化技术的概念、层次和意义；接着重点介绍了几种典型的电子商务物流技术，包括：条码技术、电子订货系统、射频技术、全球定位系统（GPS）、地理信息系统（GIS）、电子数据交换（EDI）以及智能交通系统（ITS）等；然后介绍了当前比较前沿的物联网的概念、分类和物联网的关键技术指标等，最后介绍电子商务物流技术未来发展趋势、电子商务信息未来发展趋势、物联网的应用前景。

习　　题

一、单项选择

1.（　　）是物流各种活动内容的知识、资料、图像、数据、文件的总称。

A. 物流信息　　B. 物流信息化技术　　C. 物流技术　　D. 物流信息系统

2. (　　) 是实现 EOS 系统、EDI、电子商务、供应链管理的技术基础。

A. 条码　　B. RF 技术　　C. GIS 技术　　D. GPS 技术

3. 在公路货运领域，(　　) 可用于传递货单、发票、海关申报单、进出口许可证等凭证。

A. 条码　　B. RF 技术　　C. EDI 技术　　D. GPS 技术

4. 目前一些先进的物流管理部门在信息采集时，使用射频识别技术，可以主动发射存储信息，并具有较大的信息存储空间，这种技术是 (　　)。

A. FRID　　B. GPS　　C. GSM　　D. GIS

5. 射频识读器的功能不包括 (　　)。

A. 标签读、写信息　　B. 激活标签　　C. 与主机通信　　D. 存储信息

6. 下列对物流信息技术的表述哪项不正确 (　　)。

A. 技术提高但成本也上升　　B. 常见技术有 EOS 技术

C. 技术提高但成本降低　　D. 常见技术有条码技术

7. 以下不属于全球卫星定位仪系统的是 (　　)。

A. GPS 卫星星座　　B. 子午仪　　C. GPS 信号接收机　　D. 地面监控系统

8. 网络 GPS 是把 (　　) 技术与 GPS 技术相结合，在互联网界面上显示 GPS 动态跟踪信息，以实现实时监控动态监控调度的功能。

A. 电子商务技术　　B. Internet　　C. GIS　　D. RFID

9. 检验码由一位数组成，用于检验厂商识别代码、商品项目代码的正确性。厂商在对商品项目编码时，检验码的值 (　　)。

A. 由厂商计算　　B. 由条码管理机构统一分配

C. 系统自动生成　　D. 由商品种类确定

10. 消费者收入动向以及市场动向在管理信息中属于 (　　)。

A. 操作管理信息　　B. 知识管理信息

C. 战术管理信息　　D. 物流控制信息

二、多项选择

1. 按信息的作用不同分类，物流信息可分为 (　　)。

A. 计划信息　　B. 控制及作业信息　　C. 统计信息

D. 支持信息　　E. 加工信息

2. 物流系统对物流信息的要求主要体现在 (　　)。

A. 信息充足　　B. 信息准确　　C. 通信顺畅

D. 可得性　　E. 及时性

3. RFID 系统的种类按照工作方式的不同可以分为 (　　)。

A. 主动式系统　　B. 有源系统　　C. 被动式系统

D. 远程系统　　E. 主动式系统

4. 地理信息系统一般包括 (　　)。

A. 计算机系统（硬件和软件）　　B. 应用人员　　C. 地理数据库系统

D. 组织机构　　E. 数据的管理

5. 智能交通系统的组成包括 (　　)。

A. 无线通信　　B. 计算机技术　　C. 感知技术
D. 视频车辆监控　　E. 探测车辆和设备

6. 以下是运输行业关键信息技术的是（　　）。
A. 条码技术　　B. RF 技术　　C. 电子商务
D. GIS 技术　　E. GPS 技术

7. 物流信息来源多样化表现在（　　）。
A. 企业内信息　　B. 企业外信息　　C. 基础设施信息
D. 技术信息　　E. 政府政策

8. 下列对二维码的表述中正确的有（　　）。
A. EAN－128　　B. Code39　　C. 堆叠式技术
D. PDF417　　E. 矩阵式技术

9. 物流信息的特点有（　　）。
A. 信息量大　　B. 价值衰减速度慢　　C. 动态性强
D. 种类多　　E. 分布广

10. 物流信息系统可分为三个层次（　　）。
A. 数据层　　B. 作业层　　C. 控制层
D. 管理层　　E. 战略层

三、简答题

（1）简述现代物流技术体系的内容。
（2）结合我国现代物流业发展过程中存在的问题，针对某一种问题进行探讨。
（3）条码的原理是什么?
（4）简析 EDI 的工作流程。
（5）简述 GIS 组成及其在电子商务物流中的应用。
（6）简述 GPS 组成及其在电子商务物流中的应用。
（7）试述电子订货的工作流程的内容。
（8）试述 ITS 技术在电子商务物流中的运用。
（9）物流网的关键技术是什么?

四、实训题：电子商务环境下物流企业信息化能力及水平调查

（1）实训目的：通过实训，了解目前国内电子商务环境下，物流企业所提供的信息化能力及水平。

（2）实训内容：通过网络资料收集分析、学校所在城市物流市场的实际调研，了解电子商务环境下各类物流企业的代表所提供的物流信息化内容，分析其服务水平，并将各类物流企业所提供的物流信息化能力加以对比。

（3）实训要求：参与实训的学生采用分组的形式，在教师的指导下，分工协作完成实地调研和网上资料收集，并将资料进行分类整理，进行小组讨论归纳，形成最终的实训报告。

第 6 章　电子商务物流服务的成本管理及定价方法

【学习目标】

1. 了解和掌握电子商务物流服务和物流成本的基本概念和特点
2. 了解和掌握物流服务与物流成本之间的制约与协调关系
3. 了解和掌握物流成本控制的基本概念、目标和原则
4. 掌握物流成本控制的策略
5. 了解和掌握物流服务价格制定的方法和策略

【引例】

神龙汽车有限公司的物流成本管理

随着顾客个性化、快速化消费潮流的兴起，加上采购和销售市场的日益国际化，企业的物流活动逐渐由少品种、大批量向多品种、小批量、快速化、国际化方向发展，企业的物流任务越来越繁重，物流成本占销售成本的比例也越来越高。物流成本成为材料成本控制、人工成本控制之后的“第三利润源”。物流成本控制是当前企业重要的竞争领域。近年来，尽管物流技术的发展速度很快，但专门研究物流成本的理论成果并不多见。本案例以神龙汽车有限公司（以下简称神龙公司）的物流成本控制为例，探讨企业深化改革中的物流成本控制问题。

1. 神龙公司的基本背景和物流运行总体方案

神龙公司是由中国东风汽车公司与法国标致雪铁龙集团各出资 50% 于 1992 年 5 月成立的轿车生产经营企业。神龙公司分别在武汉、襄阳两地建有武汉一厂、武汉二厂、襄阳工厂三家工厂，外购零部件来自全国各地和法国标致雪铁龙集团，现具备年产 45 万辆整车、60 万台发动机的生产能力。目前，神龙公司主要生产经营东风雪铁龙 C5，凯旋，世嘉和东风标致 408、307、207 等多种车型，在全国 240 余座城市拥有东风雪铁龙、东风标致两个品牌 490 家 4S 店和 474 家二级网点、直营店。2010 年，神龙公司生产销售 37.3 万辆整车，实现销售收入 370 亿元。

神龙公司处于汽车产业供应链的核心。一方面，它是供应链物流的组织者、领导者，通过对上下游企业的工厂和仓库选址、物流标准制定、物流信息系统建设、物流模式优化等方面的积极影响，领导供应链物流系统的建设和管理；另一方面，它也是供应链物流的参与者，其自身物流活动也非常频繁。与一般生产性企业的物流管理相比，神龙公司在物流成本控制方面面临着更大的挑战：

1）供应物流面对的是国内外数百家供应商、万余种零部件，不仅运输和库存的成本高，而且物流管理工作的难度很大，缺货风险成本与库存成本这对矛盾很难平衡。

2）生产物流要同时保证生产线上数千种零部件的及时供应，线边空间异常紧张，上线物流的组织工作也很困难。

3）销售物流需要在 3～5 天内满足全国各地客户对整车和维修备件的需求，尤其是整车

的价值高、体积大、不能挤压和碰撞，其物流成本也很难控制。

2. 神龙公司物流成本的控制途径

像我国大部分企业一样，神龙公司在初建阶段的物流基础并不好，存在供应商分布广、工厂布局散、物流流程与制造工艺不协调等问题。经过十几年的不断探索和改进，神龙公司逐步实现了对物流成本的有效控制，其成本控制的基本经验在于：

（1）夯实物流作业基础，努力降低各项物流功能成本

为了减少在物流方面的投资，充分享受专业物流企业的优质服务、提高物流活动的规模经济性，神龙公司与捷富凯—大田物流有限公司、金鹰国际货运代理有限公司、中国远洋物流公司、武汉邮政物流公司等物流公司建立了战略合作关系，有序并可靠地外包了大部分的物流业务，使运输、库存、装卸搬运等功能成本得到了较大幅度的降低。对必须自营的物流业务，神龙公司构建了现代化的物流基础设施和管理系统，提高了自营物流的效率。神龙公司通过拉动式供货、供应商管理库存供货、看板供货、多批次小批量供货、直送供货和同步供货等先进物流模式压缩中间库存，努力实现零库存，降低库存成本；通过与供应商共同投资和循环使用包装容器，减少转包作业成本和包装容器的摊销成本，降低包装成本；建立基于互联网的连接企业内部各职能部门和外部所有供应商、经销商、第三方物流服务提供商的物流信息系统，为加速货物流转和成本控制创造有利条件；整合内部物流组织，明确采购部、生产部、销售部、武汉一厂、武汉二厂和襄阳工厂下属各物流机构的职责，建立了覆盖全部业务的物流管理组织和统一的物流管理模式，为物流成本控制提供了组织保障和制度保障，提高了物流管理的效益。

（2）优化物流流程，降低物流流程成本

近年来，神龙公司一直致力于物流流程的优化，先后实施了采购物流的“KD 件批组转按件进货项目”、生产物流的“工位优化和交替式物流（APOLO）计划”、销售物流的“地区库存调整”等改造项目，有效地降低了各项流程成本。以 APOLO 计划为例：由于需要在一条生产线上同时组装数十种型号的汽车，生产线边无法容纳多种型号零部件的同时堆放，导致装配效率下降，影响了企业的整体经济效益。增加新的生产线或者降低生产节拍，虽然能解决线边空间紧张的问题，但显然都不是好的解决方案。神龙公司从生产现场物流流程的改进入手，通过减小工位零部件的包装容器尺寸并配合多频次配送，既减少了待装零部件对线边空间的占用、缩短工人的操作时间，也保证生产线零部件的供应，降低企业的总成本。

（3）协调供应链关系，降低供应链物流成本

在关注内部物流成本控制的同时，神龙公司还通过整合供应链物流资源来降低物流成本。神龙公司先后动员了座椅、车灯、玻璃、结构件等多家供应商在神龙公司附近建厂，不仅提高了供应链的弹性和抗风险能力，而且降低了供应链整体的运输成本和库存成本。为了解决各个供应商独自向神龙公司配送零部件过程中运输批量性与库存量上升的矛盾，神龙公司积极推进在供应商比较集中的地区采用集配方式进行配送。由于集配商能同时为多家供应商提供集、配、送功能，在降低供应链库存成本的同时还能保证运输的规模经济性，并且简化了神龙公司和供应商的物流管理工作，降低了供应链整体的物流成本。

3. 神龙公司物流成本控制中存在的问题

尽管神龙公司在物流成本控制方面取得了不错的成绩，但还存在许多不足。我们认为神龙公司物流成本控制存在的主要问题有：

（1）物流成本核算不完善

该公司虽然构建了物流成本核算模型，但该模型只能核算各项物流功能成本中的经济成本

部分，未包含机会成本、风险成本、时间成本等成本要素，也不能核算物流流程成本和供应链物流成本，使物流成本信息对物流管理的支撑作用大为降低。

（2）基于物流流程的成本控制工作尚待加强

受传统部门分割思想的影响，该公司物流成本控制的主要着力点还是功能成本控制，较少从流程成本总额的角度对物流流程进行优化，从而影响了企业物流成本控制的整体效果。

（3）供应链成本控制的基础薄弱，工作力度尚需加大

由于起步阶段在物流选址方面缺乏战略考虑，该公司在武汉和襄阳两地设厂，且其大部分供应商距其总装线较远，增加了供应链的运输成本和库存成本；对上下游企业的物流协调不到位，未能建立起与供应商、分销商分享物流改革成果的分配机制，影响了供应链成员参与物流合作的积极性；销售物流中运输车的回程空载率仍然较高，未能建立起与其他汽车厂商分享物流资源的横向合作机制，这些都降低了供应链物流成本控制的效果。

资料来源：陈正林，《企业物流成本生产机理及其控制途径——神龙公司物流成本控制案例研究》，会计研究，2011.2

6.1 电子商务物流服务的成本管理

6.1.1 电子商务物流服务概述

电子商务物流有别于传统的物流，它是由电子商务与物流进行资源整合而产生的一种新型模式，是指在实现电子商务特定过程的时间和空间范围内，由所需位移的商品、包装设备、运输工具、装卸搬运机械、仓储设备、通信设施、人员和信息网络等若干相互联系的要素所构成的，具有特定功能的有机整体。物流属于第三产业，其产品就是具有空间价值和时间价值的服务。电子商务物流服务是物流企业根据电子商务企业或个人的需要，为顾客提供的完成网上交易的一系列物流活动。对于电子商务而言，优质卓越的物流服务是提高客户满意度和企业竞争力的重要手段。电子商务物流服务最大的吸引力在于帮助电子商务企业充分利用物流能力获得竞争优势。

不同模式下的电子商务物流服务存在着相似性，本节对电子商务物流服务的内容、特征以及存在的问题从以下三个方面进行讨论。

1. 电子商务物流服务内容

电子商务物流服务内容一般包括以下几个方面：

（1）订单管理与数据分析

此项服务包括接收订单、整理数据、确认订单、支付处理（包括信用卡结算以及赊欠业务处理）等。在电子商务物流的订单管理服务中需要通过软件系统来处理繁杂的业务环节，从而实现为客户提供高质、高效的订单服务。对于顾客提交的订单，物流系统会对相关数据进行分析，产生一些深度分析报告。这些经过分析的信息可以帮助制造商以及经销商及时了解市场信息，以便随时调整目前的市场推广策略。这项服务是电子商务物流服务提供商向客户提供的一项延伸服务。

（2）仓储与分拣

仓储中心接到订单后，就会根据订单内容承担起分拣、包装以及运输的任务。在这个阶段，有的物流服务提供商还会提供一些增值服务，如根据顾客的特殊需求对物品进行包装等。

同时，仓储与分拣中心还负责存货清审管理以及存货的补给工作，并由电子商务物流服务系统进行监测。这种服务将会为制造商提供有效的库存管理信息，使制造商或经销商保持合理的库存。在电子商务环境下的仓储最大的特点就是利用电子商务的信息网络，将供应链上各环节信息系统进行有效集成，尽可能地通过完善的信息沟通，将实物库存暂时用信息代替，即将信息作为虚拟库存（Virtual Inventory）。

（3）运输配送与交付

这一环节包括了对长途运输与末端配送的全程管理，具体包括：处理运输、配送需求、设计运输、配送路线、运输配送的实施、货物的最终交付及货款回收与结算等，同时还包括向客户提供通过互联网对货物运输配送状态进行的实时跟踪服务。电子商务企业在提供该项服务时往往会选择将其外包给运输服务力量较强的第三方物流公司（诸如 UPS、FedEx、EMS 等），以满足客户的运输需求，然后再具体组织网络内部的运输作业，并在规定的时间内将客户的商品运抵目的地，这里包括最后的市内配送，以尽可能方便客户。

（4）逆向物流服务

电子商务的逆向物流服务主要是网络交易的退换货管理业务，承担货物的退回、修复、重新包装与发货等任务。这个过程需要进行处理退货授权认证、分拣可修复货物、处理受损货物等工作。有效的退换货管理能够提高电子商务企业尤其是 B2C 和 C2C 的顾客满意度。同时在环境影响方面，随着整个社会对废弃物处置问题的重视程度不断提高，人们意识到某些产品、零配件或循环物资可以回收再利用，电子商务的逆向物流增加了回收物流服务。这项服务有利于提高物流企业在电子商务市场上的绿色竞争力。

（5）客户服务

电子商务物流的客户服务与其他服务环节密切联系，相互支持。它主要包括客户开发、客户调查、客户业务服务、客户信息反馈、客户沟通等内容，如对顾客的电话、传真、QQ、电子邮件的迅速响应，处理的内容包括存货信息、货物到达时间、退货信息以及顾客意见等，其目的是克服传统物流信息的不及时性与误差性。目前许多电子商务物流服务商通过内部或者外部的呼叫中心向顾客提供“24 ×365”的客户服务。

综上，由电子商务物流服务的内容看出，电子商务需要的不仅仅是传统的物流服务，更需要增值性的物流服务，即为客户提供超出常规服务范围的服务，或者采用超出常规的方法提供的服务。创新、超出常规和满足客户需求是增值性服务的本质特征。一切能够增加电子商务便利性、加快反应速度、降低成本的服务以及将供应链集成在一起的延伸服务都是电子商务物流的增值服务。例如，在提供电子商务的物流服务时，推行“一条龙”“门到门”服务，提供完备的作业或操作提示、免培训、免维护、代办业务、一张笑脸接待客户、24 小时客服、自动订货、传递信息和转账（分别利用电子订货系统、电子数据交换、电子资金转账）、物流全过程追踪等都是对电子商务销售有用的增值性物流服务。

2. 电子商务物流服务特征

电子商务物流服务融合了电子商务和物流各自的特点，呈现出以下几大新特征。

（1）实体性与虚拟性并存

在传统商务环境中，物流活动大都具有一定的实体形态，如物流作业的工具、对象等。随着信息技术及电子商务的发展和应用，物流具有了虚拟化的特征，如虚拟管理、虚拟仓库、虚拟作业等，从而使电子商务物流具有虚拟性的特点。但是，这并不能完全取代物流的实体性质。因为，物品及进行物品运作的工具是不会被“数字化”的，它仍然具有实体的性质。所以，在现代信息技术与电子商务下，物流具有实体与虚拟并存的特点，既有实体特征的物品，也有由此形成的虚拟产品“信息”以及对物流进行的虚拟化管理等。

（2）远程化与现场化并存

在现代信息技术与电子商务环境下，电子商务物流服务可以以远程化的方式提供。在不同地域的用户可以通过网络查询所需要的物流信息，寻找适合自身的合作伙伴，进行洽谈与物流委托，并对自身的物流活动进行监控。同时，电子商务物流服务中货物的转移最终还是要通过与物流公司或其服务人员接洽、现场接收来完成。所以，电子商务物流服务具有远程化与现场化并存的特征。

（3）个性化与大众化并存

信息技术及电子商务的发展为物流企业提供个性化服务奠定了良好的基础。在电子商务物流运作过程中，企业可以根据某些用户的特殊需要，为用户提供个性化的物流服务，从而扩大市场份额、吸引用户。但对于物流企业来说，还应根据用户对物流服务的共同需求，开展大众化的物流服务。这样，企业的物流规模才能得到有效地扩大，效益才能得到有效地提高。

（4）开放性与安全性并存

对于物流企业来说，其网络系统具备开放性的特点。用户可通过网络查询相关的物流信息，掌握企业所提供的物流服务项目及自身委托物流服务项目的实施等情况。物流企业也可通过网络掌握和了解用户所需要的物流服务，传输物流信息，与用户进行沟通，对物流活动进行协调。网络的开放性同时也带来了安全性问题。对于企业和用户来说，网上信息的安全传输和存放是电子商务物流服务中一个值得重视的问题。

此外电子商务物流服务还具有智能化、标准化以及柔性化等特征。以上一系列特征都是电子商务物流服务区别于传统物流以及电子商务其他活动的基本标志。

3. 我国电子商务物流服务存在的问题

（1）B2B 模式物流服务存在的问题

B2B 电子商务物流是由传统物流发展而来的，在我国目前已经处于一个相对成熟的阶段，对于生产物流、供应物流、销售物流、回收物流等具体环节的实际运作也已经有了相对固定的运作模式，B2B 电子商务物流的客户服务满意度比较高。但事实上，近几年随着 B2B 电子商务的发展，其对物流服务的要求也越来越高。目前我国的电子商务物流业依然存在很多问题，不能满足当今 B2B 电子商务物流的需求，主要表现在以下几个方面：

第一，我国 B2B 电子商务物流企业信息技术的应用程度还不高，各类物流信息资源的利用没有实现跨部门、跨行业的整合，从而导致物流信息化程度低，可见性差。

第二，我国服务于 B2B 电子商务平台的第三方物流多数还未建立起覆盖全国且具有外扩能力的综合物流系统，缺乏针对个性化需求的专业运作模式，同时对供应链整体解决方案的操作能力也比较差。

第三，针对其信用性和规范性的特点，B2B 电子商务物流要求有完善的法律、法规进行保障。但我国目前还不能满足其在发展过程中对法律、法规健全化的需求，也不能通过物流来解决信用的问题。这在一定程度上也影响了 B2B 电子商务物流的发展。

可见，我国目前的 B2B 电子商务物流所处的环境还需要一定程度的改善，从加强网络建设、提高物流信息水平、信用问题等方面入手，实现交易各主体的无缝对接与协同运作，从而提升整体物流服务水平。

（2）零售电子商务模式下物流服务存在的问题

相对于 B2B 电子商务物流，零售电子商务物流发展中存在的问题更为明显。随着电子商务产业高速发展带来的物流快递业“大跃进”，物流快递问题已经成为了全国网购用户的投诉热点。据中国电子商务投诉与维权公共服务平台数据统计，2011 年接到的物流快递类投诉约占所有投诉类型的 6%，近 6 000 起。

目前，零售电子商务模式下物流服务中存在以下主要问题：

第一，“快递变慢送”，延误晚点成常事。据中国电子商务投诉与维权公共服务平台数据统计，收货迟缓是网购用户投诉最多的问题。由于交通、人员、气候等因素，快递在面临节假日等促销压力时显得尤为不足，快件延误成为常事。

第二，货物丢失、缺件或损坏。投诉、赔偿不给力。快递公司所参照的《中华人民共和国邮政法》条款保障不力，同时由于我国快递从业人员素质普遍偏低，快递员偷件，手机变砖头等事件时有发生。

第三，拒绝验货成霸王条款。网络购物中商家声明“须先验货，后付款”，可快递公司却要求先签收，否则不能打开包装验货。消费者一旦收取了快递，发现物品遗失、破损、掉包、货品不对等问题时，就无法再与快递公司理论了。

第四，除了以上几方面的问题，快递人员服务态度不好、运费过高也是造成用户不满的原因。

可见，目前我国零售电子商务物流配送存在发货慢、配送迟缓、物损差错大、配送地区限制、服务粗糙、满意度低，物流成本高等问题，需要完善物流配送体系，加大物流仓储设施建设以及物流人员的素质培训，从而提升网购用户体验。

6.1.2 物流成本

1. 物流成本的定义

由于企业对“物流成本”理解上的差异，不同企业物流成本数据的统计口径与计算范围各不相同，在针对降低和控制物流成本方面所采取的技术措施和策略也表现出明显差异。

日本通商产业省于 1992 年编制的《物流成本核算活用手册》将物流成本定义为：物流成本是指从有形或无形的物资源的供应者到需要者为止的实物流动所需要的成本，具体包括包装、装卸、运输、保管以及信息处理等各种物流活动所发生的费用。

美国管理会计协会在 1992 年发布的《物流成本管理公告》中指出：物流成本是指企业在计划、实施、控制内部和外部物流活动的过程中所发生的费用。具体而言，物流成本包括企业在采购、运输、仓储、物料和存货管理、订单处理、客户服务、预测和生产计划、相关信息系统以及其他物流支持活动中所发生的费用。但是，这些费用不包括原材料的采购成本、产成品的生产成本、营销和销售费用以及与物流活动无直接关系的其他费用。虽然上述所指的物流成本都是企业典型的物流活动所发生的费用而并没有将其他间接的和隐形的物流成本包括在内，但它从财务会计的角度明确了一定范围内物流总成本的构成，使得企业的物流成本核算有了可操作性的依据。这一物流成本概念体现了其两方面的特征：一是从物流活动需求方（公告中提及的“生产企业”）的角度来定义物流成本；二是物流成本是指企业典型物流活动所发生的费用。

我国国家标准《物流术语》（GB/T 18354—2006）将物流成本定义为：物流活动中所消耗的物化劳动和活劳动的货币表现。这是一个从经济学角度对宏观、中观和微观物流成本都适用的定义。由于这一概念概括性很强但难免笼统，不具有明示的诸如在成本计算方面的可操作性。因此，另外一个国家标准《企业物流成本构成与计算》（GB/T 20523—2006）在“物流成本”经济含义界定范围的基础上，对企业物流成本的内涵做了进一步的明晰化和具体化的定义：物流成本指物流活动中所消耗的物化劳动和活劳动的货币表现，即产品在包装、运输、储存、装卸搬运、流通加工、物流信息和物流管理等过程中所耗费的人力、物力和财力的总和以及与存货有关的资金占用成本、物品损耗成本、保险和税收成本。与存货有关的资金占用成本。包括负债融资所发生的利息支出（显性成本）和占用自有资金所产生的机会成本（隐性成本）两部分内容。在该标准中，物流成本包括两部分内容：一是物流功能成本，体现的是物流运作过程中所发生的包含运输、储存等各项物流功能活动的成本支出；二是存货相关成本，包含的是由于产品被锁闭在物流环节而导致事实上被企业所占用的资金以及存货在物流活动过程中所发生的风险损失和为防止损失所支付的投保费用。这一物流成本的定义表述实际上指出了物流成本改善的取向是减少存货在物流环节的耽搁及时滞，以及降低资金占用成本和风险损失；而物流功能成本由于受物流能力极限的约束，只是物流成本改善的次优选择。

从实践角度来看，把握物流成本的含义不能只停留在概念本身，还必须对物流成本的统计范围、计算方法以及物流成本分析方法等有一个全面的掌握。上述美国和日本关于企业物流成本的定义主要是从传统财务会计中成本可分离和可计量的角度予以界定，我国在制定国家标准《企业物流成本构成与计算》（GB/T 20523—2006）时将学术界的有关物流成本的研究成果纳入其中，在企业物流成本中加入了“存货相关成本”，引入了“占用自有资余所产生的机会成本，即隐性成本”的管理会计中的机会成本概念，并在该标准中指出了具体操作方法，这是有关物流成本研究成果从学术界的理论共识上升发展为国家技术规范层面的一大跨越。

此外，“物流成本”的定义还有广义与狭义之分。狭义的物流成本是指在物流过程中，企业为了提供有关的物流服务，要占用和耗费一定的物化劳动与活劳动中的必要劳动价值的货币表现；广义的物流成本则是包含狭义的物流成本与客户服务成本，而客户服务成本是指企业物流服务水平不能够令客户满意而导致失去现有客户和潜在客户的情况而带来的损失。对于这些关于“物流成本”定义的解说，有的学者从传统的或通常意义的成本概念角度提出了一些不同的意见和值得商榷的看法。但是，理论研究总是要有一定的前瞻性或超前性，不可能也不应该完全囿于当前的一些操作规范和现有的理论概念，任何理论研究方面的一次创新、突破或发展，必然是在不同程度上对原有规范和观念的一次挑战和突围、对物流成本问题的研究亦不例外。例如，若将“客户服务成本”列入企业的物流总成本，必然促使企业强化系统管理的理念，以更加开阔和更加深邃的视野来审视物流对企业的整体的和全方位的影响。

2. 物流成本的构成

物流成本的构成复杂，可以从不同的角度对其进行分类。为了便于对物流成本问题研究深入地和连续地开展以及有利于实践应用，我们依据国家标准《企业物流成本构成与计算》（GB/T20523—2006），将物流成本按成本项目类别、范围类别、形态类别进行划分。

（1）按成本项目类别进行划分

按成本项目类别进行划分，物流成本由物流功能成本和存货相关成本构成。其中物流功能成本是指在物流活动过程中所发生的包装成本、运输成本、仓储成本、装卸搬运成本、流通加工成本、物流信息成本和物流管理成本；存货相关成本包括企业在物流活动过程中所发生的与存货有关的资金占用成本、物品损耗成本、保险和税收成本。

（2）按范围类别进行划分

按物流成本产生的范围划分，即以物流活动的范围作为物流成本分类计算的对象，具体指在供应物流、企业内物流、销售物流、回收物流和废弃物物流等不同阶段所发生的各项成本支出。物流成本由供应物流成本、企业内物流成本、销售物流成本、回收物流成本以及废弃物物流成本构成。

（3）按形态类别进行划分

形态类别物流成本是指以物流成本的支付形态作为物流成本计算对象，具体包括委托物流成本和企业内部物流成本。其中，企业内部物流成本其支付形态具体包括材料费、人工费、维护费、一般经费和特别经费。按物流成本支付形态划分，企业物流总成本由委托物流成本和内部物流成本构成，其中内部物流成本按支付形态分为材料费、人工费、维护费、一般经费和特别经费。

3. 物流成本的特征

（1）隐含性和模糊性

企业现行的会计核算制度并没有物流成本的直接记录，企业内运输成本通常被计入生产成本，订单处理成本可能包含在销售费用当中，部分存货持有成本又可能算作财务费用，因此，企业难以把握实际的物流成本，物流成本的归集总是支离破碎、难辨虚实的。国外有资料表明，企业实际发生的物流成本是外部支付额的五倍以上。如此种种，不仅影响到物流成本的准确性，也制约了物流成本在不同企业之间的可比性。因此，无论是生产企业还是流通企业，不仅难以按照物流成本的内涵完整地计算出物流成本，而且连已经被生产领域或流通领域分割开来的物流成本，也不能单独真实地计算并反映出来。

（2）复杂性和多样性

物流活动贯穿于企业采购、生产、销售的全过程，通过运输、保管、流通加工、包装、装卸、信息处理等多种物流功能，向客户提供所期望的物流服务。它不仅涉及企业运营的多个环节，而且各个环节中的费用组成多样化，既有人工费、管理费，还有设施、设备、器具的折旧费、维护费和资本利息等，因此物流费用的构成非常复杂。同时，物流成本构成的复杂性决定了物流成本内容的多样性，物流成本因此可以从不同角度进行分类。

（3）相对性和分散性

物流成本的相对性是指物流成本的高低是以所面向对象的服务需求水平为基准。物流成本不是面向企业的经营成果，而是面向服务对象的服务过程的产物。

在买方市场条件下，客户的需求决定了企业的生存和发展。企业要保证其市场地位和增强竞争能力，就必须尽可能地满足客户的需求。由于满足客户需求的过程要受到企业资源的限制，所以企业必须在物流成本和客户服务需求之间进行权衡。物流成本的分散性是指企业物流总成本分布在一系列相互关联的物流活动之中。由于物流管理运作具有跨边界性和开放性，物流成本既分布在企业内部的不同职能部门，又分布在企业外部的不同合作伙伴之间。

4. 物流成本的影响因素

影响物流成本的因素很多，既有宏观的国家政策和相关法规法令等外部环境因素，又有微观的企业内部因素，企业的内部因素主要包括以下几方面的因素。

（1）产品因素

不同品类产品的物流化属性，如比重、外形、对外界温度的要求和敏感性及其价值等属性方面都可能不同，而产品的物理化属性决定了企业物流运作的基本要求和条件，对企业的物流活动如仓储保管、包装、运输、流通加工和配送等作业的成本均会产生不同程度的影响，产品类别是影响企业物流成本的首要因素。

(2) 市场空间分布因素

从生产经营过程来看，企业市场分为原材料等的供货市场和产品的销售市场。市场空间分布因素是指企业物流中企业生产中心或仓储中心相对于产品目标市场或原材料供货市场的空间位置分布。显然，按照不同的区域划分，有国际市场、国内市场、省内市场等，企业离目标市场或供货市场越远，物流成本就越高，其地理位置、区域交通状况和气候等自然条件对物流成本都有影响。

(3) 物流服务水平因素

企业物流是一个人造的开放系统，其不同的物流服务水平将会产生不同的物流成本。通常情况下，若提高物流服务水平，其物流成本会随之上升，反之亦然，但二者之间不构成绝对的正比例关系。

(4) 企业的物流结构和规模以及物流管理方式因素

企业物流的结构包括企业物流流程结构、服务水准以及物流模式等。当企业的物流结构确定之后，物流成本的结构和数量也就基本确定。同时，物流的规模与物流成本也有密切关系，物流成本随着企业物流规模的变化而变化，适度的企业物流规模可提高物流设施设备利用效率和物流人员的劳动生产率，从而降低企业单位产品的物流成本。物流管理中的进货与订货方式的选择、库存管理、物品保管制度以及运输工具的选择等因素对企业物流成本都有影响。

(5) 订单内容

订单内容对物流的要求主要体现在产品运输方式、运输配送的起止地点、保管条件、投保种类等以及物流的延伸服务是否包括回收工作、代收货款等。订单内容对物流的要求越复杂，其对物流过程内部作业的协调性要求越高，无形中会推高物流成本。

6.1.3 物流服务与物流成本之间的制约与协调关系

物流服务是伴随着社会的发展和科技的进步产生和发展的。由于各个国家的社会状况、经济实力和科技水平不同，相应产生了适合不同国情不同水平（阶段）的物流服务。物流服务包括三个要点，即拥有顾客所期望的产品、在顾客所期望的时间内传递商品和符合顾客所期望的质量。物流服务的主要内容有运输、仓储、配送、装卸与包装、仓储和运输设备配套与购置、库存控制、流通加工、物流信息服务、产品回收和物流方案设计等。物流服务水平涉及货物的可得性、作业能力和工作质量等。

当物流服务需求方将其物流服务委托给物流服务商时，往往首要关注的问题是物流服务商能否确保所提供的物流服务可以满足其要求的服务水准。服务质量和服务成本的最佳平衡是衡量物流服务水平的原则之一。保证具有优势的物流服务水平对一个物流企业来说是至关重要的，但物流服务水平不是一成不变的，合理的物流服务水平的确定是一个动态的变化过程。

当前，许多物流管理问题的研究是以平衡物流成本与物流服务水平两者之间的关系为出发点而展开的。赫伯特·科扎布（Herbert Kotzab）、克里斯托弗·特勒（Christoph Teller）认为物流经理们必须在销售和物流成本之间找到一个“最优点”，只关注成本或只关注销售都会导致次优结果。但由于物流成本与物流服务的复杂性以及缺乏物流导向型的会计系统，又使得物流成本和物流服务的记录与评估非常困难。日本菊池康也教授在其著作《物流管理》中将物流服务与物流成本的关系精辟地归纳为四个方面：第一，在物流服务水平不变的前提下考虑降低物流成本，这是一种追求效益的方式；第二，为提高物流服务水平不惜增加物流成本，这是许多企业对特定顾客或其特定商品面临激烈竞争时采取的积极做法；第三，在成本不变的前提下提高物流服务水平，这是一种追求效益并有效地利用成本性能的方式；第四，用较低的成本来实现较高的物流服务，这是增加销售、增加效益和具有战略意义的方式。

6.2 物流成本的控制

6.2.1 物流成本控制的概念、目标与意义

物流成本控制是指在物流成本形成的过程中，对物流活动的全过程实施事前规划，事中指导、控制、限制和监督，事后进行分析评价，进而通过采取不断降低物流成本的措施，实现预定的物流成本目标的过程。物流成本控制是通过科学合理的物流管理，先进的成本计算方法，找出物流活动中存在的问题，直接对物流成本产生的原因进行控制。在物流管理活动中，物流成本控制是把物流成本看作一种经营要素，利用物流成本资源提高物流服务水平，而不是一味强调降低或节省成本，必须综合考虑采购、生产和销售等多方面的因素，把重点从如何掌握物流成本转移到如何运用物流成本上来，把单纯降低物流成本转移到优化物流作业链、提高物流的成本效益和增加物流服务价值方面上来。

通常而言，物流成本控制可以分为广义上的物流成本控制以及狭义上的物流成本控制，广义上的物流成本控制包括物流活动中采取事前、事中和事后控制，而狭义上的物流成本控制则具体指的是对物流成本进行事中控制。

对物流成本进行控制的最终目标就是通过优化物流管理来降低企业物流总成本，从而增加产品利润提高企业产品在市场上的竞争力。物流成本控制既是物流管理的手段，又是衡量物流运作绩效的工具。企业物流成本控制的具体目标应该是：第一，通过分析和核算掌握企业物流成本现状，发现企业物流中存在的主要问题；第二，依据物流成本计算结果及其有关信息数据，分析和制订物流规划、确立企业物流管理战略和分阶段的物流运作计划；第三，对企业各个物流环节进行比较和分析评价。企业可以以物流成本数据为根据，在企业之间以及不同行业间对物流成本进行比较，对其中不足之处采取相应的措施或方法进行物流成本控制，从而实现不断降低物流成本，提高经济效益的目标。

物流成本控制的重要意义可以分别从微观、中观和宏观三个角度进行分析。

（1）微观意义

1）物流成本控制是降低物流成本、提高经济效益的重要手段。物流系统由运输、储存、包装、装卸、流通加工等环节组成。在物流活动中，独立研究各环节都有自已的最佳经济效益。但由于物流活动存在“效益背反”规律，因此要使物流成本的整体效益最佳，降低物流成本，必须把物流各个环节作为一个系统进行分析、控制和优化。成本是真实完整地反映企业经济效益的好坏的一项重要指标，通过物流成本控制，才能降低物流成本，从而提高经济效益。

2）物流成本控制为企业管理决策提供依据。物流成本控制的前提是明确物流活动过程中成本的消耗，通过物流成本计算，明确物流成本责任单位。在企业物流管理中，可以采取相应的措施对各项物流耗费进行监督。另外，物流成本控制可以为企业物流模式的确定提供依据。通过准确、及时、全面地计算物流成本，及时了解企业物流成本的支出情况，比较不同物流模式下，物流成本的大小，可以为企业决策提供更加准确的依据。

（2）中观意义

1）通过物流成本控制增强企业的竞争力。物流成本控制直接影响到企业的竞争能力。物流成本的控制贯穿于企业的所有生产和经营管理当中，物流成本的高低影响到企业单位成本控制的水平。对一个有很高物流水平的企业而言，它展示的不仅仅是企业的竞争力，而且更深刻地说明了企业在其行业内的综合实力。物流成本越低，企业所获得的剩余价值就越多，利润空间就越大，就更能够提高企业在同行业的竞争力，这有利于企业的生存和长远发展。

2）通过物流成本控制提高企业物流管理服务水平。物流服务价格的制定是通过物流成本为依据来实现的。物流成本和物流服务是相辅相成、紧密联系的。物流成本为物流服务提供依据，是物流服务的基石；物流服务的好坏影响到物流成本的高低。高质量的物流服务给企业带来的不仅是客户的满意，也为企业物流成本的控制提供更为高效可靠的保障。

（3）宏观意义

通过物流成本控制可以提高社会效益，促进国民经济的发展。由于物流贯穿了生产和流通的全过程，因此，科学合理、准确高效的物流能够协调与完善整个生产和流通结构，产生巨大的剩余价值，获得丰厚的利润，成为企业和国民经济新的利润增长点。科学合理、准确高效的物流能够促进国民经济的合理布局，有利于整合社会资源，减少流通环节，缩短物流周期，加快资金周转，有效地使用社会流通设施设备，提高固定资产使用率，节约生产、流通物资，增强社会物质资源的可调节性。降低物流成本对促进国民经济发展，减少物流损失，节约社会物质财富具有重要意义。

6.2.2 现代物流成本控制的理论与理念

1. 物流成本与实体产品成本之间的比较

物流活动的本质是为企业提供的一种服务，其产出结果实质上是一种无形的“服务产品”。与实体产品相比较，服务产品至少存在两方面的特性：第一，服务产品是无形产品。实体产品最基本的特征是实体产品有构成其实体的原材料，其成本包含“料工费”在内；但服务产品不存在由原材料构成的产品实体，而是一种无形的产品。第二，服务产品的生产和消费是不可分割的统一体。对于实体产品，其生产过程、销售过程以及消费过程是互相分离的，产品的生产、销售与消费过程存在着先后顺序；但服务产品的生产过程的结束通常意味着其消费过程的结束，或者说服务产品的生产、销售与消费过程是同时进行的。但无论是服务产品还是实体产品，它们都是企业经济活动的成果，这使得企业的实体产品成本与物流成本之间存在既有共性联系又有差异区别的关系，这些关系主要体现在以下六个方面。

（1）物流成本与实体产品成本均可以货币计量

根据成本发生的机理和归属理论，成本在生产经营活动过程中必须流转并积累到最终产品，企业从购置设备与原材料和有关辅助材料开始，直到产品生产出后交付给流通企业或最终消费客户，随着实物的流转，通过成本记录和成本追溯方法，将这一生产经营活动中所发生的成本逐步归集到实体产品，在这一成本归集过程中，其成本都是以货币耗费进行计量和结算的。物流成本同样如此，其中既包括实际支付的显性物流成本，也包括无须支付货币的隐性物流成本。对于隐性物流成本，虽然无须支付货币，但同样需要以货币计量其发生额，以供决策使用。而对于无法以货币计量的耗费，如运输、装卸、流通加工等活动对环境的影响等，则既不能计入实体产品成本，也不能计入物流成本。

（2）物流成本与产品成本均是特定对象的资源耗费

成本是对象化了的费用，是转移到一定产物并按一定产物进行归集的货币耗费。这一产物就是成本计算的对象，它可以是某一实体产品，也可以是某项服务，如物流服务。实体产品成本总是针对某一特定产品，对于与特定产品相关的支出计入实体产品成本和不能经济合理地归集特定产品的支出，如管理费用等，只能在发生当期计入期间费用。物流成本也是依物流活动而产生的，凡与物流活动直接相关的支出计入物流成本，而对于不能经济合理地归集到物流活动的支出，也不能计入物流成本。

(3) 物流成本包含于实体产品成本中

实体产品从原材料等状态开始，一直到生产成为实体产品并交付客户的过程中，所有为其所耗费的物化劳动和活劳动最后都转化为实体产品的价值，其中也包括在生产与流通过程中开展有关物流活动所耗费的物流成本。这些成本随着实体产品的成形与流转最后一并转移到实体产品流转的末端，构成实体产品总成本的一部分。为了使实体产品更加具有竞争力，往往在实体产品出售时要提供满足客户要求的一般性和附加性物流服务，如免费或优惠送货。这些服务成本实际上最后都要追加到实体产品成本中。在比较不同企业和不同实体产品的物流成本时，常常用物流成本占实体产品总成本或其销售额的百分比来说明有关问题。

(4) 实体产品成本与物流成本分属财务会计和管理会计中的成本概念

在财务会计中，成本是企业资产的实际耗费。原材料、固定资产和现金等都是企业的资产，当这些资产是为了生产产品而被耗费后，按照成本归属原则，它们的原始购置成本就随之归属到产出物，成为产出物的成本。因此，产品成本属于财务会计中的成本概念。而在管理会计中，成本既包括已经耗费的资产，也包括虽未耗费经济资源但在决策时为选择最优方案需要考虑的机会成本，而物流成本既包括显性成本，也包括隐性成本，如因存货占用资金所产生的机会成本等。

(5) 实体产品成本包括“物”的价值，而物流成本仅包括与“物”的物流活动有关的费用支出

实体产品成本包括物流过程中“物”的价值，计算的起点是“物”（包括技术设备、原材料等）的成本；而物流成本不包括物流过程中物的价值，计算的起点是为获得“物”而发生的有关费用。实体产品成本的计算始终在“物”上，随着有关投入耗费的增加，“物”的成本在增长，实体产品的价值也同步增长；而物流成本的计算通常是从采购原材料开始，以“物”的活动为主线，计算其在物流活动过程中发生的，独立于“物”的价值之外的费用支出。这是物流成本与实体产品成本的一个重要差异。

(6) 实体产品成本是企业在正常生产经营活动内发生的成本，而物流成本还延伸到包括在筹资活动中发生的有关成本

企业的全部经济活动可分为生产经营活动、投资活动和筹资活动，这三项活动的损益在利润表中要分别报告，以便评价其业绩。只有生产经营活动的正常耗费才能计入实体产品成本并从营业收入中扣减，非正常的、意外的耗费不计入实体产品成本，而将其直接列为期间费用或损失。而对于物流成本而言，它既包括企业在正常经营过程中发生的与物流活动有关的费用，还包括筹资过程中发生的与物流活动有关的支出，如与存货有关的负债融资所发生的利息支出。与实体产品成本相比，物流成本不仅仅包括正常经营过程中发生的有关费用，还包括经营过程中发生的非正常支出和筹资过程中发生的部分支出。实体产品成本与物流成本的这一区别，实际上也是由于两者分属财务会计和管理会计中的成本概念而造成的结果。

2. 物流成本控制的基本理念

（1）现代化的物流成本控制意识

企业管理层要高度重视物流成本控制，要认识到现代企业物流成本控制的内容不仅仅是降低物流成本，其目的是从成本与效益的对比中寻找物流成本的最小化。物流成本控制的现代意识表现为以下几个方面：

1）物流成本控制思想革新化。企业管理层要让企业全体职工树立物流成本控制思想，物流成本控制不能只靠物流部门、财务部门，要发挥广大员工的积极性和创造性。

2）物流成本控制组织合理化。企业管理层要在企业成立相应物流成本控制领导小组，组织好企业现有的人力、财力、物力，对物流成本控制统一领导、分级控制，建立物流成本控制责任追究制。

3）物流成本控制方法科学化。企业管理层应用国外先进的物流成本控制方法，结合企业自身实际情况，制订出适合企业发展的物流成本控制方法。目前，比较先进的物流成本控制有作业成本法、目标成本法等。

4）物流成本控制手段电子化。在物流活动中，企业要应用先进的电子技术，建立物流成本管理信息系统，在生产过程还要引进先进生产设备和监控设施，便于收集各种成本信息。

5）物流成本控制人才专业化。企业要培养一支既懂得物流管理，又懂得会计知识的专业人员队伍。只有这样，才能推动物流成本控制工作不断发展。

（2）物流成本的全程控制观念

按照物流时间过程来对物流成本控制进行划分，可以将其分为三个阶段，即物流成本事前控制阶段、物流成本事中控制阶段、物流成本事后控制阶段。

1）物流成本事前控制。物流成本事前控制指的是在物流活动前，对可能影响物流成本的经济活动进行事前的规划、审核，确定目标物流成本。

2）物流成本事中控制。物流成本事中控制指的是在物流成本形成过程中，随时对实际发生的物流成本与目标成本进行对比，及时发现问题并采取相应措施进行改善。

3）物流成本事后控制。物流成本事后控制指的是在物流成本形成之后，对实际物流成本进行核算、分析，总结经验教训，为以后的物流成本控制提出积极的改进意见和措施。

6.2.3 物流成本控制遵循的基本原则和策略

1. 物流成本控制遵循的基本原则

物流成本控制需要遵循以下几项原则：

（1）追求物流总成本最低的原则

企业的物流活动虽然牵扯到很多流程、很多作业，其过程也非常复杂。但无论采取何种方法对物流活动进行归类划分，它的总成本都不会因为划分不同而发生改变，只是其表现形式发生变化而有所不同。因而在进行物流成本控制时不能只考虑降低某一功能或某一作业的物流成本，而忽略了由于对这一功能或作业降低其物流成本导致的其他功能或作业物流成本的增加。更应该关注的是在该项功能产生物流成本发生变动的时候是否造成物流总成本的增加。如果物流总成本保持在最低水平，则说明对该项物流活动进行成本控制是有效的、合理的。

（2）责、权、利相结合原则

成本控制是一项量大面广的工作，它密切联系着企业的每个职能部门、每项作业、每个工序及每个职工。因此，在进行成本控制的时候，首先要明确责、权、利的统一，根据这一原则建立起企业各部门分级责任制，并给予相应的成本支出的责任与权限，以便把成本分解、落实到各部门、各单位进行管理和控制。其次在统一领导的原则下，要对公司各部门、各单位内部关系进行正确处理，组织和动员全企业的力量进行物流成本控制，从而充分调动各方面的积极性，使他们都负起控制和管理成本的责任。

（3）目标控制原则

目标控制原则指的是企业在经营活动中对其人力、物力、财力等各项指标进行控制的时候要以遵从既定的目标为基础。在进行物流成本控制时也要依据企业既定的物流成本目标，根据目标对企业物流活动进行指导及约束，最终做到争取以最小的物流成本投入换来最大的产品利润，为企业创造更大价值，提高企业竞争力。

（4）全面控制及重点控制原则

企业的物流系统是个开放式的系统，它由多领域、多功能、多环节构成，企业物流活动形成的全过程，包括了产品在设计研发阶段、生产阶段、包装运输、配送及售后服务阶段的各个环节。全面成本控制就是以物流成本形成的全过程为对象，结合物流活动各阶段的不同性质和特点，对物流成本进行有效的控制。企业的物流成本目标是企业设计成本控制程序的重要依据，只有当实施该项物流成本控制措施给企业所节约的成本大于为实施该项措施所耗费的成本时，该项目措施才是可行的。所以，在实施物流成本控制措施对企业进行物流成本控制时也要划分重点，对那些占用份额大又很重要的物流成本进行重点控制，而对那些占用份额小又非重要的物流成本实施简单控制即可，尽可能做到在保证降低企业物流成本的同时制定出符合企业自身特点的物流战略来。

2. 物流成本控制的基本策略

（1）加强从业人员素质

随着我国近几年物流业的快速发展，物流从业人员大量涌入。我国物流从业人员数量多但普遍素质低，物流管理成本偏高的现象非常明显。在面向对专业化程度要求较高的电子商务物流企业时，这种现象令人堪忧。只有加强从业人员素质，才能从根本上提高企业物流运行效率，控制物流管理成本，更好地促进企业的发展。

（2）加强物流成本核算制度

在物流成本中，物流管理成本是最难以统计和控制的。随着物流重要性的提高，越来越多的企业重视物流过程中的成本消耗。通过加强物流成本核算制度，为企业物流成本的管理决策提供依据，为企业提供详细、真实、全面的成本数据，不仅可以了解企业物流成本的水平，而且使本企业与其他企业物流成本的比较成为可能。通过比较，可以及时发现自身物流活动和物流成本支出的不足和优势；采取相应措施进行补救，可以减少整体物流成本，提高企业效率。

（3）提高物流各活动环节的协调力

提高我国物流企业总体管理水平，必须提高物流各活动环节的协调能力。其主要内容包括：提高环节间的衔接能力，降低各活动环节以及各活动环节转换过程中的事故差错率；提高物流管理效率，缩短物流周期；提高物流质量，降低物流管理成本。

6.2.4 物流关键过程成本控制策略

1. 采购成本控制策略

采购物流是企业整个物流活动的基础。离开采购物流，生产企业的生产供应就会中断，流通企业就会出现缺货。无论是从生产企业的角度，还是从流通商业企业的角度分析，采购物流都是企业物流的起始环节，是企业生产物流、销售物流的基础。对采购物流成本的控制是否有效，对降低整个物流费用乃至整个企业的经营成本、提高物流经营效率，都有着非常重要的影响。其次，采购与企业内物流对接，直接或间接影响库存和运输等环节的成本。例如：采购数量越多，库存成本也相应增加；采购的次数越多，运输费用也越多；采购供应地距离仓库越远，所耗用的运输成本也越大。因此，必须加强采购成本控制，从物流的起始环节来控制物流成本和经营成本的发生。另外，我们应注意到所谓的采购成本控制，并不仅仅是控制上述费用，而是通过采购策略来协调企业整个物流系统，降低企业总物流成本和运营成本。

降低采购物流成本的策略有以下几种。

(1) 集中采购策略

集中采购是相对于分散采购而言的，即采购组织为多个企业实施采购，这种形式适用于集团企业。虽然各部门仍然像以前那样订货，但因为使用了统一标准的采购系统，总部可以全面掌握需求情况，并派采购部与供应商谈判，签订总合同，这样可以获得采购的数量折扣，大大降低采购成本，同时原材料集中运输到仓库，也节省了运输费用。例如海尔集团运用信息技术重建采购流程，总公司与各制造企业使用一个共同的采购软件系统，整个集团光是通过对钢板、化工物料、电子零部件等大宗原材料实行集中采购，就为公司节省成本20%~30%。

(2) 联合采购策略

中小企业由于受生产规模消耗及库存能力、资金等方面的制约，不可能大规模的采购物资，在采购价格上处于被动地位，而且运输等成本也会相应较高，但这并不意味着众多中小企业在控制采购成本上无计可施。联合采购是针对中小企业的一种采购策略。企业对于同类产品的多种不同规格型号联合采购，通过增加企业一次采购总量，来降低采购、运输价格；或者企业通过组织和加入采购联盟，同一城市或同一地区的一些企业对于某些原材料的采购实行联合采购、分别付款使用的方式来扩大物资的采购量，集小订单成大订单，增强集体的谈判能力，获得采购规模优势，争取和大企业一样优惠的原材料采购、运输价格。同时，联合采购的对象是原材料生产企业，这样就可以摆脱代理商的转手成本，通过直接与制造商直接交易，减少中间环节，大大降低流通成本，保障产品质量。

(3) 网上采购策略

网络的全球化和高速化为采购提供了及时、准确的产品和需求信息。在中国，众多大型企业如海尔、万科等都纷纷启动了生产资料的网上采购平台。结果显示，实现网上采购的企业在盈利能力方面有了不同程度的提高。网上采购系统包括生产资料采购和非生产资料采购两种，该系统既可通过虚拟的在线商品目录迅速而实时地访问产品信息，通过价格和品质的比较选定产品供应商，能够实现与内部采购流程无缝的集成，对供应商进行科学的管理以及对采购业务的数据进行分析和决策等。

网上采购系统采用Java技术和模块化的体系结构，集成了公司管理、目录管理、采购计划、合同管理、供应商管理、请购单管理、询价管理、采购单管理、订单管理、审批管理和竞拍管理等功能模块，覆盖企业采购的各个环节，真正实现采购流程的电子化。

(4) “期货”采购策略

“期货”采购就是企业根据自已的实际情况，按照采购业务量的不同，对那些采购渠道单一、批量较大、生产经营中经常需求的生产资料，直接和生产厂家或中间供应商根据市场不同时期的价格差异进行“期货”交易。若企业所需购买的原材料价格在现货市场上呈上升趋势，则企业每个月制订的计划采购成本相对于下一个月的采购成本都是较低的。根据期货的套期保值功能，在淡季价格较低时，可以根据生产计划的在期货市场买入未来不同月份的此种原材料期货合约，届时可从期货市场上购回现货，这样就可以保证此种原材料采购价格不会因市场变化有所波动而始终维持在一个较低的水平上，缓解了将来市场现货资源紧缺造成的供给不足，稳定了企业的供货渠道。

（5）招标采购策略

招标采购是指采购企业作为招标方，事先提出采购的条件和要求，邀请众多企业参加投标，并按规定的程序和标准一次性的从中择优选择交易对象。当企业所需的物资在市场中处于买方市场时，应该在物资采购中引入竞争机制，按照公开、公正、公平、择优、讲信誉的原则，采用招标的方式采购。招标采购可向应标单位寄发采购招标寻价函、应标单位报价单，然后根据报价情况确定中标单位；也可以把应标单位召集到一起，以竞标的方式确定中标单位；还可以通过在互联网上发布招标公告，实现网上竞标。由于招标采购引入价格竞争机制，增加了透明度，能保证物料采购质量，以及更为有效地降低物资采购成本。因此，招标采购正被越来越多的企业重视。

连续两年亏损且即将被摘牌的科龙集团，在格林柯尔入主科龙之后，对科龙原有的采购组织系统进行变革调整，建立采购竞标管理平台，成立采购管理工作组，所有供应商凡是在品质、交货期、资信等方面得到科龙认证通过后，都可以参与科龙的采购竞标活动，采购工作组通知合格供应商到科龙集中上网竞标，即每家供应商的代表进入科龙事先设定好的小房间用计算机上传资料报价竞标，所有供应商均不与采购人员见面，采购人员通过网上报价确认供应商。仅此一项就在格林科尔入主科龙的头一年降低采购成本几千万元。TCL 移动通信有限公司也导入采购电子招标系统，至今已节约采购成本 300 万元。由此可见，第一，招标采购的成效是巨大的，效果是明显的；第二，建立采购招标管理平台，对规范采购业务流程和采购人员行为，杜绝采购黑箱操作和采购腐败而言，是极为有效的。

2. 库存成本控制策略

在企业经营过程中的各个环节都存在库存，也就是说在采购、生产、销售不断循环的过程中，库存使各环节相对独立的经济活动成为可能。库存具有整合需求与供给、实现物资存储、维持各项流通活动顺畅进行的功能。物流总成本随库存水平的高低而变化，存货水平过高造成存货成本增加，进而导致仓储费、管理费与库存成本大幅上升，占用企业更多的流动资金，最终导致物流总成本大幅增长。库存期过长还会造成商品贬值、报废等损失，因此库存成本控制是物流成本控制的重心，其管理的好坏会直接影响到物流系统整体功能的发挥，进而影响企业的经营。

库存成本管理和控制的目的是实现物品的合理存储、提高保管质量、加快物品周转速度、降低物流成本以及发挥物流系统整体功能。库存成本是指为保持库存而发生的成本。它是物流作业成本中的一个主要组成部分。对一般的制造企业来说，库存成本占物流总成本的 37% 左右。它可分为固定成本和变动成本。固定成本与存货的数量无关，如仓库折旧、仓库员工工资和福利费等；变动成本与存货的数量有关，如存货占用资金利息成本、存储空间成本、库存服务成本、库存风险成本和在途库存持有成本。

有效降低库存成本的策略有：

（1）正确划分库存区域，提高库存利用率

正确划分库存区域是提高库存利用率、有效控制库存成本的有效策略。企业应该对库存空间进行合理的划分，将相近尺寸的商品放在相同的区域，同一库位中最好只放置同一尺寸的商品。库存区域的划分不宜过大，否则会造成库存空间的浪费，降低库存利用率，增加库存成本；但也不宜过小，否则会导致库存混乱，有时甚至可能会导致出库时发生事故。

（2）缩短交货时间

缩短交货时间，也就是缩短在途库存的时间。在途库存的时间是指从供应商到经销商或顾客的这段距离所用的运输时间。合理的选择运输方式，尽可能地缩短这段运输时间，可以大幅降低在途库存成本。但是最短的运输时间不等于最低的运输费用，所以在选择运输方式时要仔细比较缩短运输时间对库存、库存成本以及运输费用的影响再做出正确的选择，达到整体优化的目的。另外，选择合适的交货和付款方式，也能降低库存成本。对于一些高价值商品，从供应商到顾客手中，可能需要经过较长的时间和不同的场所，缩短交货时间可以降低风险和库存成本。

（3）即时供货

“即时供货”，即“看板供货”。“即时供货”制度最早产生于美国，后来在日本得到了完善和发展。从运作原理和方法上看，看板供货就是在企业内部各工序之间或者在建立供求关系的企业之间，采用固定格式的卡片由下一个环节根据自己的生产节奏，逆方向向上一个环节提出供货要求，上一个环节则根据自己卡片上指定的供应数量、品种等及时组织送货。很明显，实行这样的供货方式，可以做到准时、同步向需求者供应货物。在这种情况下，后者自然不会再设库存，或设立较小的库存，从而大幅降低库存成本。

3. 包装成本控制策略

包装是指为了在流通过程中保护商品、方便储运和促进销售，按照一定的技术方法使用容器、材料以及辅助物等将物品包封并予以适当的装饰和标志工作的总和。一般来说，包装可以认为是生产环节的终点，同时也是销售物流的起点。包装对物流系统的成本和生产率影响很大。

一般来讲，加强包装成本控制主要有以下几方面的措施：

1）所有包装物品购入时，主管部门必须登账掌握，根据领用凭证发料，并严格控制使用数量，以免损失浪费。

2）各使用部门应按需要时间提出使用数量计划，交主管部门据以加工、购置，如逾期没计划或数字庞大造成浪费或供应不及时，均应追究责任。

3）要加强包装用品规格质量的验收和管理，注意搞好包装用品的回收利用。

4）选择包装材料时要进行经济效益分析。在保证商品在运输、装卸、保管、销售过程中质量、数量不受损失的前提下，适当采用一些包装代用品，选择质好价廉的包装材料，节约费用开支。

5）要加速包装物的周转，延长使用年限和使用次数，克服损失浪费现象。

6）根据产品的特点、运输的远近，研究包装物的要求，改善包装方法。

7）了解用户情况，改进不必要的装潢，力求包装简单化、朴素化。

4. 运输成本控制策略

运输是物流系统中最核心的功能。现代生产和消费都是靠运输业的发展来实现的。高效、廉价的运输系统能促进市场竞争加剧，带来生产中更多的规模经济效益以及产品价格的下降。运输成本控制的目的是在不影响运输的可靠性、安全性和快捷性要求的前提下，使总的运输成本最低。运输成本占物流成本的40%以上，是影响物流成本最重要的因素，因此运输成本是物流成本的重点控制对象。物流运输成本的分析研究对于降低物流成本，提高我国物流企业的国际竞争力具有重大意义。

现代运输成本是与运输活动的完成所发生的一切相关费用，包括所支付的运输费用以及与运输行政管理和维持运输工具有关的费用。运输成本涉及很多成本，如人工成本、燃油成本、维护成本、端点成本、线路成本、管理成本及其他成本。

运输成本控制的有效策略包括：

（1）提高运输工具实载率

实载率有两个含义：一是单车实际载重与运距乘积和标定载重与行驶里程乘积的比率，这在安排单车、单船运输时，是作为判断装载合理与否的重要指标；二是车船的统计指标，即一定时期内车船实际完成的货物周转量（以吨公里计）占车船载重吨位与行驶公里乘积的百分比。在计算车船行驶的公里数时，不但包括载货行驶，也包括空驶。提高实载率的意义在于充分利用运输工具的额定能力，减少车船空驶和不满载行驶的时间，减少浪费，从而求得运输的合理化。

（2）发展社会化的运输体系

运输社会化的含义是发展运输的规模效益优势，实行专业分工，打破一家一户自成运输体系的状况。在社会化运输体系中，各种联运体系是其中水平较高的方式，联运方式充分利用面向社会的各种运输系统，通过协议进行一票到底的运输，有效打破了一家一户的小生产，受到了普遍欢迎。

（3）发展直达运输

直达运输是通过减少中转换载，提高运输速度，省去装卸成本，降低中转货损，追求运输合理化的一种运输模式。直达运输的优势是在运输批量大或用户一次需求量达到了一整车时表现最为突出。此外，在生产资料、生活资料运输中，通过直达，建立稳定的产销关系和运输系统，也有利于提高运输的计划水平，考虑用最有效的技术来实现这种稳定运输，从而大大提高运输效率。

特别需要一提的是，如同其他合理化措施一样，直达运输的合理性也是在一定条件下才会有所表现，不能绝对认为直达一定优于中转。这要根据用户的要求，从物流总体出发做综合判断。如果从用户需要量看，批量大到一定程度，直达是合理的，批量较小时中转是合理的。

（4）充分发挥配载运输的功能

配载运输是充分利用运输工具载重量和容积，合理安排装载的货物及载运，提高运输工具实载率的一种运输方式。配载运输往往通过轻重商品的混合配载，在以重质货物运输为主的情况下，同时搭载一些轻泡货物，如海运矿石、黄沙等重质货物时，搭运一些轻泡农、副产品等。在基本不增加运力投入，不减少重质货物运输情况下，解决了轻泡货物的运输，效果显著。

（5）提高运输装载量

有不少产品，由于产品本身的形态及特性问题，很难实现运输的合理化。但如果进行适当的加工，就能够有效解决合理运输的问题。例如，将造纸材料在产地预先加工成干纸浆，然后压缩体积运输，就能解决造纸材料运输不满载的问题。轻泡产品预先捆紧包装成规定尺寸，装车就容易提高装载量；水产品及肉类预先冷冻，就可提高车辆装载率并降低运输损耗。

5. 配送成本控制策略

配送是根据客户的要求，在配送中心或其他物流节点进行货物配备，并以最合理的方式送交用户的过程，是流通加工、整理、拣选、分类、配货、装配、运送等一系列活动的集合。通过配送，物流活动才得以最终实现，但完成配送活动是需要付出代价的，即需配送成本。配送成本是指在配送活动的备货、储存、分拣及配货、配装、送货服务及配送加工等环节所发生的各项费用的总和，是配送过程中所消耗的各种物化劳动和活劳动的货币表现。按配送活动发生的功能分类，企业配送成本可以分为运输费用、储存保管费、包装费、装卸费、分拣及配货费、流通加工费、信息处理费和配送管理费。配送成本的高低直接关系到企业的利润，因此，如何以最小的配送成本在适当的时间将适当地产品送到适当的地方，是摆在企业面前的一个重要问题。

对配送成本进行控制实际上是在满足一定的顾客服务水平与配送成本之间寻求平衡：在一定的配送成本下尽量提高顾客服务水平，或在一定的顾客服务水平下使配送成本最小。一般来说，要想在一定的顾客服务水平下使配送成本最小化主要有以下策略。

（1）混合配送策略

混合配送策略是指配送业务中的一部分由企业自身完成，另一部分外包给专业物流公司完成，即自营与外包相结合策略。这种策略的基本思路是：对于连锁企业而言，尽管采用纯配送（即配送活动要么全部由企业自身完成，要么完全外包给专业物流公司完成）易形成一定的经济规模，并使管理简单化，但在产品品种多变、规格不一、销售量不等的情况下，如果采用纯配送的方式，当配送品种和配送量超出一定程度后，不仅不会取得规模效益，反而还会造成规模不经济。而采用混合战略，合理安排自身完成的配送和外包给第三方的配送，可以有效降低配送成本。

（2）差异化配送策略

差异化配送策略的基本思路是：产品特征不同，顾客服务水平也不同。当商品种类繁多时，企业不能对所有产品按同一标准的服务水平来配送，而应按照商品的特点、销售水平来设置不同的库存、不同的运输方式以及不同的存储地点，忽视产品的差异性会增加不必要的配送成本。

（3）合并配送策略

合并配送策略包含两个层次：一是配送方法上的合并，另一个是共同配送。

1）配送方法上的合并。企业在安排车辆完成配送任务时，充分利用车辆的容积和载重量，做到满载满装，是降低成本的重要途径。实行合理的轻重搭配，容积大小不同的货物搭配装车，不但可以在载重方面达到满载，而且也充分利用了车辆的有效容积，取得最优效果。

2）共同配送。共同配送也称集中协作配送。其标准运作模式为：在中心机构的统一指挥和调度下，各配送主体联合活动，在较大的地域内协调运作，共同对某一个或某几个客户提供系列化的配送服务。这种配送有两种情况：一是中小生产、零售企业之间分工合作实行共同配送，即在同一行业或同一地区的中小型生产、零售企业在单独进行配送的运输量少、效率低的情况下进行联合配送，不仅可以减少企业的配送费用，配送能力得到互补，而且有助于缓和城市交通拥挤，提高配送车辆的利用率；二是几个中小型配送中心之间的联合，针对某一地区的用户，由于配送中心所配物资数量少、车辆利用率低等原因，几个配送中心将用户所需物资集中起来共同配送。

（4）延迟配送策略

传统的配送计划中，大多数的库存是按照对未来市场的需求预测设置的，这样就存在着预测风险。当预测量与实际需求量不符时，就会出现库存过多或过少的情况，从而增加配送成本。延迟配送就是指配送活动尽可能推迟到接到订单后再确定，但是一旦接到订单就要快速反应，因此采用延迟策略的一个基本前提是信息传递速度要非常快，同时需要较强的配送能力来支撑。

（5）标准化配送策略

标准化配送策略是尽量减少因品种多变而导致的附加配送成本，尽可能多地采用标准零部件和模块化产品。例如服装连锁企业按照统一规格生产服装，直到顾客购买时才按顾客的身材调整尺寸大小。标准化配送策略要求企业要站在消费者的立场上考虑怎样节省配送成本，而不要等到产品定型生产出来才考虑采用什么技巧降低配送成本。

6. 装卸搬运成本控制

装卸搬运是随着商品运输和储存而附带发生的作业。比如在运输货物时，把货物装进或卸出货车的装卸作业，在保管货物时出入库的装卸作业等。装卸搬运成本是物品在装卸搬运过程中所支出费用的总和。装卸搬运活动是衔接物流各环节活动正常进行的关键，渗透到物流的各个领域。在整个物流供应链中，商品装卸搬运成本所占的比例很大，特别是在现代物流中，顾客经常要求企业提供“门到门”的送货服务，装卸搬运作业发生的频率大大增加，装卸搬运质量的好坏严重影响着物流成本的高低。

装卸搬运物流成本控制的关键点在于管理好储存物料与商品，减少装卸搬运过程中商品的损耗率、装卸时间、装卸搬运次数等。

装卸搬运成本控制的策略有：

（1）对装卸搬运设备进行合理选择

企业应根据自身生产、销售发展计划，分析使用不同搬运设备的成本差异，结合财务可能确定选用人力、半机械化、机械化、半自动化、自动化搬运设施，防止机械设备的无效作业。

（2）合理规划装卸方式和装卸作业过程

具体措施有：减少装卸次数，缩短操作距离，提高被装卸物品的纯度、消除无效搬运等。

装卸搬运成本控制还应注意防止因搬运设施投资不足形成整个物流系统的瓶颈，造成整个系统的低效率，也要防止因投资过度造成搬运成本的升高。

7. 物流服务成本控制策略

目前，我国工业已经进入大规模订制时代，制造企业逐渐转变为根据顾客的个性化要求来组织生产。顾客既处于价值链的最前端，又处于物流服务的最末端。因此，顾客服务是企业开展物流活动的根本所在，是降低物流成本最为重要的一个关键环节。物流活动中顾客服务的满意度是指在物流活动中是否在正确的时间把正确数量的产品按照正确地点送到正确顾客手中。因此，提高顾客服务满意度可以间接控制物流成本。

物流服务成本控制策略有如下三点：

（1）提高交货可靠性

交货可靠性是指顾客所需求的产品是否在正确的时间以正确的数量和合理的消耗送到正确的地点递交到正确的接收者手中。交货可靠性包括交货时间可靠、交货数量可靠、交货地点可靠以及保证交货质量和途中货损率四个因素。可靠交货，是物流活动的最终目标。一旦交货的可靠性出现差错，不仅会影响到顾客对物流的满意度，也会增加物流的成本。例如，顾客在指定的时间或指定的地点没有收到货物或货物送达时发生损坏，会给企业增加额外的物流成本或丧失销售机会。

（2）提高服务质量

企业不仅向顾客提供商品，还向顾客提供延伸产品——服务，对服务质量的要求已经成为顾客购买某种商品不可缺少的重要依据。高质量销售服务和售后服务能扩大销售市场，带来更多的顾客，从而带动物流的发展。在市场竞争异常激烈的情况下，尽可能地了解顾客的需求并对其做出快速反应以提高顾客满意度是非常重要的事情。从长远角度考虑，只有了解顾客需求，不断开发新的服务类型，保证服务质量，及时处理顾客发出的抱怨，扩大企业市场份额，才有利于物流的发展，带来更多利润。

（3）提高服务的灵活性

顾客个性化的需求要求物流企业能够根据客户的具体要求在保证良好的服务质量条件下提供个性化的服务。要想赢得顾客的信赖，提高顾客的满意度和忠诚度，企业必须及时对顾客需求做出反应。对于物流服务来说，企业只有掌握灵活性，及时了解顾客的要求，针对不同状况做出及时的反应，才能增加市场份额，带来更多利润。

6.2.5 物流成本控制的整体优化

物流成本对企业价值有巨大的影响，是提高企业价值的重要杠杆。现代物流是“成本与效益”的统一体。物流各环节既承载着价值，又消耗着价值，而最终目的是为了实现更多的价值。在上一节中，我们主要针对各局部的物流成本控制策略与方法进行了探讨。局部控制的不同控制方式的选择依赖于企业物流的运作模式。如果企业部门之间的联系不紧密，物流成本的控制效果就不会令人满意，也就无法为企业带来较多的价值。只有按照物流系统化的思想规划和实施物流各环节的成本控制策略，才能避免企业仅满足于降低局部成本而忽视物流系统观给企业带来的实质性的成本效应。因此，企业物流部门必须协调各个部门，在符合经济原则和因地制宜原则的前提下努力实现企业物流过程的综合控制。

物流成本的综合控制包括了事前、事中和事后对物流成本的预测、计划、计算、分析、反馈、决策等系统控制。企业物流成本综合控制的主体是企业物流管理组织和机构，客体是企业经济活动中发生的物流成本。物流成本综合控制有别于局部控制，具有系统性、综合性、战略性的特点，有较高的控制效率。

1. 事前控制

事前控制是指进行物流活动之前，对影响物流成本的各种因素和条件进行事前规划，即通过成本预测和决策，选择最优的降低成本的措施，确定计划期内的目标成本。对于事前控制中降低成本措施的选择，一般是采用物流作业分析法（即 ABC 分析法），从物流作业的角度去实施。

具体方式通常有以下几种：

（1）物流作业的消除

企业首先确认哪些物流作业是无附加价值的作业，进而采取有效措施予以消除。例如：搬运这项物流活动，传统方法是用泰勒的科学实践法，找出一个工人以什么姿势搬运以及搬运多少重量时，工作效率最高，以达到降低工人成本的目的；而作业分析法则是从作业角度入手，力图砍掉无效作业。比如：由于搬运的成本与距离有关，那么把厂房和库房布置在一起，就可以消除搬运作业，与此相连的成本也就没有了。虽然这个例子在现实情况中发生的概率不大，但它可以说明运用作业分析法降低物流成本的思路。

（2）物流作业的选择

物流作业的选择是指从多个不同的物流作业链中选择最佳的物流作业链。不同的物流通道会产生不同的物流作业。比如销售物流，选择的产品销售渠道不同会产生不同的销售作业，而作业必然会产生成本，因此每种渠道策略会产生不同的物流成本。在其他条件不变的情况下，选择包含最少渠道的销售网络就可以有效降低销售中的物流成本。

（3）物流作业的改善

物流作业的改善是指以改善的方式降低企业物流活动及其所耗用的时间和资源。具体包括：改善必要物流作业的效率；改善在短期内无法消除的作业；改善物流作业完成的质量水平，在所有的物流环节上减少浪费并尽可能地降低资源消耗；寻求最有利的物流链，将企业物流置于不断改进的环境中，促进企业物流价值链的水平不断提高，成本不断降低。

2. 事中控制

事中控制是指对物流过程中成本的形成、偏离成本目标的差异及其原因及时进行揭示，并通过采取适当的措施对其加以改进，保证物流成本目标实现的过程。这一阶段的成本控制方法主要是指针对物流的一个或某些局部环节的成本问题而采取的策略和手段。具体的控制措施即为上一节中对物流成本各局部环节的控制策略，在此就不做更多的分析。

3. 事后控制

对物流成本的事中控制后，即进入目标成本控制的第三个阶段，即物流成本的事后控制。在事后控制中，企业首先应当建立奖惩和反馈体系，将企业完成目标后的奖惩条件制度化；然后进行成本考核。成本考核是企业对各项物流作业绩效进行的考核和对物流成本控制实际完成情况进行的总结和评价。如果考核结果显示达到了既定的目标，我们就可以认为这一次的物流成本管理是成功的，并根据完成情况进行奖励。如果考核结果和目标有差距，则应当就产生的差距的原因进行分析，对有关责任人员实施惩罚，然后通过反馈系统，返回到第一步，并且重复以上各步，通过计算机管理系统将物流成本控制的各阶段连接起来，形成一个不断优化的物流成本控制系统循环；通过一次次循环、计算、评价，优化整个物流系统的成本，最终找出其总成本最低的最佳方案。

6.3 物流服务的定价

6.3.1 物流服务价格的定义及影响因素

1. 服务价格的特点

与产品相比较，服务具有迥然不同的特征。因此在制定价格方面，服务价格相较于产品价格有自身鲜明的特点。掌握这些特点对于探讨服务定价的方法与策略有一定的帮助，同时对于企业在竞争日趋激烈的服务市场上提高价格竞争力，具有重要的实践意义。

服务定价区别于商品定价的不同之处主要表现在以下方面。

（1）消费者通常对服务价格的认识存在偏差

消费者因不拥有准确的服务价格信息，对服务价格水平的判定难免存在偏差。其原因有：第一，由于服务是无形的，消费者在购买服务之前一般无法检视服务，无法依据服务的质量来判断价格的高低。第二，不同消费者对同类服务常常表现出不同的需求或偏好，不同企业提供的服务内容与质量往往又不一样，因而难以进行价格上的比较。

（2）服务价格是服务质量的关键信号

在服务定价中，买方一般将价格作为衡量服务成本及其质量的指标。价格成为吸引顾客或导致顾客流失的重要变量。因为服务的无形性特征使得服务的质量难以检测，服务的差异性又使得服务的质量难以统一，所以消费者不得不依据服务的价格水平来判定服务的质量，特别是在购买的服务可能存在较大风险的情况下，如外科手术或管理咨询，消费者常常选择收费不菲的专家或机构以保证服务的质量。

(3) 非货币成本因素对服务定价的影响突出

对消费者来说，货币价格不是唯一的相关价格，影响服务定价的非货币成本主要有服务时间成本、信息搜寻成本和顾客心理成本等。例如，服务时间成本包括消费者到达服务场所耗费的时间、等待服务的时间和服务过程的时间等，消费者购买服务的时间成本越高，愿意支付的价格就越低。

(4) 价格作为调节市场需求的杠杆作用更加明显

在某些情况下，企业无法利用库存手段来调节市场需求，因此只能转向价格杠杆。常用的方法之一，就是利用差别定价将某些服务需求从高峰期转移到非高峰期。例如，电信公司对节假日或者深夜的长途话费给予较大的折扣，刺激消费者将长途需求转移到线路相对空闲的时段。

(5) 消费者对服务价值的认知成为服务定价的重要依据

不同企业不仅提供的服务不同，而且提供服务的成本也不一样。单纯的成本导向定价法往往难以适应市场的要求，消费者对服务价值的认知成为服务定价的重要依据。符合消费者价值取向的服务，即使价格高些，消费者也愿意购买；而背离消费者价值追求的服务，即使价格一降再降，消费者可能也不愿问津。

上述差异是服务定价与商品定价的差异，这些差异会对服务提供商用于制定服务价格的战略产生深远影响。

2. 物流服务定价的影响因素

在企业价格决策之前应该充分分析影响价格的各种因素，然后采取合适的定价策略及定价方法最终确定企业的服务价格。一般认为，最终影响物流企业服务定价的因素可以分为两类：第一类是企业自身的影响因素，即企业在自身经营环境下可以自行控制和选择的因素；第二类是企业的外部影响因素，即与企业行为有互动性关系的因素，比如与企业处在同一区域的其他物流企业的服务价格水平、物流服务需求商的偏好（在很大程度上，企业可以诱导和培育消费者的消费倾向和消费习惯）等。在企业决策时，各种影响因素相互作用、互为因果，在确定企业服务价格的过程中，必须对各种因素进行综合分析和计算。

以下分别论述各种因素对服务价格的影响。

(1) 企业自身的影响因素

1) 物流服务运作成本。对物流企业而言，运作成本即生产成本。由于一般物流企业本身并不生产有形产品，因此将其生产成本称为运作成本，是指企业按照服务需求商要求完成所承担项目或业务的各项开支、费用的总和。运作成本是决定企业服务价格制定的重要因素，是价格的主要组成部分。按运作成本的性质可以将其划分为固定成本以及变动成本。固定成本是指在一定的生产规模内不随所提供服务的数量变动而变动的成本。例如，对于以陆路运输为主的物流公司来说，固定成本构成中包括货运站、运输工具、信息系统的初始投资建设费以及其他管理费等费用。变动成本是随着所提供服务的数量变动而引起变动的成本，就运输变动成本而言，包括燃料、税金、信息通信费及其他管理费用等。在一般情况下，物流企业服务价格水平至少应弥补变动成本开支。

2) 物流服务内容及服务质量水平。俗话说“一分钱，一分货”。物流企业根据自身基础设施条件提供服务内容、确定服务质量水平，其服务价格在很大程度上也取决于所提供的服务内容及服务质量水平。一般说来，服务质量水平越高，其成本相对越大，价格水平也越高。近年来，越来越多的第三方物流企业声称他们能够提供“一站式”服务，能够为客户提供安全、快捷、准确、信息反馈及时的物流服务，这在很大程度上满足了客户的需求。这些高质量的物流服务有理由要求更高的服务价格。由于物流服务质量水平与物流成本之间存在“效益背反”规律，因此，无论是对物流企业，还是对消费者而言，如何找到利益均衡点是至关重要的。

3）企业预期利润率。预期利润率与最终的服务价格水平有很大的关系，而且与企业的经营环境和市场竞争强度也有很大的关系。若企业享有竞争优势或市场上存在较少的竞争对手，企业可能会制定一个相对较高的利润率水平。当然这个利润率水平也要与其提供的服务本身的内容和质量水平相符合，否则也不会适应市场需求。

4）定价策略及其他因素。企业的定价策略与企业整体战略规划有很大关系。如初进入市场的企业可能会采取掠夺式定价策略来抢占市场份额。一般而言，物流企业会根据其在市场上的地位、实力以及所提供的服务水平，对利润有一个期望值。如果是一家新成立的物流公司，市场份额不大，实力并不雄厚，那它往往会采用低价策略，吸引更多的客户，让自己迅速成长；如果是一家有一定经济基础的物流企业，实力相对雄厚，能基本保证对客户的服务质量，那它会根据企业期望达到的利润率及市场上其他竞争对手的价格综合定价。

（2）企业外部影响因素

作为企业不能直接控制，但会对企业服务价格制定产生影响的外部因素主要有以下几个。

1）企业原运作成本。原运作成本是与业务外包这一概念相对应的，是指物流服务需求商在将特定的业务外包给第三方物流企业之前完成这些特定业务发生的成本。通常由于第三方物流企业专业化运作优势的存在，在相同服务水平及服务总量的情况下，原运作成本一般高于外包后第三方物流企业的运作成本。从理论上说，当其他条件保持不变（服务内容、总量及服务质量水平）且竞争有序的情况下，企业原运作成本为物流企业所能索取的最高价格。生产或销售企业原运作成本越高，物流企业越可能索取较高的物流服务费用。

2）商品对物流费用的承担能力。物流活动所面对的商品对象对物流服务价格的承担能力也是制约最终服务价格的重要因素。在流量、流向及流程相同的情况下，高利润率的商品一般比利润率低的商品单位物流服务费用要高。如同样包装、重量的茅台酒比纯净水的仓储价格要高。

（3）物流市场的环境

除了上述因素外，企业的定价决策还受企业所处竞争环境的影响。企业所处竞争环境的最重要方面是企业面临的竞争程度，在竞争性很强的市场上，企业无力控制市场价格，企业将在一定价格下选择合适的产量；相反，在缺乏竞争的市场上企业将同时选择价格与产量。

物流企业在服务定价时，应该结合自身所处的市场竞争环境，综合考虑自已采取某种定价策略及价格水平和竞争对手的可能行动来最终确定当前时期企业的定价行为。

（4）其他外部影响因素

第一，时间、季节以及温度等因素均能够通过影响物流的需求或供给，最终影响服务价格，如春运期间运输费用普遍的上涨。

第二，宏观产业政策，如营业税、国家对于超载的处罚力度等也会影响到物流服务价格的制定。

第三，定价者往往在定价过程中考虑需求商的议价能力，自己先去确定一个最低利润率底线，在实际中与需求商沟通谈判，争取利润的最大化。此类心理因素也在一定程度上影响服务价格。

6.3.2 物流服务的定价方法

定价方法是指以特定的企业定价目标为指引，参考成本、供求和竞争等各项因素，灵活地运用定价策略，具体地对产品价格进行计算的方法。企业定价方法是否合理，关系到企业整个定价决策的成败。

服务定价方法有很多种，在物流企业中物流服务定价常采用以下几种方法。

1. 基于成本导向的物流服务定价法

（1）成本加成定价法

成本加成定价法是指企业不按照边际效用原则追求最大利润的一种常见的定价方法，即以企业或部门正常经营时的平均单位成本为基础，再加上一定比例的利润和税金而制定服务价格。成本加成定价法通常用于在过渡时期，对服务内容尚不确定的服务产品的定价，往往会有特别好的效果。但是在实际的运用过程中，需要注意的是物流企业单位货物的物流成本可能随着实际服务量（运输量、仓储、配送量）的变动而变动，因此单位货物的物流成本可能是一个区间量。这也是其在实际使用中往往采用平均成本的一个重要原因。

成本加成定价法的优点是：第一，制造商不受传统单位定价法中服务商保护性定价的侵害；第二，也可以保护服务商免受不可预见的服务数量或服务水平可能导致的损失；第三，保证服务商获得一定利润的同时，制造商可以保持对成本的控制；第四，制造商对物流成本构成有准确的信息。

它的缺点是：服务价格确定之前必须先确定服务总量，即根据服务量的大小来测算成本的分摊，从而制定价格。它完全忽视了价格是影响服务需求量的重要因素，当价格不能灵敏地反映市场供求变化时，定价会缺乏竞争能力。因此成本加成定价不是一个长期可行的定价方法。

（2）作业成本定价法

作业成本定价法在运输领域运用得比较多。在这种定价方法下，制造商付给服务商一定报酬，以弥补其成本或支出，包括租金、设备磨损及管理费等固定成本，也包括劳动工资、燃料费、设备维持费等可变成本。作业成本定价法可以更准确地反映出服务商提供了哪些服务以及为这些服务花费了多少。服务商不必高估他们的单位工作价格来避免可能的损失；制造商也可以根据发票等记账单更准确地跟踪物流成本。但是作业成本定价法的价格确定比较复杂，不易计算；比较难于应用于刚刚建立起来的第三方物流关系。如果没有相应的收益共享计划等激励安排，服务商对持续改善物流服务将缺少经济利益上的内在动力。

（3）基于收益共享的定价方法

基于收益共享的定价方法通常用于学习曲线比较高的时候，即建立第三方物流关系的初期。在这种定价方法下，制造商与服务商共享物流成本节约带来的收益。它的优点是：激励服务商持续降低物流服务成本；对新建第三方物流关系有很好的效果；也可用于长期的第三方物流关系。它的缺点是：长期使用的效果不理想，因为随着改进机会的减少，通过改进获得收益的效应也逐渐减小，对服务商的激励作用减弱。

将竞争因素作为定价主导因素时，企业的目标是保持和占有较大的市场占有率，其定价程序是：竞争对手→价格→成本。因此，在以竞争为导向的定价决策中，对竞争对手的研究成为企业定价的起点，低于竞争对手的价格是实现企业战略目标并在竞争中获胜的法宝，而低成本正是实现低于竞争对手价格的直接保证。

2. 基于竞争导向的物流服务定价法

竞争导向定价法是一种以竞争者产品的特性和价格为定价依据，以竞争状况的变化来确定和调整价格，以创造和形成持续竞争优势为目标的一种定价决策。企业通过研究竞争对手的服务状况、价格水平等因素，依据自身的竞争实力，参考成本和供求状况来制定有利于在竞争中获胜的价格。企业通常以低于竞争对手的价格提供与其相同或相似的服务，以达到增加利润，扩大销售量或提高市场占有率的目的。

基于竞争导向的物流服务定价法常用的有以下几种。

（1）随行就市定价法

厂商使自己的商品价格与同行业的平均水平持平。在竞争激烈、需求弹性较小、供需基本平衡的物流市场上，这是一种比较稳妥的定价方法。这样做既减少了风险，又大体反映了物流服务的社会必要劳动时间，从而获得平均利润，或经过降低成本的努力，获得超额利润。

（2）边际贡献定价法

当企业的营销市场发生变化，企业的商品按原价出售有困难，或者企业为了竞争的需要，压价以取得竞争优势时，企业可以采用边际贡献定价法。边际贡献定价法实际上是一种可变成本加成法，它暂不考虑固定成本的分摊，只考虑可变成本，算出贡献利润（即商品价格与可变成本之差）后，再把分摊的固定成本扣除，即得到企业的净利润。在企业的生产能力尚有多余的情况下，只要有边际贡献，就意味着有利可图。

3. 基于需求导向的物流服务定价法

以上所述的两种定价法是以企业自身及市场上其他竞争者为导向，忽略了市场上消费者需求导向的部分，即没有考虑到消费者可能对非货币价格比较敏感，而且可能以价格来判断质量。基于需求导向的物流服务定价方法恰好弥补了这点不足。

需求导向定价法是一种以需求为中心，以市场需求导向为指导，以消费者对商品的价值理解和认识程度为依据的定价方法。它是依据消费者对产品的需求强度，对产品价值的理解和对价格的承受能力为基础的一种定价方法。因为价格是否合理最终要得到消费者的评判，只有价格与消费者的理解价值相吻合时，消费者才会实现购买行为。

以市场需求为导向的定价方法有利于企业在市场上获得最大利润，也有利于满足不同用户的需求，从而实现企业与消费者的“双赢”。在这种定价决策中，需要企业的财务和会计人员提供相关的成本信息，但是，价格的决策权则掌握在市场营销部门。一般来说，以需求为导向的定价方法主要采用认知价值定价法、需求弹性定价法和差别定价法。

对上述三大类物流服务的定价方法进行归纳和总结，结果如表 6-1 所示。

表 6-1　物流服务定价方法的分析与比较

定价方法	优　点	缺　点
成本导向定价法	以价格来补偿成本支出，并能保证企业的基本盈利水平，使得企业经营保持在一种相对稳定水平	1. 忽视了一些产品成本估算的复杂性，如服务产品，影响成本产生的因素很多，成本结构不易确定 2. 忽视了成本的动态变化过程，缺乏适应性，需要对定价经常修正 3. 忽视了产品价格的市场接受程度以及竞争者的价格变化，进而影响市场份额 4. 忽视成本控制，掩盖成本浪费

（续）

定价方法	优　　点	缺　　点
竞争导向定价法	面对竞争十分激烈的市场，能够较为准确的把握现实状况，在市场上获得主动权，运用价格差异及其他营销手段击败竞争对手，抢占市场份额	1. 价格与成本，需求不发生直接关系，不利于反映企业真实成本和利润水平，为抢占市场份额而忽视了获利性 2. 运用价格战而获取竞争优势，极大地压缩了综合实力相对较弱的企业的生存空间。混乱过度的价格战，会造成市场价格秩序混乱，影响行业发展
需求导向定价法	尊崇以顾客为中心的营销理念，能够很好地反映市场需求，赢得客户	1. 过分关注顾客对于产品的价值认知以及需求特性，一味追求顾客满意，导致企业盈利性相对较差 2. 需要对市场中潜在的顾客进行大量的调查分析，增加工作量 3. 客户对于产品的认知比较主观，且相对比较善变，增加定价难度

综上，以上三种定价方法虽为定价的一般方法，但各自有其侧重点，既存在联系又存在冲突，且适用范围不同。如果对于物流服务的定价只是遵循其中一种方法来进行定价，即只从企业自身、竞争对手或者需求方单一方面考虑定价，那么价格必然会偏离实际，因为价格是由多方面因素共同决定的。因此，应将以上三种定价方法作为一种基本的定价思想，在实际的定价过程中，要结合物流服务的特殊性，综合考虑成本、竞争、需求三种因素，彼此互为补充，互相平衡，以便制订出合理的物流服务价格。

6.3.3　配送中心物流服务定价方法

目前国内物流配送中心有三种常见的定价方式：第一种是分步定价法；第二种是综合定价法；第三种是基于股份合作的定价方法。其中，分步定价法和综合定价法的理论基础和计算方法均采用的是经典的作业成本计算法。

1. 分步定价方法

（1）分步定价方法概述

配送中心的分步定价方法是指配送中心在为客户提供物流服务时，按照其所提供的各物流环节单独计价收费。例如签订的合同中有运输服务，就计收其运费，如果再加上仓储服务，则视其货物在存放数量、种类和存放时间上再加上仓储费。类似的如果提供了配送、装卸、报关等环节的服务，就相应的计算各服务环节的收费价格。可以看出，这种产品的定价方法其实是传统的运输或仓储服务定价方法的沿用。虽然与客户签订的是一个合同，提供的服务是一体化的综合物流服务，但这种合同实质上是多个服务合同写在一张纸上。

分步定价方法是目前“类物流”企业向严格意义的第三方物流企业转型过程中主要的物流服务定价方法。配送中心采用分步定价方法，一方面是对传统服务方法和管理方法的继承，另一方面是因为配送中心目前难以计算和掌握整体的物流服务成本。目前，我国的配送中心往往是从传统的运输或仓储企业转型过来的，企业的管理者对原有的经营方式和经营成本比较熟悉，比较容易掌握和控制，对国内的物流委托企业来说，原有的经营方式和经营成本也比较容易接受。

由于现代物流理论中的价值链概念与作业成本法中的作业链概念实质上是同一事物的两个方面。因此，物流过程中的每一个环节其实可看作是配送中心中的一个作业，而每一个作业（每一步）的定价可以采用经典的作业成本计算法来完成。

作业成本计算法是传统成本会计系统的一种替代方法。1971 年，美国的斯特布斯（G. J. Stanbus）教授出版了《作业成本计算和投入产出会计》一书，提出了“作业”、“作业会计”及“作业投入产出系统”等概念。他指出，成本计算的对象应该是作业，而不是完工产品；作业是与各类组织决策相关的一系列活动；作业成本计算就是要建立一套作业账户，以此来计算作业成本。作业成本计算法作为一种成本会计模型，由于其能够辨认出最有价值的顾客、产品和渠道；能够发现组织财务业绩真正的贡献者和侵蚀者；能够根据生产产量、组织结构、资源成本的变化，准确预测成本、利润及资源需求；能够发现不良财务业绩的根源；以及能够追踪产生成本的作业和流程，因此可以帮助管理人员有效地提升企业的业绩，实现企业价值的最大化。作业成本计算法在计算产品成本时，将着眼点从传统的“产品”上转移到“作业”上。以作业为核算对象，首先根据作业对资源的消耗情况将资源的成本分配到作业，再由作业依成本动因追踪到产品成本的形成和积累过程，由此而得出最终产品成本。其计算步骤大致是：1）直接成本费用的归集；2）作业的鉴定；3）成本库费用的归集；4）成本动因的确定；5）成本动因费率计算；6）成本库费用的分配；7）产品成本的计算。

在物流作业中采用作业成本计算法的前提是要将资源成本归结到作业，对于采用分步定价法的企业只需要计算到这一阶段，有了归集到物流环节上的成本数据，同时考虑一定的竞争策略，就可以确认该环节的收费价格了。

（2）分步定价法中的作业分析

物流服务的每一个环节其本质就是一个作业。分步定价法相当于对物流环节中的每一个作业进行价值确认。价值确认的过程就是确认作业性质以及对作业价值进行分析的过程：是否增值、完成效率、必要性如何等。

对作业的价值进行分析建立在顾客价值的基础上。顾客价值是指顾客从产品中获得的全部利益、满足或效用。作业的转移同时伴随着价值的转移，最终产品是全部作业的集合，同时也表现了全部作业的价值集合。根据是否增加顾客价值，作业分为增值作业和非增值作业。增值作业是指会增加顾客价值的作业，也就是说这种作业的增减变动会导致顾客价值的增减变动；非增值作业是指不会增减顾客价值的作业，这种作业增加或减少并不影响顾客价值的大小，也称这种作业为无效作业。对作业进行分析仅仅从作业的增值性方面考虑是远远不够的，还应从作业完成效率高低的角度将增值作业划分为高效作业和低效作业。高效作业是指没有消耗过多资源的作业，也就是完成效率高，成本费用低的作业。反之，低效作业是指消耗过多资源，完成效率低，成本费用高的作业。由此可见，企业的每项作业都包含两个方面的性质：是否增值作业以及作业完成的效率如何。例如：用作业分析方法分析某物流企业运输环节定价较低的问题。分析结果认为虽然该企业提供的物流服务是必要的，对客户来说也是增值的，但由于该企业完成作业的效率较低，那么就应该将该项作业外包给其它的专业运输公司。

作业的价值分析在分步定价方法中还有一个重要的应用，即发现已有作业中的高效作业和开发新的增值作业。对于配送中心来说，高效低成本的作业就意味着利润率高。例如：某配送中心仓库搬运和装卸作业全部由人工和简单机械完成，好像不具备现代物流企业的特征。但经过更深一步的调查，发现该公司在提供服务时，货物从仓库出入的搬运和装卸环节是单独收费的，而且是按件收费。虽然搬运人工费用较低，但这一环节竟然是该公司利润最高的环节。因此，从作业分析的观点出发，在目前的服务水平和定价方法下，该公司的搬运装卸作业是一个高效作业，应该保留，而不应一味的追求自动化、机械化。

另外，应用作业的价值分析可以开发新的增值作业、提供新的服务环节，这也就意味着企业增加新的收费环节。如在配送环节之外，增加客户产品中可循环使用的外包装的回收作业，对客户来说节约了成本，对企业来说增加了一个收入环节。在分步定价的方法下，客户也比较容易接受。

当然，分步定价法有其自身的局限性。以出入库装卸环节为例，从作业分析的观点看，企业的利润是仓库保管员、搬运工人、送货员和司机等各个环节的一线操作人员创造的。但实际上，它是一个大的作业集合，它所耗费的成本远远不仅是搬运工人的人工费用和搬运工具的折旧，而且还应该包括一系列的配套作业所耗费的资源成本，如设备维修作业，出入库单据准备和数据传递作业等等。这个环节耗费的资源不仅仅是搬运工人的人工费用，所以相应地，它所产生的利润也不仅仅是搬运工人的贡献。

2. 综合定价方法

（1）综合定价方法概述

综合定价方法是指配送中心根据客户的要求，综合考虑物流服务所涉及的物流环节、服务水平和操作的复杂程度后，形成一个整体物流服务价格。综合定价方法是适应现代第三方物流理念的定价方法。美国哈佛商学院对物流定义是：物流是指为了全面实现某一特定的战略、目标或任务，把运输、供给、仓储、维护、采购和自动化综合成为一个单一的功能，以确保上述每个环节的最优化。也就是说，物流应该被综合成一个单一的功能。对于物流企业，客户只需要提出它的要求，客户要求的实施过程和实施过程的优化正是物流企业要完成的。如果把物流看作是单一功能，理所当然是单一定价。正是在这个单一定价的基础上，物流企业才可以实施物流过程的最优化，争取利润空间的最大化。不可否认，物流服务的综合定价方法是物流企业服务水平和管理水平发展到一定程度的表现，它有以下几个特点：

1）综合定价方法是一体化综合物流服务在企业经营方式上的体现，也是委托方企业对综合物流服务的市场认可。

2）综合定价不但体现了物流服务中具体操作环节的价值，而且还体现了物流设计、策划、管理、营销等非操作环节的价值。

3）综合定价方法留给物流企业争取最大利润的空间。

4）综合定价方法使客户更容易衡量和选择物流供应商。

综合定价方法是物流企业管理水平的体现，采用综合定价法的首要前提就是企业要有准确的服务成本信息。如果采用综合定价方法的企业对其自身生产的服务成本没有一个清楚的认识，无疑在市场竞争中就处于被动地位了。在分步定价方法中，物流过程中的每一个环节（作业）都是采用作业成本计算法得到的。但分步定价方法只计算出某个单独计价的物流环节的成本，并不考虑客户的成本差异，因此并没有发挥出作业成本计算法 的全部优势。在综合定价方法下，作业成本计算法的优势可以得到充分的应用。因为，作业成本计算法不但能够深入到作业的层面，计算出作业的成本，而且还能够计算出整体物流服务的成本，能够可以反映出客户（服务）的成本差异。这就为综合定价方法下的物流企业服务定价决策提供了可靠的成本信息。物流企业服务定价的基础是服务成本，服务的销售价格与其成本的差额形成了企业的利润。成本计算的准确性对物流服务价格确认的重要性是显而易见的。

（2）综合定价方法中的资源分析

物流服务的定价是市场的行为，并不是由生产企业单方面决定的，客户与物流提供商的取舍和选择是相互的，共同影响着服务价格的高低。在综合定价方法中，资源分析方法是一个十分重要和有效的技术和手段，可用于物流企业的客户取舍和选择策略。例如，对于物流企业来说，仓库是一种重要的资源，而仓库资源的特点是它始终处于供应状态，也就是说，不管仓库是否被完全使用，它始终是全额的耗费。从成本的角度，仓库折旧的计提不依据仓库是否存放货物和货物存放数量决定。如果在提供物流服务时，使用的是自有的仓库，就要考虑到资源闲置的问题。物流企业在作资源分析时，除了仓库，通常需要考虑的还有人力、运力、设备和信息服务的能力等。因此，物流产品的定价决策，不但要建立在准确的成本信息基础上，而且要用作业分析和资源分析的方法作全面综合的考虑。

资源分析是对企业的资源供应状况的判断，确认企业的现有和应有资源。作业成本的高低除了与作业量大小有关之外，还与供应资源的多少有关。有的资源是闲置的，但可能依然归属于某作业，作业量的减少并不能自动减少进行该项作业的设备和人数。从成本管理的角度出发，资源分析的重点是判断企业现有资源是否大于应有资源，在现有资源大于应有资源的情况下，对企业闲置的资源进行重新配置和利用。对资源进行分析要区分两个概念：耗用资源成本和供应资源成本，耗用资源成本不等于供应资源成本。耗用资源成本指作业实际耗费的成本；供应资源成本指企业实际花费或支付的资源成本，而不论是否被作业所耗费。这二者的关系可用下列公式描述：供应资源成本 = 耗用资源成本 + 未使用资源成本。

3. 基于股份合作的定价方法

对于规模较小的连锁超市和百货商店，自建独立的配送中心是不经济的。除了外包给专业的配送中心外，数个小型连锁超市合作建立配送中心也是条可行的出路，它可以有效发挥大规模采购和专业化经营的优势，降低物流成本，提高物流效率，较好地解决用户多样化需求和厂商大批量专业化生产的矛盾。但也由此产生了合作者之间的利益分配问题。

基于股份合作制的配送中心使所有合作者形成了个利益共同体，由于大规模采购和专业化经营的优势，增加了利益共同体的总收益。但是，各个股东仍然是不同的利益个体，需要在各股东之间公正、科学地分配收益。配送价格是关键因素，如果配送价格定高了，配送中心得益多，占股份较大的股东分红多，而零售市场销售额较少时合作者吃亏；反之，如果配送价格定低了，销售额大的零售商得益，而配送中心股份多的合作者就要吃亏。因此，配送价格直接决定了各合作者的收益分配。股份合作制配送中心对内的配送定价主要解决总体和个体的利益协调问题。科学的配送定价必须兼顾公平性和先进性双重原则，既要在配送中心和零售市场之间进行科学的利润分配，合理平衡各零售商的收益，又要鼓励零售商努力提高经营管理水平。

【案例】

佳吉物流的区域定价策略

1. 定价背景

物流服务是一种地域性很强的服务，且这种地域的差异有较强的持久性，竞争对手难以模仿，这给中小物流企业在区域中的生存和发展提供了有利条件。由于各个区域的市场行情不同，管理成本不同，“如何科学地、有效地制定各个区域的定价策略?”成为困扰佳吉物流公司的一大难题，加上“定价策略是否合理”直接关系到公司的投标能否获得成功。

本案例的创新点在于将销售市场划分为远近不同的区域，各区域因物流成本差异而实行不同的价格，同区域内实行统一价格，价格的制定主要通过科学的作业成本法，考虑到单纯仅仅以作业成本法在区域定价时会让处于分界线两侧的顾客的心理对物流价格的影响，因此本案例还考虑了竞争者和顾客两个影响价值的主要因素对佳吉物流不同区域进行合理定价，补充作业成本法存在的不足。

2. 定价现状

（1）佳吉物流公司定价策略

佳吉物流公司在为其所提供的物流服务定价时，考虑的主要因素包括：路线、数量、货物类型（整车、零担）、网点分布、战略意义等；同时还要参考以往的价格、经济社会环境、平均运输距离等。但在很多情况下，公司定价是依靠管理者的经验和主观判断，主观定价情况严重，至今没有一个科学严谨的定价模型来支持定价环节。

（2）竞争者的定价策略

截至2005年年末，佳吉物流公司在全国200多个城市拥有自己的网点，形成长三角、珠三角、环渤海、东三省、大西北、大西南、成渝地区、中部地区为网点群的密集网络，在这些区域，佳吉物流公司均面对着强弱程度不一的竞争对手。竞争对手的服务方案和价格是佳吉物流公司的一个参照坐标，可以通过比较自己与竞争者的服务产品成本、价格和属性，了解自己的优势与劣势，发挥核心竞争力，为物流产品需求者提供优质的服务和具有竞争力的价格。当然，对竞争对手价格的变动，佳吉物流公司也会及时掌握相关信息，并做出及时、恰当的反应。表6–2是佳吉物流公司主要竞争对手的情况。

表6–2　佳吉物流公司主要竞争对手的情况

EMS	行业领袖，价格较高，在价格制定上基本不考虑竞争和成本的因素，不同重量等级的续价也无任何变化
宅急送	价格低，在中端市场非常有竞争力
	由于可选择的承诺时限多元化，所以相应价格也有多种选择；价格灵活，从主要城市间的定价来看，几乎每两地间单独采用一套价格，并且跟运输方式和成本有密切关系
顺丰	采用竞争定价法，在自己关注的包裹市场上，在跨区包裹市场与强有力的竞争对手EMS和大田
	顺丰在三个主要集散中心之间，特别是从北京和上海到珠三角的往返件价格、速度优势明显，体现出顺丰快递争取跨区包裹的市场目标

3. 佳吉物流公司当前定价方法分析

从实际应用的角度来看，佳吉物流公司目前的定价方法还尚未形成科学、完善的体系，主要存在以下缺陷。

（1）物流成本核算不够准确

佳吉物流公司现存的成本核算方法并不能为产品定价提供准确的依据。因为佳吉物流公司当前对物流服务成本的核算并不是以作业为基础，而是把作业掩盖在了一个黑箱之中，如图6–1所示。从现代物流管理的角度来看，佳吉物流公司并没有把握实际的物流作业成本，从而导致给客户的报价并不是建立在真实成本的基础上。

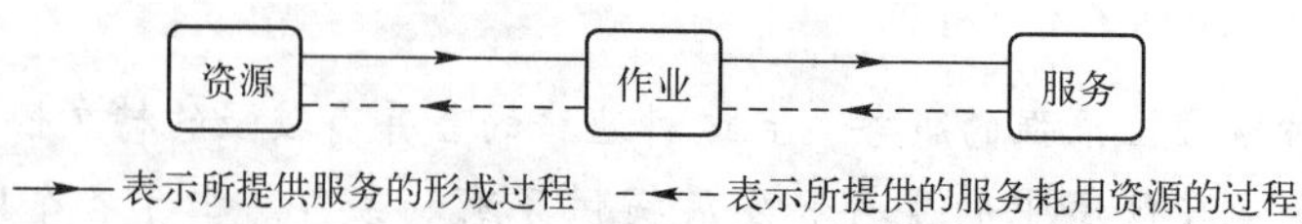

图6–1　佳吉物流公司成本核算黑箱中的作业

（2）过于依赖外部价格

由于佳吉物流公司采用的是随行就市定价法为其物流服务定价，因此企业外部的市场价格或竞争者的价格便成了佳吉物流公司定价过程中的主导因素，从而忽略了企业自身的运营成本。不同企业的运营成本是不同的，仅靠对比分析是无法准确地了解相互的成本差距及产生差距的具体原因的。因此，这种随行就市定价法对于一个现代的物流企业来说未免过于粗放，而且也会使佳吉物流公司的运营陷于一种过于依赖外部价格的误区。

（3）招标过程定价偏低

佳吉物流公司80%的业务都是以投标的形式在市场中获得的。公司根据物流服务需求方招标书报出的业务量、业务类型、服务区域、物流预算等要素，通过大量的调研工作制成物流项目可行性研究报告，并给出服务报价参与竞标。由于物流服务涉及储存、运输、包装、流通加工、装卸搬运、信息处理和增值服务等多个业务环节，且合同期限一般都为一年，这就对佳吉物流公司的物流资源整合能力和长期控制能力提出了较高的要求。为了以较低的成本满足客户招标书中的业务要求，佳吉物流经常以各物流环节的最低服务价格作为计算总体预期成本的数据。而事实上，佳吉物流公司在真正为客户提供物流服务时，并不一定在某个业务环节可以从供应商那里享受到最低的价格，更不用说是每个环节都是竞标时预测的最低价格。在这种情况下，如果投标前的准备工作做得有一点不够细致，就会导致成本预算的失误，会导致佳吉物流公司达不到预期利润，甚至出现亏损。

(4) 西南地区交通状况的困难

“蜀道之难难于上青天”，随着西南地区物流订单的增加，汽车的破损率和油耗的上升成为佳吉物流公司的严峻考验。

4. 佳吉物流公司新的定价方案设计

(1) 区域定价模型设计

某种服务的最高与最低价格分别取决于市场需求和提供该项服务而形成的成本费用，需求在很大程度上为企业确定了一个最高的价格限度，而成本则决定着价格的底线。企业需要确定各个区域各服务的实际成本，如不能正确衡量出提供服务所需的实际成本，就无法计算其价格底线，也就很难制订出一个既有竞争性又保证企业能够获利的价格，而这一点恰恰对企业起着至关重要的作用。通过对佳吉物流公司在定价中存在的问题的分析，不难发现佳吉物流公司在定价中存在问题的原因主要集中在物流成本的核算上的不科学以及不严谨。在综合分析了佳吉物流公司的情况后，在此提出采用作业成本法作为其服务定价方法。

(2) 计算程序

作业成本的计算程序可分为两个阶段：第一阶段是分析资源动因，将消耗的资源分配到作业中；第二阶段是分析作业动因，将成本分配到成本对象中。图6-2为扩展的ABC模型，图中的纵向程序即作业成本计算的4个步骤。

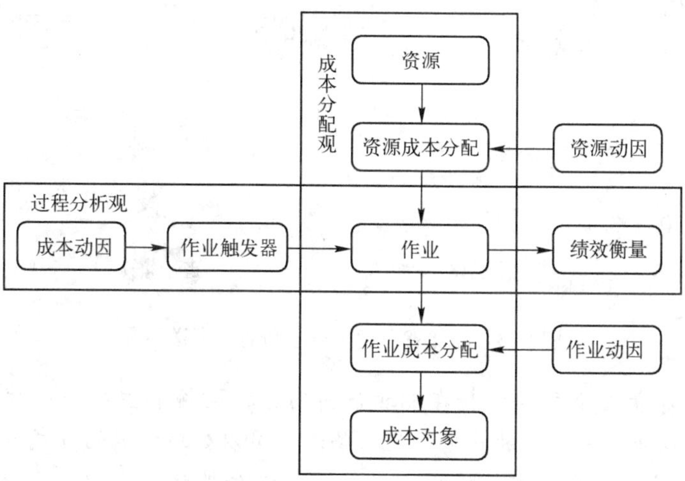

图6-2 拓展的ABC模型

1）确认主要作业，划分作业中心，以便集中由相同性质的作业引起的生产费用。佳吉物流公司可以通过作业流程图分析物流链上各作业的相互联系，从而在合理范围内整合同质作业、划分作业中心。

2）分析和界定所消耗资源，归集资源费用到同质成本库。资源成本信息的主要来源是总分类账，它提供诸如企业今年支付了多少工资、多少折旧以及应支付多少税金等信息。但总分类账中没有各项作业所消耗资源的成本，因此，佳吉物流公司必须将资源成本根据不同的成本动因分配到物流的各作业中去。同质作业成本归集在一起便构成同质作业成本库，即可用一项成本动因解释成本变动的若干项作业的集合。

3）确定物流成本动因，计算成本库动因率。物流成本动因反映了物流作业量与资源消耗费用间的因果关系，说明了资源被各作业消耗的原因、方式和数量，是把资源分摊到作业中取得衡量标准，亦可作为成本分配率。

$$成本动因率 = \frac{该成本库轨迹的资源成本}{该库成本动因消耗总数}$$

4）分配作业成本于成本对象。测算了佳吉物流公司的各成本库分配率及消耗的成本动因数量之后，便可把成本库中的成本分配到各成本对象中：

某成本对象成本 = 某作业成本库的成本动因率 × 该作业消耗的成本动因量

将分配到某产品的分摊作业成本和直接成本（直接人工和直接材料）合并汇总，便可得出所提供服务的总成本。

5. 实例分析

佳吉物流公司中标赢得了为生产软饮料的A公司提供物流服务的业务，主要为其提供湖北省内的货物运输和市内商品配送业务，如图6-3所示。具体描述如下：

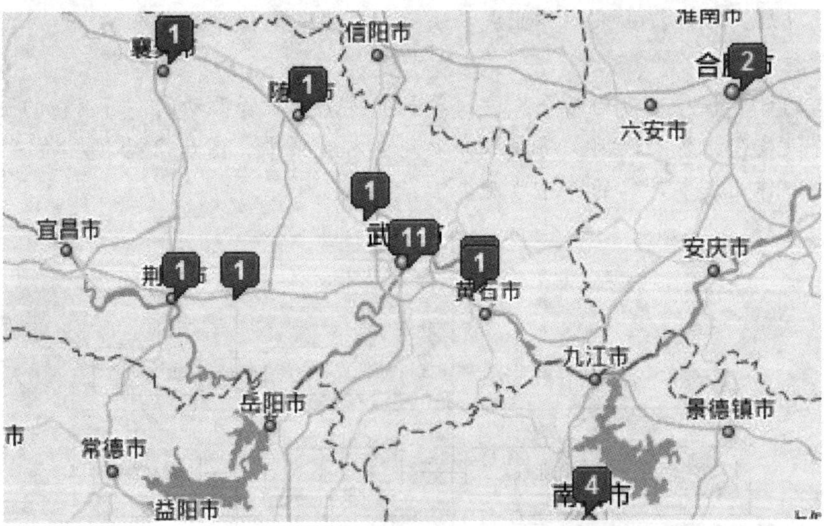

图6-3　湖北省内货物运输和商品配送情况

佳吉物流公司负责A公司的饮料在湖北省内的分拨运输和主要中心城市的配送服务。A公司位于湖北省武汉市，是饮料的产地。佳吉物流公司以公路运输的方式将商品运送至3个一级分拨中心城市荆州市、黄石市、随州市，该段一级分拨运输距离分别为220 km、115 km、170 km，然后由3个一级分拨中心向50 km范围内的6个分销网点进行适时配送。佳吉物流公司负责自货物从武汉市工厂起，至货物到达6个分销网点位置的整个运输配送服务过程的组织管理，包括公路运输、一级配送中心的库存管理以及向各网点的配送服务的全程组织和管理。

(1) 建立作业体系、界定耗用资源

根据该项目的介绍，结合作业成本法的基本原理和实施程序，建立物流作业活动体系，并界定各作业所耗用的资源，具体内容如表6–3所示。

表6–3　A公司物流服务项目作业体系及耗用资源

作业名称	作业类型	资源动因	费用项目
方案设计	产品水平作业	人工工时	人工费、材料费
方案投标	产品水平作业	人工工时	人工费、材料费
信息系统设计	产品水平作业	需求复杂程度	人工费、材料费
信息系统调试	产品水平作业	调试次数、人工工时	人工费、材料费
运输	批次水平作业	运输距离	人工费、车辆燃油费、保险费、车辆折旧费、事故损失费、维修保养费
装卸作业	单位水平作业	机械工时、人工工时	人工费、维修费、燃料费、折旧费
入库	批次水平作业	入库次数	人工费、维修费
装卸搬运	批次水平作业	托盘数	人工费、维修费、燃料费、折旧费
保管于补充	批次水平作业	托盘数	人工费、维修费、燃料费、折旧费
拣选	批次水平作业	托盘数	人工费、维修费、折旧费
检验	批次水平作业	托盘数	人工费
出库	批次水平作业	出库次数、托盘数	人工费、维修费
单证处理	批次水平作业	入库次数、订单数量	人工费、材料费
客户访问	产品水平作业	客户数量	人工费、差旅费、管理费
提供客户报告	产品水平作业	客户数量	人工费、材料费
调查、联络	批次水平作业	客户数量	人工费、管理费
解决问题	批次水平作业	延迟交货次数	人工费、管理费

在此，我们将该物流项目所涉及的资源分为直接资源费用和间接资源费用，其构成如表6–4所示。

表6–4　物流项目耗费资源费用分类

直接资源费用	人工费、车辆燃料费、材料费、路桥费
间接资源费用	订单处理费、折旧费、保险费、维修费、管理费、仓储费、库存费、缺货成本、配送费、委托运输费、事故损失费、其他费用

(2) 确立作业中心

确定了作业和消耗的资源后，下一步就是根据作业的相似性将各个作业合并、整合，建立作业中心，并确定合理的成本动因。各个作业中心成本是该中心各个作业成本费用之和，应包括运输费、折旧费、职工工资、修理费、低值易耗品的费用和办公管理费等。这些数据均可从佳吉物流公司的总分类账中获取，经过加工处理后利用，归集后的A物流项目的作业中心以及相应的成本动因，如表6–5所示。

表 6-5　A 物流项目的作业中心以及相应的成本动因

<table>
<tr><th>作 业 中 心</th><th>作 业 名 称</th><th>成 本 动 因</th></tr>
<tr><td rowspan="2">业务承揽</td><td>方案设计</td><td rowspan="2">人工工时</td></tr>
<tr><td>方案投标</td></tr>
<tr><td rowspan="2">系统设计</td><td>信息系统设计</td><td rowspan="2">人工工时</td></tr>
<tr><td>信息系统调试</td></tr>
<tr><td>运输配送</td><td>运输</td><td>运输距离</td></tr>
<tr><td>装卸</td><td>装卸作业</td><td>机械工时</td></tr>
<tr><td rowspan="6">库存管理</td><td>入库</td><td rowspan="6">托盘数</td></tr>
<tr><td>装卸搬运</td></tr>
<tr><td>保管于补充</td></tr>
<tr><td>拣选</td></tr>
<tr><td>检验</td></tr>
<tr><td>出库</td></tr>
<tr><td rowspan="2">分销商评审</td><td>客户访问</td><td rowspan="2">客户数量</td></tr>
<tr><td>提供客户报告</td></tr>
<tr><td>订单处理</td><td>单证处理</td><td>订单数量</td></tr>
<tr><td rowspan="2">问题处理</td><td>调查、联络</td><td rowspan="2">问题次数</td></tr>
<tr><td>解决问题</td></tr>
</table>

对此案例作业中心成本动因的确定特做如下说明：

第一，业务承揽和系统设计的工作以人工为主，故该作业中心以人工工时为成本驱动因素。

第二，运输和配送的成本与运输的距离密切相关，所以以运输距离作为该作业中心的成本动因。

第三，仓库内的饮料都是以整托盘的方式存放的，仓储环节的人员工资是由其工作量决定的，在完全托盘化的仓库作业中，仓库人员的工作量是与托盘数成正比的，故将托盘书定为库存管理的成本动因。

第四，订单数量是影响订单处理成本的最直接因素，所以将订单数量确定为订单处理的成本动因。

第五，装卸搬运作业一般是机械完成的，故以机时为成本动因。

(3) 计算物流服务成本

确定了作业中心及其相对的成本动因，将完成每个作业的作业动因相加得出该作业中心的成本动因数，乘以相应的成本动因率便可得出每个作业中心的作业成本，再将各作业中心的成本相加，即可得到整个物流合同的总成本。由作业成本基本原理数学模型变形后，得出成本动因率计算公式为：

$$R_j = \sum_{i=1}^{n} \frac{C_{ij}}{A_j}$$

式中　R_j——j 作业中心的成本动因率；

C_{ij}——j 作业中心 i 作业成本；

A_j——作业中心的成本动因数量；

n——归入 j 作业中心的作业数量。

作业中心成本库消耗的资源费用总量和作业动因总数，可以从佳吉物流公司对各个作业成本的记录以及成本费用账目（如成本记录单、作业成本账目和物流业务统计表等）中获得，以此来计算各个作业中心的成本动因率。表 6–6 即为佳吉公司经过综合整理后的各作业中心成本库消耗的资源费用总量和成本动因量总表，并以此计算出个作业中心相应的成本动因率。

表 6–6　各作业中心成本库消耗的资源费用总量和成本动因量总表

作业中心	作业成本库	作业动因量	作业动因率
业务承揽	206 840 元	人工工时：3 320 小时	62. 3 元/工时
系统设计	263 480 元	人工工时：1 870 小时	140. 9 元/小时
运输配送	7 980 450 元	运输里程：495 680 km	16. 1 元/km
装卸	1 323 430 元	机械工时：61 270 机时	21. 6 元/机时
库存管理	4 346 830 元	托盘数：91 320 托	47. 6 元/托
分销商评审	27 490 元	客户数：176 个	156. 2 元/个
订单处理	72 250 元	订单数：2 856 份	25. 3 元/份
问题处理	30 180 元	问题次数：268 次	112. 6 元/次
总计	14 235 670 元		

在确定了成本动因率后，根据 A 物流项目记录的各作业中心成本动因数量，便可计算佳吉公司 A 项目的作业中心成本库成本和该物流合同的总成本，计算列表如表 6–7 所示。

表 6–7　物流项目成本库成本和合同成本计算列表

作业中心	A 项目作业动因量	成本动因率	作业成本库
业务承揽	人工工时：360 小时	62. 3 元/工时	22 428. 0 元
系统设计	人工工时：110 小时	140. 9 元/小时	15 499. 0 元
运输配送	运输里程：45 560 km	16. 1 元/km	733 516. 0 元
装卸	机械工时：5530 机时	21. 6 元/机时	119 448. 0 元
库存管理	托盘数：8100 托	47. 5 元/托	384 750. 0 元
分销商评审	客户数：16 个	215. 2 元/个	215. 2 元
订单处理	订单数：279 份	25. 3 元/份	7 058. 7 元
问题处理			2 589. 8 元
合计			1 285 504. 7 元

作业成本法对于佳吉物流公司具有重要的现实意义，在此基础上制订出的服务价格具有科学性、客观性、现实性的特点。

（4）佳吉定价策略的二次优化设计

产品价格的底限是由成本确定的，上限则是由产品对顾客的价值确定的，而竞争者的因素则是在确定实际价格时必须考虑的重要因素。定价策略的依据通常被形象地描述为一个三角凳，三个凳脚分别表示成本、竞争者和对顾客的价值。产品价格的底限是由成本确定的，上限则是由产品对顾客的价值确定的，而竞争者的因素则是确定实际价格时必须考虑的重要因素。本方案在通过作业成本法计算产品价格的底线后，考虑到不同区域的实际情况不同将竞争者与顾客因素也作为定价依据，佳吉物流公司应熟悉各区域的市场环境和客户需求，并拥有较完善的区域服务网络，使区域物流服务对手难以模仿，具有较强的不可替代性，农村物流与城市物流区域差异性非常明显，北方地区物流方式与南方地区的物流方式也存在较大差别。区域差异往往会导致物流成本产生较大差别。结合物流服务的区域性特点，根据区域物流中客户需求、订单数量、时间要求、物流成本、竞争环境等不同，佳吉物流公司应在作业成本定价的基础上采取差异化定价策略，以满足不同区域物流服务的要求和特点。佳吉物流公司可以将全国划分为长三角、珠三角、环渤海、东三省、大西北、大西南、成渝地区、中部地区八个区域，每个区内适用同样的价格，操作简便。而在面对各个区域内强弱不同的竞争对手，竞争对手的服务方案和价格可以说是佳吉物流公司的参考坐标、价格和属性。

1）在各个区域提供特色运输服务，提高定价的主动性。

第一，高价策略。在提供新产品或新特色运输服务开拓时期，新产品一般在投入市场时竞争较小，运价定得很高，一旦竞争的加剧，可采取降价策略，限制竞争者的进入，以稳定市场占有率。

第二，低价策略。在提供新产品或新特色运输服务投入市场时价格定得较低，使用户很容易接受，利润微薄使别的企业不愿意进入竞争，以利于快速打开市场。此方法适用于需求弹性大，运输量大，运输量越大，单位运输量和成本费用越低。

第三，渗透策略。在运输不发达的区域，购买力弱的区域，采用适当的低价策略，留下美誉，以利于逐步培育新的市场。

2）顾客满意定价策略。

根据消费量的大小可以把客户划分为大客户和中小客户，以及长期合同客户和一次性交易客户。针对不同的客户类型，可采用不同的定价方法。

第一，季节折扣策略。在运输淡季的时候给予一定的价格折扣，有利于刺激消费者的均衡需求，便于企业均衡运输作业。

第二，数量折扣策略。在客户托运货物数量大，货物票数多的给予一定的折扣优惠策略，赢得客户的满意度。

第三，现金折扣策略。对企业以现金付款或提前预付款的客户给予一定比例的价格折扣优惠。

资料来源：“佳吉杯”大学生物流设计大赛案例

本章小结

定价决策是企业的一项基本活动。定价理论散见于各个领域之中，而且随着行业的不同定价理论有很大的差别。随着物流业的快速发展，物流服务的定价已经成为物流企业能否取得成功的最重要的影响因素之一。针对物流服务的成本管理和定价的研究与实践，本章首先介绍了电子商务物流服务和成本的概念，分析了电子商务物流服务与成本之间的制约与协调关系；然后在介绍了物流成本管理和控制的概念、目标和意义之后，详细分析了物流几个关键过程的成本管理和控制策略以及物流成本整体优化的思想；最后阐述了单个企业和配送中心对自身物流服务定价的方法、策略以及注意事项，为物流服务定价决策提供了一种系统思维方法。

习　　题

一、单项选择

1. 现在越来越多的企业推行（　　），这是一种进行物流成本归集核算的有效方法。

A. 作业成本法　　B. 经验法　　C. 数量法　　D. 规划论法

2. 物流管理的首要任务是（　　）。

A. 提高物流效率　　B. 降低物流成本　C. 满足顾客需求　　D. 服务的可靠性

3. 被称为生产物流的终点，同时也是社会物流的起点的物流活动是（　　）。

A. 运输　　B. 装卸搬运　　C. 流通加工　　D. 包装

4. 日本企业的物流成本管理大多处于（　　）阶段。

A. 成本认识　　B. 成本核算　　C. 成本管理　　D. 收益评估

5. 作业动因反映了（　　）对作业消耗的逻辑关系。

A. 成本　　B. 资源　　C. 资源动因　　D. 成本对象

6. 物流供应市场是指物流服务（　　）的市场。

A. 需求商　　B. 提供商　　C. 中间商　　D. 生产商

7.（　　）就是厂商使自己的商品价格跟上同行业的平均水平。

A. 垄断定价　　B. 随行就市　　C. 投标定价　　D. 倾销定价

8.（　　）是提供给不同地区客户的某种产品，在综合考虑费用增加的基础上，制定不同的价格。

A. 互补产品定价　　B. 地区定价　　C. 渗透定价　　D. 中间定价

9. 企业物流成本决策选择的依据是：物流成本水平一定的情况下，选择物流服务水平最高的方案，或物流服务水平一定的情况下，选择（　　）。

A. 物流总成本最高的方案　　B. 物流服务水平最高的方案

C. 物流总成本最低的方案　　D. 物流服务水平最低的方案

10. 当前最具发展潜力的企业管理工具之一的采购方式是（　　）。

A. 招标采购　　B. 集中采购　　C. 电子采购　　D. 联合采购

二、多项选择

1. 下列哪项是物流企业定价的导向（　　）。

A. 成本导向　　B. 需求导向　　C. 竞争导向　　D. 价格导向　　E. 供给导向

2. 下列哪项属于价格折扣策略（　　）。

A. 数量折扣　　B. 季节折扣　　C. 现金折扣　　D. 业务折扣　　E. 赠品

3. 影响企业定价的因素有（　　）。

A. 定价目标　　B. 需求　　C. 成本　　D. 市场竞争状况　　E. 服务水平

4. 物流企业服务定价目标主要有（　　）等。

A. 维持生存　　B. 当期利润最大化　　C. 市场占有率最大化

D. 产品质量最优化　　E. 成本最小化

5. 市场领导者在遭到其他企业的进攻后，有（　　）策略可供选择。

A. 提高产品质量　　B. 提价　　C. 维持价格不变

D. 降价　　E. 降低服务水平

三、简答题

(1) 影响物流成本管理的因素有哪些?

(2) 什么是显性物流成本和隐性物流成本?

(3) 简述物流服务定价的主要方法有哪些?

(4) 第三方物流如何能够为客户降低物流成本?

(5) 简述欧美国家物流成本管理的发展过程。

四、实训题：电子商务环境下物流企业服务定价及成本调查

(1) 实训目的：通过实训，了解目前国内电子商务环境下，物流企业所提供的服务价格以及消费者对该价格的接受程度和评价。

(2) 实训内容：通过对所在城市物流市场的实际调研，了解电子商务环境下，各类物流企业的定价模式；了解不同年龄、收入层次对该物流服务价格的接受程度和评价；分析该物流服务价格的合理性以及改善空间。

(3) 实训要求：参与实训的学生以分组的形式，在教师的指导下，分工协作完成实地调研和资料搜集，并将资料进行分类整理，进行小组讨论归纳，形成最终的实训报告。

第 7 章　电子商务物流模式的管理和创新

【学习目标】

1. 了解和掌握物流模式的发展演变路径

2. 了解和掌握第三方物流、物流联盟和第四方物流的运作模式；掌握第三方物流、物流联盟和第四方物流的异同与适应范围

3. 了解电子商务下物流模式发展的趋势和方向

4. 了解和掌握几种创新的物流模式

【引例】

广西糖网“电子商务 + 现代物流”创新模式

1. 企业简介

广西糖网成立于 2003 年，是一个通过“电子商务 + 现代物流配送”模式为全国食糖厂商提供“线上全程电子商务和线下大宗商品物流配送服务”的第三方工业电子商务平台，主要为糖业厂商提供全程电子商务配套服务。

2. 企业电商发展概况

(1) 广西糖网电子商务现状

广西糖网把推进两化融合作为公司重点发展战略，主要定位于立足制糖产业，通过枢纽平台的信息化建设，打造第三方全业务流程的电子商务信息化平台，促进制糖产业集群信息化和工业化的深度融合，带动产业集群信息化的联动发展。公司建立了专门的两化融合组织体系，成立了由公司董事长为组长的信息化建设推进小组，直接保障信息化建设，从战略高度予以重视、从制度予以保证、从资源予以支持。

(2) 广西糖网电商平台的规划及应用

广西糖网业务和发展模式的创新上主要体现在四个方面：第一，创新的“电子商务 + 现代物流”模式，打破时空界限，提高工作效率，降低流通成本，实现多方共赢。对食糖传统贸易进行升级创新的现货交易和物流配送平台，整合了食糖信息流、技术流、资金流、物流等资源。第二，通过技术创新实现厂商在信息流、资金流、商流和物流的集成融合，为食糖产业提供安全高效的信息化交易环境。第三，信息化的物流体系创新，有效整合食糖供应链优势资源，发展第四方物流，利用电子商务和现代物流相结合的技术创新集成，基于优秀第三方物流基础上建立起供应链的物流信息化集成平台，实现食糖的科学调度和提前配送，缩短流通环节，降低物流成本，极大地加快了物流决策效率，为企业赢得了宝贵的时间，大幅降低库存，减少资金占用率，实现了物流服务的增值。第四，商业模式创新，通过信息化的交易平台与信息化物流配送系统融合，实现“网上交易，就近提货”，让食糖购销更简单。企业销售模式向信息化的转变，带动了企业生产和管理的信息化。食糖 B2B 电子商务模式如图 7–1 所示。

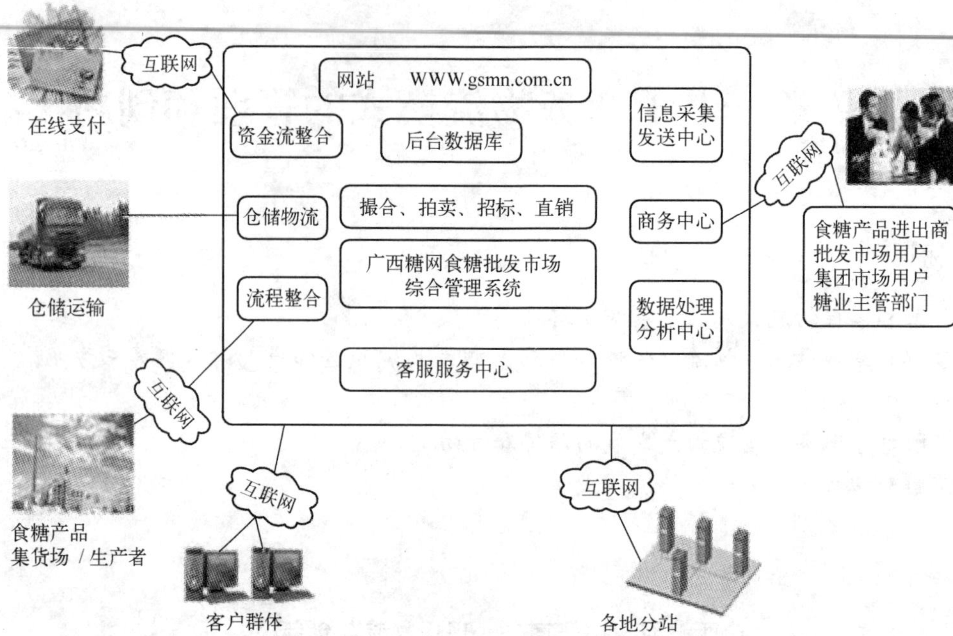

图 7-1 食糖 B2B 电子商务模式

(3) 电子商务业务的效益

广西糖网通过搭建“四流合一”的电子商务平台为糖业提供了安全高效的交易环境，实现食糖的科学调度和提前配送，极大地加快了物流决策效率，为企业赢得了宝贵的时间，大幅降低库存，减少资金占用率，实现了物流服务的增值和企业自身的跨越式增长；同时对行业促进作用明显，经济社会效益显著。

在经济效益上，广西糖网通过企业信息化建设，将食糖流通周期缩短了 6 天，吨糖购销成本降低了 15 元，年均为食糖工商企业年节省成本上亿元。广西糖网电子商务平台完成交易和配送的食糖总量 9 年翻 11 番。

在社会效益上，主要体现两大方面：一是广西糖网搭建起制糖工业信息化的产业集群大平台，从根本上解决了电子商务的交易信用问题，有效避免了“三角债”的出现，合同履约率达到 100%，极大地提升了食糖产业集群的信息化应用水平，让全国 80% 以上的食糖厂商搭上信息化购销的快车，用信息化手段实现全国近 30% 食糖的网上购销和物流配送。二是用信息化平台服务政府宏观调控和三农稳定。广西糖网多年来成为广西食糖地方储备的收储和放储平台，已完成近 80 万吨食糖的储备和轮库，有效平抑市场供求。

3. 广西糖网对电子商务平台未来发展的规划

第一，积极发挥全国食糖产销桥梁作用，积极推进制糖工业两化深度融合工作，全面升级“电子商务 + 现代物流”相结合的食糖产业第三方信息化服务平台，重点打造好通过枢纽平台信息化带动产业集群两化融合、推动产业升级和结构调整、服务实体经济的优秀典型。

第二，依托柳州国家级两化融合试验区，重点做好《食糖产业第三方电子商务信息化服务平台升级改造项目》这一国家信息化和工业化深度融合示范项目的建设，推动制糖工业产业链电子商务应用，推动制糖产业集群信息化建设，发挥平台优势，带动产业集群信息化和工业化深度融合。

第三，重点做好食糖供应链信息化应用与两化融合成效展示中心的建设，继续推动制糖工业的电子商务应用，逐步完善多品种、多模式的综合服务平台，推进物流信息化、移动电子商务等项目建设，形成食糖产业集群信息化和工业化深度融合的良性发展态势。

资料来源：中国电子商务研究中心 www.100EC.cn

7.1 电子商务下的第三方物流

7.1.1 第三方物流概述

第三方物流起源于20世纪80年代，是现代物流管理发展的必然结果。它的概念源自于管理学，是指企业动态地配置自身和其他企业的功能和服务，利用外部资源为企业内部的生产经营服务。所谓第三方物流（Third Party Logistics，3PL）是指由物流的供应方、需求方之外的第三方去完成部分或全部物流服务的物流运作方式。关于第三方的认定，目前比较普遍的做法是以商品交易为参照，第一方是指货物或商品的卖方、供应方或发货人；第二方是指货物或商品的买方、需求方或收货人；第三方是指第一方和第二方之外的、为货物供求或商品交易双方提供物流服务的外部提供者。相应地，第三方物流就是由供给方与需求方以外的物流服务提供者（企业）提供物流服务的业务模式，第三方物流是物流专业化、社会化的重要表现形式。但是我们认为，这并不是第三方物流的关键所在，第三方物流属于物流在发展过程中的界定问题，应该通过区分传统物流和现代物流的方法加以解决。传统物流与第三方物流的区别如表7-1所示，第三方物流企业提供哪一个阶段的物流服务和物流服务的范围、深度与水平，与货主的要求和第三方物流企业自身条件紧密相关。

表7-1 第三方物流企业与传统物流企业比较

企业类型 / 比较项目	第三方物流企业	传统物流企业
价值链	以供应链全过程的价值链作为服务边界	以仓储、运输的价值链延伸为服务内容
服务功能	以供应链组织者的角色整合系统资源，提供集成化物流服务	仓储、货物位移、门到门服务
物流成本	具有规模经济性、先进的管理方法和技术等使得物流成本较低	资源利用率低、管理办法落后、物流成本较高
增值服务	可以提供订单处理、库存管理、流通加工、融资服务等增值服务	较少提供增值服务
利润来源	与客户一起在供应链领域创造的新价值	客户的成本性支出
信息技术	功能内较为完善的信息系统	单点应用，软件功能较为简单

总而言之，第三方物流就是指商品交易双方或产品供需方之外的第三方（企业）以合同契约的形式（通过签订物流服务提供合同或结成物流合作联盟的方式）为供需双方提供部分或全部物流服务的物流服务业务模式，又称合同物流或外包物流。与传统物流企业相比，第三方物流企业在创造价值方面存在着明显的优势，它以供应链的价值链条为企业的价值取向，与关注行业发展融为一体，充分调动社会资源，向客户提供功能完备的整合式、集成式的物流服务，充当整个物流供应链组织者的角色。两者的不同之处可以从供应链、服务功能、物流成本、增值服务、信息技术等方面进行综合比较分析。

7.1.2 基于电子商务的第三方物流

新世纪，快速发展的数字技术与自由竞争程度不断放开的商业环境催生了电子商务迅猛的发展势头。截至2014年6月，我国网民规模达6.32亿，互联网普及率为46.9%，较2013年底提升了1.1个百分点，远超30%的世界平均普及率，网民总数的增加意味着电子商务的消费群体在急速扩大。

中国自从1991—1993年电子商务起步，1998年3月第一笔互联网网上交易成功以来，截止到2014年6月，全国电子商务交易额达5.8万亿元，同比增长34.5%。其中，B2B交易额达4.5万亿元，同比增长32.4%。网络零售市场交易规模达1.08万亿元，同比增长43.9%。电子商务服务企业直接从业人员超过250万人。目前由电子商务间接带动的就业人数，已超过1720万人。预计未来五年电子商务交易额将保持年均20%以上的增长速度，2015年电子商务交易额将达到15万亿元。

毫无疑问，随着全球经济的网络化，传统的商务活动面临着电子商务的挑战。电子商务作为一种比工业革命更深刻的革命，它一方面把商店、产品、广告、订货、购买、货币、支付、认证等实务与事物处理虚拟化、信息化，使它们变成脱离实体而能在计算机网络上处理的信息；另一方面又将信息处理电子化，将所有的信息通过计算机网络用计算机、电子邮件、文件传输、数据通信等电子手段来处理，强化了信息处理，弱化了实务处理，用信息处理来控制指挥实体处理，使实体处理更加科学化、效率化。这场革命必将导致产业重组，重组的结果使得社会产业只有实业和信息业两种，而在实业中制造公司将会被弱化，而物流公司将会被强化，所以与电子商务相匹配的第三方物流在近年内也开始迅速发展。

电子商务下的第三方物流是指由物流劳务的供方、需方之外的第三方去完成物流服务的物流运作模式。第三方是指提供物流交易双方全部或部分物流功能的外部服务的提供者，在某种意义上来说是服务专业化的一种形式。

电子商务的发展对第三方物流提出了以下新的要求。

1. 电子商务对第三方物流有新的需求

首先，消费者的地区分布分散化、全球化。从技术的角度来讲，在全球的任何一个角落，任何人只要有一台计算机，并接入互联网，就可以上网购买所需的商品，成为电子商务客户。但在电子商务发展的初期，要使互联网所覆盖的地区都是电子商务的销售区域是不可能的。因为电子商务的客户在地理上的分布相当分散，要求送货的地点不集中，而企业自建物流网络没有像互联网那样广的覆盖范围，所以无法经济合理地组织送货。其次，物流需求多功能、个性化。传统的物流把物流分割成包装、运输、仓储、装卸等若干独立的环节。而电子商务要求提供给企业全方位的物流服务，包括仓储、运输，还包括配货、分发和各种客户需要的配套服务，使物流成为连接生产企业和用户的重要环节。如果企业完全依靠自己的力量来完成肯定是力不从心的，特别是当面对跨地区、跨国界的用户时，将显得束手无策。因此，物流的社会化也是电子商务发展的一个十分重要的趋势。再次，物流需求多品种、小批量、零库存。电子商务的兴起导致技术、社会经济、政策体制等一系列环境发生变化，商品流通需求也呈现出多品种、小批量、零库存的特点。与此相适应，物流系统从传统的大批量、少批次向灵活、快速、成熟的方向发展，物流技术和组织应适应小批量的弹性需求，供应生产流通的时间和线路要尽量缩短。以上几点使得电子商务对第三方物流模式有了新的、更广泛的需求。

2. 电子商务使得第三方物流的服务空间有新的拓展

电子商务所要求的物流与普通商务所需求的仓储运输存在着比较大的差别。传统储运经营者用传统储运的要求和标准为电子商务服务，使得物流成为电子商务的瓶颈。电子商务的发展需要的是增值性的物流服务（Value - Added Logistics Services），而不仅仅是传统的物流服务。

增值性的物流服务包括：

（1）增加便利性服务

增加便利性的服务，即使人“变懒”的服务。例如在提供电子商务的物流服务时，推行一条龙门到门的服务、提供完备的操作或作业提示、免培训、免维护、省力化设计或安装、代办业务、24 小时营业、自动订货、传递信息和转账（利用 EOS、EDI、EFT）以及物流全过程的追踪等。

（2）加快响应速度的服务

加快响应速度的服务，即使流通过程变快的服务。例如，优化商务系统的配送中心、物流中心网络，重新设计适合电子商务的流通渠道，以此来减少物流环节、简化物流过程，提高物流系统的快速反应性能。

（3）延伸服务

延伸服务向上可以延伸到市场调查与预测、采购及订单处理；向下可以延伸到配送、物流咨询、物流方案的选择与规划、库存控制决策建议、货款回收与结算、教育与培训、物流系统设计与规划方案的制作等。关于结算功能，物流的结算不仅只是物流费用的结算，还可能包括替货主向收货人结算货款等。关于需求预测功能，物流服务商应该负责根据物流中心商品进货、出货信息来预测未来一段时间内的商品进出库量，进而预测市场对商品的需求，从而指导订货。关于物流系统设计咨询功能，第三方物流服务商要充当电子商务经营者的物流专家，因而必须为电子商务经营者设计物流系统，代替它选择和评价运输商、仓储商及其他物流服务供应商。关于物流教育与培训功能，物流系统的运作需要电子商务经营者的支持与理解，通过向电子商务经营管理者提供物流培训服务，可以培养它与物流中心经营管理者的认同感，可以提高电子商务经营者的物流管理水平，可以将物流中心经营管理者的要求传达给电子商务经营者，也便于确立物流作业标准。

3. 电子商务对第三方物流的时效性有新的要求

纵观近 40 年的制造业发展史，可以概括为七个字“更便宜、更好、更快”。20 世纪 60 年代，重点是降低成本，提高劳动生产率，为顾客提供更便宜的产品，竞争焦点是成本。20 世纪 80 年代，竞争转移到质量，制造更好的产品，提供更好的服务，竞争的焦点是质量。21 世纪，成本、质量当然仍是重要的竞争手段，但是在许多行业中时间正成为新的竞争焦点，需求趋向多样化、个性化，快速反应市场需求是企业竞争的新定律。时间代替质量，成为新的竞争焦点。电子商务的优势之一就是能大大简化业务流程，降低企业运作成本。而电子商务下企业成本优势的建立和保持必须以可靠和高效的物流运作为保证。现代企业要在竞争中取胜，不仅需要生产适销对路的产品、采取正确的营销策略，以及强有力的资金支持，更需要加强“品质经营”，即强调“时效性”。其核心在于服务的及时性、产品的及时性、信息的及时性和决策反馈的及时性。

7.1.3 电子商务第三方物流的运作模式

在电子商务供应链中，物流发生于供应商、生产制造商、网上销售商、网上分销商和顾客的耦合节点上。无论商品交易的形式如何变化，总有一个商品从商家向消费者进行转移的物理过程。这个过程发生在商家与消费者之间，销售订单发生之后，即电子商务的后端环节。不同类型的电子商务企业对物流的需求呈现出多层次的特点，因此，第三方物流在为不同类型的电子商务企业服务时，也将呈现出不同的运作模式和特点。

按照销售主体进行区分，国内电子商务企业可以分为以下几类：

第一，以京东商城、一号店、易迅网、当当网、亚马逊为代表的多产品线、多类目的电子商务企业，以下称综合型电子商务。

第二，以淘宝、乐酷天、拍拍等电子商务平台为代表的电子商务企业，以下称平台型电子商务。

第三，以凡客诚品、麦考林、柠檬绿茶为代表的诞生于网络的独立品牌电子商务企业，以下简称品牌型电子商务。

第四，以苏宁易购、国美电器网上商城与库巴网为代表的由传统连锁企业转变而来的电子商务企业，以下简称连锁型电子商务。

第五，以聚美网、团拼网、糯米团、拉手网等为代表的新兴团购电子商务企业，以下简称团购型电子商务。

(1) 综合型电子商务的第三方物流运作模式

从供应链的角度看，各类品牌供应商处于上游，综合型电子商务企业处于中游，电子商务顾客属于下游。供应商向综合型电子商务提供产品信息，由综合型电子商务企业负责将产品在网络销售平台上进行展示、销售与推广。综合型电子商务的物流运作模式一般为：供应商预先将产品存放于综合型电子商务的自有仓库，一旦有顾客在综合型电子商务网上下订单订购商品，则由仓储操作，之后其配送环节可根据配送目的地，选择自营还是外包给第三方物流服务商。

以京东商城为例，其物流运作模式是自建物流与外包给第三方物流相结合的方式。京东商城采用这一物流运作模式，而不完全依赖于第三方物流的原因是：第一，京东认为最后一公里是直接与客户面对面的时机，第三方物流无法完成品牌传播和售后服务等工作，而个性化的需求如以旧换新上门服务难以借助第三方完成。第二，由于京东需要压品牌商品供应商的库存，因此需要快速的资金流转。但是如果将代收货款业务交给第三方物流操作，账期太长，资金的周转速度被限制。通过自建物流体系和自建信息系统，京东商城有效提高了货物周转率。商品从厂家出货到卖出仅需要 11 天，比过去减少了 7 天。

以一号店为例，被称为“网上沃尔玛公司”的一号店同样在将外包的第三方物流公司增加到 6 家的同时，建立了自己的物流体系，并在华中、西南、西北和东北四区建立了 4 个仓储中心以实现对二级城市物流网络渠道的覆盖。1 号店在 2011 年的自有物流体系建设中，建立了 10 个仓储中心和 300 多个配送站点。每个配送点招募了 12 名左右的工作人员，这意味着 1 号店在市场上招募近 4000 名配送员。自从推出“限时达”与“半日达”后，1 号店自配送团队的退单率低于 1%，远远低于同行业物流平均 2% ~3% 退单率。

除了京东商城与一号店自建物流外，新蛋网、亚马逊（中国）、易迅网等电商企业纷纷自建物流体系。这些综合型电子商务企业都是基于对现有第三方物流服务水平的不满而自建物流体系。

综上所述，综合型电子商务的特征是需要储备品牌商品供应商的货，即花钱压库存；拥有自己的销售平台和仓储，将品牌供应商的销售和仓储都揽下来；传统的第三方物流无法满足需求；仓储内商品品类多，单量大，配送目的地多而杂；高管有相关的物流运营体系的技术背景。因此，综合型电子商务下的物流运作模式（包括自建物流和第三方物流）的特点是：1）配送时效性强，货物周转率高，服务质量高；2）返款准时安全，资金流周转速度快；3）信息系统无缝对接，能形成畅通的信息闭环；4）能满足顾客的个性化需求；5）品牌效应强。

（2）平台型电子商务的第三方物流运作模式

从供应链的角度看，商家、平台型电子商务和第三方物流均处于供应链的上游，顾客处于供应链下游位置。平台型电子商务为商家提供开设网店的平台，商家在平台上进行店铺装修、推广与商品销售，而第三方物流企业与平台型电子商务预先做好 API 接口对接。平台型电子商务的第三方物流运作模式一般为：当顾客在商家的网上店铺订购商品后，订购信息则进入物流环节。商家可将事先存放于自营仓库或第三方物流企业仓库的商品进行分拣、包装等操作，继而通过第三方物流的配送体系将符合订单信息的商品派送到顾客手中。

以淘宝为例，由于我国的物流瓶颈问题日趋明显，一直声称不会介入物流领域的淘宝也不得开始引入“淘宝大物流计划”。淘宝大物流计划是指“通过线上平台与线下物流配送体系、前端平台展示与后端物流管理能力的全面对接，打通内外部商家的数据信息通道和物流仓储配送渠道，为供应链提供的整体物流解决方案”。淘宝大物流计划是商业模式和物流运作模型的升级和调整，它能够促进专业的人做专业的事情，即平台上的商家专心做自己的销售和店铺管理，仓储物流工作则外包给专业的第三方物流公司；能够使原先相对孤立的淘宝网、卖家、第三方物流企业经过整合后，从信息流角度实现有机的协同，从而有效节约 20% ~30% 的物流成本，形成对传统快递业的巨大挑战。

综上所述，平台型电子商务的第三方物流运作模式的特点为：1）可控性强，第三方物流企业可以根据淘宝的不定需求及时调整策略；2）配送时效性，加速货物周转；3）人力、物力、时间整体总成本低；4）物流企业技术过硬，系统与平台系统对接，订单可自动流转，无需商家手动操作发货，并且配送监控数据时时自动反馈；5）支持货到付款和移动 POS 机操作。

（3）品牌型电子商务的第三方物流运作模式

从供应链的角度看，品牌型电子商务与顾客分别处于供应链的上下游。品牌型电子商务企业往往有独立的电子商务销售网站，同时也会在淘宝网等电子商务平台开设店铺。品牌型电子商务的第三方物流运作模式一般为：品牌型电子商务把设计与生产的商品信息发布到网站和店铺，同时把商品存放于第三方物流的仓储中心。当顾客下订单后，订单信息便进入到第三方物流的仓储系统，经过分拣包装等环节后，订单将通过第三方物流配送网络送到顾客手上。

以凡客诚品为例，作为轻公司的代表，自 2007 年公司成立以来，公司一直专注于网络平台的推广，而将其物流外包给第三方负责。在和很多第三方物流企业合作过之后，凡客诚品清楚地意识到传统第三方物流的弊端：对包装材料的使用没有统一的标准；发货后相关货物的运输线路、车辆分配情况以及包裹追踪等信息无从查询；配送流程不规范，无法保证送货的准确时间；无法提供让顾客开包检查再签收或携带刷卡机去收款等特殊服务；代收款款项经由配送站到当地城市的总站，经过省总站到总公司，最后到电子商务商家，返款流程长，时效性无法保证。2008 年，由于订单激增，而第三方物流系统响应速度过慢，用户差评蔓延，成为凡客诚品自建物流的导火索。此后，凡客诚品采取的物流战略为：一线城市自建物流配送；二三线城市与 30 多家第三方物流合作，采取绩效考核；其他地区交由邮政物流覆盖。

综上所述，完全兴起于网络的品牌型电子商务企业的普遍特征为轻资产，专注于网络销售与推广，因此在物流运作模式的选择上会更倾向于将物流外包给第三方。但由于没有实体店铺顾客的积累与品牌口碑的基础，因此品牌型电子商务更注重与顾客面对面的物流环节，希望借由物流环节成为它们积累顾客与品牌传播的良好途径。因此，满足品牌型电子商务的物流运作模式的特点是：1）时效性与送货的准确性高；2）个性化；3）物流服务质量高，如现场试穿、24 小时送货上门等。

（4）连锁型电子商务的第三方物流运作模式

从供应链的角度看，供应商处于上游，连锁型电子商务企业处在中游，顾客处于下游。多数连锁型电子商务是对实体经营网点的补充和扩展，它们充分利用经营网点和传统渠道供应商的支撑，实现线上购物、就近提货；或线上购物、送货到家的商业模式，而物流配送则交由第三方物流或公司掌控的子公司负责。连锁型电子商务的第三方物流运作模式一般为：当顾客订购商品后，连锁型电子商务通过第三方物流配送中心检查是否还有商品，如果发生缺货则向供应商订货；如果库存充足，则通过第三方配送物流将商品送到顾客手上。

以苏宁易购为例，传统市场的苏宁电器居于3C 市场前两位，苏宁易购的开设依托线下近千家连锁门店、100 个物流中心、3000 多个售后服务网点，完善的连锁门店和物流体系建设成为其最大的优势。苏宁易购通过整合线下的第三方物流服务网络、自有的物流配送中心、售后服务网络，充分共享线上线下的资源，这是相对其他电子商务企业最大优势。对用户而言，更是解决了最恼人的配送、售后服务未到位而无处投诉的顾虑。

综上所述，连锁型电子商务的第三方物流运作模式的特点为：1）个性化退换货；2）良好的售后服务；3）回款迅速；4）实时数据监控；5）在连锁企业门店覆盖范围外存在合作空间。

（5）团购型电子商务的第三方物流运作模式

“团购”是近几年来电子商务行业的大热点。由于网络团购行业进入门槛低，以及顾客对低价优惠趋之若鹜的特点，促成了“千团大战”的局面。从供应链角度看，品牌商、团购型电子商务企业和顾客群分别处于供应链的上、中、下游。对于服务类团购，如美容美发、餐饮等，主要以短信的形式享受服务，无需物流介入。而对于有实物传递的团购活动，其第三方物流的运作模式一般为：品牌商将商品信息以及预先约定的折扣信息提供给团购网，由团购网为顾客群提供合作采购平台，有采购需求的顾客在规定的时间内进行采购。顾客群可预先将费用支付到团购网账户或者第三方支付平台，或者选择货到付款。对于顾客订购的团购商品可预先存放于品牌商自营仓库、团购网自营仓库或第三方物流的仓库，经过分拣与包装环节后，由第三方物流企业负责将产品配送到顾客群手中。

以拉手网为例，拉手网每日推出团购信息，顾客群在拉手网下订单之后，拉手网的品牌商家直接将商品配送到顾客手上，即在商品购买之后的所有环节中，拉手网与顾客并没有直接接触，拉手网无法保证商品的品质。为了控制假货对顾客的伤害，除了上线品牌商家与顾客的诚信评价系统外，拉手网会对第三方物流企业进行甄选，通过对第三方物流进行信用评估和亲自验货的方法，保障消费者的权益。目前，拉手网在沙河开设了质量呼叫中心，配备了 600 多名员工。除此之外，拉手网为了控制整个物流流程和物流质量，其物流体系将会覆盖全国十座城市。

综上所述，团购型电子商务的第三方物流运作模式的特点为：1）仓储反应快速。团购产品每天都有变化，团购订单每天 24 日不断产生。这要求仓储人员在面对不同品种与性质商品的频繁地出入库、分拣与包装时，具备快速反应能力；2）物流信息化技术能力强。团购网往往与顾客约定自下单日起七天内到货。这要求第三方物流企业能够将订单的处理情况，实时反馈到团购网的查询后台，满足顾客及时了解订单物流信息的需求。

7.1.4 电子商务第三方物流的发展途径及解决方案

随着全球贸易进一步朝着网络化、信息化的方向发展和电子商务的逐步普及，物流业的高速发展已经成为必然趋势。我国的物流业要想在国际竞争中占有一席之地，必须进行重大变革。

1. 提高第三方物流企业网络化和信息化的水平

我国第三方物流企业应该充分运用现代信息技术、网络技术以及自动化技术提高工作效率；应该根据自身的特点，以客户需求为导向，以 EDI 系统为支撑进行一些改革。第三方物流企业应该与电子商务平台充分整合，在运作上实现全程信息化，全面提高第三方物流企业信息化的整体水平。

（1）废除手工作业的手工填写运输单，实现在线支付并打印运输单

我国各物流企业应用的发货单都是自己特制的彩色发货单，上面有固定格式的快递单号、寄件人、收件人、重量、体积、资费等。其实这都是手工作业遗留下来的产物。目前，我国网络环境已经成熟，各种在线支付系统已经广泛使用，安全程度较高，各大银行也全部实现了网上银行服务，在线付款和在线交易已经是很普遍的一个现象，物流在线交易和在线支付的基础条件已经具备。然而遗憾的是我国的物流服务系统还延续了传统手工作业的方式，并不提供在线交易。我国的第三方物流企业应该尽快实现在线交易和在线支付，让客户能够自行输入货物的相关信息，如体积、重量、服务方式等，并利用条码技术识别客户是否已经对货物的运费支付，即让每个客户终端都成为一个“快递服务终端”。而第三方物流企业要做的就是对货物条码进行扫描，验证客户输入网络系统的重量、体积等信息的真实性。第三方物流企业应该建立会员制度，记录每个客户的信用。有了信用记录的监督，就会在很大程度上制止不良客户虚报重量的行为。

（2）提供物流全过程的在线查询功能

物流全过程的在线查询反映了物流信息化、标准化和专业化的程度。第三方物流企业应该建立完善的数据库查询系统以适应现代电子商务的发展要求。实际上，查询系统的完善程度也是反映其服务水平高低的一个重要指标。

2. 加快电子商务平台与第三方物流企业的整合

目前，我国电子商务平台上的各商家以及第三方物流企业采取的均是各自为政的策略，彼此的信息没有实现共享。但无论是对电子商务平台，还是对第三方物流企业而言，二者之间的整合是双方发展的趋势，会迎来双赢局面，即电子商务平台可以融合物流的功能，而第三方物流企业也逐步走向电子商务发展。

当前我国电子商务与第三方物流企业在运作上还没有实现融合，电子商务和物流之间是割裂的关系。买家在实物的转换方面完全依托物流的实物移动。电子商务与物流的工作互不相干，不建立任何联系，发货方单方面向第三方物流企业联系物流业务，而不是经过电子商务平台；买家从第三方物流企业手里接收到货物，中间的沟通只是通过第三方物流企业，而不是通过电子商务平台。这种运作方式容易导致信息的偏差，引发各方的矛盾和误会，且不易追责。电子商务平台和第三方物流企业对客户的服务质量均大打折扣。

如果电子商务平台与第三方物流企业实现能够实现有效的融合，我们会发现它们之间的合

作将会通过以下形式展开：

第一步，买家可以根据自己的喜好，在购买物品的过程当中，挑选自己喜欢的物流企业和资费方式。比如，客户选择顺丰快递，15 元的物流资费。

第二步，卖家处理客户订单。对于货运单，可直接在网上填写物品重量、体积、分类等数据，然后通过支付宝等支付手段在线支付该件货物的运费，或者根据客户需要，知道客户的会员账号后，直接将此笔费用计入发货方的月或周账单中。货运单可以直接打印出来，同时货运单号也被电子商务网站自动发送给买家。

第三步，卖方通知顺丰快递工作人员来取件。同时买家已经得知了所购买货物的跟踪单号，并且能在线查询跟踪信息。

由以上步骤可以看出，当电子商务平台和第三方物流企业有效融合之后，第三方物流企业就是电子商务平台的一个组成部分，它可以利用电子商务平台的网络和信息更好地组织自己的物流服务；而电子商务平台也可以利用第三方物流企业的专业化技术和能力为客户提供方便快捷、质优价廉的服务，增加自身对客户的吸引力。买家和卖家原本只是通过电子商务平台这一个媒介建立联系，现在也可以通过电子商务平台同时得到其所购物品的物流信息。电子商务平台和第三方企业的工作效率都将大大提高，许多工作将不需要手动完成。

电子商务平台和第三方物流企业之间的融合具有如下优点：

1）手动填写货运单将会被在线自动打印货运单替代。

2）货物的信息在卖家填写运单的过程中被物流企业同时收录，不需要物流企业再进行称重、判别等处理。卖家由于经常卖同一种物品，也省略了重复称重的工作。

3）卖家不需要再额外给客户发送跟踪单号，而是在打印运单的过程中在线自动发送，客户瞬间就得知自己货物的处理进度以及货物的在途信息，便于客户得知应该什么时候做好取件的准备。

4）对于运输费用，每笔运单都得到及时支付，或者货主根据月账单或者周账单审核并且进行在线支付，不需要再手动统计运费等信息，便于物流企业的资金流及时回笼，更加利于自己的发展。

3. 提高第三方物流企业的服务效率与服务水平

(1) 打破第三方物流企业与卖家之间的捆绑，加快第三方物流企业的资金回笼

若电子商务平台和第三方物流企业之间能够实现有效融合，则在交易发生之前，电子商务平台跟与第三方物流企业已进行有效衔接。在交易发生时，相应的物流费用会直接划归到第三方物流企业那里。买家收到货物之后确认收货，物流供应商和卖家会同时收到买家的放款。这也就是说，卖家将自己的物流业务完全外包出去，中间发生的物流过程中的任何信息流和资金流均与自己无关，也不承担相应的责任，这种模式有效打破了第三方物流企业与卖家之间的捆绑，易于追责，也有利于第三方物流企业资金的快速回笼。

(2) 建立多样化的物流服务和资费标准，推广两天到达服务

部分客户对物流的服务时间和服务质量有严苛的需求。例如，需要订购物品在当天、第二天、或者第三天送达他们的手上。在非常紧急的情况下，客户往往不在乎物流费率。

目前，我国的飞机航线已经四通八达，每个省份都有直通航班到达。要做到客户投递物品的当天到达，其实并不是不可能。至少在我国绝大部分省份城市是可以做到当天提货，当天送达的。就拿我国直线距离最远的主要城市哈尔滨和海口来说，飞行时间按 6.5 h 算，如果中间没有任何烦琐的手续和等待时间，物流企业提供 24 小时服务，并且提供门到门收货取货服务，

完全可以让客户当天就收到货物。由此可见，提高物流服务的速度和质量，推广两天到达服务，是完全可以实施的。同时，物流收费要与物流服务水平配套，要建立起多样化的物流资费标准，这样不仅可以增加物流企业的盈利水平，而且还可以提高物流企业竞争力和客户满意度。

（3）平衡物流网络建设，完善配送体系

国外物流业抢占中国市场的优势是它们具备健全的全球物流网络、全球通信技术和管理经验。我国的物流市场还未完全开放，目前国外的物流业主要是通过中外运营合作的方式在中国开展业务，并利用自身的资源优势抢占市场。它们的业务主要集中在沿海和中心城区。

在国外物流业强劲有力的冲击下，我国物流网络的建设应该统一规划，统一部署。对经济落后和偏远的地区，应该加大投入，鼓励物流企业去布点建设。国内物流网络的建设不能只局限于中心城区和发达地区，只有全国性的物流网络建设好了，全国性的物流配送体系完善了，才能在全球四大快递公司的夹击下，体现优势，保持不败。另外一个方面，既然全球四大快递公司能进军中国市场，建立物流网络，那么我国的物流业发展到一定的阶段，也应该在全球建立自己的物流网络。目前我国邮政与国外物流合作的方式也是通过与各国邮政系统建立合作关系，派发国际邮件。我国需要发展有实力的物流企业在全球建立物流网络，虽然这跟政治背景和文化背景都有很大关系，但是这应该是未来发展的趋势。

（4）提高物流业从业人员的素质

一方面从未来的发展趋势看，我国高端物流业从业人员的需求会进一步加大；另外一方面从现实需求看，随着中国加入 WTO 并逐步形成世界制造中心，全球采购与全球销售将形成庞大的国际物流系统，这对物流人才提出了更高的要求，需要物流从业人员掌握进出口贸易、海关业务、采购系统、供应链管理、国际法等方面的知识与经验。

7.2 电子商务下第三方物流企业联盟

7.2.1 电子商务下第三方物流企业联盟概述

随着经济全球化、电子商务的快速发展以及信息技术的广泛应用，社会和企业对物流的需求逐渐增大，同时对物流的时间、效率和质量的要求也逐渐提高。如何能够在激烈的竞争环境下，为客户提供满意的物流服务，是很多企业面临的问题。随着第三方物流的蓬勃发展，企业自营物流出现了很多缺点，大多数企业选择与第三方物流企业合作，物流话语权逐渐地转向第三方。但是由于第三方物流发展的时间较短，体系尚不成熟，企业规模和体制也不够完善，无法提供全球化、综合化的需求。在这种环境背景下，整合物流企业、组建物流联盟，为客户提供一站式的、一体化的综合物流服务，可以推动电子商务背景下我国物流行业健康发展并提升物流企业国际竞争力。

20 世纪 90 年代，随着科学技术的进步和社会经济的发展，全球信息网络和全球化市场的形成以及技术变革的加速，一种新的物流网络组织——第三方物流联盟受到了人们的关注。第三方物流企业战略联盟是指由两个或两个以上的物流企业之间，为实现资源共享、成本共担，或者优势互补等特定战略目标，在保持自身独立性的同时，通过股权参与或契约联合，结成的较为稳定的集约化物流合作伙伴关系，以达到共同拓展物流市场、降低物流成本、提高物流效益。第三方物流企业组成战略联盟之后，基础资源得到跨领域或跨地域的扩展，软件资源得到完善，优势资源得到互补，各种资源都得到一定的扩充。这样，使得联盟企业可以整合原来物流服务企业的市场，进行更加复杂的物流活动，开发物流活动系统新的附加价值。

物流运作是复杂的，同时单一物流企业的物流资源和能力毕竟有限。单一的第三方物流企业往往难以满足物流服务的全球化与综合化发展需要，难以实现物流动作整体的有效控制与管理，难以实现物流全过程的价值和经营行为的最优化，难以实现低成本、高质量的物流服务，也无法给客户带来较高的满意度。通过与相关物流企业结成战略结盟关系，可以使物流企业在无法进行大规模的资本投资的情况下，利用伙伴企业的物流服务资源，增加物流服务品种，扩大物流服务的地理覆盖面，为客户提供集海运、河运、公路运输、铁路运输于一体，货架到货架的“一站式”服务，实现一个系统一张单，负责到底，提升市场份额和竞争能力，进而从联合营销和销售活动中获益。

第三方物流联盟形成的动机是理论界关注的一个话题，其网络结构是分析这种组织形式的基础，其联盟优势是这种组织得以存在的前提和迅速发展的动因。通过对国内外对第三方物流联盟的研究和相关调查可知，第三方物流联盟形成的动因可以归纳为以下四个方面：

第一，利益导向是最根本的原因。由于物流市场及其利润空间是非常巨大的，企业之间共享的利益是这种联盟形成的基础。第三方物流企业通过结盟方式，利用资源共享，提高物流效率，降低物流成本，实现物流效益的最大化。

第二，增加物流企业的竞争优势。通过横向和纵向的结盟，企业可以将其他事务包给其他联盟成员去做，而专注于核心业务，增强其核心竞争力，取得竞争优势。企业之间战略联盟可以实现强强联合，形成网络组织，组织内部发挥各自的优势，组织外部形成扩展优势，达到共赢的效果。

第三，市场的急剧变化要求企业敏捷运作。为了提高物流服务水平，增强企业的竞争力，企业希望通过建立战略联盟来解决自身能力的不足。通过组建动态联盟的物流企业，可以使企业优势互补，资源共享，更好地捕捉市场机遇。

第四，有效降低交易费用。从交易费用的角度来看，物流联盟有利于减少交易过程中的相关交易费用。联盟内部成员相对固定，可以节省交易搜寻费用；各伙伴可以通过提供个性化的服务而建立相互信任的承诺，减少交易过程中的违约风险，从而节约交易费用。

图 7-2 说明了第三方物流企业联盟的动因和优势。我们可以清楚地看到，物流需求方的需求信息在基于电子商务的联盟网络中共享后，各联盟成员都可以看到该需求信息，经过比较和合理安排，让联盟中最适合承接此项任务的一个或多个成员去完成，以达到提高物流效率，降低物流成本，减少物流风险，节约交易费用等目的。由此可见，通过第三方物流联盟的建立，各第三方物流企业间可以有效地进行管理技术能力、网络能力、客户以及供应商的整合，达到资源的共享。

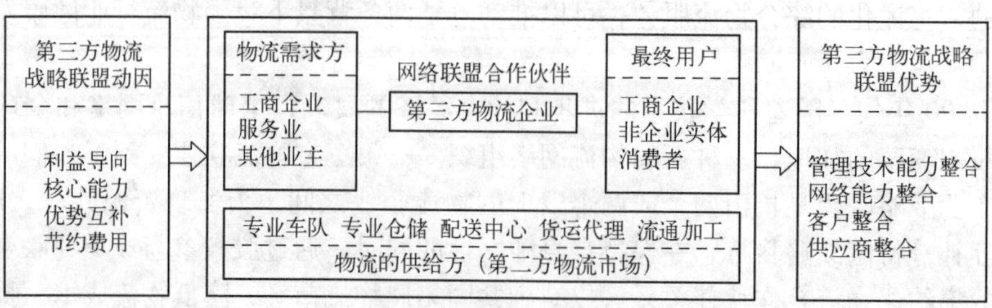

图 7-2　第三方物流企业联盟

7.2.2 电子商务物流联盟的运作模式

电子商务下的物流联盟是由多个物流企业组成的联盟体，在物流活动的各个环节都表现出了集约化的优势。它是物流企业之间为了提高效率并实现各环节合理化所建立的一种利益均分、功能互补的联合体，实施物流联盟的核心在于充实和优化物流的各项功能的功能，物流联盟的优势在于有利于实现有效配置的物流资源，弥补各独立物流企业功能的不足，并提高和扩大各物流企业的能力和规模，促使企业能更好地满足客户需要、提高物流的效率、降低物流的成本。在实际的运作过程中，需要在信息共享的基础上协调联盟企业之间的利益关系、流程协作以及业务衔接等问题。

1. 信息共享平台的建立

电子商务的运作离不开现代信息技术的支持，现代信息技术的应用是物流联盟形成的基础，它是物流联盟运行的基本环境。电子商务时代物流联盟的实质是物流信息与物流活动的集成。只有通过构筑在信息技术平台上的物流联盟运行环境，联盟成员的信息交换、协同业务、业务协调才能实现，物流联盟的高效率运作才有成为可能。所以说，完善物流信息共享平台功能非常重要。物流联盟的信息共享平台，首先，它是一个汇集物流信息的数据库，合作伙伴企业能够将物流信息和数据准确、及时地传递到信息平台，并及时在信息共享平台上发布出去。其次，信息共享平台必须是开放的，不但合作伙伴企业能够远程访问，及时获取信息，针对即时信息做出反应，开展合作活动，而且必要的物流信息应该能被客户或潜在客户远程及时获取。最后，信息共享平台还应该提供一些在线处理功能，以便能够即时进行任务管理、资源管理、时间管理、工作流管理和简单优化管理，如配送路线优化等方面的自动处理。

2. 电子商务信息系统与物流活动的衔接

电子商务信息系统是基于标准化的流程与功能的虚拟系统。这个系统与实体物流系统的结合是否有效，直接影响到物流联盟信息系统这些功能能否最终发挥其价值。它们结合的是否有效取决于以下几个方面：一是物流联盟电子商务系统设计的是否合理，它是否按照物流联盟的实际情况来设计、是否符合物流企业的合理流程，有没有考虑到一些流程的拓展性、是否考虑了物流联盟客户的需求及其流程等；二是物流联盟实体配送活动的功能调整应符合联盟物流电子商务系统的要求，以最优化的使用系统、为客户提供最好的服务为目标，不断优化和完善物流活动的功能，打造有效的物流执行力；三是基于实际业务过程的变化和客户的实际需求，及时对物流联盟电子商务系统及物流联盟活动进行重新调整，确保联盟物流电子商务系统和联盟实体物流能力能够支持业务的不断扩张和客户群体的不断变动和增长。所以，电子商务物流联盟系统要根据实际情况，合理地设计实现与之协调一致的各功能，并能够随着环境的变化，及时做出适当的调整。

3. 运作过程中不同物流业务活动的相互协调

电子商务物流联盟的出发点在于各个合作伙伴之间的合作，但是各个物流联盟合作伙伴都有自己的经济利益，它们的关注点有所不同，同时，不同企业的业务流程、管理水平、企业文化等都有所相同，这样可能使联盟配送伙伴之间的业务流程难以实现连接，从而使联盟的运作过程达不到预期的成效。因此，如何在联盟伙伴成员之间建立有序的协调机制，实现高效的协同运作，对物流联盟提出了极大的挑战。为此，一方面，物流联盟的业务流程设计应当规范、合理，具有较强的纠错能力、包容性及兼容性，充分考虑到各联盟伙伴的实际情况和业务流程差异；另一方面，物流联盟各个合作伙伴应该以联盟整体的业务流程为标准，改进或者修正自己的业务流程，使各联盟伙伴成员之间能够相互协调、密切配合，取得预期效益。流程异常，联盟必须做出调整，及时地优化业务流程，甚至进行流程再造。

7.2.3 电子商务物流联盟的解决方案

1. 淘宝网的物流联盟

淘宝网是我国著名电子商务企业阿里巴巴旗下的C2C模式的电子商务平台，由阿里巴巴投资4.5亿元人民币创办，于2003年5月10日正式成立。淘宝网自成立以来，诚信为本，全力打造中国最安全便捷的个人电子商务交易平台。自成立以来，淘宝网基于诚信为本的准则，从零做起。在短短的半年时间，迅速占领了国内个人交易市场的领先位置，并于2004年9月迅速全面超越当时国内C2C市场的老大——易趣网，成为了我国最大的C2C电子商务交易平台。

淘宝网的创立，为国内互联网用户提供了更好的个人交易场所。淘宝作为典型的网络经济模式和世界上成功的C2C商业网站之一，它的很多做法都开创了网络经济类型和应用模式的先河。例如，淘宝网的人性化功能之一就是社交工具淘宝旺旺，淘宝旺旺符合中国人的习惯，界面亲和友好，赏心悦目，用起来得心应手。在支付功能上，淘宝网打造了最诚信和最安全的支付宝交易平台，这个支付平台的出现，最大限度地满足了网上交易的安全需求，让买家敢于尝试网上购物，让卖家能取信于客户。为创建更加安全和便捷的网络交易环境，淘宝网与支付宝平台进行深层次结合，推出“全额赔付”制度，突破了网络购物的安全瓶颈，带领中国电子商务进入全新的发展阶段。

淘宝网的飞速发展固然与其免费的经营策略吸引巨大的人气与商流有关，但其对物流的重视也成为其大发展的一个“法宝”。在国内的电子商务网站中，淘宝网在物流方面做得非常深入，基本实现了以电子商务平台为中心的第三方物流企业联盟机制。

目前淘宝网的第三方物流企业联盟主要体现在以下几个方面：

（1）与物流企业合作导入物流服务模块

淘宝网与一些第三方物流企业合作，在淘宝网中导入物流服务模块，为广大的卖家和买家提供了丰富的可供选择的物流服务。物流企业直接在网站后台接受和处理客户的物流需求订单，从而建立一个完美意义上的C2C电子商务平台。在有物流服务模块的淘宝网上，买家或者卖家可以自主地在“运送方式”上选择运送方式和物流企业。比如一个买家在网上可以选择淘宝提供物流，也可以选择其他物流。在选择物流服务商、提交订单后，与淘宝合作的物流企业立即就可以在后台收到下单信息，同时进行订单的处理。这样既能为物流企业争取更多的订单，又能为买家和卖家提供更加便利的服务，淘宝网也能因为提供了这个服务获取业务提成收入。

在没有提供这项服务时，物流服务和卖家是捆绑在一起的，买家选择物流服务的自主性非常低。当淘宝网率领一部分第三方物流企业形成纵向物流联盟后，它们共同为淘宝网提供了“推荐物流”服务。该物流服务能够在网上根据买卖双方的距离计算出运费，为买卖双方提供了更丰富和更自主的物流服务的选择性。

推荐物流服务的具体步骤如下：

第一，淘宝网在“运送方式”上为卖家和买家提供物流供应商的推荐合作服务，卖家和买家可以自由选择合作。就像是选择银行一样，工商银行、建设银行、农业银行，卖家或者买家可以自由选择。

第二，物流供应商与淘宝网联网，在后台能够接收并立即处理交易客户的物流订单。

第三，卖家可以在淘宝网上选择“物流供应商”，也可以不选择，卖家在拍卖产品时有自由选择的权利。

第四，淘宝网具有计算“物流价格”的功能，根据卖家和买家地址，网站能够自动计算出各个物流供应商的运送价格，便于客户选择。

由于淘宝网这种独创的物流服务，满足了卖家、买家和物流供应商等各方的需求，因而使淘宝网的交易额一直急剧增长。

（2）实施“推荐物流”策略的意义

身为电子商务企业的淘宝网，“轻公司”是其努力的目标。在物流外包、供应链扁平化的大背景下，尽管淘宝网上的不少卖家希望淘宝网建立自己的物流体系，但这一期望难以实现。虽然没有自己的物流体系，但淘宝网也探索着自己独特的物流策略——推荐物流，即淘宝网与物流企业签约，签约的物流企业进入淘宝的推荐物流企业行列，这些物流企业便可直接通过与淘宝对接的信息平台上接受其用户的订单。

如果说淘宝网依靠评价系统提高了交易诚信，依靠支付宝增加了支付安全，那么相关物流体系的规范化则不得不归功于推荐物流的实行。淘宝网推荐物流订单不仅帮助了买家、卖家有效管理自己的订单，而且还能让买家、卖家在第一时间获知自己订单所处的状态，使物流作业变得高效，物流管理变得很方便。使用“推荐物流”加强了淘宝网对物流的控制力。因为使用推荐物流后，淘宝网可以对相应物流企业的物流配送情况进行监督，推荐物流也可以为用户提供更好的服务和更优惠的价格。而且一旦出现差错，如发生破损等情况，淘宝网接到投诉后，便会监督物流企业的投诉和理赔情况，这样也会降低淘宝网用户索赔的难度。物流企业要进入淘宝网的推荐物流行列，必须是网络成熟、排名前十的企业，而且服务范围尽量是全国范围内的。淘宝网正在考虑将一些高端的国际物流企业纳入推荐物流。在进入淘宝网的“推荐物流”之时，也必须与淘宝网签订相关协议，约定服务价格、内容和方式，以及非常优惠的赔付条款，并规定由淘宝网监控和督促物流企业对于投诉和索赔的处理。同时，淘宝网与推荐物流企业之间的信息平台对接已初步完成。用户在淘宝网上达成交易后，如果使用“推荐物流”，便可以直接在线发送订单，经确认后，物流企业就会上门取货，而且买家和买家还可以随时跟踪订单。

卖家在淘宝网上可以自主选择物流方式，既可以选择淘宝的推荐物流，也可以自己寻找物流企业。一旦卖家选择推荐物流，便可以直接下单和在线发送订单。经确认后，淘宝网将通知物流企业上门取货，实现电子商务平台直连物流企业，实现电子商务全过程的网上操作。买家可以从淘宝网直接链接到相关物流企业，跟踪运单信息页面，无须查询订单号。显而易见，这对交易双方而言又是个巨大的进步。如今，淘宝网上使用推荐物流的用户已经达到了70%。这一比例也初步证明了推荐物流模式的成功。

通过以上对淘宝网的“推荐物流”策略的分析，我们对其做一下总结。淘宝网的推荐物流模式实际上是一种第三方物流企业战略联盟形式——纵向物流战略联盟，即电子商务企业与众多第三方物流企业之间组建成的物流联盟。淘宝网与加盟的第三方物流企业之间建立一套先进的信息平台来对接淘宝网与物流企业的系统，实现信息资源共享。在这种模式下，客户在淘宝网上下的订单会马上传送到物流企业系统中，物流企业可以快速地获取订单信息并对订单进行相应的处理；另一方面，卖家和淘宝网也可以很方便的实时查询订单的处理情况，而且买家和卖家也可以从淘宝网直接链接到相关物流企业的跟踪运单信息页面，而无须查询订单号。这种模式不仅方便了买家卖家有效的管理自己的订单，而且也使物流企业的物流作业变得非常高效，物流管理变得很方便，也为物流企业创造了更多的利润空间。相信随着这个模式的不断完善与推进，我国的电子商务与物流的“瓶颈”问题将能得到有效的解决。

2. 八挂来网的物流企业战略联盟

（1）八挂来网背景介绍

2007 年 8 月 8 日，全国最大物流网络平台、全国第一家免费为客户提供货源和运力信息的专业物流信息网站——八挂来网正式开通。其建立初衷是为了顺应市场需求，解决货运物流信息不对称的问题，降低车辆的空载率。八挂来网以自有数据库为基础，开发了全新的物流信息客户端系统、物流手机 WAP 系统、物流短信系统、卫星定位系统和网络通话系统，并与八挂来网门户网站一起，组成“物流一库六平台”。这个系统不仅能够满足用户随时随地查询物流信息的要求，而且对于改变物流信息传统的传输方式，无缝对接物流各个环节，提高物流信息化建设有着不可或缺的作用。

目前，该网站能够日均发布物流信息量 50 多万条，最高日信息量达 160 多万条。服务客户覆盖全国 31 个省、市、自治区。有关数据表明，目前我国公路货运空载率高达 50% 以上，铁路货运空载率在 46% 左右，我国物流成本每降低一个百分点，就可以产生 2200 多亿元的经济效益。八挂来网运营一年多来，通过免费为车主和货主发布大量车找货、货找车的信息，有效地解决了货运物流信息不对称的问题，大幅降低了空载率，达到了节省汽油、柴油，提高运力，节省过桥、过路费的目的，实现了建设环境友好型、资源节约型社会的目标。

八挂来网的界面非常友好清晰，布局合理，其中包括运力信息、货源信息、回程车源、运输专线、政策法规、搬家公司、招标信息以及车辆查询、物流工具等，如图 7-3 所示。该网站自身的盈利模式主要通过广告收入、增值服务，如通过手机短信包月和使用 WAP 系统的费用盈利。

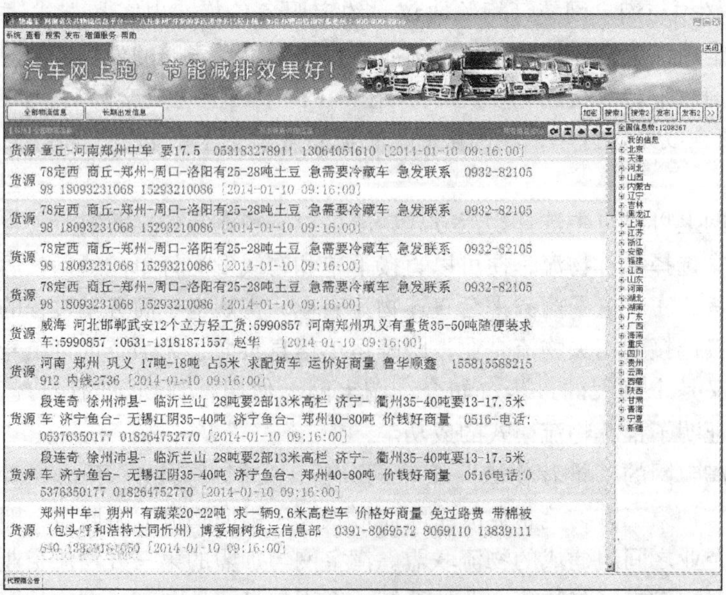

图 7-3　八挂来网的界面

中国物流与采购联合会副会长何明珂教授说“全国性的物流信息平台能辅助物流业发展，建立像八挂来网这样把物流信息放在平台上共享的网站，对整个物流业的贡献很大，是符合物流综合发展趋势的”。

（2）八挂来网的运作模式

假如一辆由北京开往广州的货车只拉了半车货物，那么车主只要登录八挂来网或发条信息、打个电话，就能随时查询沿途的物流信息，然后可以装满货物以后再走。这就是八挂来网的最基本的功能，给驾驶员或物流企业提供实时的物流信息，以减少车辆的空载率，提高物流效率，节约社会资源。

八挂来网是一个电子商务平台，符合电子商务平台的通用运行模式。用户只要在网站上免费注册成为会员，即可发布货源信息或者运力信息，当然也可以方便地查看别人发布的货源信息或者运力信息，所以对于用户来说是非常容易操作的。为了保证用户在八挂来网客户端系统所发布信息的真实准确性，保障广大物流信息用户利益，为广大用户提供一个安全可靠的物流信息平台，八挂来网推出了与网站配套的客户端信息系统，用户只要将身份证、行车证（车主）、营业执照以及联系方式等相关信息发送到“八挂来网”邮箱，工作人员在收到信息后，会将客户端系统发送给用户，用户在安装好客户端后只要按照客户端的相关提示进行注册，注册成功后与工作人员取得联系，工作人员在核对信息后即可给用户正式开通该用户权限，用户就可以通过该信息系统发布信息了，发布的信息会实时地在网站上显示。

针对网络信息的诚信问题，八挂来网通过诚信交易系统与会员等级系统进行管理。网站目前以安阳市交通局掌握的信息资源为依托，货主或车主可以通过网络查询从业单位或从业者的资质，以及车辆的具体信息。网站也会对信用度高的会员进行等级评定，在标识和颜色上与一般会员区分。

由于物流行业“移动”的特殊性，从业者不可能时时通过计算机获得信息，也不可能每台车都配备笔记本电脑，再加上有些从业者不会使用计算机，因此，八挂来网在提供网络信息平台之外，试图通过手机这一终端来为八挂来网的客户提供多样化服务，如图 7-4 所示。即

图 7-4　八挂来网手机客户端界面

只要在手机上下载一个客户端，通过八挂来网的“一库六平台”，客户不仅能够随时随地上网浏览和发布物流信息，发车后，货主还可以知道货车所处的具体方位，驾驶员也可以查询行车路线、当地地图，并能获得当地的天气、交通状况等信息。待相关技术成熟后，八挂来网还能与银行的诚信系统对接，在交易之前客户可以上网或是通过手机来查询对方的信用历史。

通过对八挂来网的分析可知，八挂来网的主要目的是为了解决货运物流信息不对称和降低车辆空载率的问题。八挂来网虽然形式上是一个电子商务平台，但其实质是第三方物流联盟的一种表现形式，即通过这样一个电子商务平台，将全国的第三方物流企业与广大客户群组成一个物流大联盟。大家可以在该平台上发布或者查询信息，实现物流信息的共享。随着八挂来网的不断发展，相信它能够在解决货运物流信息不对称、降低车辆空载率方面为我们寻找到一套行之有效的解决方案。

7.3 电子商务下的第四方物流

7.3.1 电子商务第四方物流概述

1. 第四方物流的概念

全球信息化浪潮的席卷下，各国的电子商务都在不断地改进和完善，电子商务与物流供应链之间的对接。传统的第三方物流提供的物流服务一般只包括运输、仓储和配送等基本服务，没有为客户提供诸如采购信息的优化方案之类的咨询服务。现如今，传统的第三方物流所提供的基本服务已经难以实现提高物流配送效率、减少成本和物流运输时间的目标，无法满足电子商务对物流效率和效益的要求。随着电子商务交易的频繁、电子商务对物流的依赖性持续升高，物流的信息化服务呼声愈来愈强。物流信息化是指首先通过信息在物流系统中快速、准确和实时的流动，建立一个物流信息市场平台；然后通过控制物流信息，并结合企业对物流的不同需求，制订出不同的最佳优化方案，实现提高物流运作的自动化程度和物流决策的水平、合理配置物流资源、降低物流成本以及提高物流服务水平的目的。由于物流信息化可以使物流企业迅速地对市场做出及时的反应，从而实现商流、信息流、资金流的良性循环，因此客观现实要求物流企业必须要结合电子商务的发展要求，改变传统第三方物流的发展模式，努力探索以物流信息化流动为主、可以提供个性化服务的第四方物流。

第四方物流是在电子商务和第三方物流基础上发展起来的，可以满足物流一体化、系统化的要求，可以最大限度地节约物流资源的整体供应链物流方案解决者。美国著名的埃森哲咨询公司对“第四方物流”是这样定义的：第四方物流（4PL）是一个供应链的集成商，它对公司内部和具有互补性的服务提供商所拥有的不同资源、能力和技术进行整合和管理，并提供一整套供应链解决方案。第四方物流强调对整个供应链体系中的资金流、信息流和物流承担“中介”的作用，通过最大限度地整合整个供应链上的物流资源并对物流资源进行合理的分配，保证供应链的每个环节协同配合，实现物流企业持续低成本运作和优化整个供应链的目标。第四方物流的演变过程如图 7-5 所示。

第四方物流服务商是一个物流服务供应链的集成者，专注于供应链的整合，强调物流资源在整个供应链上的合理分配。因此成功的第四方物流集成商是在分享风险与分享回报的原则下成立的，具备充分的能力对企业内部和物流链上不同环节、资源、各自作用和相关技术进行整合和管理，及时为客户出台一整套供应链解决方法，达到规范、综合、高效、科学、持续、统一采购、统一配送、分别销售，既富有个性又具备强大的竞争力。尽管第四方物流服务目前规模不大，但是在整个激烈的国际物流市场中将是一个快速增长的部分。第四方物流可以使迅速、高质量、低成本运送服务得以实现，它的实现足以影响大批的第三方物流、网络工程、电子商务和运输企业等，其发展前景不可限量。

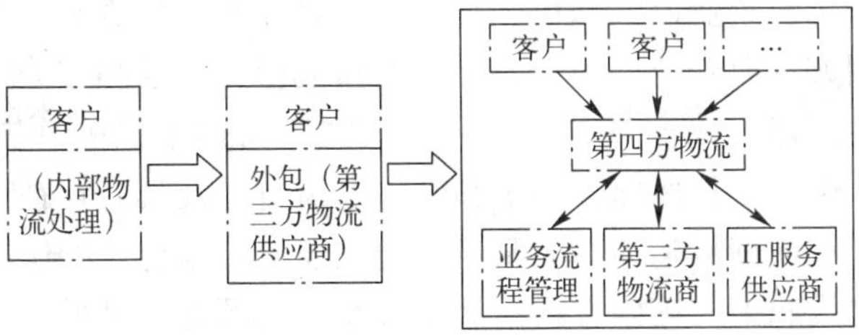

图 7-5　第四方物流的演变过程

2. 电子商务第四方物流的特点

电子商务下，第四方物流与第三方物流相比较，具有以下特点：

1）第四方物流提供了一个综合性供应链解决方案，它集成了管理咨询和第三方物流服务商的能力，能够有效地适应需求方多样化和复杂化的需求，集中所有资源为客户完美地解决问题。第四方物流的综合性包括以下几个方面：

① 供应链再建。通过供应链参与者实现供应链规划与实施同步进行，或利用独立的供应链参与者之间的合作提高规模和总量。供应链再建改变了供应链管理的传统模式，将商贸战略与供应链战略连成一线，创造性地重新设计了参与者之间的供应链，使之达到一体化标准。

② 功能转化。功能转化主要是指在销售和操作规划、配送管理、物资采购、客户响应以及供应链管理等供应链的重要环节中，通过战略调整、流程再造、整体性改变管理和技术，使客户间的供应链运作一体化。

③ 业务流程再造。通过业务流程改造将客户与供应商信息和技术系统一体化，把人的因素和业务规范有机结合起来，使整个供应链的规划和业务流程能够有效地贯彻实施。

④ 业务范围广阔。第四方物流开展的多功能多流程的供应链业务，其业务范围远远超出传统外包运输管理和仓储运作的物流服务。企业可以把整条供应链全权交给第四方物流运作，第四方物流可为供应链功能或流程的全部提供完整的服务。

2）重新设计了各个环节的运作流程和组织变革管理，通过电子商务平台和先进的信息化技术，使企业的业务策略和供应链策略协调一致。

3）第四方物流通过影响整个供应链获得价值，与类似外包的供应链的重要区别在于其能够为整条供应链的客户带来以下利益：

① 利润增长。第四方物流的利润增长将取决于服务质量的提高、实用性的增加和物流成本的降低。由于第四方物流关注的是整条供应链，而非仓储或运输单方面的效益，因此其为客户及自身带来的综合效益会出现惊人进展。

② 运营成本降低。第四方物流可以通过流程一体化、供应链规划的改善和实施等手段提高运作效率、降低采购成本和运营成本，即可以通过整条供应链的外包达到节约的目的。

③ 工作成本降低。采用现代信息技术、科学的管理流程和标准化管理，使存货和现金流转次数减少，可以有效降低工作成本。

④ 减少流动资金和固定资产的投入，提高资产利用率。客户通过第四方物流减少了固定

资产占用，提高了资产利用率，使得客户通过投资研究设计、产品开发、销售与市场拓展等获得经济效益提高，增加了供应链的弹性，使供应链能够集中发展和增强核心竞争力。

4）第四方物流能够将业务流程一体化，能够承接多个供应链职能和业务流程的运作，能够把人的因素和业务规范进行有机结合，从而实现整个供应链和业务流程的对接与实施。

综上所述，第四方物流企业以其知识、智力、信息和经验为资本，为客户提供了一整套物流系统咨询服务。第四方物流企业必须具备良好的物流行业背景和相关经验，它并不需要从事具体的物流活动，更不用建设物流基础设施，它只需要为整个供应链提供完整的整合方案即可。第四方物流是一个供应链集成商，调集和管理组织自己及具有互补性服务提供商的资源、能力和技术，不仅控制和管理特定的物流服务，而且还提供综合性的供应链解决方案，并通过电子商务将这些程序集成起来。第四方物流的关键在于为顾客提供最佳的增值服务，即迅速、高效、低成本和个性化服务等。在发展第四方物流时，需平衡第三方物流的能力、技术及贸易流畅管理等，也能扩大本身营运的自主性，提高运作效率，降低采购成本，使流程一体化，从而达到目的。

7.3.2 电子商务第四方物流的运作模式

1. 电子商务第四方物流的运作过程

电子商务第四方物流的运作过程如图 7-6 所示。第四方物流的运作依托于成熟和完善的电子商务平台，其对各参与企业信息的收集、匹配和发布都建立在基于电子商务的信息服务平台上。

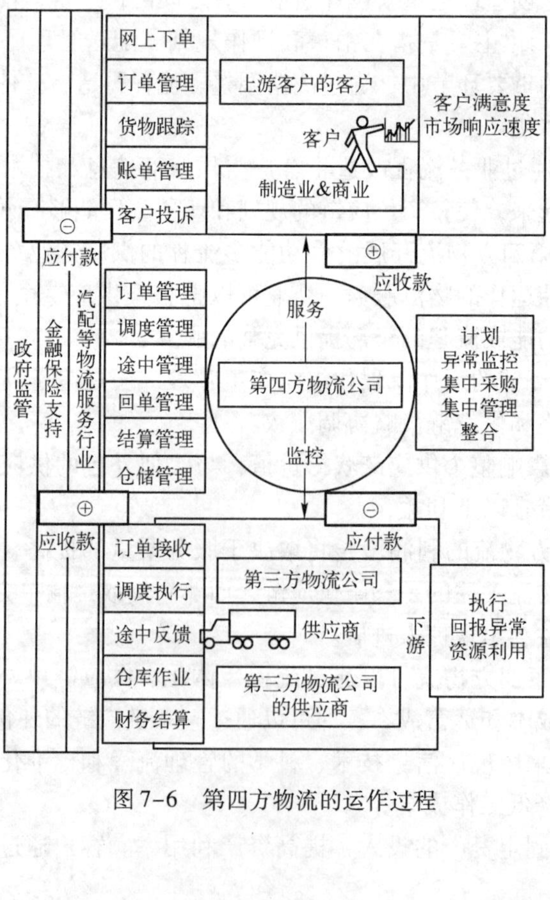

图 7-6　第四方物流的运作过程

具体可以描述为：收货方在线选购商品后，由发货方委托自己的第四方物流供应商进行配送；第四方物流供应商通过对客户配送要求、货物种类、数量、配送路线、时间要求等特点的分析，协调组织第三方物流供应商、咨询公司和技术公司等合作伙伴来具体实施配送；收货方收到第三方物流送到的货物后，接收货物并给发货企业提供收货凭据。通过以上的物流方式，为收货方和发货方提供个性化、多样化的供应链解决方案。在整个过程中，第四方物流供应商成为一个中立的解决方案和外包服务提供商，不仅从宏观的角度对供应链进行协调，而且独立于电子商务企业和第三方物流企业，避免了发生直接竞争的冲突，把咨询公司、第三方物流供应商和信息技术公司整合在一起，通过自己的专业经验、信息资源、信息处理能力、现代化的技术设备，以及为客户所提供的增值服务使整个物流过程更有效、快捷和低成本，体现其真正优势。

2. 第四方物流的模式

我国第四方物流的市场需求相当可观，从功能的角度对第四方物流进行划分，有三种模式：

第一，协助提高者，又称知识密集型模式，即为第三方物流工作，并提供第三方物流缺少的技术和战略技能。

第二，方案集成商，又称方案定制模式，为货主服务，是所有第三方物流提供商及其他提供商联系的中心。

第三，产业革新者，又称整合模式，通过对同步与协作的关注，为众多的产业成员运作供应链。

事实上，第四方物流无论采取哪一种模式，它都是在企业物流的基础上，整合社会资源，解决物流信息充分共享，社会物流资源充分利用的问题。第四方物流的三种运作模式之间的分析比较如表 7–2 所示。

表 7–2　三种第四方物流运作模式的比较分析

第四方物流	整合模式	方案定制模式	知识密集型模式
目标客户	高科技中小企业、物流商	制造型企业	制造型企业
提供服务	整合和打包制造业仓储、配送、运输业务，批发给专业的第一方、第二方物流企业，同时代理客户供应业务	物流战略咨询、物流供应链管理咨询信息	采购、仓储、配送、供应商库存管理、物流供应链计划编制与 JIT 配送控制信息平台
创造的价值	减少目标客户的物流运营成本	优化资源配置，降低各方物流成本	精于核心业务、成本降低、效率提高、订单准时完成率提高
整合业务	代理制造企业的采购、仓储、配送等业务，以及为第一方、第二方和第三方物流商提供市场营销、市场销售等多种职能	横向：物流战略管理、信息支持，把小而分散的物流资源整合为规模性的资源。纵向：具有关联性的企业的相关业务，如初级产品生产者的配送、制造商的配送、分销商的仓储业务	制造商：采购、物控计划、内部配送、库存管理 物流商：所有业务 供应商：库存管理和物控、配送、报关等
核心优势	低成本	战略管理能力	一站式全方位服务质量，低成本，快速响应能力

3. 第三方物流演化为第四方物流的内在条件

并非任何一个第三方物流企业都可以成为第四方物流企业，它要求企业必须在某一个或者几个方面具备很强的核心竞争能力，并能够通过战略合作伙伴关系进入其他领域，实现整合社会物流资源目标。为此，第三方物流企业演化发展成为第四方物流企业自身应具备以下几个条件：

（1）拥有信息共享的电子商务平台，能够实现信息在物流参与者之间的自由流动

第四方物流服务商的特殊地位决定了它是客户与许多第三方物流企业的唯一接口。物流运作中不断产生的大量信息能有效地强化物流计划、物流作业和物流能力。信息技术的进步和由此形成的信息流又成为提高物流服务水平的关键要素之一。作为第四方物流，要整合社会物流资源，需要有各参与者都可以共享信息的电子商务平台，才能高效利用各参与者的物流资源。

（2）具有高水平的供应链策略制定、业务流程再造、技术集成和人力资源管理能力

第四方物流企业是供应链集成商。要想成为第四方物流企业，就必须要有制定供应链策略和再造业务的能力。物流企业要具备以上能力，就必须掌握全程控制供应链的技术，同时又有使用这些技术的人力资源。这些能力、技术和资源必须是高水平的和国际化的，否则它仍然是第三方物流。这一条件是第三方物流企业成为第四方物流服务商的重要条件。

（3）在集成供应链技术和外包能力方面处于领先地位

当前，第三方物流服务商缺乏必需的综合技能、集成技术、战略和全球扩张能力，难以满足社会的需求，于是第三方物流企业与领先的咨询公司、技术提供商结盟，形成了第四方物流。第四方物流体现了企业内外资源的集成与优化利用，也加强了业务外包策略的利用。实行业务外包的企业更强调集中企业资源于经过仔细挑选的少数具有竞争力的核心业务，而把其他一些重要的但不是核心的业务外包给“专家”企业，这些企业就可以把自己企业的整个运作提高到世界水平。企业内向配置的核心业务与外向配置的业务紧密联系，形成了一个关系网络。企业运作与管理也由控制导向转为关系导向。

（4）能够同时管理多个不同的供货商，具有良好的关系管理和协调能力

世界经济一体化、企业经营全球化、高度竞争造成的高度个性化以及迅速改变的客户需求、使物流企业与顾客、物流企业与供货商的关系变得更加密切和复杂。特别是第四方物流企业常常需要与遍布全球各地的对象进行合作和服务，在增加合作的深度和广度，建立战略联盟的同时，还需要处理更多、更迅速的变化，更迅速地做出反应。供货商关系管理是企业供应链上的一个基本环节，它建立在对企业的供方（包括原材料供货商、设备及其他资源供货商、服务供货商等）以及与供方相关信息完整有效的管理与运用的基础上，对供货商的现状、历史，提供的产品或服务，沟通、信息交流、合同、资金、合作关系、合作项目以及相关的业务决策等进行全面的管理与支持。这种管理关系是第四方物流保证供应链的物质基础。

（5）有区域化甚至全球化的地域覆盖能力和支持能力

地域覆盖和支持能力是体现第四方物流主体核心竞争力的重要方面，物流竞争在很大程度上取决于覆盖网点的数量及其支持力度。随着物流委托方对第四方物流经营要求的提高，物流企业要想在全球市场上生存和发展就必须打破限制将服务范围拓展到各种领域。此外，第四方物流服务商还必须具有高效的国际管理能力与其客户保持良好的合作关系，具备收集、管理、传递国际多式联运物流所需要一切信息的能力，拥有综合物流系统。

7.3.3　我国电子商务第四方物流的发展现状及趋势

1. 我国电子商务第四方物流的发展现状

目前，在我国发展电子商务第四方物流还只是停留在概念的基础上，尽管国内一些企业宣

称自己是第四方物流，但实际上，这些企业从专业能力、经验到技能，都不能算是真正的第四方物流。在中国，现在甚至还没有一家真正的第四方物流企业。

主要原因如下：

（1）市场需求不足

国内的现代物流产业尚不成熟，大部分企业还保留着“大而全，小而全”的经营模式，对物流效率缺乏重视，物流需求大多是通过企业自身完成的。

（2）发展基础不牢

发展第四方物流有两个必备条件：一是健全的第三方物流；二是较完善的电子商务平台。这其中，又以健全的第三方物流企业的服务功能和地位成为发展第四方物流的关键。然而第三方物流在中国的发展仍不成熟，我国第四方物流的发展还欠缺基本条件。

（3）缺乏客户的认可和信任

目前，第四方物流企业不仅很难得到客户的信任，在处理与第三方物流的关系上也十分尴尬。作为一个第三方物流企业，难免会产生这样的担心：第四方物流自由进出自己的信息系统，掌握自己的服务价格和服务特色，然后利用这些信息抢走客户。这些诱因的存在往往使合作变成竞争。第四方物流不仅要努力争取客户的信任，还要面对第三方物流的竞争，可说是举步维艰。

（4）物流信息平台的建设困难

第四方物流开展的前提条件是必须提供全面供应链及物流信息管理系统平台。在这个系统中，基于全球卫星定位系统（GPS）的物流跟踪定位子系统是技术关键，但它目前仍是个技术难题。信息技术的不成熟，投资费用偏高，是第四方物流信息平台推广应用的最大障碍。

（5）相关专业人才匮乏

第四方物流企业不仅要有整合整个供应链的能力和雄厚的资金实力，还要求有一批高素质的物流人才。因为对整个供应链的整合并不等同于简单的物流外包，要求物流人员不仅具备物流的基础知识和丰富的实战经验，还要具备全方位的知识和能力。然而，我国的物流人才奇缺。目前中国拥有国际权威认证机构颁发的物流专业管理资格证书的职业经理人数量有限，缺口非常大。

2. 我国电子商务第四方物流的发展趋势

基于电子商务强大的发展势头和不可估量的发展前景，未来将越来越依赖高水平、快速的物流网络提供物流信息。这就势必要求第四方物流不断提升信息化的建设水平，搭建一个庞大、有效、快捷的信息服务体系服务于电子商务市场。因此，电子商务第四方物流具有以下三个发展趋势。

（1）越来越强化信息化技术与电子商务之间的直接耦合

随着网络信息技术和电子商务贸易规模的不断发展，越来越多的电子商务企业看到了网络信息技术发展所带来的便利以及利润空间，较发达的信息技术的应用和较高的电子商务的普及毋庸置疑将是第四方物流发展的基本和必要条件。当前我国电子商务和物流整体信息化水平较低，第四方物流要想迅速发展壮大，抢占市场，必须依靠集成信息技术的大力支持，才能实现区域物流共享、全球物流信息一体化的目的。

（2）加强信用体系的建立

我国第三方物流还未发展成熟，第三方物流和第四方物流之间市场和客户的相似性使得两者很容易出现相互竞争的局面，第四方物流要取得客户和合作方的信任比较困难。事实上，第四方物流是一种基于电子商务平台的虚拟流，这个虚拟流中包含了大量的行业内部的成本、采购、库存等相关信息。根据这个虚拟流，第四方物流要利用较强的经验能力和信息技术处理能力来整合战略合作伙伴。但第四方物流本身却只做物流系统的优化设计和规划管理，并不参与具体操作，具体操作需要靠第三方物流企业才能实现。因此，第四方物流与第三方物流的协调合作才是第四方物流服务成功的关键。由于第三方物流提供商要承担信息被利用的风险与第四方物流提供商进行一定的信息共享，造成对第四方物流、第三方物流的“外包黑洞”。因此，第三方物流企业存在着对第四方物流企业的信任问题。不完善的三方市场信用体系是制约第四方物流发展的症结。要完善第四方物流的建设，就必须加快加强三方信用体系的建设。

（3）建立跨区域的物流信息化共享平台，加快新型物流人才的培养

第四方物流通过各物流环节信息流的整合与共享，实现最快、最有效率的为客户或企业提供物流信息服务的目标。我国今后的第四方物流发展应更加注重利用互联网的力量建立一个公共信息的平台，实现跨区域的物流信息资源共享，使得整个物流信息能解决从卖方、中间托运人到买方、物流供应商资源的整条供应链过程的问题，并且提供最佳方案。

此外，第四方物流的发展需要大量新型物流人才。目前我国第四方物流人才相对匮乏。各大高校要加大力度培养高素质的物流和供应链管理人才，打造一支适应现代物流产业发展的物流管理队伍，以促进和保障未来第四方物流的顺利发展，提升我国物流产业整体水平。

7.3.4 电子商务第四方物流的解决方案

1. 循序渐进，遵循第四方物流的发展规律和路径

发展第四方物流必须经过四个阶段：

（1）第一阶段：打造平台，夯实基础。

开发一个共享的信息平台提供给物流企业使用，首先帮助它们实现将客户货物的状态时时反映在这个平台上，在不增加很大投入的情况下，实现对客户服务品质的提高，向这些物流企业收取平台使用费来实现最初的盈利。这里的平台主要是指信息平台，夯实的是物流企业的信息基础。

（2）第二阶段：整合资源，提供增值服务。

在基本实现第一阶段功能，且已经拥有很大一部分客户群（中小型企业）的基础上，进一步引导中小型企业推进信息化的程度，提供一个可以反映物流企业闲置资源（如闲置仓库、回程车辆等）的平台，以低成本提供给客户使用。这样不仅能降低最终客户成本，更能增加物流企业的利润；同时，这个准第四方物流要在一些标准化软件方面提供给物流企业支持，加深信息化的程度。此阶段的盈利模式为：一是运营大型的物流分拨中心，通过资源匹配向物流企业收取一定比例的佣金；二是出售标准化的软件。这里的整合资源要先从闲置资源的利用开始，为客户节约成本，为物流提供者提供增值价值，在此基础上再整合更大范围的物流资源，有个逐步实现的过程。在这个过程中要控制好物流运作的实施情况，控制关键的节点——分拨中心，以保证物流运作顺畅进行，严格控制物流企业的信誉，注意要开始打造品牌。

（3）第三阶段：提供咨询、集成方案。

在充分掌握物流资源的基础上，帮助物流企业包括一些重点物流资源进行流程重组改制和优化配置；另一方面，从客户端看，可利用掌握的大量物流资源为客户提供低成本、高品质的定制化物流解决方案。当然，要实现上述功能，必须是建立在第四方物流在物流技术、信息技术、供应链等方面同步跟进的基础上。此阶段的盈利模式为：一是通过对物流企业的流程重组，

收取咨询服务费；二是向全国性或高端客户提供供应链解决方案及物流服务。这个阶段要注重做足品牌，开始真正向现在权威所界定的第四方物流的角色转变。

（4）第四阶段：行业标准，市场领导。

在全社会范围内对物流资源进行进一步整合，向最终客户提供物流服务；与政府部门、权威机构、知名企业、高校物流学院合作，成为行业的标准以及标准制定者；持续向企业提供专业的供应链咨询及培训。此阶段的盈利模式为：以上三阶段的盈利总和。

2. 第四方物流解决方案的案例分析

（1）背景分析

上海速之道网络信息技术有限公司（Survaith）是一家高新技术公司。该公司致力于利用IT技术，整合社会上的物流资源，使其能够达到优化配置，持续为客户提供高品质、低成本的物流服务。公司现在与美国一家高科技产业的跨国公司KAOSCO信息技术上海有限公司进行合作。

上海速之道网络信息技术有限公司第四方物流模式的确定经过了以下三个阶段的思考。

阶段一：第一个阶段的运营模式是由上海超诚物流有限公司提出，希望做一个综合物流的总代理。其模式就像戴尔公司一样，就是将第三方物流企业作为供应商采购过来，将它们的资源整合在一起最终提供给最终客户使用。

戴尔公司之所以能够非常成功地采购各个供应商的零部件是因为它有非常好的品牌，拥有很好的顾客基础，客户就认戴尔这个品牌。将这个模式拿到物流行业来看，其关键就是要抓住客户。但是从执行者来看，作为一个第三方物流企业在没有非常大的客户基础情况下是没有办法以相对低的价格采购3PL的高质量的服务，这样也就没有可能抓到非常好的客户。

要将戴尔模式应用到物流行业除了有好品牌和客户基础，另外一个就是要有很好的物流运作控制力。即前面所说的客户基础具备了，但是如果公司在全国范围没有控制整体物流运作的能力，依然没有办法进行这种物流总代理模式。

阶段二：由于阶段一中的物流总代理模式必需的两点，即客户基础（品牌）和控制能力，上海超诚物流企业都不具备，因此没有办法一下子来进行这样的模式，公司需要寻找一个切入点。

最初想到的切入点就是对回程车的利用。在分析物流市场的基础上发现确实存在着对回程车利用的需求，调查过上海市150家储运企业，普遍反映在希望能够将回程车利用起来，根据统计上海有47%左右的回程车处于空载状态。接下来就是在竞争者分析时发现类似的网络公司、回程车网站、配载中心已经大量存在，但是经营状况普遍不好。

公司又进行了一段时间的调研，包括以物流服务需求者的身份直接打电话到这样的回程网站、配载中心中寻求物流支持。调研发现，这样的企业的运营状况不好，问题主要有几个：

第一，尽管网站上能反映很多的货物信息和空车信息，但是由于市场宣传不足，这些网站的影响力都不够大，上面收集的信息依然不多；另一方面由于网站的控制力不足，并不能促使这样的信息成交，致使反映上来的空车信息与车辆需求信息并没有真正的价值。

第二，由于这些公司、网站的执行者都是IT出身，尽管他们看到了在物流行业有这样的需求，但是并没有看到表面需求下的本质。最终客户需求的是简便、可行、价格适中的物流解决方案，而不是未经处理、未经证实且没有任何执行保障的信息，这样的信息对于他们来讲没有任何价值，只能算是一系列的记录而已；而对于他们的直接客户——物流企业来讲，之所以要加盟这样的回程车网站或者物流网，其目的是要拥有更多的客户。由于这些IT出身的人并不真正懂物流，或者说对中国的物流形势的研究并不是非常透彻，因此从物流企业和最终客户的需求来讲，他们都没有真正满足。

第三，开发这些网站的企业多半是比较小的企业，区域性的企业，其影响力度小；同时又没有太多的资金去市场宣传、屏蔽竞争者等工作。因此这类性质的企业目前都处于一种鸡肋状态。

分析这些网站不成功的原因后，公司最终放弃了从回程车网站、配货网切入。

阶段三：由于 IT 技术方面并不是公司的强项，因此在确定项目切入点的同时，公司也在寻找 IT 方面的合作者。在所有接触到的软件公司中，选择了汇盛科技有限公司和美国 KAOSCO 信息技术有限公司作为合作伙伴备选者。汇盛科技有限公司是一家综合性的软件公司，主要方向是物流软件，做物流企业内部流程规划。美国 KASCO 信息技术有限公司一家高科技产业的跨国公司，公司总部在美国西雅图，主要客户有 Honeywell、波音、惠普等国际性大公司，在物流行业该公司有为 DHL 开发与维护信息平台及网站的经验。经过公司对上海市各个中小型物流企业及其客户的调研发现，物流企业的信息化程度非常低，除了少数快递公司以外，大多数公司不能满足客户时时查询货物状态的功能。

为数不多的几个大的物流企业像 UPS、DHL，之所以能够向企业客户时时反映货物的状态，是因为它们采取了全球定位系统（GPS）。而国内的大多数中小型的物流企业，作为中国物流市场的主体，它们根本没有实力去自主开发这样的信息平台，更不可能在每一辆运输车辆上安装 GPS。然而客户却普遍反映对这方面物流增值服务非常看重。根据公司的调研结果发现，现在大多数物流企业要反映货物状态一般有两种情况：第一，客户的某批货物比较急，会一直打电话来催促；第二，当一批货物出现了什么状况时，为了采取补救措施不得不对货物进行了解。基本上这两者都是被动地去反映货物状态，而不是积极地去提供增值服务。

经过深入细致的市场分析，公司最终决定就从反映货物状态的信息平台入手，并且选定了美国 KAOSCO 信息技术有限公司作为 IT 技术方面的合作伙伴，并且成立了上海速之道网络信息技术有限公司。平台的技术开发费用由美国 KAOSCO 信息技术有限公司与上海速之道网络信息技术公司各自投资 50%，市场方面由上海速之道网络信息技术有限公司和上海超诚咨询有限公司共同进行开展。

（2）上海速之道开发物流公共信息平台的 SWOT 分析

1）优势。

① 根据公司自身做第三方物流的经验，公司更加熟悉第三方物流的客户真正需要的是什么，客户真正要的不是第三方物流企业使用什么样的配置、采用什么样的系统，他们真正关心的是自己的货物处于什么状态，物流企业只要及时出具一份报告就可以了，因此这个平台的开发注重的是第三方物流企业客户的需求，而不是从纯 IT 角度去考虑。

② 公司能够真正从中国第三方物流企业的现状出发（包括他们的人员素质、设备配置等）使得这套系统尽量的智能化、简单化，对于他们来说只要简单的输入就可以了，这样必然减少他们在 IT 方面的投入。

③ 公司本身不是把这个平台卖给客户，而是租用给第三方物流企业，因此价格比照软件公司开发来说非常有优势。

这样的一个功能型的信息化平台只是上海速之道网络信息技术有限公司长期规划中的一个切入点，开始启动后公司完全可以不靠这方面盈利，只是作为给第三方物流企业的增值服务，这样就可以屏蔽掉很多竞争者。

2）劣势。上海速之道网络信息技术有限公司作为新型公司进入IT行业来说，本身没有开发IT方面的丰富经验，因此在这方面公司要寻求一个很好的合作伙伴的支持，加强公司的控制力度；这样的一个信息化平台从IT技术角度考虑没有非常大的难度，根据中国市场的普遍情况看，比较容易吸引各方面的竞争者。

3）机会。根据考察，第三方物流企业的客户确实有这方面的需求，而第三方物流企业本身也确实想去满足自己的客户，但是基于资金角度考虑不能实现，如果能用很少的钱帮助第三方物流企业实现这样的功能对他们来说求之不得；同时，从市面上看已经有这方面的网站或者平台，只是没有很好地去运用，可以从这些已有的事物中去学习，并吸取经验。

4）威胁。可以从以下几方面的竞争者来看。

① 现有竞争者：基本上是一些IT公司，或者专门做第三方物流企业软件的软件公司，第四方物流企业。

② 潜在竞争者：IT公司中想做物流方向的以及咨询公司、第四方物流企业。

③ 合作者：公司的IT合作者本身有能力独立完成，因此要防止IT合作者直接切入市场。

④ 客户：第三方物流企业。一些大型的物流企业可以直接开发，如果利润空间足够大他们也有可能进入。

（3）上海速之道物流信息平台的市场推广方案

1）市场分析。

① 市场需求分析。根据市场调查分析及统计资料显示，上海目前从事物流的企业多达25万家，其中大部分企业为中小型的非正规军。普遍看来，中小型物流企业由于受到资金、人力、操作层次等方面的原因，信息化程度不够高，多半中小型物流企业没有自己的信息化网络平台，这一点直接导致不能给其客户提供及时准确的货物信息，也是制约其发展的一个瓶颈。而从客户的角度来看，必然要求其供应商能够及时提供一些货物的信息，保证其在整个物流过程中能够监督、控制本身的货物。根据马太效应，越是不能满足客户需求差者越差，企业必然是更没有精力去开发自己的信息平台。

② 开发信息平台的价格。根据软件公司的报价，开发自己的信息平台其报价基本上在10万元以上，根据企业的不同情况、要求，价格会有一定的调整。

③ 群体分析。根据以上分析，公司的市场主要定位于现在没有信息平台并且自身又没有能力去开发这样平台的中小型物流企业。

2）产品市场定位及目标市场定位。

产品定位于功能性比较强、租用价位（加盟费）比较低、易于操作的信息化平台，不断提供增值或者新鲜元素并降低价格，方可与对手抗衡，并取得发展，树立品牌。目标市场以调查数据为基准，针对于上海市各个没有信息化网络平台的中小型物流企业（包括报关公司、货代公司、进出口代理公司、第三方物流企业、仓储企业、运输公司等）。

3）市场推广关键点：

① 尽量多的收集上海市各个物流企业（包括不同层面上的）的情况，并了解他们的业务状况及其新的需求（为下一阶段做准备）。

② 掌握到尽可能多的物流资源信息下，能够尽快盈利，把信息平台投入到运用中。

③ 运用低成本战略和差异化战略防止各方面竞争者的大量涌入。

④ 运用已经成熟的案例快速组织人员进行推广，迅速扩大营销面，占领上海市场后能够及时向其他省市拓展，并在上海地区实现更好地为客户服务。

4）市场目标：

① 利用公司系统的推广体系，在6个月内实现能与上海市中小型物流企业的1/2～2/3签约，并实现盈利。

② 品牌效应：短期内迅速打开市场，并尽可能屏蔽竞争者，提升“速之道”的品牌知名度。

（4）上海速之道物流信息平台的发展现状

已基本实现既定目标，发展势头良好。上海速之道物流信息平台为小型物流企业和货代公司等直接提供运输货品的信息，通过对资源的整合，降低这些企业的运输成本。除此之外，目前，上海速之道物流信息平台还可以为企业提供外包服务，包装加工和仓储服务。据测算，在上海速之道物流信息平台上，平均可为企业降低物流成本40%左右。

7.4 电子商务环境下物流模式的创新

7.4.1 逆向物流

1. 逆向物流概述

（1）逆向物流的定义

顾名思义，逆向物流即物流的逆向过程。传统观念认为，逆向物流就是产品的再循环和再利用过程。但是今天，不同的企业和部门对逆向物流有不同的定义。零售商认为逆向物流就是从消费者手里取回退货的方式和途径；制造商则认为逆向物流是从用户那里回收有残次的产品和再利用外包装的过程。美国物流管理委员会对逆向物流的定义是：为了重新获得价值以及合理处置废弃物，计划、实施、控制原材料、半成品、产成品等物流和相关信息流从消费地流向原产地的过程。

（2）逆向物流的特征

与正向物流相比较，逆向物流管理的管理具有以下显著的特点。

1）不确定性。逆向物流的不确定性来自各个方面，首先是时间的不确定。因为最终消费者的退货是随机的，企业很难预测和把握。其次是地点的不确定。废旧物资可能产生于生产领域、消费领域或流通领域，并且可能涉及任何部门和个人。除此之外还有废旧物资数量的不确定和质量的不确定。这些共同构成了逆向物流的不确定性。

2）复杂性。逆向物流的恢复过程和方式按产品的生命周期、产品特点、所需资源设备、所需资源等条件的不同而复杂多样，因此比正向物流中的新产品生产过程存在更多的不确定性和复杂性。

3）高成本性。逆向物流中的产品所涉及的成本包含广泛，而且由于产品返回的原因各有不同，对于各种回收产品要进行适当的处理后才能重新进入流通渠道，因而产生了很高的回收处理费用，这就造成了逆向物流的成本核算复杂且可控性较弱。

4）缓慢性。逆向物流的缓慢性主要因为逆向物流具有复杂的回收产品处理过程的特性，并具有产品价值恢复的缓慢性。逆向物流所收集的物品开始是有数量少、种类多的特点，需要通过不断积聚才能形成较为大规模的物资流动。废旧物资的收集与整理过程的复杂性也是一个较为棘手的问题。废旧物资的产生也如新产品的构建一样需要经过产品加工或产品改制等环节，并不能立即满足人们对它重复使用的要求，这一过程需要较长的时间。

2. 电子商务中的逆向物流

(1) 电子商务活动产生逆向物流的原因

在电子商务环境下，我们讨论的逆向物流仅指退、换货逆向物流。退货逆向物流和回收逆向物流是现代物流根据回收物的处理对逆向物流进行的分类。退货逆向物流基本上包括两类：一种是由于各种原因而产生的从消费者回到零售商的退货；另一种是从零售商那里返回到生产厂家的商品。回收逆向物流一般指的是将最终消费者持有的废旧物品进行回收，分类到供应链上各节点企业，再进行处理和再利用的过程。在电子商务活动中产生的逆向物流一般是指退货逆向物流。

因为电子商务具有线上经营的特殊性，所以引起退货的原因与传统经营中产生的退货原因相比较，不尽相同。在电子商务活动中产生逆向物流的主要原因如下：

1) 信息不对称。在进行网上购物的时候，消费者往往只能看到相关商品的某一角度的平面图片或者描述性的文字说明，对于商品只有一个比较片面的直观认识，无法对购买商品有一个全面的了解，很容易发生收到的商品与在网上看到的不一致的情况，从而导致消费者产生退货行为。这种由于网络造成的信息不对称是电子商务产生逆向物流最主要的原因。

2) 法律规范。出于保护环境，促进资源的循环利用的目的，同时为了对网站行为进行规范以及保护消费者的利益，许多国家都有立法规定电子商务网站在售后服务环节必须制定相应的退货政策。其中不仅有政府制定的法律法规，还有某些协会或者社会团体发起的一些要求规定。

3) 消费者利益驱动。消费者利益驱动不仅在实体商务活动中存在，而且在电子商务环境中也存在。其行为主要包括：当消费者购买了自己不想购买的商品或者消费者购买商品后希望获得更好的产品而引起的退货；零售商或者分销商将积压、过季、滞销的商品退还给供应商而引起的退货。

4) 增加竞争优势。为了吸引更多的消费者，增加自身竞争优势，各路商家竞相推出各种有利于消费者的退货条件，如“七天内无条件退货”等。虽然这些优惠措施减少了消费者购物的后顾之忧，但是也造成了不少的退货逆向物流。

5) 商品自身原因。这类退货的原因包括：商品自身质量不过关、存在瑕疵；商品已经过了供应商标明的保质期限；物流配送过程中的疏忽造成商品破损或送错商品等。

(2) 电子商务与逆向物流的关系

电子商务和逆向物流的发展相辅相成。一方面逆向物流为电子商务提供物质基础，另一方面电子商务的发展也会促进逆向物流的进一步发展。科技进步的日新月异，推动了电子商务的飞速发展，这种形式的商务活动开发了一个巨大的在线交易市场，并且能够突破地域和国家的界限，为现代物流的发展带来新的契机。但是，网上购物的虚拟性是一把双刃剑，在为消费者带来了很多实惠和便捷性的同时，也给消费者带来了更大的购物风险。网络购物的虚拟性带来的后果就是退货量大于实体商务活动。这甚至成为制约电子商务发展的因素，因为有很多消费者因为退货的问题而放弃网络购物。但是反过来看，为了提高客户满意度，提高企业的综合竞争力，很多电子商务企业都采取了逆向物流的策略来吸引消费者。在处理逆向物流的过程中，电子商务企业不仅能收集更多的客户信息，而且能为客户提供更好的服务。

总而言之，电子商务的高速发展离不开逆向物流的支持，逆向物流市场扩大也依赖于电子商务。

(3) 电子商务环境下逆向物流的特点

1）全球化。伴随着电子商务平台的出现和大力发展，逆向物流的活动、服务范围呈现出全球化的特点。传统的逆向物流业务受到空间和时间的制约，一般只在某一些有局限性的区域展开。电子商务网络技术的出现和飞速发展迅速打破了时空界限，促使逆向物流能够在扩大化的范围里和区域中产生，使之帮助满足各地区人们的多样化的需求。在电子商务在全球的范围内开始广泛使用和运作之后，电子商务环境下的当代逆向物流在极其短的时间内由原来的小范围、小距离、薄弱散点状发展到全球范围内的全面铺开地飞速发展。

2）网络化。在电子商务环境下，由供应商、制造商所组成的产品供应链呈现一种纵横交错的网状作业的状态。因此，同样在电子商务环境下的逆向物流也呈现出一种电子化、网络化的特点。例如：戴尔公司，利用网络平台进行直接的市场产品销售和售后服务的方式，节省了相当可观的运营成本。凭借着产品价格较同档次产品较为低廉的竞争优势，性价比高的口碑，已然成为了全球范围内计算机直销的第一大专业电子品牌。

3）个性化。在电子商务环境下，消费者需求和偏好的个性化发展趋势日趋明显。这不仅使得正向物流的操作实施方式要求具有个性化特征，也使得逆向物流具有明显的自身表现个性化的特征。加之电子商务网络基础和技术的全球化分布，世界各国不同的消费习惯以及文化背景的差异成为当代电子商务下的逆向物流面对的挑战，进一步加深了逆向物流个性化的自身表现特征。

（4）电子商务环境下逆向物流的机遇与挑战

电子商务和物流的发展是相辅相成的，物流为电子商务提供物质基础，电子商务给物流带来更广阔的发展空间。近年来，飞速发展的电子商务打破了地域和国家的界限，开创了一个巨大的线上交易市场，发掘出现代物流新的价值。然而，网上购物是在虚拟的网络空间上进行的，消费者看不见实物，只能通过图片和文字描述获取商品信息，难免与现实有些出入。所以电子商务的退货量近年来急速攀升，并且有很多消费者因为退货渠道的不完善而放弃网络购物。许多国际知名的公司都采用逆向物流策略作为降低成本，提高客户满意度的重要方法，进而提高企业的综合竞争力。

总而言之，电子商务的发展离不开物流的支持，高效率的逆向物流同样依赖于电子商务。在电子商务环境下，逆向物流的机遇与挑战并存。

1）机遇包括：

第一，法律约束。为了保护环境和促进资源的回收利用，同时也为了建立规范的网站和保护消费者权益，很多国家已经或者准备立法规定电子商务网站必须有逆向物流政策。

第二，市场竞争加剧。电子商务模式改变了整个市场环境。在电子商务规模日益扩大的环境下，网络购物的退货率也逐渐上升。以消费者为导向的经济形势下，顾客是商家赖以生存的关键因素。因此，越来越多的企业开始意识到退货政策也就是逆向物流的重要性，并试图以此来提高客户满意度，进而扩大企业的竞争优势。

第三，信息不对称。消费者在网上购物时，一般只能看到商品某些特定角度的照片，因此不能完全了解所购商品的全部特征。与此同时，网络上的一些虚假信息也会误导消费者。所以常常会有网上购物的消费者收到商品时发现与图片或者描述有很大差异，从而产生大量的退货。

2）挑战包括：

第一，企业内部忽视对逆向物流的管理。近几年来，尽管有很多企业设立了专门的回收部门和逆向物流系统，不过我们仍能很清楚地看到，大部分的企业并没有把逆向物流活动纳入企业战略发展范畴。有些企业对逆向物流的认识还停留在正向物流的陪衬和附属品上，更有甚者视逆向物流为负担，认为其产生的成本为额外费用。

第二，逆向物流系统本身的高复杂性。在逆向物流系统中，从消费者或者是最终市场的回收产品这一环节在时间和数量上具有高度的不确定性。同时，逆向物流系统内部环节是互相影响的，这就导致对整个系统很难有效地控制，并且企业对要回收的产品数量等其他情况无法做出预测。所以我们很难将现有的一些预算技术和数学模型应用到逆向物流的管理中去。

第三，缺少经验。逆向物流在中国的发展还处在初级阶段，尤其是在电子商务模式下，我国物流行业的实践者们缺少逆向物流的管理经验。就传统的正向物流而言，他们已经掌握了一个完善的统计分析系统，但是对于逆向物流，他们不知道要从何下手，怎么统计逆向物流的数据？如何进行管理？专业的 IT 企业也还没有研发出对其行之有效的管理信息系统，造成现在逆向物流管理低效的局面。

3. 电子商务环境下的逆向物流与传统逆向物流的区别

传统的逆向物流的主要对象是可再利用的包装材料以及废弃物品的回收和处置，其优势主要体现在节约包装成本和环境保护上。而电子商务环境下的逆向物流主要承担的是市场营销过程中的售后服务职能。逆向物流系统一旦运作良好，就可以为消费者提供方便快捷的退货渠道，同时具备合理整合外部资源来为消费者提供完整的售后服务的功能。它们之间的主要区别是：

1）逆向物流的提供者不同。传统的逆向物流的提供者包括了内部物流组织和外部物流组织，效率较低。而电子商务环境下的逆向物流，其物流活动的主要承担者多为外部的物流服务提供商，主要集中在效率较高的快递公司、邮递公司等。

2）逆向物流的过程不同。传统逆向物流的物流过程因交易方式和贸易对象的不同而呈现多样化。而电子商务环境下的逆向物流，其物流流程比较单一，通常是直达式。

3）逆向物流过程中的信息交流不同。传统的逆向物流在其物流过程中伴随着多渠道的信息交流，其优点是可以有效地进行沟通，从而有助于问题的解决，但同时也可能造成信息的干扰或误解。而电子商务环境下的逆向物流，其物流过程中的信息交流较少，不利于对客户情况和市场趋势的及时了解和掌握，很容易造成客户服务质量和客户满意度的下降。

4. 电子商务中的逆向物流管理

对电子商务环境下逆向物流的管理问题，已经有不少学者展开了深入的研究。研究方向主要包括：从预防逆向物流发生的事前角度出发和从处理已经发生的逆向物流的事后角度出发。前者关注的是怎样避免和减少电子商务中的逆向物流；后者则将注意力投入在电子商务中已经产生的逆向物流上，如何采用合适的方式来处理。

（1）预防逆向物流

避免和预防电子商务中产生逆向物流的主要解决办法是：从网站设计入手。从设计电子商务网站之初就要充分考虑到所收商品的退货问题。具体来说，应该注意以下这几个方面：

1）首先就是要尽量克服信息不对称这个弊端，在允许范围内，网站方面提供的商品信息越详细越好。这是因为在网上购物的消费者不能见到、触摸到商品，收到商品之后，往往会发现实物和网上发布的商品信息不符。当电子商务企业提供的信息越详细，越接近实物，那么消费者对于所购产品不满意的可能性就越小，退货的可能性也就越小。德国科学家利用先进的技术手段，开发出了“在线试衣间”这样的系统。通过这个系统，消费者可以上传自己的照片，然后“试穿”从网上看到的新衣，看看是否合体。相信随着科技发展，将来还会开发出更多的工具来帮助消费者进行网上购物。

2）提供同类商品的对比功能，让消费者在进行充分的对比之后再选择，比较容易挑选到最满意的商品。目前大部分的电子商务网站已经设置了这项功能。

3）有一套成熟的，为消费者考量的订单系统。当消费者在网上下了一份订单之后，要有一个流程让消费者确定自己的购买意向，给消费者一段时间来考虑是否真的需要所订购的商品。如果消费者反悔，要允许其在给定时间内取消所下的订单。从表面上看，这样会减少订单的数量，但是实际上却可以避免退货带来的各种成本。

（2）处理已经产生的逆向物流

处理已经产生的逆向物流则要注意战略和战术两方面。从战略上看，要制定积极的退货政策；从战术上来说，要建立合适的回收商品系统。只要把握好这两个方面，商家就能让客户留下一个售后服务的良好印象和体会，进一步提高客户满意度和客户忠诚度。

美国的新物流（New Logistics）公司是一家为零售商直接提供回收商品解决方案的物流企业。该公司在2003年12月在全州范围内进行了的一项调研，他们随机抽取了1 020个成年人发放调查问卷。问卷统计结果显示，有90%的被调查者认为方便的退货政策以及快捷退货程序影响他们的购买决策，约有95%的被调查者表明他们“非常有可能”（very likely）或者“有可能”（somewhat likely）到那些提供便利退货服务的在线零售商家那里再次消费。同时，有85%的被调查者说他们“不太可能”（not likely）考虑到那些不能提供便利退货服务的在线零售商家那里购物消费。由此可见，电子商务中退货政策对消费者的购买意愿影响非常大，能否退货以及退货流程是否便捷是影响客户满意度和客户忠诚度的一个关键因素。

在处理逆向物流过程中，要注意以下两点：

1）在电子商务网站醒目的位置上设置介绍退货政策的链接。在相关页面上详细说明公司的退货或换货政策以及方法和途径。这样做能让消费者在购买商品前就了解退货的有关规定，做到明明白白放心购物。

2）在售出的商品包装上详细标明退货政策和方式。这样一旦消费者对商品不满意，有退货的需要，就能在最短的时间内选择最适合自己的方式进行退货，并获得退回的货款。

总而言之，在电子商务中，逆向物流与客户满意度和客户忠诚度关系密切。因此，任何电子商务企业都不能忽视逆向物流的管理问题。目前国内关于这方面的研究并不多，但是我们相信随着电子商务市场的不断扩大以及科学技术的快速发展，逆向物流的问题将会得到越来越多企业和学者的重视。

5. 电子商务的逆向物流模式

（1）企业自营模式

企业自营模式是五种常规逆向物流模式中最简单的一种。这种模式下的电子商务企业通过自己组建物流企业的方式，处理消费者的退货和后续的环节。

企业自营模式有利有弊。它的优点在于企业自己可以掌握逆向物流的全过程，通过这个过程直接与顾客接触，能获取准确的第一手信息；由于采取这种模式整个售后服务都控制在企业自己手里，而且它的手续比较简单，消费者的需求能及时得到处理，因而能够帮助企业建立良好的顾客关系。尽管有以上的这些优点，但是企业自营模式在某些方面也不尽如人意。这种逆向物流模式需要企业投入比较大的资金，成本相对较高，管理的难度也比较大。从整体社会资源的配置角度来说，企业自营模式属于重复建设，不利于整体社会资源的优化配置。但是对于一些大型的制造类企业来说，自营模式还是比较可行的。

（2）第三方逆向物流模式

第三方逆向物流是20世纪中期物流行业快速发展的产物。这种模式是指由专业的第三方逆向物流企业为电子商务企业提供逆向物流服务。对电子商务企业而言就是把逆向物流的业务外包给了专业的第三方物流企业。这种逆向物流模式具有较强的成本优势，对电子商务企业资金要求不高，电子商务企业能将主要精力和财力都专注于发展其核心业务。从社会资源配置上看也比企业自营模式更加合理。对于一些处于起步阶段的或流通资金比较匮乏的电子商务企业，这种模式能够解决他们的燃眉之急。但是这种模式也有弊端，由于第三方物流企业的加入，电子商务企业和客户之间直接交流的信息减少，因而可能会造供需双方之间的信息偏差。因此，在这种模式下对第三方物流企业的选择显得尤为重要，第三方逆向物流企业的能力对该模式能否取得成功起决定作用。

（3）联盟型逆向物流模式

联盟型逆向物流模式可以看成是企业自营模式和第三方逆向物流模式相结合的升级版。具体来说就是一些电子商务企业与第三方逆向物流企业结成联盟，通过联盟内的资源优化配置来共同完成逆向物流。因此，联盟型逆向物流模式具有以上两种模式的优点。在这种模式下，各企业的资源充分共享，可以发挥出联盟中各企业在人力资源、技术力量等方面的优势，并产生1+1>2的效果。但是要建立这种联盟并不容易，各企业间资源的协调也不是一件简单的事情。从理论上说这种模式非常好，但是实际操作过程中必须兼顾联盟中各方的利益，难度很大。

（4）共同型逆向物流模式

电子商务环境下逆向物流的共同模式是指生产企业与电子商务运营商结成战略合作伙伴，与电子商务运营商的加盟企业结成战略伙伴群，共同建立覆盖全球区域的逆向物流回收网络，共同承担风险，共同分享收益，共同完成逆向物流。

共同建立覆盖全球区域的逆向物流回收网络有两种形式：一种是企业共享其自身逆向物流系统，与其他加盟企业共享的逆向物流系统构成共同的回收网络，由电子商务运营商负责运营，进行协调控制，其他未共享或没有自身逆向物流系统的加盟企业以支付费用的方式来利用共同回收网络完成逆向物流；另一种是加盟企业共同出资，由电子商务运营商牵头兴建共同回收网络，加盟企业共同承担风险，共同分享收益，共同完成逆向物流。该模式的运作机理是：消费者向电子商务运营商提出网上退货申请，电子商务运营商收到申请后通知共同回收网络中离消费者退货地址最近的处理中心，由他们上门检验并回收退货产品，处理中心验收后通过退货信息系统将退货信息传递给电子商务运营商以及加盟企业，同时将退货产品交由共同配送中心进行新的配送。电子商务运营商在接到退货信息后通过支付宝等网上结算软件将货款退还给消费者。电子商务运营商定期根据网络销售量与其加盟企业进行货款结算。

（5）综合方案提供商模式

综合方案提供商（Integrated Solution Provider，ISP）是目前最新的一种物流模式，还处在起步阶段，采取这种逆向物流模式的企业比较少见。最主要的原因是这类模式完全构筑在电子商务的基础上。这种模式下，逆向物流不再是将既定实践和服务移植运用到电子商务中，而是基于电子商务的特性构建一种全新的业务活动和运作模式。

在这种模式下的综合方案提供商既具有某行业的专业技术又精于Web技术，能为顾客量身定制独特的增值性服务。也就是说综合方案提供商的业务范围不仅仅局限于物流这块，而是延伸到整个退货流程的设计，以及退回商品的后续处理。为了更清楚地解释这种模式的具体操作。由于目前，国内还没有成熟的综合方案提供商，所以我们以美国的 Return Logistics 公司为例。这是一家专门为医药行业处理逆向物流的企业，它为成为其签约客户的医药生产商的退货、产品召回、过期药品处置等提供批准授权、证明、包装和运输的综合解决方案。提出产品返回申请的顾客可以是消费者、医疗机构，也可以是药品零售商。这种模式下逆向物流业务流程如图 7–7所示。

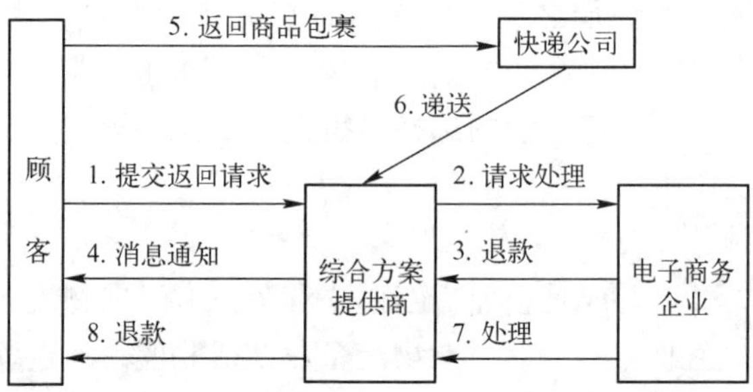

图 7–7　逆向物流的业务流程

逆向物流业务流程说明：

第一步，消费者在互联网上登录与电子商务企业签约的 ISP 的服务器，提交退货或产品返回申请。申请通过 ISP 服务器被转发给相应的电子商务企业。

第二步，如果电子商务企业同意消费者的退货申请，那么电子商务企业会把与退货商品有关的全部款项（包括货款、处理费用等等）通过一个在线的网络汇款退至 ISP 处。

第三步，综合方案提供商在收到款项后，会通知消费者退货申请已经被受理，并派出签约的快递公司立即与顾客联系，将商品取回，送至综合方案提供商的处理中心。

第四步，在综合方案提供商的处理中心检查退货，如果退货符合电子商务企业的政策规定，则同时通知顾客与电子商务企业这个结论；如果不符合规定，综合方案提供商则要出具不符报告至双方，然后等待电子商务企业给出后续的处理意见。

第五步，跟电子商务企业确认好具体的退货处理方式之后，综合方案提供商将结合自己的专业技术知识来处理这些退货。

最后，综合方案提供商把货款以及处理报告返还给顾客，电子商务企业支付的处理费用就是综合方案提供商的主要收益。

通过以上的实例和流程图，我们可以清楚地看到，在这种模式下电子商务企业基本上将整个逆向物流业务都外包出去了。它们要做的仅仅是选择一个合适的综合方案提供商，然后所有与逆向物流有关的业务都由这个承包商解决，包括流程的设计，与快递公司的协调，甚至是与顾客沟通维护顾客关系。由于这种模式中的综合方案提供商的业务范围相当广，需要具备专业的设备和人力资源，资金投入比较大，因此一个综合方案提供商一般只能专注于某一个行业。某些大型的综合方案提供商甚至会受到政府的青睐，成为其相关部门的合作伙伴。这也从侧面说明这种模式在现有的科学技术条件下，已经达到了最优的社会资源配置。但是这种先进的模式建立在有一定规模的电子商务市场以及发达的逆向物流行业水准的基础上，目前在中国，电子商务的发展还处在初级阶段，逆向物流的操作才刚刚起步，因此这种模式要想在中国推广和普及还有很长的一段路。

7.4.2 云物流

1. 云物流的成因和基本概念

云制造是一种对制造资源和能力虚拟化的集中和管理的模式，主要是通过对制造资源的优化配置，形成标准的制造服务，动态、透明地提供给客户使用。这种制造模式意味着各种制造资源和能力将会频繁高效的流动，而且这种流动不仅会发生在企业内部，还会发生在不同企业之间。制造资源的这种流动方式势必要求有相应的物流模式与之匹配，否则会严重阻碍云制造的运行和发展，让云制造带来的高效低成本、质优价廉、安全可靠和绿色低碳等优势成为一纸空文。根据云制造模式表现出来的特征和目标，新的物流模式也要体现出物流资源的虚拟化集中管理、智能一体化调度以及按需分配等特点，于是逐渐形成了一种与云制造模式相匹配的“云物流”模式。

事实上，云制造和云物流是相互依存，相辅相成的。它们的产生、发展和结合实现了各种制造资源和物流资源的虚拟化集成、一体化协同调度以及制造服务与物流服务之间的动态匹配和无缝衔接。云制造模式的发展促进了云物流模式的兴起，云物流模式的发展又为云制造的过程提供了有力的保障。通过高性能计算等技术搭建的云制造和云物流平台可以充分利用云中海量的信息资源、计算资源、制造资源、存储资源和运输资源，实现制造和物流产业链上资源的优化重组和自动聚合，可以让全球范围内接入云制造和云物流平台的企业实现不限时间和区域的制造、交易、查询，运输、存储和配送，充分提高制造和物流企业服务的透明度和资源的利用率，大幅降低制造和物流成本，加快对客户的反应速度，提高客户的满意度。

2010 年，马云入股民营物流企业“星辰急便”昭示了物流已经正式进入“云”时代。阿里巴巴将星辰急便打造为快递行业的“云物流”平台，其目标是“平台开放，资源共享，服务集成，终端无限”。阿里巴巴将淘宝网产生的海量快递业务输入到星辰急便的“云物流”平台上，通过这个平台，客户可以非常方便地找到物流企业，物流企业也可以非常方便地找到物流运单。德国著名的物流企业卓越集群也认为云物流是一个重要的商业机会，它们宣布开展一个在供应链领域上的云物流战略项目——“物流商场”。该商场实质是一个基于网络的物流服务平台，它自定义平台框架、设计和执行统一的物流过程，提供标准化的物流服务。它的上游可以按照平台自定义的框架进行接入；它的下游可以直接在平台上购买它们的物流服务而无须考虑后台物流服务真正的提供者是谁。这个物流商场的展示模型已经于 2010 年在汉诺威的第八届国际贸易博览会上演示，引起了业界极大的兴趣。无论是星辰急便的“云物流平台”，还是卓越集群的“物流商场”，它们的物流模式仅仅只是“云物流”的雏形，但它们给物流行业至少带来了三个发展方向：一是社会化物流资源的集成，物流平台本身不参与物流业务，只是将社会上成千上万的物流资源集成起来，并充分利用它们；二是节约化，每个物流企业都建立自己的云物流平台非常浪费，而且会失去云平台的意义，集中建设云物流平台能很好地享受信息和资源集成带来的规模效应；三是标准化，这是物流行业需要解决的最紧迫的问题，目前的情况是各家物流企业都有自己的标准，彼此不能通用和兼容，云物流平台具有统一的标准，其业务流程、服务、价格、售后等都能实现标准化和透明化，众所周知，一个行业一旦能实现标准化和透明化便会迅速的发展壮大。

基于此，云物流可以定义为：将先进的计算技术、网络技术等相融合，借助第三方的综合物流服务平台将异地的各种物流资源和能力虚拟化集中，并实施一体化的管理和调度，服务于多用户，为多用户提供标准化的、质优价廉的物流服务，实现物流资源的高效协调和优化配置，是一种基于云制造的、面向服务的网络化物流新模式。

综上所述，云计算和物联网共同推进了云物流的形成。云物流是一种基于网络，能够打破各企业独立经营的壁垒，实现对资源的虚拟化集成和一体化调度，并向多用户提供质优价廉、标准、透明服务的全新模式。云物流是由云提供端（服务提供者）、云请求端（服务需求方）和云服务平台共同组成。云提供端在云服务平台之下，通过虚拟化技术将自己的各项资源向上提供给云服务平台。云请求端在云服务平台之上，将自己的需求向下交给云服务平台。云服务平台在各种云端化技术的支持下首先对各种资源进行虚拟化集成，然后对这些资源进行标准化封装，形成 Web 服务，实现“分散资源的集中管理”，进而允许需求与服务在云平台上实现动态、自适应和透明地寻租，实现“集中资源的分散服务”。由于云服务平台对资源配置的全过程对云提供端和云请求端透明，从而在很大程度上降低了服务提供商和服务需求方对具体资源管理的复杂性，为双方提供了广阔、个性化以及普适化的资源使用环境。由此可见，云物流打破了真实世界中软管理和硬资源之间的紧密耦合关系，去除了各种资源与所有者之间的隶属关系，标准化了资源服务的内容和价格，改变了传统运作管理模式中供需双方单一的服务映射关系，协同了各环节和各层次节点的资源运作，可以大幅度提高资源的利用率、降低系统的成本、提高客户的满意度，是一个能够从宏观层面上彻底实现对社会全局资源进行优化配置的综合性解决方案。

2. 云物流的特点

云物流以物流资源及能力的按需使用为核心，在搭建一个支持海量物流资源集中管理且具有弹性架构的物流云平台的基础上，能够实现不同形式的协作方式。其核心是根据客户需求，通过云物流管理平台，动态选择符合条件的物流资源与能力，通过快速整合与共享这些优势资源与能力，协同组建起综合的物流服务体系，为客户提供全方位的个性化服务。云物流模式是对物流服务供应链和物流网络的发展。

云物流模式相比于其他的物流服务模式，表现出以下特点：

（1）所构建的云物流平台更开放

在传统的物流服务模式中，对于企业进入系统具有较多的约束条件，如企业规模、地理位置等，从而使其开放性不高。而在云物流模式下，平台是高度开放的，企业能够通过提供物流资源或物流能力自由出入，降低企业的准入门滥，从而使得平台中的企业资源更为丰富，可为灵活构造满足不同需求类型的物流服务提供支持。

（2）资源种类及数量更丰富

由于云物流平台具有更高的开放性，并且采用了新的资源感知接入技术，如物联网、信息物理系统（Cyber - Physical System）与虚拟化技术等，使得平台中的资源种类与资源数量更加丰富，为实现快速应对需求，且动态构建不同种类的物流服务提供了支撑。

（3）提供的服务种类更全面

在云物流平台中，所有能够被服务化封装和虚拟化接入的内容都可作为云服务（包括物流资源、物流能力、物流知识等）。因而云物流在服务种类、服务模式、应用范围等方面都对云计算中的软件即服务（Softuare as a Service，SaaS）进行了拓展。仅以服务种类为例，云物流除了基本 SaaS 服务以外，涉及物流核心业务的各类应用原本也是以服务的形式提供，如仓储即服务（Warehouse as a Service，WaaS）、运输即服务等，因而它将传统的物流服务以云计算中动态租赁的形式体现，既全面了传统的物流服务的内容，又丰富了云服务模式的内涵。

（4）透明和集成度更高

在云物流平台中，所有的物流资源、物流能力、物流知识等被高度抽象化和虚拟化为用户可见且容易调用的物流云服务，而其他东西对用户是透明的。在用户使用物流云服务开展各种物流活动时，这些服务的调用过程对用户透明，即所有物流实现过程中的操作细节可以向用户“隐藏”起来，而让用户将云物流系统看成一个完全无缝的集成系统。

（5）支持多对多的服务

云物流对于资源的有效整合与动态分配主要体现在其服务模式上，即构造一种“多对多”的服务——不仅强调分布式资源服务的汇聚、发现、优化配置等，即多个分布式资源为一个用户或任务服务；还体现了“集中资源分散服务”的思想，即将分布式资源服务汇聚起来进行集中管理，并同时为多个用户提供服务。

（6）支持按需使用与按需付费

云物流是一种需求驱动、按需付费的面向服务的物流新模式。云物流模式下的用户通过采用一种需求驱动、用户主导、按需付费的方式，来利用物流云服务中心的云服务。用户只要根据自身需要调用已有的云服务组合并支付相应的费用，无须过多关注物流资源服务提供者的信息，用户与物流资源提供者之间按需组合、即用即付、用完即解散。

由以上对云物流模式概念与特点的阐述，可将其与其他物流服务模式进行简单的对比分析，如表7-3所示。其中，云物流是在物流服务供应链与物流网络的发展基础上更进一步延伸出的新物流服务模式。它与物流网络相比，具有更高的集成度，服务于更广泛的对象，并且具有更强的动态性。

表7-3　物流模式间的横向比较分析

物流模式	柔性	集成度	服务模式	业务模式	服务范围
第三方物流	弱	无	一对一	提供功能性服务	窄
物流联盟	较弱	低	多对一	动态组建、盟主管理	较窄
物流供应商	较强	中	多对多	物流服务集成商管理	较窄
物流网络	较强	高	多对一	动态组建，盟主管理	较广
云物流	很强	很高	多对多	动态调用、平台式管理	很广

3. 云物流系统体系框架

基于云物流的概念，提出一个基于服务和面向多用户的云物流体系框架，如图7-8所示。云物流体系框架由云提供端（云物流服务提供者）、云请求端（云物流服务使用者）和云物流服务平台（云物流服务运营商，第三方）共同组成。云提供端通过云物流平台提供相应的物流资源和物流能力；云请求端通过云物流平台提出自己的物流服务要求；云物流服务平台根据云请求端提交的任务请求，在各项云端化技术、云服务管理技术、云安全技术和云物流模式的支持下对各项物流资源和物流能力进行自动寻找和匹配，并将其封装成标准化的物流服务，为用户提供透明的、动态的、智能化的按需服务。

云物流的体系架构由以下6个层次构成：

（1）资源层

该层的主要功能是提供各类实际的物流资源和能力，如仓库、叉车、运输车辆、包装设备、加工设备等。

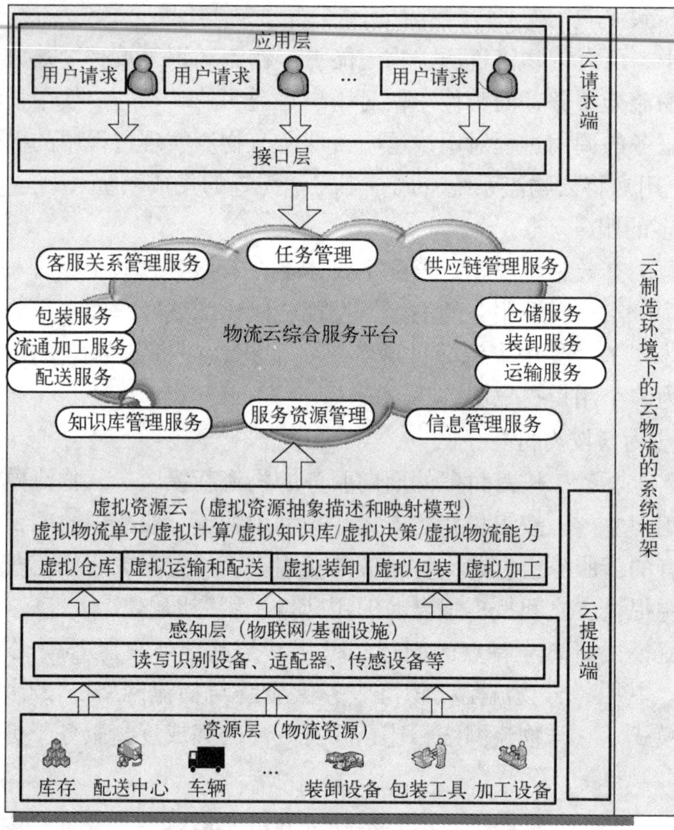

图 7-8　云物流体系框架图

（2）感知层

该层的主要功能是通过嵌入式云终端技术、物联网技术将各类物流资源和能力接入到物流服务平台中，实现物流资源和能力的全面感知和互联，为云物流资源的服务封装化提供接口。

（3）云物流虚拟资源层（虚拟资源云）

该层的主要功能是将接入平台中的各种物流资源和能力汇聚成虚拟的物流资源和能力，形成逻辑上的虚拟资源云。解除物流硬资源和软管理上的紧密耦合关系。将物流资源和能力封装成物流服务，发布到云物流服务平台上，供云物流服务请求端进行搜索。

（4）云物流服务平台

该层向上面对云物流服务请求方，向下面对云物流服务提供商，为云物流服务的综合管理提供操作平台以及各种核心服务和功能，包括向云物流服务提供端提供云物流服务标准化与接口管理、用户管理、服务管理、数据管理、系统管理和维护、信息发布管理等；向云物流服务请求端提供云物流任务管理、服务的智能匹配、搜索管理和调度管理等。

（5）接口层

该层的主要功能是向物流服务请求方提供专业的应用接口以及用户注册、验证等管理。

（6）应用层

该层面向所有的物流领域内的企业。不同的企业用户只需要通过云物流服务平台以及各种用户接入终端（手持移动终端、个人电脑、专用终端等），就可以访问和使用云物流服务平台上的各种云物流服务。

4. 云物流的关键技术

云物流系统是一个复杂的虚拟化应用系统，需要设计新的物流流程（如基于云的配送流程）、开发新的物流服务（如基于云的订单获取）、建设虚新的虚拟化系统和平台（如基于云的仓库管理系统）。其中涉及的关键技术大致可以分为：物流资源虚拟化技术、物流资源的智能感知与接入技术、云物流下物流资源和能力的集成管理和一体化调度技术、云物流服务的普适性人机交互技术。

（1）物流资源虚拟化技术

物流资源虚拟化技术是云物流不可或缺的核心支撑技术之一。它打破了真实世界中软管理和硬资源之间的紧密耦合关系，去除了各种物流资源和能力归属和管理的复杂性，实现了对各种物流资源和能力的灵活组织，构建了透明化的可伸缩的物流资源环境，提高了物流资源和能力的使用效率，发挥了物流资源和能力的聚合能力，并为用户提供个性化和普适化的物流资源使用环境。

（2）物流资源的智能感知与接入技术

借助物联网等相关技术能够将各种物流资源和能力纳入云物流的管理范围内，对于物流资源类的硬件资源，通过 RFID、无线传感器和智能嵌入式等技术可以实现对它们的智能感知和识别，并实现信息的控制管理和反馈；对于物流能力类的软资源，可以抽象成资源描述模板，实现标准化的平台接入。

（3）云物流下物流资源和能力的集成管理和一体化调度技术

物流资源的集成管理技术将所有的物流资源和能力集中在一个共同的物流服务平台上，实现统一的调配和管理。对于资源供应方来说可以实现以最少的成本迅速提供服务，资源可优化配置，服务实现标准化；对资源需求方来说可以实现广泛的接入，按需得到快速、标准、弹性、低廉高质量的物流服务。物流资源的虚拟化、智能感知和接入以及集成管理是中小型物流企业能够更好地生存和发展的一个很好且可行的解决方案，物流企业不必再花费精力去寻找客户和渠道，不必再购买昂贵的专业软件，它们可以把这些事情都交给物流服务平台，而自己可以集中力量发展核心业务。

物流资源的一体化调度技术主要研究和支持云物流服务平台对物流资源的组织、管理和一体化调度等操作，是云物流系统中最复杂和最主要的技术，也是最能体现云物流模式充分利用物流资源、降低物流成本等优势的技术，主要包括物流服务按需动态敏捷构建技术和物流资源透明使用和动态调度技术。其中，物流服务按需动态敏捷构建技术是指云物流平台改变了传统物流模式中供应方和需求点之间单一的服务映射关系，多个供应方可以根据服务需求和自身的能力，共同的、同时服务于同一个需求点，即可以根据服务请求方提出的任务需求敏捷地构建与用户需求相匹配的虚拟化云物流服务，并根据该服务灵活组织和配置相应的物流资源和能力。

物流资源透明使用和动态调度技术是指通过虚拟化技术解除了物流资源和物流服务之间的紧密耦合关系后，云物流的资源调度不必再依赖于固定的物流资源，可以根据运行时动态变化的物流资源需求来增加或是减少物流资源的使用，真正做到物流资源的按需使用，实现对物流资源的优化配置，从而从整体上提升物流资源的利用率，并且这种对资源的动态按需调度对用户来说是透明的，用户只需向物流服务平台提出物流服务需求并接受它提供的服务即可，至于这个服务是由哪些具体的物流资源提供的，这些物流资源具体归属于哪些物流企业，用户是不知道的，也无须知道，这样从很大程度上屏蔽了对具体物流资源和能力管理的复杂性。

（4）云物流服务的普适性人机交互技术

在云物流系统中，借助虚拟化技术，具体的物流资源和物流服务之间的关系是松散的，平台的用户界面和使用环境之间的关系也是松散的，即用户界面与终端接入设备、交互方式和运行环境之间没有依赖关系。这种松散的关系为云物流服务向所有的物流用户提供高效率的、普适性的人机交互环境提供了可能。在物流的过程中，包装、仓储、拣选、运输、配送、装卸各应用环节对用户界面的需求不同，使用的接入设备也不相同，用户需要普适化的人机交互技术为其提供满足个性化需求的用户界面。

7.4.3 冷链物流

2011 年 10 月淘生鲜卖场上线；2013 年 3 月，1 号店的 1 号果园也开始向生鲜领域发力；同年，亚马逊（中国）也建立了海鲜频道“鲜码头”；接着在 7 月，京东商城、中粮我买网等上线生鲜频道。时至今日，国内各电商角逐线上生鲜市场已进入白热化阶段，电子商务都开始大规模地拓展生鲜市场。随着淘宝网、京东商城等传统电商网站陆续进入生鲜市场，区域生鲜电商——家事易，已经在武汉当地小有名气。家事易在一般的电商领域远赶不上淘定网、京东商城的名气，但家事易在生鲜电商方面称得上是领头羊。家事易在生鲜电商领域创造了全程冷链非当面交付物流模式，这是极大的进步。电子商务平台参与的生鲜订单式商业模式可以尽可能减少损耗，这将是一个不可逆的趋势。

生鲜品类勾起了电商热情，也勾起了消费者的关注。生鲜在为电商带来利润的同时，又赢得了消费者持续的关注和高涨的人气，客户黏性对商家吸引更多顾客和提高客单价的意义重大，同样对于生鲜电商获取市场份额、加强其竞争力等意义重大。快速的送达和品质保证是其消费者网购生鲜产品的首要需求，生鲜电商企业维系用户关系应该注重用户体验。如果配送到用户家里的菜不新鲜了，那么将会直接导致顾客的流失。当前，冷链物流是生鲜行业电子商务最大的阻碍，因为生鲜食品的物流时间直接决定了其新鲜程度，所以生鲜农产品电商在发展过程要解决的首要问题是冷链物流的建立。

与此同时，随着我国经济的不断发展，人民生活水平逐步提高，人们对商品的消费从以往只注重商品数量逐步过渡到关注商品的质量，进而关注生产商品的整个产业链是否环保等方面，由于冷链物流在提高产品质量和品质、降低损耗等方面的优越性，冷链物流受到人们前所未有的关注和重视。2009 年国家颁布《物流业调整和振兴规划》，2010 年 6 月国家发展和改革委员会正式公布了《农产品冷链物流发展规划》，作为国家层面的第一个专业物流规划，标志着我国农产品冷链物流站在一个新的起点上，进入到一个新的发展阶段。人们逐步认识到冷链物流的重要性。由于冷链应用范围最广的主要是在农副产品及生鲜食品方面，因此本书冷链物流主要的内容以食品冷链物流为主。食品冷链的构成如图 7-9 所示。

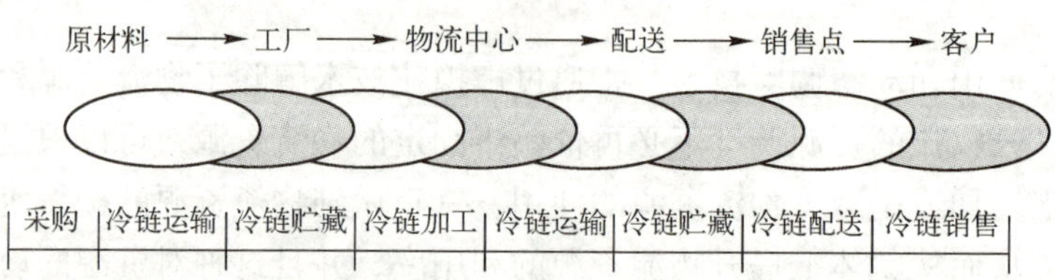

图 7-9　食品冷链的构成

1. 冷链及冷链物流概述

冷链也称为冷藏链，最开始源于食品保鲜，食品发生变质的主要原因是微生物的活动以及生物酶产生的生化反应。食品中残留的微生物在适当的温度和水分存在时就会发生一系列的生化反应，导致食品变质。为保证食品质量，延长食品保质期，最基本的办法就是抑制微生物和酶的活动，也就是要降低温度和减少水分，使微生物和酶的活力降低、减缓。减少食品损耗的关键是温度，由温度变化引起的食品品质的下降具有累积性和不可逆性，因此必须对食品温度进行控制。伴随着学术界对冷链研究的深入，人们基于不同的研究角度，提出了视角不同的定义，其中以美国、欧盟和日本这些冷链物流的先进国家提出的冷链概念比较完善。

美国食品药品管理局（US Food and Drug Administration，FDA）对冷链定义为“贯穿从农田到餐桌的连续过程中维持适宜的温度，以抑制细菌的生长”。在美国，物流行业发展领先于世界水平，美国的农产品冷链物流业发展历史悠久，畜禽肉冷链流通率100%，果蔬冷链流通率达95%以上，其对冷链的定义体现了供应链的思想。欧盟把冷链定义为“冷链是指原材料的供应经过生产、加工或屠宰，直到最终消费为止的一系列有温度控制的过程，冷链是用来描述冷藏和冷冻食品的生产、配送、储存和零售这一系列相互关联的操作的术语”。定义中强调的是冷链的具体操作，由实践推动了欧盟各国在冷链标准化的统一和接口管理。日本《明镜国语辞典》指出冷链是“通过采用冷冻、冷藏和低温储藏等技术，使鲜活食品、原料保持新鲜状态由生产者流通至消费者的系统”。

日本的定义强调的是系统性和技术性，日本重视技术研究及应用，其冷链技术在全世界处于领先水平。因此日本的冷链系统发展完善，在包括采收、采后预冷、整理、储藏、冷冻、运输、信息技术等方面普遍具备了较高水平，形成规范配套的流通体系。

我国从1954年开始建设冷链，起步较晚；同时，对冷链的研究也分散在不同的经济领域，如禽畜产品、水产品、果蔬、速冻食品和冷饮加工等领域，因而冷链的定义也是来自产业界，侧重于经济领域的实践总结。在冷链发展初期，业界对冷链的理解是“指采用一定的技术手段，使易腐货物从采收加工、包装、储存、运输及销售的整个过程中都不间断地处于一定地适宜条件下，尽量降低货物质量的下降速度，最大程度地保持货物最佳质量地一整套综合设施和手段”；21世纪初，我国业界提出冷链是“使食品在整个生产和流通范围内保持均衡低温以获得最佳品质的一种系统设施”，“是指易腐食品从产地收购或捕捞、加工、储存、运输、销售，直到消费前的各个环节都要处于适当的低温环境之中，以保证食品的质量，减少食品的损耗，防止食品的变质和污染”；近年来，业界对冷链的认识是，“对特定物品在生产制造、流通、物流、应用和消费过程中使用的链式低温保障系统”。我国《农产品冷链物流发展规划》（2010）将农产品冷链定义为：使肉、禽、水产、蔬菜、水果、蛋等生鲜农产品从产地采收（或屠宰、捕捞）后，在产品加工、贮藏、运输、分销、零售等环节始终处于适宜的低温控制环境下，最大程度地保证产品品质和质量安全、减少损耗、防止污染的特殊供应链系统。

我国不同时期出现的冷链定义反映了我国对冷链理解的三个层次。

初始阶段可以称之为“操作层”。根据人类认识事物的规律，对新鲜事物的接受和理解往往先停留在对事物的感观认识上。在初期将冷链定义为设施反映了当时对冷链的认识还只是停留在基本的实物认知层面。中间阶段处于认识的中间位置，称之为“管理层”，其将冷链定义为物流网络，不仅包含了实物层的设施，还包括了信息和管理职能中的组织。现在，越来越多的学者在定义冷链时，将冷链定义为一种特殊供应链。供应链的思想是一种管理的思想，这反映了经过一定时间的发展，我国对冷链的认识上升到“战略层”。供应链管理的思想强调整个链条上企业间的协调和集成化管理。随着时间的推移，我国对冷链的认识从感性的实物层上升到理性的管理层，不同层次研究的重点不尽相同，认识的宽度也得到扩展。

如果说冷链是一种特殊的供应链，其中包含四个流：物流、资金流、商流和信息流，那么冷链物流（Cold Chain Logistics）泛指冷藏冷冻类食品在生产、贮藏运输、销售，到消费前的各个环节中始终处于规定的低温环境下，以保证食品质量，减少食品损耗的一项系统工程。它是随着科学技术的进步、制冷技术的发展而建立起来的，是以冷冻工艺学为基础、以制冷技术为手段的低温物流过程。我国最早的关于冷链物流的国家标准是《物流术语》（GB/T 18354 - 2001）。《物流术语》将冷链物流定义为“保持新鲜食品及冷冻食品等的品质，使其在从生产到消费的过程中，始终处于低温状态的配有专门设备的物流网络”。2006 年修订的国家标准《物流术语》（GB/T18354 - 2006）将冷链物流定义为“是根据物品特性，为保持新鲜食品及冷冻食品等的品质，使其在从生产到消费的过程中，始终处于低温状态的配有专门设备的物流网络”。冷链物流的构成如图 7-10 所示。

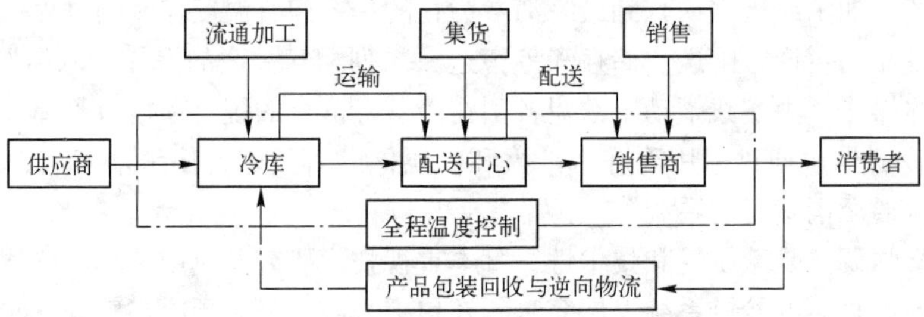

图 7-10　冷链物流构成模型

冷链物流由冷冻加工、冷冻储藏、冷藏运输及配送、冷冻销售四个方面构成。它是随着科学技术的进步、制冷技术的发展而建立起来的，是以冷冻工艺学为基础、以制冷技术为手段的低温物流过程。国内外的学者对此进行了许多研究，1996 年，登·马登（Den Ouden）、舒彼昂（Zuurbier）等学者首次提出了食品低温供应（Food Cold Supply Chain）概念，并认为食品低温供应链管理是农产品和食品生产、销售等组织，为了降低食品和农产品物流成本、提高质量、提高食品安全和物流服务水平，而实施的一种一体化运作模式。我国业界认为冷链物流是在我国专业分工加快、需求专业化的市场细分背景环境下产生出的一种新型行业。冷链物流是对冷藏冷冻食品在生产、贮藏运输、销售到消费前的各个环节中始终处于低温环境下，以保证食品质量的，减少食品损耗这一食品冷链体系的泛指。

冷冻加工包括肉禽类、鱼类和蛋类的冷却与冷冻，以及在低温状态下的加工作业过程，也包括蔬菜的预冷、各种速冻食物和奶制品的低温加工等，即国外所称的“不高于原则”（The Never Warmer Than Rule），即从生产者到消费者之间各环节都不得高于设定温度。在这个环节上主要涉及冷链装备是冷却、冻结装置和速冻装置。冷冻储藏包括食品的冷却储藏和冻结储藏，以及水果蔬菜等食品的气调储藏。它是保证食品在储藏和加工过程中的低温环境。在此环节主要涉及各类冷藏库、加工间、冷藏柜、冷冻柜及家用冰箱等。

冷藏运输包括食品的中、长途运输及短途配送等。它主要涉及铁路冷藏车、冷藏汽车、冷藏船、冷藏集装箱等低温运输工具。在冷藏运输过程中，温度波动是引起食品品质下降的主要原因之一，所以运输工具应具有良好的性能，远途运输尤其重要。冷冻销售包括各种冷链食品进入批发零售环节的冷冻冷藏和销售，它由生产厂家、批发商和零售商共同完成。随着大中城市各类连锁超市的快速发展，各类连锁超市正在成为冷链食品的主要销售渠道，在这些零售终端，大量使用了冷藏、冷冻陈列柜和储藏库，它们成为完整的食品冷链中不可或缺的重要环节。

冷链物流的适用范围主要有以下三类：第一类是初级农产品，如蔬菜、水果，肉、禽、蛋，水产品、花卉产品；第二类是加工食品，如速冻食品、禽、肉、水产等包装熟食、冰淇淋和奶制品、快餐原料；第三类是特殊商品，如药品或疫苗等。

由于食品冷链是以保证易腐食品品质为目的，以保持低温环境为核心要求的供应链系统，所以它比一般常温物流系统的要求更高、更复杂，建设投资也要大很多，是一个庞大的系统工程。由于易腐食品的时效性要求冷链各环节具有更高的组织协调性，所以，食品冷链的运作始终是和能耗成本相关联的，有效控制运作成本与食品冷链的发展密切相关。

2. 冷链物流的特点、分类与基本运作模式

冷链物流与一般物流（常温物流）比较而言，冷链物流对商品的生鲜度的质量要求比常温物流的要求更加严格。冷链物流在生产、储存、运输、再加工及销售的全过程中始终处于规定的低温环境下，它是以保持低温环境为核心要求的供应链系统，是一种比较特殊的物流模式。

（1）冷链物流的特点

作为物流的重要组成部分，冷链物流除了具有一般物流的特点外，还具有自身的特色，比如对冷藏技术和时间的严格要求，这是冷链物流与其他物流的主要区别。除此之外，冷链物流还具有以下特点：

1）建设投资大，技术复杂。由于冷链物流的运行，需要冷藏冷冻车、冷柜集装箱、冷藏冷冻仓库、零售端冷柜和冷藏等一系列设备来保证物品储运所需温度，为了对物品运输的跟踪监控，还需建立比较畅通的信息系统，建设投入的资本比较大，这些决定了冷链物流的投资比一般供应链要大很多。

2）要求冷链各环节具有更高的组织协调性。冷链物流服务的对象大都是易腐物品，易腐产品的生命周期通常都比较短，在运送过程中，通常有时间窗（Time Windows）的限制，超过了这一时间窗，对产品的品质是一个很大的威胁。与此同时，产品销售的可能性降低，对公司的服务形象有损害，企业的运营风险增加。这就要求企业必须保证每个作业环节的连贯性，使整个物流过程保持高度的协调。

3）要求更加关注控制运作成本。在冷链物流服务的过程中，每个地方、每个时间的温度不一样，为保证易腐产品的合适储运温度，机械设备的能耗也不一样。一般来说，冷库建设和冷藏车的购置投资是一般库房和干货车辆的 3 ~ 5 倍，与普通货物运输相比，冷链运输和仓储成本是一般普通货品 2 ~ 3 倍。而冷链所包含的制冷技术、保温技术、产品质量变化机理和温度控制及监测技术是支撑冷链的技术基础，所需的建设资金也比常温物流要高得多，整个运营过程中，也需要更多的能源消耗。企业必须把这些因素纳入成本的合理控制之中。

4）冷链物流市场经营规模小，网络分散。由于冷链物流配送对时效性要求高，冷链建设一般具有满足区域性需求的特点，网络相对比较分散。此外，冷链物流的成本一般要高于常温物流，因此市场需求往往受到经济发展水平的影响，经济发展水平高的地区，冷链物流需求相对旺盛，而经济发展水平低的地区，市场经营规模较小，反过来会不利于成本的进一步降低。

（2）冷链物流的分类

冷链物流的分类可以根据不同的标准来进行分类，目前，国家标准没有对冷链物流进行分类，本书在吸收相关理论及实践的基础上归纳常见的分类如下。

1）按物流功能，冷链物流可以分为单一品种贮运的冷藏冷冻冷链；单一流通加工功能的冷链；单纯从事冷藏冷冻品周转、分拣业务冷链；具有冷藏冷冻品周转、分拣作用，拥有保管、在库流通加工等综合功能的冷链。

2）按保管商品的属性，冷链物流可以分为农产品冷链，食品冷链，医药品冷链，生物制品冷链，化工原料冷链，特殊危化品冷链，花卉、苗木冷链等。

3）按保管的商品在库温度，冷链物流可以分为保鲜（0~5°）、冷藏（－10~20°）、速冻（－30°以下）及低温（－22~－25°）。

4）按企业类型，可将冷链物流企业分为八大类型，具体如表7-4所示。

表7-4　冷链物流企业分类

类　型	定义
市场型冷链物流企业（第三方）	以企业为主导，集生产、储存、配送与加工于一体，专门为市场配套的冷库及流通加工的企业
配送中心型冷链物流企业	依托某一大型终端零售企业建立的以配送中心为核心的冷链企业
生产型冷链物流企业	依托某一种或几种农产品，发展的农产品加工企业，建设的冷链物流
产地储存型冷链物流企业	为实现全程冷链的目标，在产地建设的冷链储存及预冷企业
集散周转型冷链物流企业	为实现大城市节点、物流节点要求进行大批量的出进、集散与周转而建设的冷链企业
冷链快餐型企业	为城市快餐业的发展而发展起来的冷链物流企业
出口贸易型冷链物流企业	专门进行冷链业务出口的企业，特别是保税物流
资源整合型冷链物流企业	基于供应链整合的冷链物流企业，其在整个冷链的链条上面进行相关的整合，提供解决方案，提高效益，降低成本

3. 冷链物流的基本运作模式

由于各地自然条件不同，各地区的经济发展、基础建设程度也不同，冷链物流发展模式也不相同。下面就几种基本的农产品冷链物流的基本运作模式对比分析如下。

（1）以大型加工企业为主导的农产品冷链物流模式

在该模式中，大型农产品加工企业或经销公司作为核心企业，根据自身的资源通过自建或联合建社区专卖店，或直接进入超市，控制销售终端，组织农产品冷链物流，如图7-11所示，如双汇、蒙牛等。这种模式物流环节少，信息反馈及时，市场灵敏度高，可加快物流速度，有助于提高生鲜农产品附加价值。目前，我国的一些大型农副产品的加工企业已经开始建立自己的物流供应链系统。

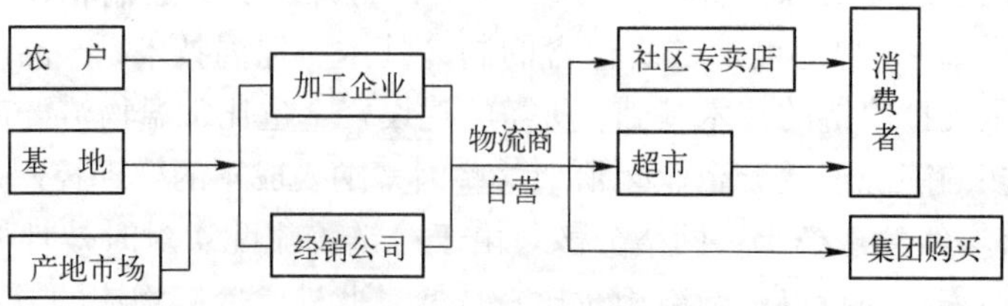

图7-11　以大型加工企业为主导的农产品冷链物流模式

（2）以大型农产品批发市场运营商为主导的农产品冷链物流模式

大型农产品批发市场运营商通过与农产品经销公司、专业合作社联结，形成农产品生产、收购、加工、储存保鲜、配送以及提供市场信息等一体化的物流模式，如图 7-12 所示。在这种模式中，农产品批发市场运营商接受用户需求的拉力和基于利润需求的推力，建立综合化和一体化的物流服务体系，并作为供应链的链主企业驱动各参与主体实施物流供应链管理，建立起利益共享、风险共担的运行机制。

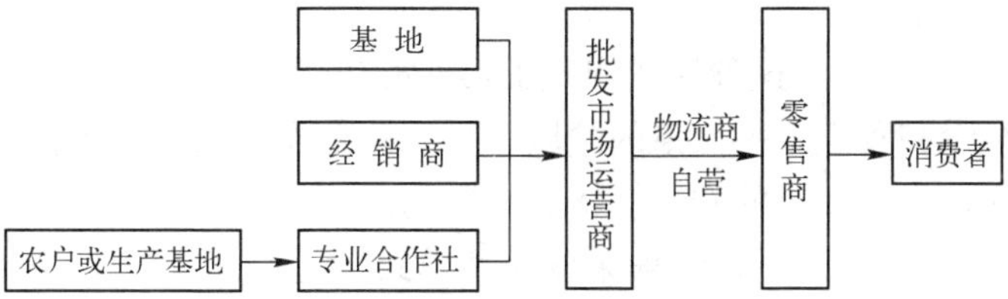

图 7-12　以大型农产品批发市场运营商为主导的农产品冷链物流模式

（3）以连锁超市为主导的农产品冷链物流模式

伴随着现代化生活节奏的加快、生活消费水平的提高，以及对农产品安全的关注程度上升，消费者越来越多地通过超市购买各类农产品。超市以其商品标准化、加工化和包装化经营所具有的优势在生鲜农产品流通中受到越来越广泛的重视，如图 7-13 所示。连锁超市公司向生鲜农产品冷链物流上游延伸，通过投资兴建基地或与生产品经销公司、加工企业联合，与大规模稳定货源和基地的产品生产商建立长期合作关系，并通过自建生鲜农产品物流配送中心或采用第三方物流，向门店提供无公害蔬菜、新鲜水果、多品种配菜，这种模式有助于实现产品质量、加工和管理的标准化，能有效控制和减少店铺的存货和损耗，有利于超市自有品牌建设，是今后较长时期内生鲜农产品冷链物流的主流模式。

（4）农产品冷链物流的农超对接联盟模式

所谓的农超对接，就是把超市和生产者之间的一些低效环节节减，即超市不经过批发商、经纪人、批发市场等中间环节，直接从农民、农业专业合作社和种植龙头企业等生产者处采购农产品，农超对接模式如图 7-14 所示。2008 年，商务部和农业部开始推行农超对接这种新型的运作模式，目的就是为了保障消费者的食品安全，增加消费者和生产者的利益。在农超对接模式中，超市销售的农产品价格比传统以批发市场为核心的流通模式更为便宜，价格大概低 10% ~15%。在 2010 年中国连锁经营协会对农超对接的调查中，加入农超对接的超市的农产品采购价格比传统收购商高 2.75%，而终端销售价格却比传统流通的同类商品平均低 11.57%。

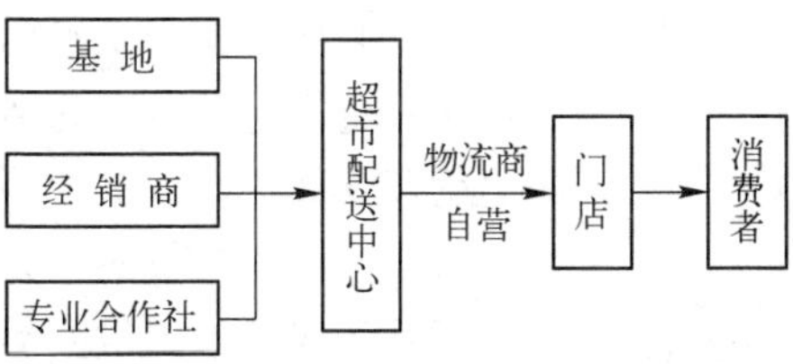

图 7-13　以连锁超市为主导的农产品冷链物流模式

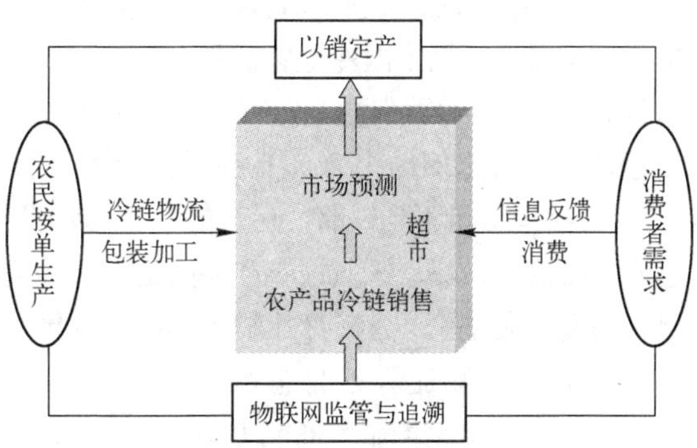

图 7-14　农产品冷链物流农超对接联盟模式

在冷链物流的农超对接联盟模式中，通常可以根据当地具体的情况来制定联盟的主体。通常有以几种联盟主体可供选择。

1）超市 + 合作社。这种对接模式中超市起到核心的作用，分散的农产品可通过超市直接销售到消费者手里，减少了一些不必要的中间环节，整个交易成本得到有力控制，同时农产品的质量也得到很好的保证。

2）超市 + 专业合作联社。这种模式相对于第一种更为先进。由于我国很多地区的合作社还处于规模小、资金少和管理水平低下的阶段，把这些合作社联合起来，集中他们的资源，成立专业合作联社，能使冷链物流的农超对接更为顺畅。

3）超市 + 批发市场 + 合作社。一般采取这种模式的超市规模处于中小型，超市还不能建立自身的基地和配送中心，超市只能和合作社所在地的批发市场建立合作关系，长期采购所需的农产品，减少了中间成本。

4）联合直采。大型超市和供销合作社之间形成合作关系，共同选择合适的生产基地和农业专业合作社，供销合作社利用自身的管控优势，对农产品的生产和运输质量进行监督和管理，而大型超市只对农产品的销售负责。

5）超市直营。在这种模式中，专业购销合作社在超市里设立农产品的销售柜台，对农产品进行直销。专业购销合作社可以依靠自身的实力选择认可的生产基地生产具有市场潜力的农产品，根据市场需求的变化进行农产品的采摘，由农民直接送到购销合作社的配货中心，配货中心再及时有效地配送到超市的直营柜台。

4. 我国电子商务环境下农产品冷链物流存在的问题

（1）尚未形成一个独立完整的冷链系统

中国是个农业大国，但农产品产业化和产供销一体化水平不高，在初级农产品和易腐蚀食品供应链上，上下游之间缺乏整体规划与协调，无法实现冷链流通。据《2013－2017 年中国冷链物流行业市场调研与投资预测分析报告》显示，我国综合冷链应用率仅为 19%，果蔬、肉类、水产品冷链流通率分别为 5%、15%、23%，冷藏运输率分别为 15%、30%、40%，产品损腐率较高，仅水果、蔬菜等农产品在采摘、运输、储存等物流环节上损失率就达 25%～30%，每年约有 1.3 亿吨的蔬菜和 1200 万吨的果品在运输中损失。目前大约 90% 的肉类、80% 的鱼、很多牛奶和豆制品基本上处于常温环境中流通和初加工，即使冷链中的产品，从产地进入市场零售的过程中也存在“断链”现象。

（2）冷链物流的硬件设施建设不足、技术含量低

冷链物流的硬件设施设备落后，建设不足，且区域发展和分布不匀，无法为易腐食品流通系统提供低温保障。据中国冷链物流网（www.cnlenglian.com）的数据整理，2011 年，我国人均冷库容量仅 0.046 m^3，冷藏保温车保有量约为 3 万辆，占货运汽车的比例仅 0.3%，汽车冷藏运输占全部货物运输总量的比例约为 20%；在铁路货运方面，冷藏车只有 7000 余辆，仅占总运行铁路车辆的 2%，冷藏运货量不到铁路货运量的 1%。现有冷冻冷藏设施普遍陈旧老化，且区域分布不平衡，大型农产品批发市场、区域性农产品配送中心等关键物流节点缺少冷冻冷藏设施。各类冷库的结构比例不平衡，大型生产性冷库比较多，小型零售冷库比较少，肉类冷库比蔬果冷库多。

（3）冷链物流服务商能力不足

第三方冷链物流服务商能力不足，一方面表现在冷链物流设施设备提供不足，能提供四类冷链物流设备的生鲜农产品电子商务冷链物流外包服务商仅占 25%，自营模式和外包模式中能提供四类冷链物流设备的生鲜农产品电子商务冷链物流服务商分别占 16% 和 10%。在选择率占 10% 以上的冷

链物流外包服务商中，黑猫宅急便能提供冷链运输、仓储、销售、包装4类冷链物流硬件设备；顺丰快递能提供冷链运输、仓储、包装3类；中国邮政EMS能提供冷链运输、包装两类；而很多第三方冷链物流服务商仅能提供一种冷链物流硬件设施设备。另一方面表现在冷链物流配送范围有限。生鲜农产品电子商务企业提供的冷链物流服务偏向我国中南、华东、华北等地，而我国西部、西南等地较其他地区而言存在交通不发达、地势险峻、人口分散以及网络购物意识弱等不足；同时，为减少物流成本，冷链物流配送服务多集中在就近的产地及消费地，偏远地区冷链物流服务不足。81%的生鲜农产品电子商务冷链物流自营服务商选择在本地进行配送，大部分偏远地区通常无法保障生鲜农产品冷链服务。而第三方冷链物流服务商中，顺丰快递冷链物流配送区域包括京津冀、湖北、安徽、广东、江浙沪共9个省级行政区；黑猫宅急便包括福建、台湾、广东、江浙沪共6个省级行政区；中国邮政EMS则包括内蒙古和福建两个省级行政区。

（4）冷链物流市场化程度很低，第三方冷链物流企业发展落后

目前，我国的第三方冷链物流还主要是以提供货物代理、库存管理、搬运和定向运输等业务为主，很少有企业能够能提供全面、综合、集成的冷链物流服务。正是由于第三方冷链物流的发展滞后，物流服务覆盖的网络有限以及物流信息系统建设缓慢，冷链物流的质量、准确性和及时性都难以保证。一方面产生较高的冷链物流成本，另一方面又无法避免较高的商品损耗率。因此，多数生产厂家要么止步于第三方冷链物流的高成本，要么担心冷藏物流业务外包后的安全问题，只能自行经营，或是部分或区域性的外包。其中，企业自营冷链物流占到了物流总量的80%，只有20%的物流通过第三方来实现。这种情况反过来在一定程度上阻碍了第三方冷链物流的发展。

（5）冷链物流标准缺失，法律法规不健全

根据数据显示，当前有46%的生鲜农产品电子商务企业未提供冷链物流服务，72%的生鲜农产品电子商务冷链物流服务商未能提供完整的冷链物流设备或冷链物流服务不完善。一个行业能够稳步发展需要相关的国家标准作为保证，以此对已进入市场和即将进入市场的企业进行规范化、标准化管理。到目前为止，我国在冷链物流上尚无一个统一的可供参考与执行并具有广泛约束力的标准。例如，在冷链能损与效率、作业操作规范、食品卫生安全、温度控制、管理要求、设备标准、运营流程等都方面都没有明确和统一的规定，如HACCP冷链（危害分析和关键控制点，是识别、评估和控制食品安全危害关键系统）的实施就不是强制性的。冷链的能量损失和效率、操作手法、温度控制、管理的要求、设备标准、作业程序等不明确，市场监管、监测体系尚未建立，从而制约了我国冷链物流业的健康发展。

（6）信息化技术水平低

目前，中国农产品冷链物流信息技术相对落后，信息设备不完整，没有形成一个完善的信息网络，导致农产品流通的盲目性，冷链也无法追溯。国内农产品市场几乎没有一个统一的规划和设计，目前的信息系统只提供一些类似财务管理或库存管理的功能。各企业之间的信息化水平差距也很大，缺乏一个信息交流的统一平台。这些都阻碍了农产品冷链物流的发展。

（7）冷链物流管理和服务人才匮乏

我国冷链物流发展最严重的短板就是冷链物流专业人才的缺乏。与普通物流相比，冷链物流要求更高的专业知识和技能，目前，在物流人才培养中，对冷链物流人才培养力度不够，我国绝大部分高校并没有开设冷链物流管理或农产品物流管理专业，导致农产品冷链物流管理专业人才极其缺乏，能够胜任现代物流尤其是冷链物流的复合型人才较少。由于冷链物流的复杂性，懂得冷链技术和管理、冷藏物流操作的专业人才更是严重不足。冷链物流人才匮乏，严重制约着冷链物流的发展。

5. 我国冷链物流未来发展展望

近几年来，我国经济的快速增长刺激了冷链产品的消耗，冷链行业进入了快速增长阶段，2010 年国家发改委开始制订《农产品冷链物流发展规划》(以下简称《规划》)，2013 年《规划》编制完成并正式发布。按照《规划》，到 2015 年，全国冷库总容量在现有 880 万吨的基础上将增加 1000 万吨，并建成一批效率高、规模大、技术新的跨区域冷链物流配送中心。果蔬、肉类、水产品冷链流通率分别达到 20%、30%、36%以上，冷藏运输率分别提高到 30%、50%、65%左右，流通环节产品腐损率分别降至 15%、8%、10%以下。我国将建成一批效率高、规模大、技术新的跨区域冷链物流配送中心，冷链物流核心技术得到广泛推广，形成一批具有较强资源整合能力和国际竞争力的核心冷链物流企业，初步建成布局合理、设施先进、上下游衔接、功能完善、管理规范、标准健全的农产品冷链物流服务体系。

国家对农产品冷链物流鼓励的重点投资领域有以下几个方面：一是冷库建设工程，到 2015 年，推动全社会通过改造、扩建和新建，增加冷库库容 1000 万吨；二是低温配送处理中心建设工程；三是冷链运输车辆及制冷设备工程；四是冷链物流企业培育工程；五是冷链物流全程监控与追溯系统工程；六是肉类和水产品冷链物流工程；七是果蔬冷链物流工程；八是冷链物流监管与查验体系工程。

国家将加快建立主要品种和重点地区农产品冷链物流体系工作。鼓励企业在产地、销地建设低温保鲜设施，从源头实现低温控制，建立以生产企业为核心的冷链物流体系，实现产地市场和销地市场冷链物流的高效对接。鼓励大型零售企业开展生鲜食品配送中心建设，提供第三方冷链物流服务。

在冷链物流标准及信息化方面，国家加强了冷链标准体系建设，已组织制定了《易腐食品控温运输技术要求》等多项等国家标准和行业标准，并成立了全国制冷标委会冷藏链分技术委员会，为推进农产品冷链发展提供技术支撑。但在如原料基地生产标准与规范、预冷与储藏标准、加工标准等细分问题上还需要完善标准，实现从田间到餐桌的全程控制，建立健全检查与监督机制，并积极推行专业认证和市场准入制度，以建立农产品冷链物流质量安全屏障，进而推动中国农产品冷链物流的健康、稳定、快速发展。

7.4.4 电商物流一体化平台——“菜鸟”网络

自 2009 年，淘宝创立了双“十一”购物节以来，淘宝天猫的销售额就呈现逐年爆发增长之势，以至于在全球范围内形成了一种消费生态和文化，2009—2013 年淘宝天猫的销售额如图 7-15 所示。2014 年 11 月 11 日是阿里巴巴集团在美国上市后的第一个双十一节，经过网民 24 小时的疯狂扫货，淘宝天猫双十一的交易额突破了 571 亿元，其中移动交易额达到 243 亿元，物流订单 2.78 亿个，总共有 217 个国家和地区被点亮，新的网上零售交易纪录诞生。与此同时，从整个电商的环境看，2012 年，中国网络零售市场的交易规模达 13 205 亿元，同比增长 64.7%。按此增长速度，在可预见的几年内网络零售交易额将触及 10 万亿元的节点。电子商务的发展速度令人瞠目结舌。

电子商务和物流本是两个唇齿相依，休戚与共的行业，但在其协同发展的过程中遇到了很多难以解决的问题。目前，电子商务企业以中小企业居多，大多数电商企业没有自己的物流资源和能力，只能依赖于第三方物流企业。这种状况意味着电商企业将自己的生存权交给了别人。如果国内几家主流的第三方物流企业达成某种协议，将对这些电商企业的生存造成非常严峻的影响。即便是目前最强势的电商淘宝系也不敢贸然挑战国内的大型物流企业，只能依靠双方达成某种形式的联盟或做出某种程度的妥协来缓解它们之间的矛盾。众所周知，达成并维系

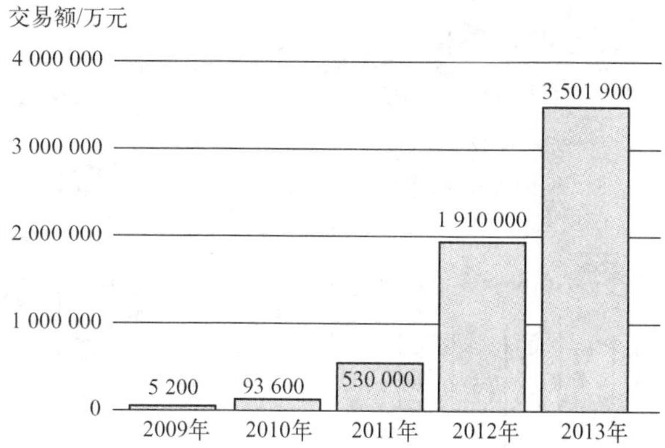

图 7-15　2009～2013 年天猫双十一节的销售额

联盟的必要条件是牺牲利益以平衡关系。但对于电商企业来说，客户的利益永远是第一位的，物流公司的利益在第二位，电商企业会以客户的利益要求物流企业，电商企业与物流企业之间的这种联盟关系风雨飘摇。还有一些专家学者提出通过制定标准化的物流服务来解决电商与物流行业之间矛盾，仔细推敲一下就会发现，这一方案仅存在理论研究的意义，实现起来非常困难，比如像淘宝网这种平台式的经营方式，每一个买家和卖家对物流服务的需求都不一样，自然无法为其制定出标准化的物流服务或规范。

是拱手让出自己的咽喉命脉？还是把产业链上的上下游都牢牢掌握在自己手中？这并不是一个容易回答的问题。从当前电商和物流行业的发展现状来看，它们解决这个问题的方法是放弃彼此间的合作或联盟，转而进入到对方的领域，希望占领并控制整个产业链。2012 年 5 月，京东商城、凡客递交了“快递业务经营许可证”申请，开始了其进军物流业的征途；随后国内快递行业巨头顺丰旗下的电商网站“顺丰优选”正式上线，表明其也将触角伸进了电商行业。

依靠合作伙伴的力量要远远胜于自己通吃，“让专业的人去做专业的事，会让行业更好的发展。”2013 年 5 月 28 日，国内电商巨头阿里巴巴旗下的颠覆传统物流模式的“菜鸟网络”正式上线。“菜鸟网络”彻底改变中国传统的物流模式；对电子商务环境下的物流资源进行一次大规模的整合；更好地服务正处于成长期的中小电商企业。

1. 中国智能物流骨干网

2013 年 5 月 28 日，阿里巴巴集团、银泰集团联合复星集团、富春控股、顺丰集团、三通一达（申通、圆通、中通、韵达），宅急送、汇通，以及相关金融机构共同宣布，“中国智能物流骨干网”（简称 CSN）项目正式启动。该项目意在通过自建、共建、合作、改造等多种模式，搭建一套开放、共享、社会化的基础设施平台，其主要的业务目标是打造一张天网（物流宝）、地网（菜鸟网络）和人网三网合一的智能骨干网。其中，天网主要是物流快递的数据平台，会在其物流宝的基础上进行完善；地网是在全国很多城市去打造一张物理的、智能化的仓库核心，包括给所有快递公司、物流公司提供公共分拨的一批分拨中心等，今后还会建很多 C2B 的基地，拓展人性化订制的一些产品化业务；人网指的是“菜鸟”网络会选择跟其核心业务有关系的战略协同公司进行合作，形成一个业务网络。中国智能骨干网的定位是中国商业基础设施，希望在 5～8 年的时间，建立一个能支撑日均 300 亿元（年度约 10 万亿元）网络零售额的智能骨干网络，实现全国任意一个地方网购能 24 小时送货必达。中国智能骨干网的结构图如图 7-16 所示。

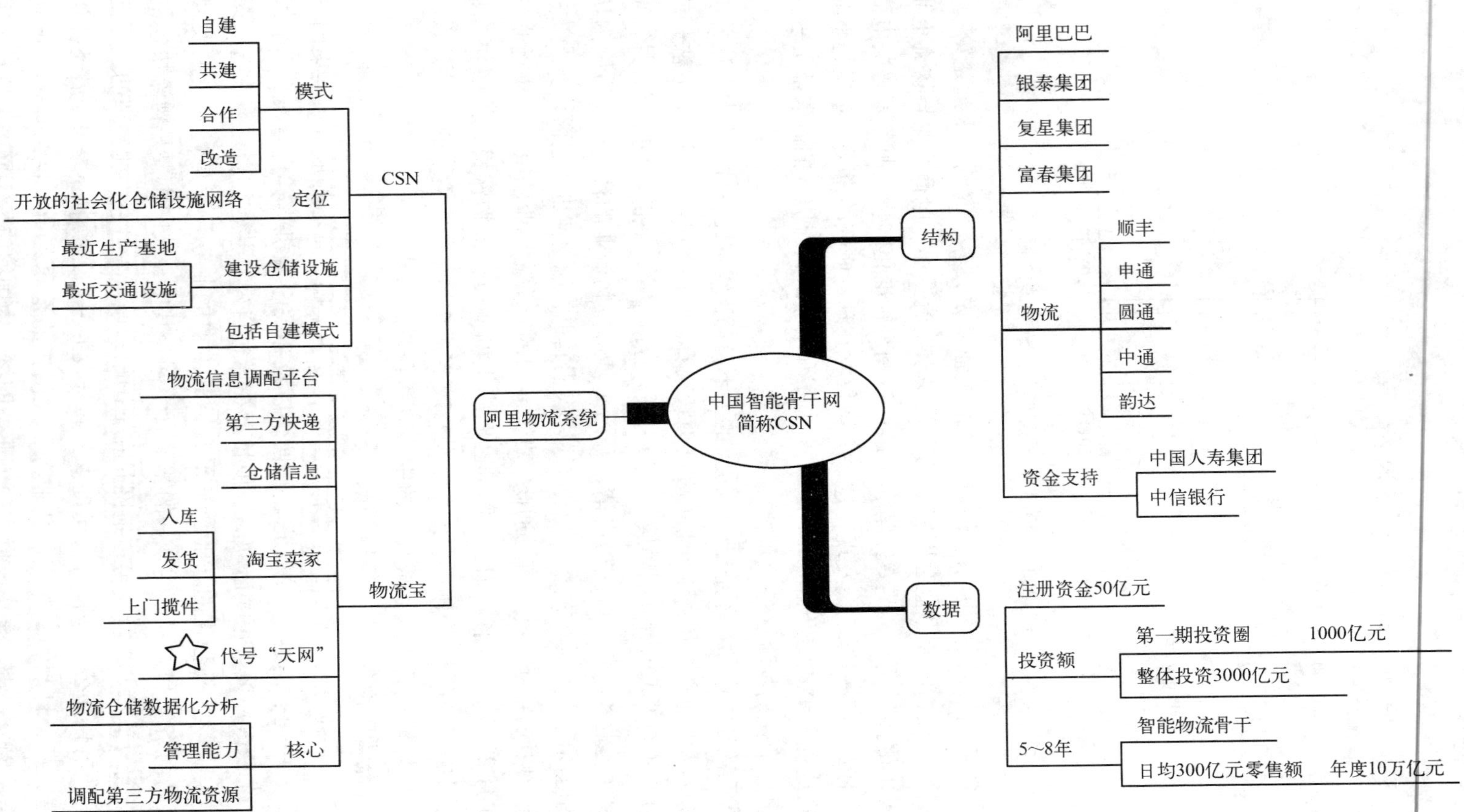

图7-16 中国智能物流骨干网结构

2. 菜鸟网络

中国智能物流骨干网中的“地网”，马云将其称其为“菜鸟网络”，其本质是一个数据协同平台，其作用是通过用于预测监控全网运力的大数据产品物流预警雷达，以数据驱动的方式，协同快递公司、商家一起进行物流服务，协调全社会的物流体系和力量来解决配送问题。简单地说，菜鸟网络就是通过共享所有的社会物流资源，打造一个互通的物流平台，菜鸟网络的本质如图 7-17 所示。

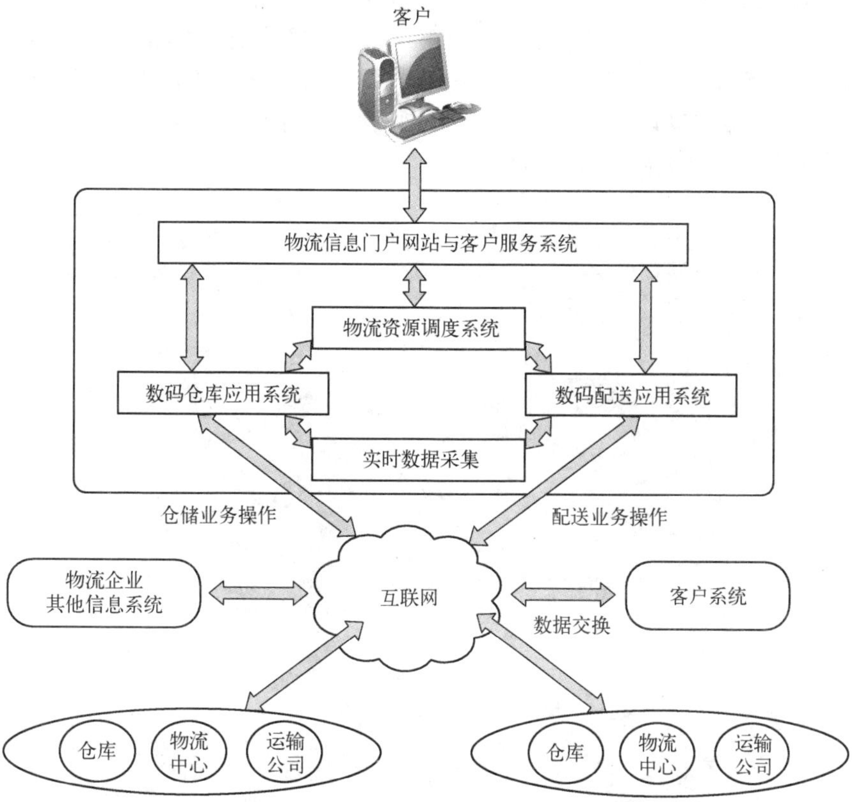

图 7-17　菜鸟网络的本质

（1）菜鸟网络的发展现状

据中国快递行业协会的数据，2012 年我国快递企业目前有 8 000 余家，100 万从业人员，年业务总量接近 60 亿件，已成为世界第二大快递市场。但在马云眼中，这一数字依旧难以支撑中国电商业的高速发展，而且物流一直以来也是阿里巴巴与京东商城、苏宁易购等电商做比较时最明显的一块短板。当京东商城已经做到一日三送、一日四送时，严重依赖外部机构的阿里系的电商物流实在不能让人满意。因此阿里巴巴迫切需要一张覆盖更广阔区域、更高效的物流网来填补电商用户的体验缺失。2014 年 6 月 10 日，阿里巴巴与中国邮政正式牵手，其中一项重要的合作内容就是双方共建智能骨干网，中国邮政十万余个物流网点将通过菜鸟网络平台向社会开放共享。这一合作的开展将业界的目光再次聚焦到菜鸟网络身上。

2014 年 11 月 14 日（双“十一”购物节后的第三天），菜鸟网络宣布 12、13、14 日三天，已经有 4000 万个包裹送达消费者手中，更多包裹仍在派送过程中，全国物流没有出现大面积的爆仓、阻塞等情况。同时，菜鸟网络物流预警雷达显示，14 家主流快递公司整体运行平稳，局部网点处理量接近峰值。截至14日中午12点，大部分运转中心进港的货物已经清理完毕，少部分网点有压力。菜鸟网络的“威力”已经初现峥嵘。

目前，菜鸟网络通过陆续在天津、武汉、郑州、重庆、成都、东莞等地成功拿地，已经形成初步的全国自建仓库网络，其中天津武清的仓库已经建成并开始招商，菜鸟网络的布局图如图7-18所示。与此同时，菜鸟网络也与更多的企业展开深度的战略合作。2014年5月，中国气象局公共气象服务中心与阿里云达成战略合作，共同挖掘气象大数据的深层价值。通过阿里云，中国气象局与菜鸟网络的合作也被提升到重要层面，双方将联手完善中国首个物流数据平台——物流预警雷达，为整个社会的物流效率提升发挥重要作用。同年5月，菜鸟网络与新加坡邮政、日日顺等服务商进行了深度对接和合作，携手向商家和消费者提供优质服务，补充了国内现有快递资源。在2014年的京交会上，菜鸟网络还与国内13家快递公司签署了深度合作协议，共同在数据、服务方面服务于市场。

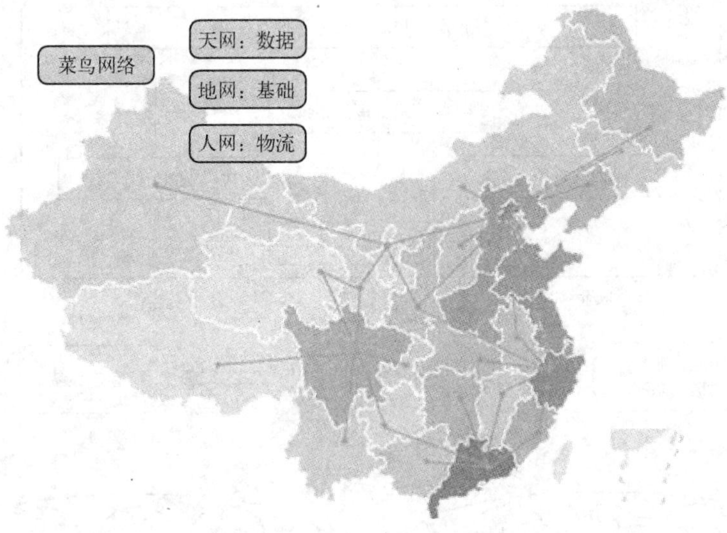

图7-18 菜鸟网络的布局图

我们可以这样认为，淘宝是个人对个人交易的平台，这是对传统商品市场的一次升级；天猫是品牌商对消费者的平台，是购物中心的升级；而菜鸟网络则是第四方物流平台的一次升级。菜鸟网络不是专业的物流运营商，不从事具体的物流业务，而是通过应用物联网、云计算、网络金融等新技术，充分利用自身优势支持国内物流企业的发展，为物流行业提供更优质、高效和智能的服务，同时为各类B2B、B2C和C2C企业提供开放的服务平台，并联合网上信用体系、网上支付体系共同打造中国未来商业的三大基础设施。

（2）菜鸟网络的商业模式

菜鸟网络构建的是一个前所未有的开放大平台，这也符合马云一贯的“平台化”思想。在菜鸟网络这个平台上，业务模式不再是阿里巴巴简单的B2B，也不再是淘宝天猫简单的B2C，而是各种电商模式的大融合，参与各方将实现资源和信息的共享，而物流基础环节将延伸至采购管理、订单管理、库存管理、商品管理等供应链管理的各个环节，从而一步跃升成为世界级水平的供应链管理。因此，我们认为菜鸟网络将推进、催化和加速物流一体化的大融合。

1）菜鸟网络的运行模式。

高速发展的电子商务所代表的中国新经济，急需构建规模更大、效率更高、网络更完善、服务更优质的社会化物流基础设施。但这种规模和程度的社会化物流基础设施不是哪一家物流企业凭借个人力量能够实现的。因此，菜鸟网络要做的事情就是对现有社会物流资源进行“整合”，建成一个“仓储的全国网络，中心仓的全国网络”，实现“平台开放、资源共享、服务集成”的目标。

马云构建的物流生态圈是：“天地+张网”的无缝融合。阿里系一端对供应商，一端对消费者，谁也离不开菜鸟网络，离开了菜鸟网络，消费者找不到产品，产品找不到消费者。与苏宁易购，京东商城、易迅网等自建物流不同的是，“天网+地网”依靠社会化分工，菜鸟网络主要目的是提供标准、仓储、干线运输等社会资源可自由接入的平台。

由此可见，菜鸟网络的问世意味着“电商+物流”模式的发展进入新阶段，这将给我国流通业发展格局带来深刻变化。菜鸟网络的建成和实现主要包括两个部分：一是全国几百个城市通过“自建+合作”的方式建设物理层面的仓储设施；二是利用物联网、云计算技术建立虚拟层面的仓储设施，即基于数据应用平台的虚拟仓储，并共享给电商企业、物流公司、仓储企业、第三方物流服务商和供应链服务商。

如果说菜鸟网络的核心是基于线下的实体仓库，那么其灵魂则是基于线上依托大数据支撑的虚拟仓储。虚拟仓储是菜鸟网络在全国实现24小时送达的核心投入。虚拟仓储的概念是指通过智能化（云计算）的手段帮助电商企业管理自有的仓储，将电商企业分散在各地、分属于不同所有者的仓库通过网络系统连接起来，使之成为“虚拟仓储”，并进行统一的管理和调配。这就意味着今后电商企业的销售状况、仓库存放的货品信息都将全部进入CSN平台，并由菜鸟网络这个大平台来控制，菜鸟网络将会从电商企业的销售、下单开始介入，直至入库、库中管理、出库和最后的配送服务，菜鸟网络都会帮助电商企业共同完成。毫无疑问，菜鸟网络使得传统仓储的服务半径和货物的集散空间都放大了，在组织资源的速度、规模、效率和资源的合理配置各方面都是传统物流不可比拟的。

举例来说明菜鸟网络的基本运营模式：一家快递公司收到一个发往北京的包裹，恰好没赶上这班车，需要在仓库耽误几个小时甚至一天。而通过菜鸟网络平台，可以搭上另一快递公司的车辆，减少等待时间。同理，一个写字楼现在可能各家物流公司的业务员都在跑，但如果集中为一个人负责，成本会节省许多，而且每人只负责一个小区域，效率也会提升。在菜鸟网络平台上，如果各家快递公司都能实现无缝对接，一个包裹可能会在最短时间内，经过几家不同快递公司之手运到买家手中，从而实现“24小时任意达”的目标，菜鸟网络的运营模式如图7-19所示。

2）菜鸟网络的盈利模式。

盈利模式一：大数据。该模式是指将菜鸟网络延伸到干线系统，然后通过物流运营产生的大数据获取更多的商业价值。这个模式在国外很流行，包括UPS和亚马逊合作，UPS可以告知亚马逊，从流量来提醒它做促销的动作。未来的物流公司都是科技公司，它会提供每一项基于物流的时间成本效率质量以及GPS等一系列数据，从这些数据里面可以分析出顾客的需求，物流执行的效率和资源整合的能力。这对于物流经营，前端的电商大数据挖掘和优化都是具有巨大的价值。

盈利模式二：物流园区—工业地产。该模式的核心是通过平台整合物流园区。在中国，物流园区是会不断增值的，随着城市化的发展，园区增值的空间非常巨大。菜鸟网络可能的一种

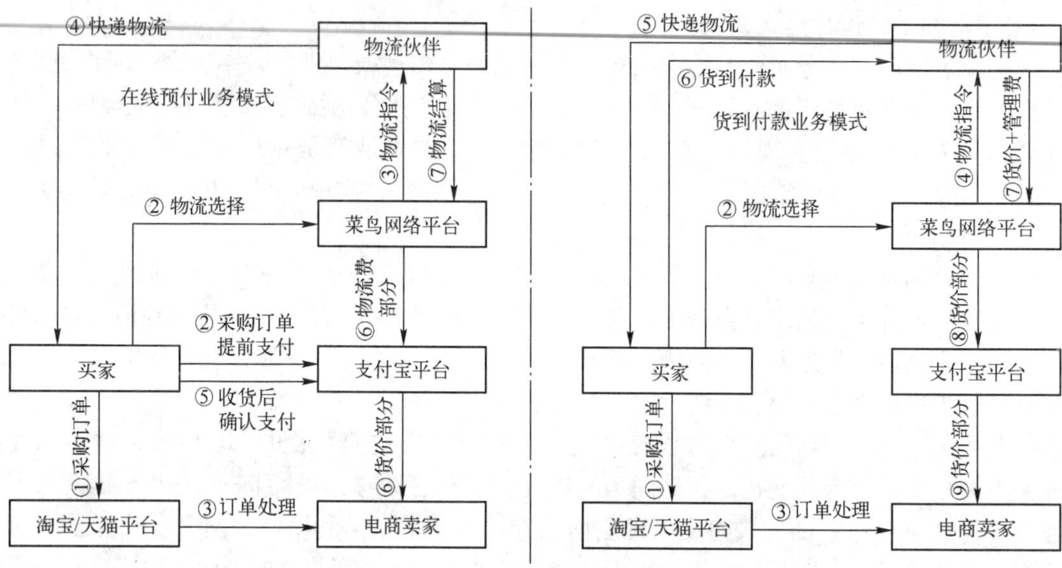

图 7-19　菜鸟网络的运行模式

盈利模式是工业地产，就是拿地，圈地建仓，建设物流骨干网。菜鸟网络的园区就是物流骨干网中的关键点和大血管，菜鸟网络自己并不参与园区的运作，只负责对其中的合作企业进行整合。

盈利模式三：供应链金融。菜鸟网络整体的运营情况非常复杂，会涉及供应链平台的打造和信息金融。物流供应链金融是当前理论和实践研究的热点，有非常大的发展空间。苏宁易购、京东商城等大型电商都在发展供应链金融，认为其是未来能够驾驭物流的主流业务。阿里金融原来仅仅只服务于淘宝交易，现在阿里金融相关的服务也越来越多，供应链金融将是菜鸟网络重要的盈利模式。

综上所述，菜鸟网络一旦建成，将助力地方经济发展与产业升级，加速推进城镇化进程，提高国民经济信息化水平。一方面，菜鸟网络将在不断完善物流信息系统的同时，依托国家现有公路、铁路、机场等交通基础设施的布局和规划，建设遍布全国的现代化物流仓储网络，提升社会物流效率和基础设施利用率，并向所有的制造商、网商、快递物流公司、第三方服务公司开放、与产业链中的各个参与环节共同发展。另一方面，菜鸟网络的建设将带动地方经济的结构转型，推动内外贸型企业多渠道发展，促使更多产业电商化，促进资源优化配置。在重要节点城市，将发挥产业集群效应，加速地区传统产业和电子商务的不断融合，促进第三产业服务商、配送、包装、软件等服务企业以及电子商务企业的发展。通过提升就业率、提高新产值收入贡献，实现区域电子商务的繁荣，真正打造出若干具有示范效应的产业生态圈。

（3）菜鸟网络的发展战略

1）优化资源结构，发挥整体优势。菜鸟网络利用先进的互联网技术，建立开放、透明、共享的数据应用平台，为电子商务企业、物流公司、仓储企业、第三方物流服务商、供应链服务商等各类企业提供优质服务，支持物流行业向高附加值领域发展和升级，最终促使建立社会化资源高效协同机制，提升中国社会化物流服务品质，打造中国未来商业基础设施。

2）利用先进的网络技术提供开放的服务平台，助力经济的发展和产业升级。菜鸟网络应用物联网、云计算、网络金融等新技术，为各类电商企业提供开放的服务平台，助力地方经济发展与产业升级，加速推进城镇化进程，提高国民经济信息化水平。

3）带动经济结构转型，促进资源优化配置。中国智能骨干网将在不断完善物流信息系统的同时，依托国家现有公路、铁路、机场等交通基础设施的布局和规划，建设遍布全国的现代化物流仓储网络，提升社会物流效率和基础设施利用率，并向所有的制造商、网商、快递物流公司、第三方服务公司开放，与产业链中的各个参与环节共同发展。

4）利用优势整合信息，提供高效服务。阿里巴巴真正的专长是互联网，其本质是“把大量在互联网之前原本各自独立的信息连通起来”，其核心目标是为电子商务企业、物流公司、仓储企业、第三方物流服务商等各类企业提供平台服务。

（4）菜鸟网络的发展困境

在规划中，菜鸟网络由 8 个左右的核心节点、若干个关键节点和更多的城市重要节点组成。虽然马云的菜鸟网络计划可能会给物流行业带来一个高速发展的机遇，但如此庞大的新型智能物流网络，在构建和完善过程中多多少少都会存在一些问题。

第一，引发关注的是价格因素。按照菜鸟网络计划，未来任何地区都将实现 24 h 送货必达，如此看来不少地方将无法选择公路、铁路等运输方式，必须选择空运，因此快递费用也随之水涨船高，原先“四通一达”等不少物流公司的价格优势恐怕荡然无存，或将面临更残酷的竞争。

第二，菜鸟网络囊括了国内绝大部分物流企业，陆运、空运、冷链物流等企业要在同一平台上被共同优化，在融合的过程必将矛盾迭出。民营企业与国有企业如何协调发展？同一平台上各物流企业的配送量如何分配？边远地区谁来配送？这一系列的问题牵扯到各方的利益，或将引发新的纷争。

第三，仓储管理本身一直是物流园区非常头疼的一点，而面对一个全国性的仓储网络，要管理不同供应商的货物，菜鸟是否有能力来管理这样的仓储，提供这样的服务，仍是一个问题。

【案例】

物流供应链金融——深圳怡亚通创新模式分析

由第三方物流服务商向供应链管理服务商转变后，怡亚通纵向整合供应链管理各个环节，形成一站式供应链管理服务平台，并通过采购与分销职能，为物流客户提供类似于银行存货融资的资金代付服务，赚取“息差”收入；同时，针对需要外汇结算的业务开展金融衍生交易，在人民币升值背景下赚取了巨额收入。但是，怡亚通维持运转的资金主要来源于银行系统，在升息周期中，怡亚通的盈利空间不仅受到融资成本上升的挤压，更为紧要的是，作为支撑其产融模式的资金流这一核心环节也面临着稳定性和持续性的考验。作为一家本土物流企业，怡亚通 55% 左右的高净资产收益率背后，是其一站式供应链管理服务基础上的产融模式。但无论从规模还是管理上，怡亚通与 UPS 等国际巨头都存在一定差距，其获得投资者青睐的原因是什么？答案是：怡亚通独特的商业模式。

1. 产业基础：一站式供应链管理服务

创立于 1997 年的怡亚通，先后经历了“单一代理通关”和“IT 物流”等第三方物流模式，在此基础上逐步导入供应链管理模式。

由国际咨询机构埃森哲首次提出的供应链管理，即主要由第三方物流演变而来的第四方物流，其主要职能在于通过咨询、IT 技术等手段，对买卖双方以及第三方物流提供商的资产和行为进行合理的调配和管理，提供完整的解决方案，并对供应链各个环节、各个方面的运作做出调整。

相比本土传统的供应链管理服务商，怡亚通最大的特征在于其一站式供应链管理服务。传统的供应链服务商，大多只是在供应链单个或多个环节上提供专业服务，如物流服务商、增值经销商和采购服务商等。物流服务商主要提供物流运输服务，增值经销商主要提供代理销售，采购服务商主要提供代理采购等。怡亚通通过整合供应链的各个环节，形成囊括物流、采购、分销于一体的一站式供应链管理服务，在提供物流配送服务的同时还提供采购、收款及相关结算服务；与传统的增值经销商和采购商相比，怡亚通一般不保有大量存货，避免了存货风险，降低了存货成本，同时传统的增值经销商和采购商只在有限范围内为企业提供结算支持服务，采购商一般也不参与客户的营销支持活动。

一站式供应链管理服务代表了行业发展方向，在社会接受程度不断提高和分工不断细化背景下，怡亚通近年来实现了快速增长。

2. 产融模式：开展存货融资及外汇衍生交易

如果仅仅是一站式供应链管理服务模式，那怡亚通与传统供应链服务商的区别只是服务链的延伸，并没有实质性的突破。而研究发现，在一站式供应链管理服务的产业基础上开展金融业务的模式，才是公司的核心价值所在。怡亚通的产融运作模式，使其俨然像一家小型银行，将银行借贷资金通过供应链管理服务方式投放给客户，并从中赚取“息差”，同时，针对外汇结算业务开展金融衍生交易对冲外汇风险，不断提高应收款周转次数以获取更高的息差收益。

金融业务的开展，依托的载体是一站式供应链管理服务中的两项核心业务，即分销和采购。公告资料显示，怡亚通获得采购商的委托合同后，即在其客户资源信息系统内选择合适的供应商，并通过电汇、信用证或保函方式代客户垫付货款，其后将货物运送至客户时收取货款，如图 7-20 所示。

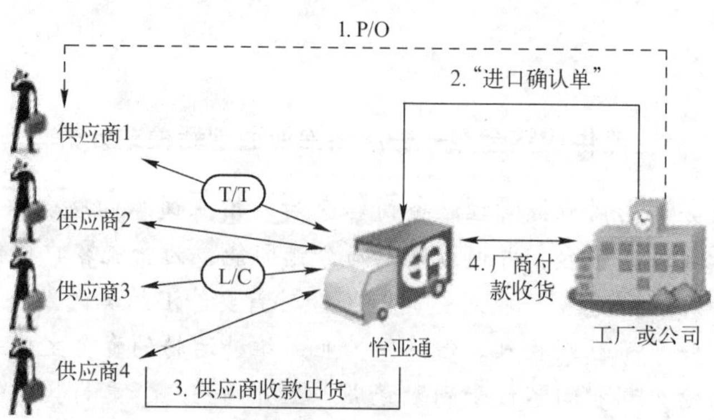

图 7-20　怡亚通采购流程中的金融业务

而对分销商（生产商）而言，当怡亚通为其承运货物时，怡亚通代采购商预付货款，使得分销商（生产商）能够及时收回资金，投入下一轮再生产。据招股书披露，怡亚通的代付额度通常占总业务量的 20% ~30%。而通过代付业务，采购商不仅及时有效地获得生产所需要物资，而且避免了预付大量资金的风险，如图 7-21 所示。

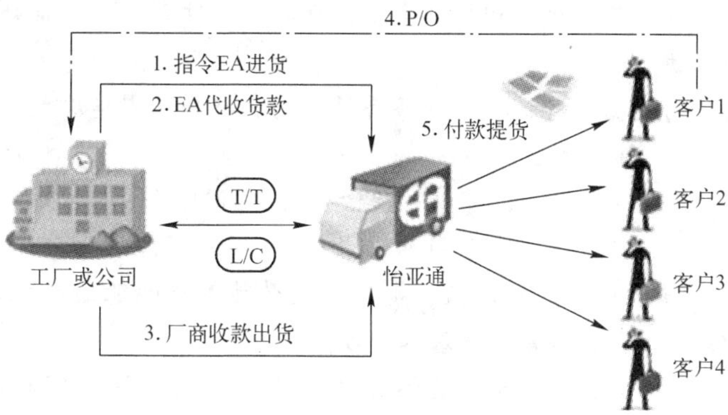

图 7-21 怡亚通分销流程中的金融业务

业务流程外包合同收费模式有三种，分别为固定收费法、以交易额量为基准及以企业效益为基准的浮动收费法，如图 7-22 所示。与其他相关服务商所采用的买卖差价模式（即售价 - 买价 - 其他成本 = 利润）不同，怡亚通目前采用的是以交易额为基准的浮动收费法，即根据业务量（交易额/量）的一定比例收取服务费。这一模式使怡亚通与采购商、供货商从传统的客户关系发展成利益共同体，即其通过整合企业供应链环节，提高企业供应链效率和市场竞争力，从而提高企业业务量（交易额/量），同时提高本公司的服务费收入。因此，怡亚通与客户不是一个此消彼长的关系（你的卖价高了，我的成本就高，利润就低），而是一个相互促进的关系。另外，怡亚通的收费模式与固定收费法相比更具发展潜力（不受固定费率的限制），而与以企业效益为基准的浮动收费法相比，公司的收费模式风险更小，不承担企业的经营风险。

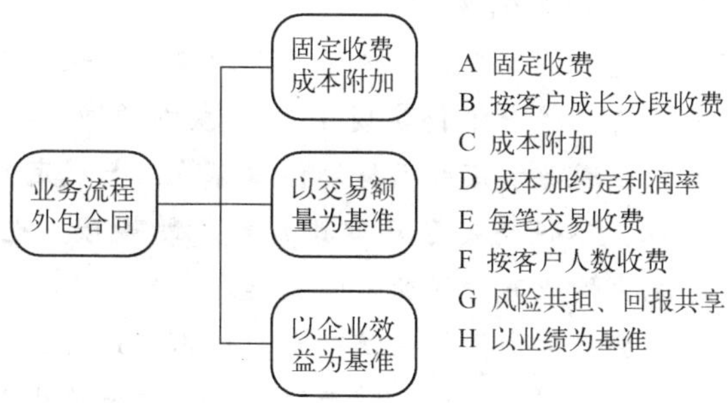

图 7-22 怡亚通业务流程外包合同的收费模式

研究表明，怡亚通通常与客户签订一定期限的供应链管理综合服务合同，根据合同提供量身打造的个性化服务，基于业务发生金额、提供服务类型，按一定比例收取服务费。由于业务的多样化及非标准化，怡亚通没有一个标准化的费率水平，但是一个基本的原则是，服务层次越多、涉及供应链链条越长，提取的服务费率就越高。当然，根据招股说明书披露的相关数据，依然可以大致测算出公司的费率水平：IT 产品费率水平为 1.3% ~1.8%，电子产品在 1.3% ~3.3%，医疗器械在 5.0% ~7.0%，而加权平均费率为 1.45% ~1.75%。

表面上看，1.45% ~1.75% 的收费水平远远低于其获取银行资金的成本。在不考虑优惠利率情况下，怡亚通从银行获取资金的成本由 2004 年的 5.31% 提升至当前的 7.29%（截至 2007 年 11 月 20 日），即便考虑到 10% 的优惠利率，其融资成本也在 4.78 ~6.56%。但是，由于怡亚通从银行获得的资金在一年内可以周转多次，完全可以通过高周转来弥补低收费的劣势，这也正是怡亚通获利的秘诀。

据招股书披露的周转数据，怡亚通按业务量计算的应收账款周转次数一直呈递增态势，由2004年的19.78次上升到2007年上半年的26.22次。若将怡亚通费率的加权平均值乘以周转次数再乘以代付比例（20%～30%），可以大致估算出，2004—2007年上半年，怡亚通“息差收入”的空间在6.29%～13.65%，高于同期4.78%～6.56%的融资成本。事实上，以营业收入与资金规模（用短期借款替代）的比值，也可以大致估算出怡亚通年化“息差收入”水平介于6.40%～12.30%。这两个估算结果基本一致。

通过存货融资获得的“息差收入”是怡亚通重要的利润来源。实践表明，开展基于供应链的金融服务，无论是对客户、金融机构、怡亚通都是一个多赢的选择。对于客户而言，通过怡亚通的代付服务，可以减少交易成本、加速资金回流速度；对于金融机构而言，降低了其对具体客户不能充分了解所产生的信息不对称风险；对于怡亚通而言，通过成为客户与金融机构的“黏结剂”，可以“低吸高贷”赚取“息差收入”。衍生金融交易贡献5成以上利润。

由于怡亚通在提供服务过程中常常涉及大量的美元购汇和结汇，因此其利用衍生金融工具，如外汇远期合约及利率掉期合约，以管理外汇及利率风险，降低购汇成本。怡亚通在进行衍生金融交易时一般将人民币存款质押给银行，用于获得短期银行美元外汇借款，还有一部分人民币存款用于远期外汇交易保证金，以提供等值且有追索权利的融资额度及开具银行承兑汇票的质押。

在人民币升值的背景下，该举措为怡亚通带来不菲的收入。据招股书披露，2006年，该业务为怡亚通贡献利润9450.17万元，占当年利润总额的76.28%，而2007年上半年贡献利润3759.60万元，占当期利润总额的54.61%。

通过存货融资和外汇衍生交易，怡亚通实现了惊人的盈利增长。在融资成本上升等因素作用下，公司毛利率水平虽呈下滑态势，但仍实现了55%左右的净资产收益率。保证资金流以满足金融业务的需求，维系怡亚通产融模式运转的核心环节，是稳定且随业务规模增长的资金流。怡亚通体系内资金流规模，不仅决定了获取银行信贷的规模，也关系到其外汇交易的规模。如何保障资金流的稳定成为怡亚通金融业务的关键。

由于银行具有资金控制优势，国内的供应链融资多数都是银行主导，且主要有三种融资模式：拥有仓库、堆场等基础设施的国有企业通常与银行合作开展质押业务；而民营企业通常采取担保授信甚至直接融资模式，如图7-23所示。

公开资料显示，怡亚通资金流的主要来源是通过股东担保模式获取银行信贷。由于供应链的各个环节均在怡亚通的控制范围内，高于借款金额的货物价值本质上构成怡亚通向银行借款时最好的资金安全保证。因此，在股东担保的外在形式下，怡亚通可以较容易地获取银行的资金支持。据招股说明书披露，作为浦东银行VIP客户、建设银行“白金客户”、招商银行“贵宾客户”、华夏银行“2006年最佳合作伙伴”，怡亚通从银行获得了巨额的债权融资，且融资规模随营业规模的增长而增长，截至2007年9月30日，怡亚通货币资金余额41.09亿元，而短期银行借款余额45.64亿元，远远高于公司3.54亿元的净资产及1.65亿元的营业总收入。怡亚通资金流的另一来源是股权融资。资料显示，怡亚通成立以来共有四次股权融资，分别为1999年1月将注册资本由50万元增加至500万元，2001年5月注册资本增加至2000万元，2006年10月战略投资者SAIFIIMauritius与KingExpress分别向怡亚驼增资1822万美元与100

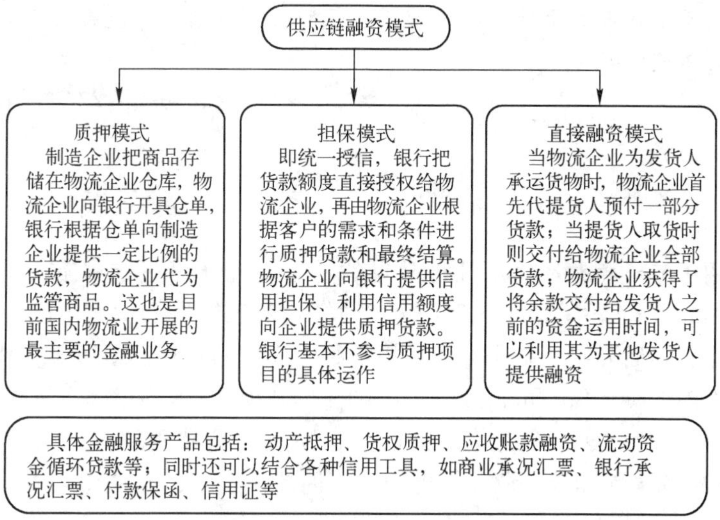

图 7-23　供应链的融资模式

万美元，以及 2007 年 11 月的 IPO 募集资金净额 73 034 万元。

3. 面临的挑战

怡亚通以“一站式供应链管理服务”为产业基础的产融模式，资金流无疑是重中之重。如何保证资金流的稳定及盈利的持续性，是怡亚通当前面临的挑战。

（1）资金流能否持续顺畅

资金流是怡亚通产融模式的核心环节。公开资料显示，为保证资金流的顺畅，DHL 与 UPS 等都通过收购控制商业银行，使其为物流业务提供资金支持，并保证资金流的稳定与持续。作为本土物流企业，国外同行的这一模式对怡亚通而言几乎是不可能实现的。而且，仅就怡亚通目前的运营来看，也存在一些潜在的风险。首先是信用风险。在为客户代付之前，怡亚通会对客户的资信状况进行严格筛选、控制代付比例，并对相关货物的变现能力有较高要求，但是由于代付规模远远超出公司净资产和营业收入规模，因此，任何一次的收款不畅，都将给公司资金链带来较大打击。

（2）信贷风险

目前怡亚通的资金几乎全部来自银行，如果国家出于调控宏观经济考虑采取收缩信贷的政策手段，则对倚重资金流从事金融业务的怡亚通而言，其业务量将可能受到影响。而且，后续再融资也是一大考验。随着业务规模的扩大，怡亚通所需的资金规模也相应扩大，负债率水平可能也就随之上升。数据显示，怡亚通的资产负债率水平明显高于单纯的物流服务商，怡亚通负债率一直超过 90%，而单纯提供物流功能的企业维持在 40% ~50%，即便开展质押业务的中储股份，其负债率也不超过 70%。

（3）盈利是否具可持续性

数据显示，怡亚通存货融资的盈利空间正受到挤压，一方面是银行贷款利率上升导致公司融资成本的上升，另一方面，却因服务客户主要为世界 500 强和中国大型企业，公司议价能力有所不足。数据显示，存货融资“息差”收入对利润总额的贡献呈弱化态势，2004 年该业务对利润总额的贡献率达 98.21%，而 2007 年上半年，已下降至 45.39%，2006 年更是低达 23.72%。而且值得注意的是，虽然怡亚通整体盈利状况在外汇衍生交易业务的贡献下得到熨平，但是，这一收益是在人民币升值的背景下实现的，未来该业务能否为公司带来稳定或增长的盈利，尚存较大不确定性。

资料来源：万联网资讯中心 http://info.10000link.com

本章小结

本章首先介绍了电子商务环境下几种常见的物流模式（第三方物流、物流联盟、第四方物流）的概念、特点和运作模式，分析了这三种模式的优缺点和适应范围，给出了每种模式下相应的解决方案；然后介绍了电子商务环境下物流模式的几种创新形式。其中，逆向物流是电子商务环境下面向低碳环保、可持续发展的物流创新模式；云物流是面向资源节约优化和优质服务的物流创新模式；冷链物流是改善民生、保障食品品质和安全的物流创新模式；而“菜鸟”网络则是资源集成和统一调配管理的物流创新模式。这几种物流模式模式都是当前理论和实践研究的重点，是物流的前沿和热点问题。

习　题

一、单项选择

1.（　　）是对从原材料采购与运输到产成品分销与配送的所有物流活动及相关信息进行系统的管理，通过整合物流各环节的资源和作业，集成各阶段的物流运作、物流信息和物流职能，从总成本、总效用的角度寻找两者交替损益的最佳结合点，以达到降低物流成本、缩短交付时间、提高客户服务水平和盈利能力的目的。

A. 物流战略联盟　B. 物流一体化　C. 第三方物流　D. 第三方物流虚拟经营

2.（　　）是指物流企业为了达到比独立从事物流活动取得更好的效果，而在物流企业间形成的相互信任、共担风险、共享收益的物流伙伴关系的经营模式。

A. 物流战略联盟　B. 物流一体化　C. 第三方物流　D. 第三方物流虚拟经营

3.（　　）是指物资从商品消费点到产品来源点的物理性流动过程的计划、实操和控制。

A. 产生物流　B. 正向物流　C. 逆向物流　D. 供应物流

4. 逆向物流由于（　　）成为社会物流与企业物流的结合。

A. 污染社会化　B. 重工业危机　C. 环保成本效应　D. 环境经济效应

5. 打破企业原有部门界限，将企业供、产、销物流在企业进行一体化，这是属于企业物流整合中的（　　）。

A. 交叉整合　B. 横向整合　C. 内部整合　D. 外部整合

6. 主要用于企业内部以及企业供应链上下游之间的信息共享的物流信息平台是（　　）。

A. 企业物流信息平台　B. 国家物流公共信息平台
C. 地区物流公共信息平台　D. 行业物流公共信息平台

7. 供应链的成员在竞争中应建立（　　）。

A. 你死我活的输赢关系　B. 有各自利益的一般合作关系
C. 双赢策略指导下的战略合作伙伴关系　D. 不断变动的合同关系

8. 第三方和第四方物流的本质区别是（　　）。

A. 功能　B. 盈利模式　C. 适用范围　D. 信息平台

9.（　　）可以利用其强大的物流网络帮助客户在速度上实现竞争优势。

A. 第一方物流　　B. 第二方物流　　C. 第三方物流　D. 第四方物流

10. 物流服务质量与物流成本之间存在（　　）的关系。

A. “非关联”　　B. “双赢”　　C. “二率背反” D. “一致性”

二、多项选择

1. 从战略层面看，第三方物流连锁经营的好处是（　　）。

A. 能适合多个行业　　B. 能集中核心业务　　C. 能实现物流个性化

D. 能统一核算物流成本　　E. 能降低风险

2. 与传统物流相比较，物流一体化追求的目标是（　　）。

A. 整体最优　　B. 客户满意　　C. 快速反应

D. 增强企业竞争力　　E. 增强企业盈利能力

3. 第三方物流关系营销的内容主要包括（　　）。

A. 与政府的关系　　B. 与客户企业的关系　　C. 与竞争企业的关系

D. 与其他物流企业的关系　　E. 服务公共宣传

4. 第三方物流方案设计的一般程序包括（　　）。

A. 调研阶段　　B. 设计阶段　　C. 创新阶段

D. 审核阶段　　E. 实施阶段

5. 第四方物流的利润增长将决定（　　）。

A. 服务质量的提高　　B. 实用性的加强　　C. 物流成本的降低

D. 效率的提高　　E. 网络化程度的提高

三、简答题

1. 冷链物流的适用范围是什么？

2. 和其他物流模式相比，云物流的主要特点是什么？

3. 请分析电子商务与逆向物流的关系。

四、实训题：电子商务环境下物流企业模式的创新

（1）实训目的：通过实训，了解并掌握目前国内电子商务环境下，各类物流企业当前的运行模式、不同类型物流企业对创新模式的需求以及其在创新过程中遇到的困难和误区。

（2）实训内容：通过对各种不同业态物流企业的实际调研，了解电子商务环境下，各类物流企业当前的运行模式；了解各类物流企业对模式创新的理解和尝试；分析物流企业在创新过程的误区和瓶颈。

（3）实训要求：参与实训的学生以分组的形式，在教师的指导下，分工协作完成实地调研，并将资料进行分类整理，将其结果或结论以图形的形式进行展示；以小组形式展开讨论和归纳，并最终形成的实训报告。

第8章 电子商务物流的发展与展望

【学习目标】

1. 电子商务物流的发展趋势
2. 电子商务物流的发展对策
3. 跨境电子商务环境下的物流

【引例】

耐克公司智能物流规划接力

随着电子商务平台的应用，世界著名运动服装公司耐克（NIKE）公司面对网上销售量的快速增加，为了提升其物流效率及订单的准确性并降低其经营成本，2011 年开始筹措改进原有物流系统，从之前的供应链完全交由第三方供应商管理的方式转变为筹措自建物流中心的策略，尤其力求满足包含多种产品的大订单精准发货需求。

2011 年 2 月 22 日，耐克中国物流中心（CLC）在苏州太仓举行揭幕典礼，典礼上 CLC 代言人著名运动员刘翔手拿的接力棒正隐含了耐克物流的真谛：流转不断、快速递送、不能掉棒、不能误传。为了实现以上目标，集团投入巨资建立耐克中国物流中心（CLC），其设计原则包括自动化、高科技、环保高效、可扩展。从这个角度上，“JUST DO IT”的耐克品牌口号，除了固有的耐克精神外，IT 还可以理解为 Information Technology（信息科技）的缩写。CLC 将耐克的物流主要分为四个“接力棒”：收货、仓储、分拣、发货。

1. 收货和仓储：最大效率利用空间

首先，在收货方面，为了使 CLC 接近耐克制造工厂，接近耐克的主要市场和分销商、经销商，同时还要有合适的空间，集团综合多种因素权衡，决定将 CLC 设立于太仓。

耐克属于“重品牌轻资产”的运营模式，生产、物流配送等操作环节都是采用外包形式。首先，耐克服装、运动鞋的外包生产商所在地台湾裕盛体育有限公司（裕盛）的太仓基地距离耐克 CLC 仅数公里，大大降低了运输费用和中转时间。在 CLC 投入运营后，来自裕盛工厂的货品到达 CLC 后，国内经销商、零售店的订单均由 CLC 发出，其一期 20 万 m^2 的设计空间，日最高发货量可达 8 万箱。

其次，为了对产品进行分类管理，耐克建立了鞋楼和服装楼分别储存鞋类和服装类，两座楼之间通过传送带装置连接，以便根据客户订单的不同，自动配货传送。在两栋楼中为了提高作业效率和空间利用率，运用了很多新的技术和管理方法。例如在服装楼中，仓储区使用了窄巷道系统和磁力导线系统。在货物存储位置的规划上，CLC 将仓储区分为整箱区和托盘区两大单元，应对批量不同的订单。此外，CLC 的取货操作员采用了机器语音系统：取货前自动控制系统会告知操作员取货区域，操作员到达后，要先向系统报告货架区编码减少出错。

2. 分拣和发货：自动化降低出错率

耐克 CLC 的核心是其分拣技术和小单补货设计，其关键是兼顾效率和低出错率，因此这个部分是耐克 CLC 最具自动化和高科技的部分。

首先，操作员会通过手持扫描装置进行标签扫描，核对商品的正确性，其次，通过机器自动扫描核对环节，对货品标签与订单的匹配性进行验证。而在分拣区的语音识别系统、货架、取货拖车、料斗等包含各种科技成分和人体工学原理，以保证效率，降低出错率。保证发送至 CLC 的订单顺利完成配货、分拣、装箱，等待发货。

在发货前，耐克仓储管理系统（WMS）会进行相应判别，根据客户订单的时间配送要求，采用不同的交通工具和多级物流网络，确保产品高效、准确、及时送达。从这个意义上说，耐克 WMS 是耐克 CLC 的大脑中枢。数据显示，WMS 能够管理包括有线/无线射频终端和语音引导终端在内的各种操作。通过语音引导终端，操作员可以通过声控的方式与系统对话，降低出错率；通过控制总长约 9 km 的传送带，连接分布于 CLC 各功能区的自动化分拣设备，耐克产品能便捷地被传送至不同操作区。

3. 环保和可扩展：留足未来发展空间

耐克公司在 CLC 的设计建造中，尽量采用了环保、绿色、可循环理念。耐克 CLC 采用的行业领先解决方案有：智能照明控制系统、太阳能和地热系统、能源监控管理系统、真空污水处理系统等，这些设施在减少水电消耗的同时，最大化利用可再生能源。譬如，太阳能热力系统、照明控制和其他节能设施将帮助耐克 CLC 每年节省440 万 kW 用电量；真空污水处理系统和雨水采集、42 种耐旱本土植物绿化系统将每年帮助耐克 CLC 减少 75% 的用水量。

此外，为了实现 2015 财年中国业务翻番的目标，耐克公司充分考虑到 CLC 应具备的可扩展性，提出了耐克 CLC 年均处理能力至少提升 15% 的目标。因此，耐克 CLC 保留了部分手工操作流程，同时预留了自动化扩展的空间，可根据业务发展灵活调整流程设计。耐克鞋楼的配送目前就仍以手工为主，一旦该业务发展迅猛，预留的自动化扩展空间足够满足未来 5 年的需求。因此，对耐克集团来说，耐克 CLC 不只是为当下而建，更是为未来而建。虽然还没有明确数据测算耐克 CLC 投入运营后对于耐克在中国物流效率的提升有多少，但耐克 CLC 多种高科技设备和自动化分拣功能，确保了更高精确度和更短时间的高效运营，特别是满足客户同一批次、包含多种产品、要求高效精准运送的大订单需求。

资料来源：搜狐财经，http://business.sohu.com/20110226/n279543847.shtml

8.1 电子商务物流的发展趋势

8.1.1 基于信息化的物流网络化

电子商务的发展使商品和生产要素以空前的速度在全球范围内迅速流动，电子数据交换技术（EDI）与互联网技术的应用，使物流效率的提高更多的取决于信息管理科学技术，电子计算机的普及提供了更多的需求和库存信息，提高了信息管理科学化水平，使产品流动更加容易和迅速。电子商务时代，要提供最佳的服务，物流系统必须有良好的信息处理和传输系统，从而实现信息的共享。目前，信息化已经成为电子商务物流业发展的重要特点，物流信息技术不仅改进了物流和配送服务，还促进了物流管理的信息化。信息化的重要作用表现为物流企业运用互联网来改善物流企业的信息系统，通过建立外部信息系统网络整合外部合作对象的资源，包括充分建立和完善其与铁路、公路、水运、空运等联网配套的综合运输体系和强大物流信息网络，使整个供应链系统中的物流硬件资源和物流信息资源相辅相成，实现物理资源和信息资源的双重网络化管理。同时，在企业内部整合内部成员，形成内部网络，提升企业内部的运作、管理效率。因此，可以看出在信息化基础之上形成的物流网络化是未来电子商务物流业发展的一个重要趋势，包括物流信息资源网络和硬件物流网络，也包括企业外部供应链形成的网络资源和企业内部资源整合而成的物流网络。

1. 基于信息化的物流网络化的表现形式

（1）物流信息网络化

物流信息网络化是指在物流领域综合应用现代计算机技术和通信技术，实现物流信息的电子化、数字化，完成物流信息在多媒体化、高效率的综合网络上自动采集、处理、存储、传输和交换，最终达到物流信息资源充分开发和普遍共享，以降低物流成本，提高物流效率的过程。

物流信息网络化从构成要素分析，主要包括物流信息资源网络化、物流信息通信网络化和计算机网络化三方面内容。物流信息资源网络化指的是各种物资信息库和信息应用系统实现联网运行，从而使运输、储存、加工、配送等信息子系统汇成整个物资信息网络系统，以实现物流信息资源共享。物流信息通信网络化是指建立能承担传输和交换物流信息的高速、宽带、多媒体的公用通信网络平台。计算机网络化指把分布在不同地理区域的计算机与专门的外部设备通信线路互连，形成一个规模化、功能强的网络系统。

（2）物流组织网络化

物流系统是一个大跨度系统，理想的物流组织是由地域上分布极广的相互联系的节点组成的网络。例如，中国台湾地区的计算机业在 20 世纪 90 年代创造出了“全球运筹式产销模式”，这种模式的基本目标和运作方式是按照客户订单来组织生产，生产采取分散形式，即将全球的计算机制造资源都利用起来，将一台计算机的所有零部件、元器件都外包给世界各地的制造商去生产，然后通过全球的网络将这些零部件、元器件发往同一个物流配送中心进行组装，再由该配送中心将组装的计算机迅速发给订户。目前，这种产销模式不仅应用于计算机业，也存在于服装、运动器材、消费电子等行业。现在这种网络组织形成通常被称为“虚拟企业”，它与通常的企业不同，通常的企业组织结构为等级组织，主要利用企业的内部资源，而虚拟企业主要依靠外部资源，呈现出网络结构。网络上的各个节点并不是核心企业的基层单位，而是通过合作与核心企业建立战略合作关系的伙伴企业。这种网络组织不仅可以避免企业内部资源不足的缺陷，还可以充分发挥各地企业的比较优势和地区优势，减少核心企业的投资风险。从名义上看，这种网络组织的主要功能是制造，但实际上它是以物流和营销为核心的一种物流组织。

从本质上说，物流组织网络化与信息网络化互为因果。组织网络化必须以信息网络化作为基础和物质条件，而正是组织网络化才促使了信息网络化的产生和发展。

2. 物流网络化的特点

互联网的应用使物流信息能够以低廉的成本即时传递，通过完善的物流信息管理系统即时安排物流过程，促使物流行业产生了革命性的变化，引发了物流行业的升级和物流现代化的实现。由于物流信息能够即时甚至提前于物流过程在相关环节中传递，使得系统可以收集到足够的信息，提前测算并模拟出最佳的物流线路，指导实际的物流过程，使货物的实际输送过程变得相对自动化，消除了无效物流和冗余物流，缩短了等待时间，加上自动化的操作水平和即时的响应速度，使“按需生产、零库存、短在途时间、无间隙传送”成为物流系统的理想状态。如果我们将物流系统比喻成一条生产线的话，每个物流过程就像是一道工序，在软件系统的控制之下工作。

在物流系统中，起决定作用的不再是物流设施或者设备的处理能力，而是物流信息系统：在物流过程中进行信息采集、管理、分析和调度，并根据反馈情况及时进行调整的软系统。和传统物流相比，物流网络化呈现出以下特点：

（1）物流节点普遍实行信息化管理

物流连接社会生产、生活的各个部分使之成为一个有机整体，每个参与物流过程的环节构成物流系统中的一个节点，单个节点的信息化是物流系统信息化的基础。素材经过筛选和加工才能变成有效的信息，信息经过消化吸收才能转化为生产力，信息化管理不仅仅是广泛利用自动化、机械化设备操作，更重要的是利用自动化设备收集和处理商流、物流过程中产生的信息，对物流信息进行分析和挖掘，最大限度地利用有效信息对物流活动进行指导和管理。

（2）整个系统具有无限的开放性

整个系统构建在开放的互联网上，所有的物流节点都通过公用网络互相连接，和合作节点互换信息，协同处理业务。基于互联网的开放性，节点的数量可以无限多，每个节点可以与其他任何节点发生联系，快速交换数据，某个节点的变动不会影响其他节点，整个系统具有无限的开放性和拓展能力。在传统模式下，节点之间的信息交换受到技术的限制，自动化的信息交换局限在业务合作的双方或有限的几方。信息交换的范围和速度受到制约，也就制约了物资流通的范围和速度。

（3）信息流在物流过程中起导引和整合作用

信息流贯穿于商务活动的始终，引导着商务活动的发展。物流是商流的继续，是商务活动中实际的物资流通过程，同样需要信息流的导引和整合。在紧密联系的网络系统中，每个节点回答上游节点的询问，向下游节点发出业务请求，根据上下游节点的请求和反馈提前安排货物输送过程。信息流在物流过程中起到了事前测算流通路径、即时监控输送过程、事后反馈分析的作用。在环环相扣的物流过程中，虚拟的场景和路径简化了操作程序，极大地减少了失误和误差，使得每个环节之间的停顿时间大幅度降低。

（4）系统具有明显的规模优势

网络将各个分散的节点连接为紧密联系的有机整体，在一个相当广泛的区域内发挥作用。在物流系统中，系统不以单个节点为中心，系统功能分散到多个节点处理，各节点间交叉联系，形成网状结构。大规模联合作业降低了系统的整体运行成本，提高了工作效率，也降低了系统对单个节点的依赖性，抗风险能力明显增强。如果某个节点出现意外，其他节点可以很快替补。

3. 物流网络化的实现

物流网络化包括物流信息网络化和物流组织网络化两个重要的方面，而两者之间又密切联系，相互影响。因此，实现物流网络化关键在于运用物流信息技术构建起由众多企业密切协作而形成的“虚拟企业”，确保信息在物流系统中快速、有效的传递及其对系统中节点企业的导引和整合作用，保证系统的开放性，凸显系统的规模优势。因此，建立起支撑物流这一大跨度系统的物流信息平台是物流网络化的首要工作。同时，信息平台在应用中所需重要数据的采集获取、存储、分析处理以及系统内信息的安全传递和共享，是保证物流信息平台有效应用的基础条件，因此 GPS、EDI 信息系统等信息技术的应用也是实现物流网络化的重要条件。

（1）物流信息平台的构建和运用

物流信息平台构筑在国际互联网这一最大的网上公共平台上，具有开放度高、资源共享程度高等优点。通过互联网跨区域的实现整个物流运作过程的信息传递，提供平台与各供应链环节的信息系统无缝结合，这将使物流企业达到运作信息的及时和统一。物流信息平台的建立是物流网络化的基础及核心工作，是实现物流信息网络化的基本条件，也是物流组织网络化的重要支撑因素。物流信息平台的运用是以众多物流节点信息化管理为基础的，并保证物流节点之间的协同运作和信息流在物流过程中的导引和整合作用；在新的经济环境下，物流信息平台为众多参与合作的节点企业提供了较为灵活、安全的公共平台，不仅保证了物流网络化系统整体的开放性，同时促使更多的参与者加入系统，使得系统的规模优势越发凸显。

（2）EDI 信息系统的运用

EDI 在贸易伙伴间长期、稳定的供求链中发挥着重要的作用，实施快速响应、及时制（JJT，Just in time），降低交易成本，即时订货均体现了 EDI 的功效。信息系统的一体化需要在买方、卖方和物流第三方的许多实体间移动数据和传递指令，而 EDI 信息系统正是保证物流网络众多节点之间信息安全、快速传递的重要技术工具，保证了信息对各物流节点的协调作用，保证节点之间的协同运作。

20 世纪 90 年代中期随着“EDI 中心”增值服务的出现和行业标准逐步发展成通用标准，加快了 EDI 的应用和跨行业 EDI 的发展。EDI 在贸易伙伴间长期、稳定的供求链中发挥着重要的作用：快速响应，实现准时制（Just In Time），降低交易成本，即时订货均体现了 EDI 的功效。

信息系统的一体化需要在买方、卖方和物流第三方的许多实体间移动数据和传递指令，传统的 EDI 是大型企业惯用的极为有力的数据交换工具，但因其复杂性而使许多企业难以接受。随着互联网的兴起，基于互联网的 EDI、XML 等新的工具不断出现，特别是两者的结合具有比 EDI 更好的灵活性，能更容易地在数据库之间移动信息，从而使一体化过程简单得多。

在国内的 EDI 技术应用中，上海市 EDI 中心在信息系统的运用技术已日趋成熟，这为物流企业改善相关业务提供了很好的机会。

（3）网络 GPS 技术的运用

由网络 GPS 的优点我们可以看到它在技术运用方面强大的优势，这种优势可以为物流企业开展具体业务提供帮助，各物流运输企业都可以充分运用自己的权限，进入网络 GPS 监控界面对车辆进行监控、调度、即时定位等操作。物流运输企业通过使用网络 GPS 不仅能够提高服务质量和管理水平，实施运输全过程动态管理；而且有助于提升企业形象，树立良好的品牌，在激烈的市场竞争中取得成功。例如上海惠康物流信息系统有限公司已经推出的网络 GPS 的服务，它可以向物流企业提供以下功能：实时监控功能、双向通信功能、动态调度功能、数据存储、分析功能。网络 GPS 技术为物流网络系统中的各节点企业提供了能够有效、快速采集物流信息的技术工具，同时网络 GPS 还具有信息储存、分析功能，为物流信息平台的运用提供了支撑性功能。因此，网络 GPS 技术的应用也是实现物流网络化的重要基础性工作。

8.1.2 精益物流

精益物流是起源于日本丰田汽车公司的一种物流管理思想，其核心是追求消灭包括库存在内的一切浪费，并围绕此目标发展的一系列具体方法。它是从精益生产的理念中蜕变而来的，是精益思想在物流管理中的应用。作为 Just In Time（准时制管理）的发展，精益物流的内涵已经远远超出了 Just In Time 的概念。因此可以说，所谓精益物流指的是，通过消除生产和供应过程中的非增值的浪费，以减少备货时间，提高客户满意度。

1. 精益物流的目标

精益物流的目标是根据顾客需求，提供顾客满意的物流服务，同时追求把提供物流服务过程中的浪费和延迟降至最低程度，不断提高物流服务过程的增值效益。企业物流活动中的浪费现象很多，常见的包括：不满意的顾客服务；无需求造成的积压和多余的库存；实际不需要的流通加工程序；不必要的物料移动；因供应链上游不能按时交货或提供服务而等候；提供顾客不需要的服务等。努力消除这些浪费现象是精益物流最重要的内容。

因此，实现精益物流必须正确认识以下几个问题：

（1）实现精益物流的前提——正确认识价值流

价值流是企业产生价值的所有活动过程，这些活动主要体现在三项关键的流向上：从概念设想、产品设计、工艺设计到投产的产品流；从顾客订单到制定详细进度到送货的全过程信息流；从原材料制成最终产品、送到用户手中的物流。因此，认识价值流必须超出企业这个世界上公认的划分单位的标准，去查看创造和生产一个特定产品所必需的全部活动，搞清每一步骤和环节，并对它们进行描述和分析。

（2）实现精益物流的保证——价值流的顺畅流动

消除浪费的关键是让完成某一项工作所需步骤以最优的方式连接起来，形成无中断、无绕流和排除等候的连续流动，让价值流顺畅流动起来。具体实施时，首先要明确流动过程的目标，使价值流动朝向明确。其次，把沿价值流的所有参与企业集成起来，摒弃传统的各自追求利润极大化而相互对立的观点，以最终顾客的需求为共同目标，共同探讨最优物流路径，消除一切不产生价值的行为。

（3）实现精益物流的关键——顾客需求作为价值流动力

在精益物流模式中，价值流的流动要靠下游顾客的拉动，而不是靠上游来推动，当顾客没有发出需求指令时，上游的任何部分都不要去生产产品，而当顾客的需求指令发出后，则快速生产产品，提供服务。当然，这不是绝对的现象，在实际操作中，要区分是哪一种类型的产品，如是需求稳定、可预测性较强的功能型产品，可以根据准确预测进行生产，而需求波动较大、可预测性不强的创新型产品，则要采用精确反应、延迟技术，缩短反应时间，提高顾客服务水平。

2. 精益物流的基本框架

（1）以客户需求为中心

在精益物流系统中，顾客需求是驱动生产的源动力，是价值流的出发点。价值流的流动是靠下游顾客拉动的，当顾客没有发出需求指令时，上游的任何部分不提供服务，而当顾客需求指令发出后，则快速提供服务。所以说系统的生产是通过顾客需求拉动的。

（2）准时

在精益物流系统中，电子化的信息流保证了信息流动的迅速、准确无误，还可有效减少冗余信息传递，减少作业环节，消除操作延迟，这使得物流服务准时、准确、快速，具备高质量的特性。

货品在流通中能够顺畅，有节奏的流动是物流系统的目标。而保证货品的顺畅流动最关键的是准时。准时的概念包括物品在流动中的各个环节按计划按时完成，包括交货、运输、中转、分拣、配送等各个环节。物流服务的准时概念是与快速同样重要的方面，也是保证货品在流动中的各个环节以最低成本完成的必要条件，同时也是满足客户要求的重要方面之一。准时也是保证物流系统整体优化方案能得以实现的必要条件。

（3）准确

在这里准确的内涵包括准确的信息传递，准确的库存，准确的客户需求预测，准确的送货数量等等，准确是保证物流精益化的重要条件之一。

（4）快速

精益物流系统的快速包括两方面含义：一是物流系统对客户需求反应速度；第二是货品在流通过程中的速度。

物流系统对客户个性需求的反应速度取决于系统的功能和流程。当客户提出需求时，系统应能对客户的需求进行快速识别、分类，并制订出与客户要求相适应的物流方案。客户历史信息的统计、积累有助于制订快速的物流服务方案。

货品在物流链中的快速性包括：货物停留的节点最少，流通所经路经最短，仓储时间最合理，并达到整体物流的快速。速度体现在产品和服务上是影响成本和价值的重要因素，特别是市场竞争日趋激烈的今天，速度也是竞争的强有力手段。快速的物流系统是实现货品在流通中增加价值的重要保证。

（5）降低成本

精益物流系统通过合理配置基本资源，以需定产，充分合理地运用优势和实力；通过电子化的信息流，进行快速反应、准时化生产，从而消除诸如设施设备空耗、人员冗余、操作延迟和资源等浪费，保证其物流服务的低成本。

（6）系统集成

精益物流系统是由资源、信息流和能够使企业实现“精益”效益的决策规则组成的系统。精益物流系统则是由提供物流服务的基本资源、电子化信息和使物流系统实现“精益”效益的决策规则所组成的系统。

具有能够提供物流服务的基本资源是建立精益物流系统的基本前提。在此基础上，需要对这些资源进行最佳配置，资源配置的范围包括：设施设备共享、信息共享、利益共享等。只有这样才可以最充分地调动优势和实力，合理运用这些资源，消除浪费，最经济合理地提供满足客户要求的优质服务。

（7）信息化

高质量的物流服务有赖于信息的电子化。物流服务是一个复杂的系统项目，涉及大量繁杂的信息。电子化的信息便于传递，这使得信息流动迅速、准确无误，保证物流服务的准时和高效；电子化信息便于存贮和统计，可以有效减少冗余信息传递，减少作业环节，降低人力浪费。此外，传统的物流运作方式已不适应全球化、知识化的物流业市场竞争，必须实现信息的电子化，不断改进传统业务项目，寻找传统物流产业与新经济的结合点，提供增值物流服务。

使系统实现“精益”效益的决策规则包括使领导者和全体员工共同理解并接受精益思想，即消除浪费和连续改善，用这种思想方法思考问题，分析问题，制订和执行能够使系统实现“精益”效益的决策。

8.1.3 物流标准化

1. 物流标准化的概念和类型

物流标准化是指以物流为一个大系统，制定系统内部实施、机械装备、专用工具等各个分系统的技术标准；制定系统内各分领域如包装、装卸、运输等方面的工作标准；以系统为出发点，研究各分系统与分领域中技术标准与工作标准的配合性，按配合性要求，统一整个物流系统的标准；研究物流系统与相关其他系统的配合性，进一步谋求物流大系统的标准统一。物流统一标准主要包括以下几类。

（1）基础编码标准

基础编码标准是对物流对象物编码，并且按物流过程的要求，转化成条码，这是物流大系统能够实现衔接、配和的最基本的标准，也是采用信息技术对物流进行管理和组织、控制的技术标准。在这个标准之上，才可能实现电子信息传递、远程数据交换、统计、核算等物流活动。

（2）物流基础模数尺寸标准

物流基础模数尺寸是指标准化的共同单位尺寸，或系统各标准尺寸的最小公约尺寸。在基础模数尺寸确定之后，各个具体的尺寸标准，都要以基础模数尺寸为依据，选取其整数倍数为规定的尺寸标准。由于基础模数尺寸的确定，只需在倍数系列进行标准尺寸选择其他的尺寸标准，这就大大减少了尺寸的复杂性。物流基础模数尺寸的确定不但要考虑国内物流系统，而且要考虑到与国际物流系统的衔接，具有一定难度和复杂性。

（3）物流建筑基础模数尺寸

物流建筑基础模数尺寸主要是物流系统中各种建筑物所使用的基础模数，它是以物流基础模数尺寸为依据确定的，也可选择共同的模数尺寸。该尺寸是设计建筑物长、宽、高尺寸，门窗尺寸，建筑物柱间距，跨度及进深等尺寸的依据。

（4）集装模数尺寸

集装模数尺寸是在物流基础模数尺寸基础上，推导出的各种集装设备的基础尺寸，以此尺寸作为设计集装设备三向尺寸的依据。在物流系统中，由于集装是起贯穿作用的，集装尺寸必须与各环节物流设施、设备、机具相配合，因此，整个物流系统设计时往往以集装尺寸为核心，然后，在满足其他要求前提下决定各设计尺寸。因此，集装模数尺寸影响和决定着与其有关各环节标准化。

（5）物流专业名词标准

为了使大系统有效配合和统一，尤其在建立系统的情报信息网络之后，要求信息传递异常准确，这首先便要求专用语言及所代表的含义实现标准化，如果同一个指令，不同环节有不同的理解，这不仅会造成工作的混乱，而且容易出现大的损失。物流专业名词标准包括物流用语的统一化及定义的统一解释，还包括专业名词的统一编码。

（6）物流单据、票证的标准化

物流单据、票证的标准化，可以实现信息的录入和采集，将管理工作规范化和标准化，也是应用计算机和通信网络进行数据交换和传递的基础标准。它可用于物流核算、统计的规范化，同时是建立系统情报网、对系统进行统一管理的重要前提条件，也是对系统进行宏观控制与微观监测的必备前提。

（7）标志、图示和识别标准

物流中的物品、工具、机具都是在不断运动中，因此，识别和区分便十分重要，对于物流中的物流对象，需要有易于识别的又易于区分的标识，有时需要自动识别，这就可以用复杂的条码来代替用肉眼识别的标识。

（8）专业计量单位标准

除国家公布的统一计量标准外，物流系统还有许多专业的计量问题，必须在国家及国际标准基础上，确定本身专门的标准，同时，由于物流的国际性很突出，专业计量标准还需考虑国际计量方式的不一致性，还要考虑国际习惯用法，不能完全以国家统一计量标准为唯一依据。

2. 我国物流标准化存在的问题

尽管近几年来，我国的标准化工作取得了一定的进展，但由于诸多原因，目前我国的标准化状况仍不容乐观，存在着诸多问题。

（1）制定内容上的问题

1）条块分割、部门分割、地区分割。由于物流及其物流管理思想在我国诞生较晚，组成物流大系统的各个分系统在没有归入物流系统之前，早已分别实现了本系统的标准化。这就必然导致在标准制定内容上的条块分割、部门分割。同时由于在长期计划经济体制的影响下，各地区各行业各自为政，物流标准不一致，导致跨区域性、多式联运物流效率下降。

2）在货物的仓储、装卸和运输等过程中缺乏基本设备的统一规范。仓储、装卸和运输是物流系统中极其重要的组成部分，其效率的高低直接影响物流速度和效率。目前，我国物流系统货物的仓储、装卸和运输等各环节因缺乏统一的规范而难以实现有效的衔接。如托盘的尺寸、卡车的大小、仓库货架的尺寸等无法配套使用。其中托盘标准存在的问题较为典型，我国的物流企业有的采用欧美标准，有的采用日韩标准，还有的干脆自己定义，由于与产品包装箱尺寸不匹配，严重影响了物流系统的运作效率。

3）信息标准化落后。目前我国许多部门和单位都在建自己的商品信息数据库，但数据库的字段、类型和长度都不一致，形成一个个信息孤岛，严重影响了作为物流管理基础的信息交换和电子商务的运作。

4）采用国际标准的比例低。在长期计划经济的影响下，我国的标准包括物流相关标准在制定过程中较少考虑与国际标准的一致性。因此，目前能与国际标准接轨的物流标准所占比例很低，这必将为我国的国际贸易设下障碍。

（2）推广、执行中的问题

尽管我国建立了物流标准体系，并制定了一些重要的国家标准，但这些标准的推广应用存在着严重问题。例如《储运单元条码》的应用正确率不足15%。这种现象的广泛存在，深刻揭示了我国物流标准化管理工作落后的现状。制约物流标准化的推广、执行的因素有很多，主要包括以下几个方面。

1）体制性障碍。如前所述，在长期计划经济体制的影响下，物流管理形成了一种条块分割、部门分割、地区分割的状态。物流系统各分系统的标准往往由不同的政府部门分别管理，且执行的是本行业内的标准，这对于整个物流系统各环节的配合和衔接十分不利。

2）物流标准化意识淡薄。一些国有企业和相关部门还没有意识到物流这个“第三利润源”的作用，企业的“大而全”“小而全”的经营状况十分严重，市场经济要求社会化的专业细分，但现在分离进程非常缓慢，很多企业的物流都依赖自己的仓库和车队，标准化程度极低且破损率极高，大大降低了物流速度，提高了物流成本。

3）物流市场发育不足。物流市场发育不足也是既有标准得不到推广的一个重要原因。在市场经济中，技术标准通常是从行业自发需求中产生的。在我国，市场需求还没有形成足够的规模，国内除了宝供、海尔等几家大企业之外，很多物流企业都是从传统行业转型过来的中小企业，尽管更换了公司名称，但操作理念和规范还比较陈旧。由于标准化的普及有赖于产业自身的发育程度，在这些企业中推行物流标准化显然具有很大难度。

因此，为了改善以上情况，就要实现物流系统与其他相关系统的沟通和交流，在物流系统和其他系统之间建立通用的标准，首先要在物流系统内部建立物流系统自身的标准，而整个物流系统标准的建立又必然包括物流各个子系统的标准。首先，从物流系统的整体出发，制定其各子系统的设施、设备、专用工具等的技术标准，以及业务工作标准。其次，研究各子系统技术标准和业务工作标准的配合性，按配合性要求，统一整个物流系统的标准，最后研究物流系统与相关其他系统的配合性，谋求物流大系统的标准统一。

8.1.4 物流服务的丰富与创新

为了顺应未来电子商务顾客提出的更高的服务要求，电子商务物流企业不但要在服务的内容方面动脑筋，还应考虑物流服务所带来的附加价值，既能满足服务市场中灵活多变的需求，又能降低自身的成本，合理化经营，并兼顾企业的经济效益和社会效益。因此，未来电子商务物流企业要不断丰富和创新服务内容，通过提供增值服务满足顾客的需要；另外为保证自身的经营效益提供柔性化、社会化和绿色化的服务。

1. 增值物流服务

增值物流服务（Value - Added Logistics Service）是指在完成物流基本功能基础上，根据客户需求提供的各种延伸业务活动。受外部环境的变化，物流企业之间的竞争已淡化了地域的限制，其竞争的重心将是物流服务的竞争。传统的物流服务要适应新环境，必须向物流增值服务转变，围绕着客户所期望的商品、传递时间以及质量来开展物流服务。

增值物流服务是相对于常规物流服务而言的，主要是借助于完善的信息系统，根据客户的需要，提供除基本物流服务以外的个性化、创新的、融信息和知识一体化的物流服务，主要是依托人员的经验、技能和智慧等“软”件来实现的。

在竞争不断加剧的市场环境下，不但要求物流企业在传统的运输和仓储服务上有更严格的服务质量，同时，还要求它们大大拓展物流业务，提供尽可能多的增值性服务。物流增值服务的内容主要包括以下几个方面。

（1）增加便利性的服务

一切能够简化手续、简化操作的服务都是增值性服务。简化是相对于消费者而言的，简化不是指服务的内容简化了，而是指为了获得某种服务，以前需要消费者自己做的一些事情，现在无须消费者自己完成了。这当然增加了商品或服务的价值。在提供物流服务时，推行一条龙门到门服务、提供完备的操作或作业提示、免费培训、维护、省力化设计或安装、代办业务、24 小时营业、自动订货、传递信息和转账、物流全过程追踪等都是对客户有用的增值性服务。

（2）加快反应速度的服务

快速反应是指：物流企业面对多品种、小批量的买方市场，不是储备了“产品”，而是准备了各种要素，在客户提出要求时，能以最快速度抽取要素，及时“组装”，提供所需服务或产品。

（3）供应链集成服务

供应链集成服务是“第四方物流”提供的服务，它囊括了市场调查与预测、采购及订单处理、物流咨询、物流方案规划、库存控制决策、货款回收与决策、物流教育与培训以及物流系统设计等。

2. 物流服务柔性化

物流柔性化战略是指为了实现物流作业适应消费需求的“多品种、小批量、多批次、短周期”趋势，灵活地组织和实施物流作业。

柔性化本来是为实现“以顾客为中心”理念而在生产领域提出的，但要真正做到柔性化，即真正地能根据消费者需求的变化来灵活调节生产工艺，没有配套的柔性化的物流系统是不可能达到目的的。

20 世纪 90 年代，国际生产领域纷纷推出弹性制造系统（Flexible Manufacturing System，FMS）、计算机集成制造系统（Computer Integrated Manufacturing System，CIMS）、制造资源系统（Manufacturing Requirement Planning，MRP－Ⅱ）、企业资源计划（Enterprise Resource Planning，ERP）以及供应链管理的概念和技术，这些概念和技术的实质是要将生产、流通进行集成，根据需求端的需求组织生产，安排物流活动。因此，柔性化的物流正是适应生产、流通与消费的需求而发展起来的一种新型物流模式。这就要求物流配送中心要根据消费需求“多品种、小批量、多批次、短周期”的特色，灵活组织和实施物流作业。柔性物流以物流信息化和自动化为基础，能够为顾客提供“定制物流”，也就是针对客户需求的差异性，视每一位客户为一个单独的细分市场，设计专门的物流服务模式来满足客户的特定需求。这样既能应对服务需求的灵活多变性，也能在保证服务质量的前提下降低企业运营的成本。电子商务环境下，那种只依靠大批量运输降低物流成本的传统模式只适合应用于供应链的上游企业，而在面对最终消费者的供应链中下游产业中柔性化物流将成为主导型的物流模式。

3. 物流服务社会化

物流社会化是指将原先由企业内部完成的物流过程通过合约的方式外部化，即企业将分销、生产、供应等过程需要的运输、装卸、保管等职能交由专业化的公司完成，从而形成企业间紧密的联系。从狭义上讲，物流社会化主要是指物流服务的社会化。

物流社会化是社会分工进一步发展的结果，也就是说，物流社会化是建立在物流专业化发展的基础上的，是一个不断深入的市场化发展过程。这是因为专业化和社会化是互为前提、相互依赖的：只有专业化，才能面向社会提供社会化的服务，而社会化又是专业化发展的必然结果。

物流领域按专业分工可以划分为四大专业领域，即物流装备、物流设施、物流作业和物流服务。与此相对应，物流社会化也就有了不同的拓展层面：如物流装备及设施的社会化，物流基础平台的社会化，物流信息平台的社会化以及专业化物流服务的社会化等。

可以说，物流需求的社会化是物流社会化的重要前提，包括信息平台在内的物流基础设施平台的社会化是物流社会化的基础，而专业化、增值性物流服务的社会化则是物流社会化的发展方向。物流服务的社会化，是指大多数企业将物流外包出去，由专业化的物流服务商（如第三方物流或第四方物流）去完成，从而获得物流增值服务。

推进物流社会化，是物流产业化和市场化的重要前提，只有这样才能获得专业化的社会分工效率，并促进物流市场及专业化第三方物流企业的发展。

4. 物流服务绿色化

随着经济全球化的发展，一些传统的关税和非关税壁垒逐渐淡化，环境壁垒逐渐兴起。为此，面对 ISO14000 所持的预防污染和持续改进、建立环境管理体系的思想，物流企业要想在国际市场上占一席之地，发展绿色物流是其理性选择。此外，随着人类环境保护意识的觉醒，在各国政府和国际组织的倡导下，企业开始思考如何在物流过程中抑制物流对环境造成危害的同时，实现对物流环境的净化，使物流资源得到最充分利用。因此，绿色物流是现代物流可持续发展的必然。物流业作为现代新兴产业，有赖于社会化大生产的专业分工和经济的高速发展。而物流要发展，一定要与绿色生产、绿色营销、绿色消费等绿色经济活动紧密衔接。人类的经济活动不能因物流而过分地消耗资源、破坏环境，以至于造成重复污染。此外，绿色物流还是企业最大限度降低经营成本的必由之路。一般认为，产品从投产到销出，制造加工时间仅占10%，而几乎90%的时间为仓储、运输、装卸、分装、流通加工、信息处理等物流过程。因此，物流专业化无疑为降低成本奠定了基础。

从管理学的角度讲，绿色物流是指为了实现顾客满意，连接绿色需求主体和绿色供给主体，克服空间和时间限制的有效、快速的绿色商品和服务的绿色经济管理活动过程。“绿色物流”里的绿色，是一个特定的形象用语，它泛指保护地球生态环境的活动、行为、计划、思想和观念在物流及其管理活动中的体现。绿色物流是指以降低对环境的污染、减少资源消耗为目标，利用先进物流技术规划和实施运输、储存、包装、装卸、流通加工等物流活动。

要发展绿色物流，在实施的策略方面主要包括，首先要树立绿色物流观念。其次，推行绿色物流经营。物流企业要从保护环境的角度制定其绿色经营管理策略，以推动绿色物流进一步发展。再次选择绿色运输、提倡绿色包装、开展绿色流通加工和搜集和管理绿色信息。此外，还要开发绿色物流技术，制定绿色物流法规，以及加强对绿色物流人才的培养。

8.1.5 物流国际化的深化发展

物流国际化源自生产方式和经营方式的国际化以及运输和信息科技的巨大发展。在经济全球化的背景下，跨国经营和本土化生产已经成为现代经济的主流，国际化采购、国际化生产、国际化销售的格局基本形成，使得物流的空间范围国际化。同时，现代科技在物流领域和信息领域的大规模使用，产生了大量高性能的物流设备和快捷的信息沟通方式，极大地支持了物流国际化的发展趋势。

同时，随着电子商务的发展，我国的对外经济不断发展，商贸、制造业也走向世界，不少国内的物流企业并没有随之出现在国际舞台，却有越来越多的国外物流企业在中国市场不断的大展拳脚，在国际化方向的深入发展是物流企业必须面对的现实问题。

我国物流业的国际化发展面临着两个方面的挑战。首先是国内市场的国际化，即外资企业进入国内市场。目前已经有一些外资企业进入了国内的物流市场，国外物流业大规模进入我国市场是未来的必然趋势。而且这些企业在资金、技术、管理等方面都有着明显的优势，而且一些外资物流企业本身就是国际标准和规则的制定者，这无疑使我国物流企业面临巨大的挑战。

另外，挑战还来自于物流企业本身的国际化。要实现世界性的物流服务目标，物流企业需要具备全球性的体系、设施、设备和人员等。然而与此形成对比的是，我国的物流国际化还处于起步阶段，与实质上的国际化物流还相差甚远。真正的国际物流企业是全程化、一体化的业务运作模式，国内的物流企业目前的实际操作当中，没有完善的国际网络体系，缺少处理国际物流业务问题的经验。此外，不同国家间物流标准、物流技术等方面的差异也都在一定程度上对我国物流企业国际化产生了障碍。因此，我国物流企业要顺应国际电子化贸易的要求，将物流国际化向一个新的层次发展，需要克服诸多困难。

8.2 电子商务物流的发展对策

8.2.1 电子商务与现代物流业的协同发展

电子商务与物流协同发展的可能性包括以下两个方面。首先，物流是电子商务的重要组成部分。一个完整的电子商务交易一般由信息流、商流、资金流和物流四个环节组成。电子商务的发展需要物流等其他三部分的发展；反过来，电子商务的壮大势必促进物流的发展。两者相互影响，相互促进。从事物的发展规律看，二者完全有可能协同发展。其次，现代物流成为电子商务的利润源。当前商业竞争在原料、技术、管理等环节已经进入微利时代，现代物流能有效缩短资金周转周期，降低物耗，成为了新的利润增长点。经营者必定会提高物流各环节效率，通过主观努力促进电子商务与物流协同发展。

因此，电子商务与物流协同发展的必然性。首先，二者协同发展是电子商务发展的客观要求。由于电子商务突破了时间和空间的界限，它通过网络为地理上处于分散状态的客户提供服务，开拓了物流发展的新空间，客观上要求物流与其协同发展；其次，物流服务是电子商务特色服务的具体体现。电子商务借助网络技术在虚拟状态下实现商品交易，人们足不出户就能得到所需商品，体现了以客户为中心的理念。物流服务是这一理念的延伸，送货上门为客户带来极大的便利。只有二者协同发展才能真正实现以客户为中心的服务理念。

我国电子商务与物流协同发展对策包括以下几个方面：

第一，必须提高整个社会对电子商务和现代物流协同发展重要性的认识。

电子商务是商业领域内的一次新的革命，而现代物流则是物流领域内的一次新的革命。国家与企业共同参与，共建电子信息化环境。政府要在公路、铁路、航空、信息网络等方面投入大量资金，以保证交通流和信息流的通畅，形成一个覆盖全社会的交通网络和信息网络，为发展电子商务和现代物流提供良好的社会环境。同时，企业要通过信息网络进行商贸活动，为客户提供快捷的服务，吸引更多的制造企业和商业企业上网，提高企业的竞争力和盈利水平，从而促进电子商务和现代物流的发展。

第二，深入理论研究，完善行业法律、法规。标准化、规范化是提高物流效率，降低配送成本的关键。政府应从法律、法规人手，规范物流人员行为。在收费标准、破损赔偿、寄存件收费等方面确立明文规定，并建立有效的监督惩处罚机制，促使物流公司提高服务水平和服务质量，实现电子商务与物流的协同发展。

第三，选择适应电子商务发展的现代物流发展模式，实现现代物流配送体系的产业化、社会化。在我国目前条件下电子商务企业不宜普遍采用自建物流中心的物流模式，应与第三方物流公司签订长期稳定的合作关系，建立共同配送模式，即开展联合作业。因此，发展第三方物流是需要首先着手进行的。第三方物流是由物流服务的供给方与需求方之外的第三方提供物流服务的业务模式。它能使企业将非核心业务外包，降低运营成本，提升竞争力。特别是针对电子商务交易对象分散的特点，发展第三方物流有利于鼓励物流企业联合起来，发展业务联盟，加大兼并重组力度，充分利用物流资源，实现我国物流业规模化发展，提高电子商务质量。在成熟的第三方物流服务的基础上，采用综合物流代理模式，能够削减物流企业间的不当竞争，从整体上提高供方取得价格优惠的能力，并实现优势互补，促进企业走向联合的规模经济之路。

第四，重视人力资源储备，加强物流人才培养。随着许多信息技术在物流领域中的广泛应用和物流企业信息密集程度的提高，对物流从业人员的知识水平和技能水平也提出了较高的要求。因此，加强信息技术人才的培养和物流从业人员信息技术知识与技能的培训，是彻底改变物流领域信息技术水平落后的关键。要加快培育物流领域信息技术的研究和开发人才，培养从事现代物流理论研究与实务的专门人才，懂电子商务理论和实务的专门人才，使其成为既懂技术又懂电子商务的网络经济人，把国外先进物流的经验与本土化有机结合起来，成为既懂电子商务又懂现代物流的有创新思想的复合型人才。

8.2.2 加快电子商务物流的电子商务化进程

物流电子商务化从更广义的角度去理解可以理解为“物流管理信息化”，即利用电子商务技术，主要是运用信息技术对传统物流管理的改造。因此，加快电子商务物流的电子商务化的进程，需要今后提高以计算机网络技术进行物流运作与管理的水平，进一步实现企业间物流资源共享和优化配置。尽管我国电子商务物流企业的信息化水平有了很大的提高，但目前不少企业的物流电子商务化运作往往局限于单一企业内部对于物流作业过程的信息化，而在供应链中合作伙伴以信息技术为基础，协作完成整条供应链的物流运作，以及提供增值性的服务等方面还存在明显的不足。未来要加快我国电子商务物流的电子商务化进程，使物流水平尽快与电子商务其他要素实现匹配和对接，应注重以下几个方面。

1. 完善物流公共平台，建立平台式信息交换共享的体系

物流公共平台所要解决的问题是整个物流行业的信息化问题，如物流信息的发布与共享，物流行业与其他相关机构的信息交互。这些信息化需求不可能由某一家物流企业单独承担，而应该由外部的服务供应商或政府部门负责满足。这一层次的建设内容主要包括：物流公共信息交换平台、全球定位系统、地理信息系统、EDI 网络服务中心等。当前，物流公共平台领域发展较为快速的是物流公共信息交换平台系统，国内知名的物流行业信息平台如锦程物流和中国物通网都属于这个范畴。

搭建物流公共信息平台是运用互联网对企业业务流程的重新设计，是基于计算机通信网络技术，提供物流信息、技术、设备等资源共享服务的信息平台。物流公共信息平台具有整合供应链各环节物流信息、物流监管、物流技术和设备等资源，面向社会用户提供信息服务、管理服务、技术服务和交易服务的基本特征。物流公共信息平台的信息服务需要大量权威的政务信息，管理服务是物流相关管理部门的政府职责，这两项功能应由相关政府管理部门负责建设提供；而物流公共信息平台的技术服务和交易服务则完全可以采用市场化的机制建设和运行。

建立以信息化为核心的信息平台，对电子商务物流与电子商务的协同发展极为有利。电子商务是信息流、商流、资金流和物流的高度对称、融合与互动，信息流贯穿于商务活动的始终，引导着商务活动的发展，现代物流是商流的继续，是商务活动中实际的物资流通过程，同样需要信息流的引导和整合。信息流在现代物流过程中起到了事前测算流通路径、即时监控输送过程、事后反馈分析等作用。在环环相扣的现代物流过程中，虚拟的场景和路径简化了操作程序，极大地减少了失误和误差，使得每个环节之间的停顿时间大幅度降低。现代物流朝着信息化、自动化、网络化、柔性化方向发展，具有良好的信息处理和传输系统，能快速、准确地获取销售反馈信息和配送货物跟踪信息，从而大大提高物流企业的服务水平，提高电子商务的效率，赢得客户信赖，并不断降低成本。

建立公共平台已经成为共识，整合的重要性已经被大家所认识。但是，把公共信息平台理解成为一个有形的机构，一个集中信息储存管理的机构，或者是集中管理的数据库是非常狭隘和不全面的。公共信息平台是一个体系，它包括很多层次，除了建立一些必要的集中管理的数据库，更多的还是建立信息交换、信息共享的一种机制和模式。所以，平台实际上是要创造一个信息交换、信息共享的方式和环境。

物流行业公共信息平台的建设是现阶段我国物流信息化的重点和核心环节。国务院物流振兴规划指出，“十二五”期间国家将重点扶持物流公共信息平台的建设和发展。现阶段，全国范围内有普遍影响的有两家物流行业公共信息平台，首先是锦程物流网侧重于外贸物流和空中物流，经过多年的发展，业务遍布全国，尤其是在沿海地区和东部经济发达地区有广泛的影响力；另外，中国物通网则致力于建设国内物流信息服务平台，服务涵盖了铁路、空运、公路、水运、搬家、快递等各种物流方式，40 余万名注册会员遍布全国各地，在物流行业有广泛的影响力。此外，央视网也新近开通了物流频道，可以预见，今后将有更多的竞争者加入这个行业。

2. 进一步构建物流信息网络，加强物流信息的网络化

我国物流事业面临的一个核心问题是降低流通费用，提高流通效率，而实现物流信息网络化无疑是医治这一长期制约经济良性循环发展的瓶颈的良方。物流信息网络化是伴随着经济信息网络化进程而发展的。我国经济领域信息网络建设起步较晚，但发展速度较快。以“三金”工程为起点，目前经济领域已初步形成覆盖面广、横向纵向相结合的信息网络，为物流信息逐步网络化奠定了物质基础。如 CEINET（中国经济信息网）、CCMNET（中国商品市场信息网络）等，它们将生产企业的商品供应信息、流通企业的商品购销信息及消费者的购买需求信息融为一体，极大地提高了全国范围的合理调配，为部分分析市场、组织指导物流合理流向提供依据。CGOS（中国商品订货系统）是一个集电子订货、仓储管理、货物运输、商品配送和货款结算于一体的综合性、社会化商品流通服务体系，成为中国流通领域信息网络化建设的一个成功范例。

尽管我国物流信息网络化建设目前已经取得了阶段性成果，为全面实现物流现代化打下了良好的基础，但与社会主义市场经济体制的要求，与国外信息网络系统相比还存在较大差距。在物流信息网络化工作中主要存在的问题包括信息网络的建设缺乏统一性，信息网络立法不完善，缺乏既懂流通又懂信息网络技术的复合型人才，经费投入不足等。因此，国家有关部门应从目前存在的主要问题入手，进一步完善物流信息网络，制定加强物流信息网络化的政策和措施。

首先，在完善物流信息网络的方针和原则上需要把握以下两个方面：

1）整体规划，同步发展。物流信息网络化是我国信息化建设的重要组成部分，而目前我国信息网络建设缺乏统一的标准，规范性方面较为欠缺，因此把物流信息网络化建设纳入整个国家信息化建设的总体规划，建立统一的规范标准和加强相关的立法是加强我国物流信息的网络化首先应注意的问题。

2）两个结合，两个为主。一是软件与硬件相结合，以软件建设为主，即以加大经费投入力度为基础，以资源网建设为主，将信息资源建设与基础设施建设相结合。

二是国内与国外相结合，以国内建设为主，即物流信息网络的进一步构建需要以国际规范为标准，通过大力培养兼具流通和信息网络技术专业知识的人才，以国内物流信息网络化建设为主，力求将国内与国外物流信息网络化建设相结合，使我国的物流信息网络化尽快与国际接轨。

此外，在进一步构建物流信息网络，加强物流信息网络化的具体措施上应着力于以下几个方面。

1）建立以高速数据网络为核心的信息基础设施。针对我国物流信息网络目前资金投入不够，基础设施与国外存在一定差距的现状，应在信息基础设施方面加大投入，依靠熟悉流通领域管理特点的网络技术人员，根据物流信息特点，建立具有先进性和统一标准的信息网络系统，保证我国物流信息网络化建设的统一性；在此基础上保证该网络系统良好的扩展性、开放性及持续发展能力，为物流信息的循环流动以及物流网络系统在今后的发展中不断发挥其规模效应创造物质条件。

2）建立大型物流信息资源动态库，完善信息资源建设；实现网网互联，资源共享，不断完善物流资源网。物流信息基础设施的完善为物流资源网的进一步建设奠定了基础，而相较硬件上的建设，我国物流信息网络化更要注重软件的建设，即以完善物流信息资源为基础，以不断完善物流资源网为工作重点，很好的将信息资源建设与基础设施建设相结合。首先从建立物流信息（如库存等）一些大型的动态数据库着手，力求为企业生产经营决策提供实时动态信息，因为这项工作是建设现代物流信息服务网络的核心内容。因此，应面向社会及时采集来源于企业各流通环节的信息，并对数据进行归纳、整理和更新，让大量有序的多媒体信息在网上流通。此外，在完善物流信息资源建设的基础上，应考虑如何提高物流资源的利用效率，也就是实现物流信息资源在物流信息网络系统中的快速传递，保证合作伙伴企业能及时获取重要的信息。因此，完善物流资源网还需要保证国内中心网、地区网和专业网的互联，国内与国际物流信息网的互联，以实现信息资源共享。

3）重视推广运用先进、通用的物流信息网络应用系统和技术是我国加强物流网络化建设的又一重要工作。物流信息网络中信息的获取、储存与传递固然重要，物流信息资源的合理应用更是加强我国物流网络化的关键。对信息的分析、处理结果能够辅助企业的决策，提高企业在快速变化的市场环境下的应变能力。因此，在我国加强物流信息网络化的实践工作中，应针对不同的物流经营形式，采用不同的技术路线和解决方案，建立起与物流业相适应的技术体系。例如，可以建立物流可视化跟踪系统，实现对储存、分配、运输货物的综合管理，特别是对网络内货物的状况进行“透明式”监控，并实现以可视化的方式实时查询显示，使自动化系统、筹措系统、分配系统、存储系统和运输系统同步实现数字化管理；充分的应用了物流信息网络中的信息资源和信息资源的共享性，又保证了信息资源的利用效率。又如，用 Intranet 来改造经典的 LMIS（物流管理信息系统），以克服原有的 LMIS 的局限性和不足，解决传统的 LMIS 之间由于系统结构、通信协议、数据格式不一造成的难以沟通的问题，保证了物流信息网络的资源共享特性，有助于我国企业进一步完善物流信息网络体系。而 Intranet 网络体系给物流信息网络化提供了广阔的前景。此外，推广电子数据交换技术（EDI），按照商定的协议将订单、提单、送货单、仓单等商业文件标准化和格式化，并通过计算机网络，在贸易伙伴的计算机网络系统之间进行数据交换和自动处理，可实现远距离的“无纸交易”，且易于与国际接轨，缩小我国物流信息网络化建设与国外的差距，尽快将国际的规范标准纳入我国的物流信息网络化建设中。另外，EDI 系统的应用有助于将 POS（销售点管理系统）和 EOS（电子订货系统）等先进的网络体系结构纳入物流信息网络系统之中，促进各种系统之间的衔接，为深化与加强物流网络信息化提供了有力的技术基础。

总的来说，充分认识我国物流信息网络建设中存在的关键问题，在此基础上制定进一步构建物流信息网络、加强物流信息网络化的方针政策以及相应的措施能够大大提高我国物流管理的信息化程度，有助于物流组织网络系统的形成与完善，即在物流信息网络化的基础上促进形成覆盖全国的配送网点，提高物流效率，促使物流配送达到顾客提出的准确、高效、快速、便捷等要求。同时，我国物流信息网络化的加强有助于供应链上众多生产企业、商业企业提高生产经营的效率，因为物流信息通过物流信息网络进行传递、交换的时效性、准确性对这些企业至关重要。

8.2.3 整合电子商务物流业务流程，服务“一流三网”

经济全球化和知识经济时代的到来带来了全球化的竞争，同时也带来了全球化的资源空间。在高科技迅速发展、市场竞争日趋激烈、顾客需求不断变化的今天，企业间竞争已转变成供应链间的竞争、物流的竞争、速度的竞争。物流企业在电子商务环境下，需要通过业务流程再造，整合其业务流程，着眼于在国际化开放的系统中，为全球客户提供增值服务，获得更大的竞争优势。而要改变原有落后的物流运作流程及管理模式，需要经历物流重组、供应链管理和物流产业化三个阶段的优化过程。

首先，进行物流重组。在物流重组阶段，需要整合企业内部原来分散在各个部门的各项物流业务流程，运用 JIT 的管理思想，实施 JIT 采购、JIT 原材料配送、JIT 成品分拨物流。首先进行的是整合采购，即 JIT 采购将企业的采购活动全部集中，在全球范围内采购质优价廉的零部件。通过整合采购，可以加强采购管理，实现全球集合竞价，降低成本。接下来，需要实施 JIT 原材料配送，围绕定单进行仓库革命，建立规模化的国际化物流中心，降低仓库面积。同时不断推进看板拉动料件配送，着手建立快速响应定单的生产组织系统。最后是实施 JIT 成品分拨物流。在采购整合的基础上，整合全球配送网络，将产品实时按要求配送到用户手中，并逐步通过与专业物流公司的强强联手和配送速度的不断提高，来建立大型的分拨物流体系。三个 JIT 的速度使企业在瞬息万变的市场上，赢得基于速度的竞争优势。

接下来实施供应链管理。在供应链管理阶段，运用“一流三网”的管理模式。“一流三网”充分体现了现代物流的特征：“一流”是以订单信息流为中心；“三网”分别是全球供应链资源网络、全球用户资源网络和计算机信息网络。“三网”同步运动，为订单信息流的增值提供支持。

“一流三网”的同步模式可以实现四个目标：

首先，为订单而采购，消灭库存。以定单信息流为中心，实现 JIT 过站式物流，实现日清管理。日清管理是由海尔公司提出的一项管理准则，强调每一位员工每天都要不断地思考、找出工作中的不足与失误，总结经验教训，以便日后更好地工作。它强调每一位员工应想尽办法去完成每天的工作目标、落实自己的责任，它体现的是一种完美的执行能力，是提升企业效率的重要准则。在日清管理思维模式下，企业的采购与库存管理能够更好的衔接，有效的执行企业制定的采购及库存管理计划。企业的仓库不再是储存物资的水库，而是一条流动的河，河中流动的是按单采购来生产必需的物资，这样，从根本上消除了呆滞物资、消灭了库存。将传统的存储物资的仓库改变为过站式配送中心，从最基本的物流容器单元化、标准化、集装化、通用化到物料搬运机械化，逐步深入到送料管理、日清管理系统的全面改革，通过看板拉动式管理实现柔性生产，实现 JIT 过站式物流。

其次，整合全球供应链资源网，使企业获得快速满足用户需求的能力。此外，通过 JIT 采购、JIT 配送和 JIT 分拨物流来实现同步流程。整合全球配送网络，形成大规模的分拨物流体系。

最后，通过计算机网络连接来实现新环境下的速度经济。速度经济是指通过快速满足市场的需求而获得一定利润的经济。相对传统的规模经济而言，速度经济更强调企业对市场经营环境变化的反应速度，在新型经济迅猛发展的今天，速度经济比规模经济更能适应社会与经济的发展，更能满足消费市场的需求。因此，企业为求得更快更好的发展，就必须对速度经济引起重视。而当前计算机网络技术的运用已经成为实现新经济环境下速度经济的关键，能保证企业面对快速变化的市场需求，灵活应变，满足不同层次的客户需求。企业通过建立内部的信息高速公路，将用户信息同步转化为企业内部的信息，实现以信息替代库存，零资金占用。在企业外部，CRM 与 BBP 平台搭建起企业与用户、企业与供应商沟通的桥梁。所有的供应商均在网上接收定单、网上查询计划与库存、网上招标、与银行合作网上支付，大大加快了定单响应速度。信息化高度集成的物流执行系统，能够成功的将运输管理、仓库管理和定单管理系统高度一体化的整合，从而提高对客户的响应速度和实现及时配送。计算机网络搭建的信息高速公路，能将电子商务平台上获得的信息迅速转化为企业内部的信息，以信息代替库存，达到零营运资本的目的。

最后是实现物流的产业化。好的企业满足需求，伟大的企业创造市场，在拥有“三个JIT”、“一流三网”资源和信息化平台支持的基础上，在不断完善内部业务运作的同时，企业应大力拓展社会化物流业务，以客户为中心，建立起高效的供应链体系。

社会化物流业务包括三个部分，即社会化第三方采购、社会化第三方物流和第四方物流咨询。首先，实现社会化第三方采购，需要构建全球供应链资源网络，建立庞大的国际化供应商信息库、拥有先进的供应链经验，构建起能够快速满足质量、成本、交货期的全方位供应关系，可以帮客户优化采购渠道，实现全新的电子化采购，使客户由策略采购转向采购决策电子化。此外，社会化第三方物流即为客户提供增值。物流企业通过建立全球配送网络、运用先进、灵活的管理系统和物料管理运作的经验能力，来提高对客户的响应速度和进行及时配送；力求向其他企业提供全程物流服务，解决成本、响应速度的问题，以客户为中心提供全方位的物流增值服务。最后，在不断拓展第三方物流业务的同时涉足第四方服务咨询业，通过对物流业务流程再造与发展，在开放的系统中获取更大的资源，在企业物流管理、供应链管理、流程再造方面积累宝贵的经验，为客户提供社会化产业拉动资源，帮助客户规划、实施和执行供应链的程序，提供物流增值服务。

8.3 跨境电子商务物流

跨境电子商务是指分属不同关境的交易主体，通过电子商务平台达成交易、进行支付结算，并通过跨境物流送达商品、完成交易的一种国际商业活动。2013 年我国的跨境电子商务规模达 3.1 万亿元，交易规模增长率达 31.3%，交易规模占进出口比例达到 12.1%，并呈现出逐年增长的趋势。电子商务全球化与跨境网购的流行加速了全球经济一体化，使物流产业发展呈现全球集约化的趋势，也给电子商务企业带来了全新的物流配送问题。因此，跨境电子商务的快速发展给物流带来了潜在的巨大市场，同时也对电子商务物流企业的服务提出了更大的挑战，物流企业应致力于探索出一种适合跨境电子商务的物流运作方式。

跨境电子商务物流指的是能满足跨境电子商务服务需求的专业化、个性化的新型物流服务模式。我国跨境电子商务主要分为企业对企业（即 B2B）和企业对消费者（即 B2C）的贸易模式。B2B 模式下，企业运用电子商务以广告和信息发布为主，成交和通关流程基本在线下完成，本质上仍属传统贸易，已纳入海关一般贸易统计。B2C 模式下，我国企业直接面对国外消费者，以销售个人消费品为主，物流方面主要采用航空小包、邮寄、快递等方式，其报关主体是邮政或快递公司，目前大多未纳入海关登记。

8.3.1 跨境电子商务的发展与物流业服务的转型升级

1. 跨境电子商务的发展现状

2014 年是我国电子商务发展的重要一年。在电子商务市场继续保持快速增长的同时，中国网络购物市场开启上市热潮，阿里巴巴提交 IPO 文件，聚美优品、京东先后赴美上市成功。

电子商务市场的高速发展成为推动电子商务物流市场的重要驱动力，电商物流也成为物流市场发展最快的细分领域。总的来看，电商物流发展呈现出一些新的特点，尤其值得提出的是跨境电商已经成为行业热点。

目前，跨境电商成为市场热点之一，据商务部统计数据显示，2013 年中国跨境电子商务交易额突破 3.1 万亿元，预计到 2016 年将增至 6.5 万亿元，年均增速接近 30%。蓬勃增长的市场为跨境电商提供了无限的发展空间，跨境电商物流迎来发展契机，物流服务转型升级势在必行。

政策红利的刺激不断，大大促进了跨境电子商务的发展。在进出口稳中有升的大环境下，随着国家对跨境电商政策支持力度的加大，跨境电商成为我国对外贸易的新增长点。今年以来，广州、杭州、郑州、深圳、哈尔滨、长春等地先后获批“国家跨境电子商务试点城市”，试点城市将通过“规范贸易制度、制定贸易标准、强化在线支付、完善跨境物流、电商出口退税”五个方面给予政策支持。此外，流程监管创新、通关便利化也加速了跨境电商的发展。全国首个统一版海关总署跨境电商通关服务平台于 2014 年 7 月 1 日在广东东莞正式上线运营。2014 年 7 月 29 日，海关总署“56 号文”“57 号文”相继出台，通过电子商务交易平台实现跨境交易的企业和个人接受海关监管，推广“清单核放、汇总申报”的便利模式，解决了跨境电商货品以个人物品通过行邮的方式出境所存在的难以快速通关、结汇、退税难等问题。

出口电商仍将是未来跨境电商的主要组成部分，而进口电商的市场份额则将在自贸区建设进程加快的大环境下继续增长。2013 年上海自贸区正式挂牌成立，在其影响下，各地也加快申请自贸区的进程。进口电商随之衍生出保税网购模式，即在自贸区内建立保税仓库，存储需求量大、价格适中、国内外品质差异明显的进口产品，消费者下单后直接从自贸区仓库发货，服务体验与在国内网购相似，快速便捷。随着经营者升级、政策法规落实，以及对第三方转运的监管强化，此类保税网购将呈爆发式增长，交易规模有望在三年内占进口跨境电商交易的一半，成为未来跨境电商发展的主流模式。

2. 跨境电子商务对物流服务提出的新要求

在跨境电商经营中，物流成为至关重要的一个环节，在线批发多采用传统的通关物流方式，在线零售多以商业快件和个人行邮为主要的物流方式。值得提出的是，跨境电商和普通电商不同，跨境电商物流成本十分高昂，物流一度成为制约跨境电商行业发展的关键性因素之一。跨境电商的迅速崛起，给跨境电商物流带来了发展契机，也倒逼物流服务的变革升级，同时也产生了多种模式共同发展的多元化业态。

目前，由于跨境电商单笔订单的商品数量较少、体积较小，所以在线外贸卖家向海外买家发货一般不会采用传统集装箱海运的方式运输，主要通过国际快递及国际外贸小包两种方式。在当前邮政包裹占据七成份额的情况下，跨境电商物流依旧存在种种弊端，包括配送时间长、包裹无法全程追踪、不支持退换货，甚至会出现清关障碍和破损甚至丢包的情况。另外，长达一周、两周甚至数月的配送时间，在极大地考验海外用户耐心的同时，也严重制约了跨境电商的进一步发展。

eBay 中国商务发展总监汤亦珩曾指出，在电子商务平台上进行跨国贸易，最大的挑战之一便是不稳定的物流配送体系。一宗从中国境内到境外的网络外贸交易物流配送周期一般在 5～30 天，时间波动相当大。但在交易的过程中，物流配送的速度却是影响境外买家购买体验的重要因素，也直接关系到卖家获得的评价如何，进而影响卖家的销售表现。

不难看出，跨境电商的迅速崛起也对跨国快递和物流企业提出了新的要求，国内快递企业也纷纷“出海”发展国际业务。依托邮政渠道，EMS 可以直达全球 60 多个国家；顺丰速运针对境外电商推出“全球顺”服务；申通快递先后进军俄罗斯、荷兰市场。在跨境电子商务的发展需求趋势下，海外仓的应用已经成为发展的必然趋势。海外仓的广泛使用将改变跨境电商零售出口产业的物流生态，能够实现本地发货，加快商品配送速度，提升商品的销售速度。国内企业正致力于加快海外仓储布点和国际业务的布局。例如，万邑通在英国和德国先后开通“海外仓”；出口易、递四方等物流服务商也大力建设海外仓储系统，不断上线新产品。

尤其值得关注的是，跨境电商物流出现多种模式共同发展的多元化业态。由于跨境电商单笔订单的商品数量较少、体积较小，所以在线外贸卖家向海外买家发货一般通过国际快递或国际外贸小包两种方式。由于邮政包裹配送时间长、包裹无法全程追踪、清关障碍等弊端明显，这不仅极大地考验海外用户耐心，也严重制约了跨境电商的进一步发展。随着“备货”模式兴起，通过仓储前置，传统集装箱海运的方式将得到青睐。天猫国际和六大跨境电商试点合作，依托港口，批量海运、空运到保税区的模式，降低物流成本。同时，传统的快递和物流企业也开始做一些延伸布局，加大对保税仓、第三方转运等业务。跨境物流正在从单一的邮政包裹演变为“邮政包裹为主，其他模式并存”的多元化业态。

出口电商仍将是未来跨境电商的主要组成部分。在跨境电子商务的物流服务市场上，邮政一家独大的局面将不复存在，国际集成商和资源整合商将分食中高端市场。国际集成商拥有全球网络优势，近年来更将战略发展重点指向中国市场，但是出口电商产品价值普遍偏低，难以承受国际集成商高昂的运价，难以成为主流。资源整合商则充分利用社会资源，按照“本地经济型快递商接货 - 专线包机干线运输 - 境外经济型快递商送货”的模式发展，有望成为新的投资热点。

8.3.2 跨境电子商务环境下的物流运作模式

跨境电子商务企业在竞争日益激烈的今天，为提高货物配送质量、保证商品到达时间，也纷纷自建物流或外包物流，整合虚拟信息流与物流，以创新性的运营策略来应对环境的变化。跨境电子商务环境下的主要物流运作模式包括以下三种。

1.“单一”跨境电子商务物流模式

海外供应商将货品送达电子商务企业位于制造国的物流配送中心，由其负责商品的实际备货与仓储管理，当消费者在网络平台下订单时，将由制造国的物流中心完成单笔订单的拣货、包装和出货，以“单一”订单包装成单件包裹形式，并在制造国物流中心以单件包裹形式交付给国际快递公司，由它为顾客提供门到门的物流服务。

此物流模式对于电子商务企业来说，完全不需要另设转运物流配送中心，也不需要考虑与收件地国家的本土快递体系合作，只需选择服务品质优良的门到门国际快递公司，由其负责送至不同国家的收件地，而且国际快递企业会负责处理包裹的通关、报税等工作。此外，单件包裹独立运送而不以批量形式运送，即不需等待货运量达到一定程度才转交国际快递公司，因此在配送速度上较其他运输方式快。然而，此模式虽然简易方便、运送快速，但国际单件快递运费非常高，如果某一国家的订单来源比例较高时，难以进行整合运输。

2.“两段中转”跨境电子商务物流模式

海外供应商将货品配送至电子商务企业位于该国的物流中心，由其负责商品实际备货与仓储管理，当消费者于电子商务网站下订单时，由该物流中心完成单笔订单的拣货、包装和出货，整合收件地与不同国家的单件包裹，将货物交由国际物流公司以整批方式运输至海外转运国，由海外转运国物流中心将整批货品拆封成原单件包裹形式，再将单件包裹交由国际快递公司配送至指定国家收件地。因运输路程共有两段，转运点在转运国，因此称为“两段中转”跨境电子商务物流模式。

此种物流模式享有整合物流的优势，且不需考虑与收件地国家本土快递体系合作的相关问题。在订单来源未明确显示来自某一国家时，此物流方案可有效整合不同国家的单件包裹，以整批形式运输至转运国物流中心以节省国际运费。

但是，此种模式较为复杂，因配送形式同时包括整合运输与单件运输，电子商务企业在选择配送服务的相关公司时，需同时寻找适合的批量运送国际物流企业与单件快递企业，且在货品配送进度查询的信息处理上也分为两个阶段。此外，更重要的是因货品经过转运国，其转运模式还需考虑增加通关检验的时间成本与相关的税费问题。

3. “两段收件”跨境电子商务物流模式

海外供应商将货品配送到电子商务企业位于该国的物流中心，由该物流中心负责商品的实际备货与仓储管理，当消费者在电子商务平台下订单时，由制造国的物流中心完成单笔订单的拣货、包装、出货，以单一订单的单件包裹形式，由海外供应商物流中心根据收件地分别整合成不同的整批货品，交由国际物流企业以整批运输的形式直接运抵收件国，由收件人所在国物流中心将整批货品拆封成原单件包裹形式，再将单件包裹交由收件人所在国当地快递体系递送至指定收件地。因运输路程包含第一段整批运输与第二段单件运输，转运点在收件国，因此称为“两段收件”转运。

此物流模式在跨境运输时具备整合运输的成本优势，在收件国运输时也享有收件国当地快递体系提供的国内优惠。因此该物流模式在收件人所在国当地设置物流中心，并且在订单来源明确显示来自某些国家时较为适用。此运输方案的配送速度受到各国当地快递体系运作效率的影响，无法给予全球各地线上购物消费者标准的派送时间，且在货品递送进度查询信息处理上会分为两阶段条码，一为国际运输阶段，一为收件人所在国当地快递阶段。

8.3.3 跨境电子商务下第三方物流的优劣势分析及发展建议

1. 跨境电子商务下第三方物流的优势分析

国内外电子商务的实践表明，与电子商务建立联系并为电子商务服务的物流绝大部分是第三方物流。据美国田纳西州大学的研究，美国大多数企业使用第三方物流服务后可以获得的好处包括：作业成本降低62%、服务水平提高62%、核心业务集中56%、雇员减少50%。具体来说，第三方物流主要有以下几个方面的优势 。

（1）有效降低物流成本

跨境电子商务的交易范围涵盖全球，要求企业具备很强的货物集散能力，但作为一个新兴企业是很难做到的。第三方物流具有经营跨境电子商务企业所不具备的规模经营优势和专业优势，使企业从物流业务获益的同时为电子商务企业提供运输、仓储和配送等服务，从而可以使电子商务企业的物流成本得到大幅度降低。例如在敦煌网，买家可以根据卖家提供信息来生成订单，可以选择直接批量采购，或选择先小量购买样品，再大量采购。这种线上小额批发一般敦煌网是与DHL、联邦快递等国际物流巨头保持密切合作，以网络庞大的业务量为基础，可使中小企业的同等物流成本至少下降50%。

（2）保障企业致力于主营业务

跨境电子商务企业将物流业务以合同方式委托给第三方物流企业，可以减少库存占用资金以及固定资金的投入，合理利用有限资源，集中财力、人力、物力发展本企业的主营业务，增强自身核心竞争力，从而更快地构建覆盖全球的商业营销体系，取得在全球同行业业务中的竞争优势。

（3）节约社会资源

跨境电子商务业务运输距离远、货物运量大，各个电子商务企业自成一家的物流体系会形成重复建设的浪费，而将所有物流需求集中于专业化的第三方物流企业可以有效整合社会物流资源，更为便捷地在全球市场中实现资源的跨国传递和信息共享。与此同时，这种集中化的物流还能够减少海、陆、空三种运输方式所带来的环境污染，有助于提高单次运输的边际效益和规模效益，实现跨境电子商务的可持续发展。

2. 跨境电子商务下第三方物流的劣势分析

（1）物流风险的可控性差

许多电子商务企业在经营方式上采取的是粗放型经营，对物流控制力较低，对第三方物流企业的依赖性过强，易使企业缺少对物流业务控制的主动权，在覆盖领域和服务质量上受制于第三方物流企业。同时，物流服务具有一定的风险性和不确定性。若发生宏观经济风险，第三方物流公司可能因经营管理不善面临倒闭或高额负债等问题，这些风险是电子商务企业所无法预料和控制的，但会给企业带来较大的沟通成本和信用成本等。

（2）缺乏顾客信息的直接反馈

粗放式经营下的第三方物流会导致电子商务企业缺乏对物流信息的反馈。如在运送过程中产品的保管问题、物流人员的服务态度等信息，电子商务企业无法第一时间获取。对于往来密切的老客户或有特定需求的客户，企业不能有效提供个性化服务。这种状况不利于企业稳定自身的客户群体，进而对自身的销售额和利润率造成不良影响。

3. 跨境电子商务下第三方物流的发展建议

在跨境电子商务领域里，大力发展第三方物流配送服务必将取得不小的成功。可是，在我们发现优势的同时，也不能忽略国内第三方物流服务还有诸多的不足之处。我们只有把握住机会，克服不足，才能应对内部与外部的威胁，才能让第三方物流在跨境电子商务市场取得成功。为了提高和发展跨境电子商务第三方物流，提出以下建议。

（1）整合产业链，分离货运资金

针对第三方物流将造成企业对物流风险控制性差这一劣势，企业可将第三方物流企业和跨境电子商务企业相分离，作为两个不同的个体分别对顾客进行服务。除此之外，跨境电子商务企业也可以与第三方物流公司签订长期稳定的合作关系，建立共同配送模式，从整体上提高供方取得价格优惠的能力，实现规模经济的目标；同时注意供应链的各个环节的紧密联系，对顾客的个性化需求设立专门的反馈渠道，从而保证电子商务业务的服务质量。

（2）开放顾客评价机制，加大顾客意见收集力度

在整个物流过程中，为了能够更好地获得顾客反馈信息。物流企业可以作为独立的经济个体出售自己的服务，直接接受顾客的付款，并且得到顾客的评价。同时，物流过程中可能发生的物流人员态度、物品损坏、运输延迟等问题均由物流公司直接承担，这样能够使电子商务企业将人力、物力集中于自己的主营业务方面。第三方物流公司直接接受顾客的评价有利于顾客对第三方物流公司服务质量的监督，实现市场的公平竞争和优胜劣汰。电子商务企业和顾客都将倾向于选择服务质量好的第三方物流企业，这样就会促使第三方物流公司不断改善服务质量，在保管物品和运输货物的过程中，自觉增加责任心，提高顾客的满意度，反过来也会促进

跨境电子商务业务的发展。

(3) 提高第三方物流企业的综合能力

第三方物流企业必须不断提高自身核心竞争力，才能满足日益发展的跨境电子商务业务的高标准需求，主要包括物流技术体系的构建、针对跨境电子商务的技术创新、企业文化的建设、高效信息体系的培育、组织管理体系的完善等。此外，物流企业还要注重其物流设施的配备和相关生产标准，努力与国际标准接轨，早日实现标准化操作，提高业务效率。

(4) 加强高素质人才的培育

国际物流业需要的是复合型人才，解决我国国际物流人才短缺的有效途径是采取多元化物流人才培养模式，可以借鉴国外的经验，在物流行业中推行物流师、采购师证书教育与从业人员上岗资格证制度，逐步建立我国物流行业从业人员职业教育、培训和从业资格认证制度及相应的认证体系，以解决在此领域专业人才匮乏的问题。

【案例分析】

五洲在线：来一场物流革命

五洲在线是一家做仓储外包服务的公司，其经营理念是用更加理想化的供应链模型和仓储网络布局，去优化众多品牌的整个后台的供应链管理，“通过打破市场中的一些条条框框，引起一场物流的革命”。

1. 转向蓝海

由淘宝商城发起的“双十一”促销是整个电子商务领域比较火的活动，当年淘宝商城联合很多商家搞半价促销。如今成了一个约定俗成的电商购物节。2009 年 11 月 11 日的促销活动，五洲在线的业务还是给很多商家做线上的代运营，像美特斯邦威、杰克琼斯 (JACK&JONES) 都是五洲在线的客户。在这次促销活动中，很多商家由于仓储物流系统不完善、准备不充分，面对突然暴增的订单，仓库瘫痪，订单处理不完，货也发不出去。有的消费者当时买的商品，一个月后才收到。五洲在线在这次卖家的危机中看到了自己的商业机会，于是果断转向，聚焦于仓储外包服务。电子商务的发展，使得客户对仓储物流的需求不断增长，这些需求靠老的方法不能满足，需要新的方法。能够提供新的满足方法的企业又不多，算是一个蓝海市场。

电商仓储和实体店仓储有很大不同。实体店仓储是后台系统，服务对象是门店，仓储管理的好坏，消费者是看不出来的。而电商仓储直接面向消费者，仓储管理的好快、效率的高低、准确性的高低，消费者都可以感觉到，直接影响到用户体验。同时，线上仓储由于直接面向消费者，在订单频率、结算、退换货等方面情况复杂，比支持线下 B2B 仓储的管理要复杂得多。

2. 3 秒完成一单

2010 年的“双十一”促销活动，五洲在线创造了自己快速发货的纪录：“双十一”当日，日处理订单达 23 万单，几乎是 3 秒就可以处理 1 个订单，发 1.4 件商品。这意味着，从五洲在线的平台显示消费者下单，到拣货、质检、包装确认、交接确认——快递公司把货拿走，这一系列的过程，平均每件货物只需 3 秒。这样的快捷服务得益于五洲在线“系统 + 仓配”的服务模式。客户把货物存放在五洲在线的仓库，使用五洲在线的系统，把仓储物流外包给五洲在线。

五洲在线自主开发了专业的电子商务系统 IES 和 SCM，IES 是商品信息管理系统，主要是商品信息及相关维护；SCM 是商品信息、库存、入库单、出库单及促销活动的管理系统。五洲在线的系统管理了从消费者下单到仓库出货的所有流程，看到所有产品的摆放位置和处理状况，是订单占用，还是销退残品等，这样就使仓储管理更为便捷。

在仓储方面，五洲在线有 15 万 m^2 的电子商务专业仓库，分布在北京、上海、广州和江苏太仓，为德尔惠、鸿星尔克、秋水伊人等 60 多家客户提供仓储外包服务。五洲在线的系统可以针对不同类型的商家提供不同的解决方案。比如，淘宝的卖家自己不生产商品，需要进行采购，他们用的系统就叫零售采购模式，这样的模式，因为商品的采购具有不确定性，而稍微复杂一些。如果是品牌商直接与五洲合作，就会采用品牌通知模式，因为可以直接知道商品的状况。五洲在线的 SCM 系统可以和淘宝、京东、1 号店等各电商平台无缝对接，可以支持客户把货放到各个平台去卖。比如七匹狼，在各大电商平台都有销售，其库存在五洲的仓库，卖一件货就减少一个库存，各电商平台实时都能显示这个数据。

3. 线上线下一体化

未来五年内，五洲在线希望为其线上线下的物流体系带来一些改变，用更加科学化的供应链模型、更加理想化的仓储网络布局，去优化众多品牌的整个后台的供应链管理。在过去的两年里，整个技术体系架构的实现是对五洲在线最大的挑战。目前整个系统的核心模块，在 100 多人的技术团队的共同努力下已经完成，现在的工作主要是优化和升级。下一步，五洲在线希望实现线上线下一体化，将供应链管理应用到企业的线下整体业务当中去。也就是说，使用了五洲在线服务的品牌商或者销售商，无论在淘宝、腾讯拍拍或者京东、1 号店等平台，都可以通过五洲的供应链体系给其供货，完成其整个供应链管理服务。五洲在线也会协助某些品牌，比如在某些五洲在线没有仓库的区域，可以提供其系统，对其仓库进行管理，并将他们的仓库和五洲的仓库联动起来，同样也可以帮助其实现线上线下一体化的仓储网络布局和管理。

资料来源：中国物流与采购网 http：//www. chinawuliu. com. cn/xsyj/2011. 11/174769. shtml

本章小结

本章主要介绍了电子商务物流的发展趋势，并对其发展的趋势进行了展望。首先，分析了电子商务物流目前呈现出的几个发展趋势，包括基于信息化的物流网络化、物流过程的精益化、物流标准化、物流服务的丰富与创新以及物流国际化的深化发展。另外，还从不同角度提出了电子商务物流发展的对策，包括电子商务与现代物流业的协同发展、加快电子商务物流的电子商务化进程和整合电子商务物流业务流程，服务“一流三网”。最后，提出在跨境电子商务环境下物流服务的新要求，简介跨境电子商务环境下的物流运作模式，分析了跨境电子商务环境下第三方物流的优劣势并提出其发展建议。

习　题

一、单项选择

1. 关于物流网络化不正确的一项是（　　）。
   A. 物流节点普遍实行信息化管理　　B. 系统具有相对的开放性
   C. 信息流在物流过程中起导引和整合作用　D. 系统具有明显的规模优势
2. 实现精益物流的关键是（　　）。

A. 正确认识价值流
B. 价值流的顺畅流动
C. 顾客需求作为价值流动力
D. 提供顾客满意的物流服务

3. 未来电子商务物流的发展也将迎来产业链全面竞争的时代是源于（　　）。
A. 发展环境变化导致竞争环境巨变
B. 需基于产业链打造竞争优势
C. 应以战略思维应对环境巨变
D. 需要把握关键环节，提高协同有效性

4. 当前，我国物流公共平台领域发展较为快速的部分是（　　）。
A. 全球定位系统
B. 地理信息系统
C. EDI 网络服务中心
D. 物流公共信息交换平台系统

5. 整合电子商务物流业务流程，改变原有落后的物流运作流程及管理模式所要经历的第二个阶段的优化过程是（　　）。
A. 物流信息化管理
B. 物流运作流程重组
C. 供应链管理
D. 物流产业化

6. 在物流重组阶段，需要整合企业内部原来分散在各个部门的各项物流业务流程，运用 JIT 的管理思想，实施的策略中不正确的一项是（　　）。
A. JIT 采购　B. JIT 生产　C. JIT 原材料配送　D. JIT 成品分拨物流

7. 物流服务的创新性特性的表现形式中不正确的一项是（　　）。
A. 物流服务柔性化　B. 物流服务社会化　C. 物流服务绿色化　D. 物流服务现代化

8. 在精益物流系统中（　　）是价值流的出发点。
A. 顾客需求　B. 物流信息化　C. 物流解决方案　D. 物流成本

9. 关于网络物流化的理想状态不正确的一项是（　　）。
A. 按需生产　B. 低库存　C. 在途时间短　D. 无间隙传送

10. 关于精益物流说法不正确的是（　　）。
A. 实现精益物流的前提是要正确认识价值流
B. 实现精益物流的保证价值流的顺畅流动
C. 精益物流的目标受到效益背反法则的影响
D. 实现精益物流的关键是平衡顾客需求和成本

二、多项选择

1. 物流网络化主要依赖运用的技术包括（　　）。
A. 物流信息平台的运用
B. EDI 信息系统的运用
C. 网络 GPS 技术的运用
D. 条码技术的运用
E. CIMS 技术

2. 精益物流的基本框架包括（　　）。
A. 以客户需求为中心
B. 准时
C. 准确
D. 快速
E. 系统集成

3. 物流标准化主要包括的类型是（　　）。
A. 基础编码标准
B. 物流基础模数尺寸标准
C. 物流建筑基础模数尺寸
D. 集装模数尺寸
E. 托盘尺寸的标准化

4. 目前我国电子商务与物流协同发展所面临的矛盾主要表现在以下哪些方面（　　）。
A. 物流观念落后
B. 物流设施陈旧，利用率不高

C. 供应链不合理

D. 缺乏理论指导，法律、法规不完善

E. 电子商务和物流的需要水平不高

5. 社会化物流业务包括（　　）。

A. 社会化第三方采购

B. 社会化第三方物流

C. 第四方物流咨询

D. 社会化物流人才培养

E. 物流系统集成

三、简答题

（1）我国电子商务与物流协同发展对策包括哪几个方面？

（2）什么是“一流三网”的管理模式？它可以实现的目标有哪些？

（3）进一步构建物流信息网络，加强物流信息的网络化的主要措施有哪些？

（4）基于产业链打造电子商务物流企业的竞争优势有哪些主要的措施？

四、实训题：电子商务环境下物流企业服务内容及水平调查

（1）实训目的：通过实训，了解目前国内电子商务环境下，物流企业所提供的服务内容及水平。

（2）实训内容：通过网络资料收集分析及学校所在城市物流市场的实际调研，了解电子商务环境下，各类物流企业的代表企业所提供的服务内容，分析其服务水平，并将各类物流企业所提供的服务水平加以对比。

（3）实训要求：参与实训的学生以分组的形式，在教师的指导下，分工协作完成实地调研和网上资料收集，并将资料进行分类整理，进行小组讨论归纳，形成最终的实训报告。

习题参考答案

第 1 章

一、单项选择

1. A 2. C 3. C 4. C 5. A 6. B 7. D 8. A 9. B 10. D

二、多项选择（5 个）

1. ABCD 2. ABDE 3. ABCD 4. BCD 5. CD

三、简答题

（1）狭义的电子商务（EC）是指实现整个贸易过程中各阶段贸易活动的电子化。从涵盖范围方面可以定义为：交易各方以电子交易方式而不是通过当面交换或直接面谈方式进行的任何形式的商业交易。从技术方面可以定义为：EC 是一种多技术的集合体，包括交换数据、获得数据以及自动捕获数据等。它的业务包括：信息交换、售前售后服务、销售、电子支付、运输、组建虚拟企业、公司和贸易伙伴可以共同拥有和运营共享的商业方法等。因此可以这样理解，狭义的电子商务主要是借助计算机网络进行交易活动。

广义的电子商务（EB）是利用网络实现所有商务活动业务流程的电子化，不仅包括了 EC 面向外部的所有业务流程，如网络营销、电子支付、物流配送、电子数据交换等，还包括了企业内部的业务流程，如企业资源计划、管理信息系统、客户关系管理、供应链管理、人力资源管理、网上市场调研、战略管理及财务管理等。所以，广义的电子商务既包括了企业内部商务活动，如生产、管理、财务等，也包括企业对外的商务活动，将上下游业务合作伙伴企业结合起来进行业务。

（2）具体来说，现代物流和传统物流的差异可以从以下几个方面进行比较。

1）概念上的差异。传统物流指的是物品的储存与运输及其附属业务形成的物流活动；而现代物流则突破了以上两项功能的局限性，立足于现代信息技术的运用，是整合运输、仓储、装卸、搬运、包装、流通加工、配送、信息处理等多种功能形成的综合性的物流活动。

2）在职能系统上的差异。传统物流的主要职能包括运输、仓储、装卸搬运、包装等功能要素，各功能要素相对较为孤立；而现代物流囊括了运输、仓储、装卸、搬运、包装、流通加工、配送、信息处理等物流功能，强调各项职能的综合性处理，物流系统的整体优化。

3）在物流组织上的差异。传统物流的组织是在企业内部的分散组织，没有物流中心，不能很好地控制整个物流链；而现代物流组织方式是企业外部的专业化组织，合理地运用物流中心，能实现这个供应链的全面管理。

4）物流服务模式上的差异。传统物流的服务模式通常是一次性、被动型的服务，在服务的区域上有一定的局限性，通常提供的是区域内的物流服务，服务合约周期一般较短，通常以自营物流为主；而现代物流能为顾客提供多种功能为一体的服务且兼顾增值性服务，服务形式多为主动性，提供的服务不受区域限制，可提供跨地区甚至国际物流服务，提供的服务以合同为导向，期望与客户建立长期战略合作伙伴关系，普遍应用第三方物流的经营模式。

5）物流技术运用上的差异。传统物流自动化程度低，以手工操作为主，无外部整合系统，没有应用新型物流信息技术；而现代物流无论在硬件还是在软件应用上均强调创新，不断提升技术应用水平，广泛应用各类物流自动化技术和物流信息技术，如自动化立体仓库、自动引导车，条码、GPS、GIS、EDI、POS、EOS 等技术。

6）追求目标的差异。传统物流追求的目标局限于成本，通常采用价格竞争策略；而现代物流以现代市场营销理论为理念，以客户为中心，追求成本和服务的均衡，即其目的是追求以低物流成本向顾客提供优质服务。

（3）物流对电子商务的支撑作用可以从以下几个方面理解：

1）物流是电子商务概念的重要内容。

2）物流保障生产。

3）物流服务于商流。

4）物流是企业电子商务的利润源泉。

5）物流是实现“以顾客为中心”理念的根本保证。

（4）我国电子商务物流存在的问题表现在以下几个方面：

1）企业经营电子商务物流面临资源不足的问题。

2）企业经营电子商务物流面临物流网络方面的问题。

3）企业经营电子商务物流面临物流需求规模和服务费用问题。

4）企业经营电子商务物流面临服务内容的问题。

5）企业经营电子商务物流面临人员及管理的问题。

6）企业经营电子商务物流面临企业间关系及协议的问题。

7）观念上的问题也是制约电子商务物流发展的一个重要因素。

第 2 章

一、单项选择

1. A　2. A　3. B　4. C　5. A　6. B　7. C　8. C　9. B　10. A

二、多项选择

1. ABCD　2. ABCD　3. ABC　4. ABCD　5. CE

三、简答题

（1）配送和通常所说的送货在本质上是不同的。一般来说，配送有一套确定的组织、相对固定的渠道，有一套装备和管理力量、技术力量，有一套制度的体制形式，以服务客户为目标，按需、按时、按地点交付客户。通常说的送货是一种偶然的、随机的、被动的行为，而配送却是一种经常的、确定的、主动的行为。显然，送货更多地体现着传统物流的理念和作业行为，而配送则更多地体现着现代物流的理念和方法。

（2）为了满足企业经营和降低成本的需要，由多个中小型企业合资或合作建立配送中心的模式。这类模式可以在供应链的上下游企业间实行，也可以在同类企业间实行，还可以在异类企业间实行，只要能够实现“共赢”，就达到了大家共同的目标。这样做不仅可以提高配送车辆的利用率，减少企业的配送费用，弥补配送能力薄弱的不足，而且有利于企业及时、快速地响应客户的需求。

（3）备货；储存；分拣及配货；配装；配送运输；送达服务；配送加工。

（4）第一，有利于促进物流的社会化、合理化；第二，有利于促进物流设施和装备的技术进步；第三，使仓储的职能发生变化；第四，促进商物分离；第五，有利于提高物流的经济效益。

第3章

一、单项选择

1. A 2. C 3. B 4. B 5. D 6. B 7. A 8. D 9. B 10. D

二、多项选择（5个）

1. ABC 2. BCD 3. BC 4. ABC 5. AC

三、简答题

（1）管理信息化；横向一体化和网络化；敏捷柔性化；物流系统化、专业化。

（2）是外包仓储物流模式。这种模式具有覆盖区域广泛、企业所付诸精力较少、利于社会物流资源的开发利用和提升企业核心竞争力等优点。

（3）电子商务零售企业所需的仓储管理系统中包含的主要功能有：入库管理、库存管理、订单管理、库存精度与质量控制管理、调拨管理、出库管理、系统管理。

（4）云仓储是一种全新的仓库体系模式。其实质就是实体分仓，即基于“云”的思路，整合整个社会资源，在全国各区域中心建立分仓，由公司总部建立一体化的信息系统将全国各分拣中心联网，分仓为云，信息系统为服务器，形成公共仓储平台。

第4章

一、单项选择

1. D 2. B 3. A 4. B 5. A 6. B 7. C 8. B 9. C 10. B

二、多项选择

1. ABCDE 2. ABC 3. ABCDE 4. ABD 5. BCD 6. ABCDE

7. ABCDE 8. ABCDE 9. ABC 10. ABC 11. ABCDE 12. ABCDE

三、简答题

（1）①防止包装不足。包装成本过低，材料水平不足，强度不足，使得包装防护性不足，都会造成损失；②防止包装过剩，包装物强度设计过高，材料选择过高，技术过高会造成包装成本过高，一方面使包装成本支出大大超出收益，另一方面也损害了消费者的利益。③从物流管理角度，用科学防范确定最优包装。由于物流诸因素是可变的，因此包装也是不断发生变化的。确定包装形式，选择包装方法，都要与物流诸因素的变化相适应。

（2）①包装模数；②物流包装大型化和集装化；③包装物的现代化管理；④开发新的包装材料和包装工具。

（3）①提高原材料利用率；②进行初级加工，方便用户；③提高加工效率及设备利用率；④充分发挥各种运输手段的最高效率；⑤改变功能，提高收益。

（4）①为弥补生产领域加工不足的深加工；②为满足需求多样化进行的服务性加工；③为保护产品所进行的加工；④为提高物流效率，方便物流的加工；⑤为促进销售的流通加工；⑥为提高加工效率的流通加工；⑦为提高原材料利用率的流通加工；⑧衔接不同运输方式，使物流合理化的流通加工；⑨以提高经济效益，追求企业利润为目的的流通加工；⑩生产–流通一体化的流通加工形式。

（5）①流通加工地点设置不合理；②流通加工方式选择不当；③流通加工作用不大，形成多余环节；④流通加工成本过高，效益不好。

（6）①加工和配送相结合；②加工和配套相结合；③加工和合理运输相结合；④加工和合理商流相结合。

（7）①装卸搬运是影响物流效率的重要环节；②装卸搬运是影响物流成本的主要因素；

③装卸搬运是连接其他物流主要环节的桥梁。

（8）①降低装卸搬运作业次数；②移动距离最小化；③提高装卸搬运的灵活性；④单元化；⑤机械化；⑥利用重力；⑦各环节均衡、协调；⑧系统化。

第5章

一、单项选择

1. A 2. A 3. C 4. A 5. C 6. A 7. B 8. B 9. C 10. B

二、多项选择

1. ABCD 2. ABC 3. AC 4. ABCD 5. ABCDE 6. ABDE

7. ABCE 8. CDE 9. ABCDE 10. BCD

三、简答题

（1）①物流的硬件技术；②物流的软技术；③物流的信息技术。

（2）1）先进性：速度更快；准确度更高；稳定性更好。

2）信息化

3）多样化与专业化。

4）标准化与模块化。

5）系统性与可扩展性。

6）智能化与人性化。

7）绿色化与节能化。

（3）条码技术包括条码的编码技术、条码标识符号的设计、快速识别技术和计算机管理技术。

（4）发送方将要发送的数据从A公司的信息系统数据库中提出，并通过转换软件成平面文件（中间件）；平面文件通过翻译软件翻译成标准的EDI报文；发送EDI信件；接收方从EDI信箱中收取EDI信件；将EDI信件拆开并通过翻译软件翻译成平面文件；将平面文件转换并送到B公司的信息系统中进行处理。

（5）GIS在物流中普及应用后，通过互联网实现信息共享，实现三方应用，即车辆使用方、运输公司、接货方对物流中的车货位置及运行情况都能了如指掌，透明准确，利于三方协调好商务关系，从而获得最佳的物流流程方案，取得最大的经济效益。

（6）GPS在物流中普及应用后，通过互联网实现信息共享，实现三方应用，即车辆使用方、运输公司、接货方对物流中的车货位置及运行情况都能了如指掌，透明准确，利于三方协调好商务关系，从而获得最佳的物流流程方案，取得最大的经济效益。

（7）① 订货人员在进行订货作业时，就要先在卖场查看各商品销售状况，确认所需订货，方可进行订货作业，要特别注意是否未上架的库存商品。

② 订货人员在卖场扫描所需进货的商品价格卡，输入订货商品的数量。

③ 订货人员将移动终端机的订货资料输入后，再由后台计算机进行数据处理，把订货资料传送到供应商或连锁公司总部的配送中心。

4）如连锁店计算机系统没有与供应商或总部的配送中心进行联网，可将订货资料打印出来，传真到对方或派人送出。

（8）① 不停车收费系统。电子收费（Electronic Toll Collection，ETC）系统能够在车辆以正常速度驶过收费站的时候自动收取费用，降低了收费站附近交通拥堵的概率。

② 实时交通信息服务。

③ 智能交通管理。

(9) 物联网是一种非常复杂、形式多样的系统。根据信息生成、传输、处理和应用的原则，可以把物联网分为4层：感知识别层、网络构建层、管理服务层和综合应用层。

第6章

一、单项选择

1. A 2. B 3. D 4. C 5. D 6. B 7. B 8. B 9. C 10. C

二、多项选择

1. ABC 2. ABCD 3. ABCD 4. ABCD 5. BCD

三、简答题

(1) 影响物流成本管理的因素有：

1) 产品因素：种类、易损性、特殊搬运要求、价值密度和可替代性等。

2) 物流活动环节：原则是中间环节尽可能减少，在中间环节停留的时间也要尽可能少。

3) 每次运输距离尽可能短，而运输队速度尽可能提高，物流环节的多少，经历时间的长短将直接影响着物流成本的大小。

4) 服务水平：物流服务越来越成为企业创造持久竞争优势的有效手段，更好的物流服务会增加收入，但同时也会提高物流成本。

5) 核算方式：我国尚未建立起企业物流成本核算的标准。

6) 空间因素：选址问题，运输成本与物流节点设施成本权衡。

7) 管理成本：管理水平、人才素质。

(2) 显性物流成本是物流成本在管理会计和财务会计两大领域中的共性成本，这部分成本支出是企业实际发生的，既在财务会计核算中反映，又为物流成本管理决策所需。隐性物流成本是财务会计核算中没有反映，但在物流成本管理决策中需要考虑的成本支出，它是管理会计领域的成本。

(3) 企业定价的一般方法有三种：①成本导向定价法。这是一种主要以成本为依据的定价方法，包括成本加成定价法和目标定价法，其特点是简便、易用。②需求导向定价法。这是一种以市场需求强度及消费者感受为主要依据的定价方法，包括认知价值定价法、反向定价法和需求差异定价法三种。③竞争导向定价法。这是一种以本企业主要竞争对手的价格为基础和依据的一种定价方法，包括随行就市定价法和投标定价法。

(4) 可以从以下几点分析：第一，低运输成本；第二，低库存水平；第三，低库存资金占用率；第四，低分拣成本；第五，低分拣错误；第六，低物流固定设备投资；第七，低库存损耗率；第八，低交易成本；第九，削减退货成本；第十，利用一贯制运输和物流外包降低成本。

(5) 1) 物流成本认识阶段；2) 物流项目成本管理阶段；3) 引入物流预算管理制度阶段；4) 物流预算管理制度确定阶段；5) 物流绩效评估制度确立阶段。

第7章

一、单项选择

1. B 2. A 3. C 4. D 5. C 6. A 7. C 8. B 9. D 10. C

二、多项选择（5个）

1. BE 2. ABCDE 3. ABDE 4. ACDE 5. ABCDE

三、简答题

(1) 冷链物流的适用范围主要有以下三类：第一类是初级农产品，如蔬菜、水果，肉、禽、蛋，水产品、花卉产品；第二类是加工食品，如速冻食品、禽、肉、水产等包装熟食、冰淇淋和奶制品、快餐原料；第三类是特殊商品，如药品或疫苗等等。

(2) 1) 所构建的云物流平台更开放。

2) 资源种类及数量更丰富。

3) 提供的服务种类更全面。

4) 透明和集成度更高。

5) 支持多对多的服务。

6) 全新的利益分配方式。

(3) 电子商务和逆向物流的发展相辅相成，一方面逆向物流为电子商务提供物质基础，另一方面电子商务的发展也会促进逆向物流的进一步发展。电子商务为现代物流的发展来带新的契机，但同时也给消费者带来了更大的购物风险，出现了更多的退货、换货、回收等现象。因此，电子商务环境促进了逆向物流的发展，同时逆向物流也保障了电子商务的完整性。

第 8 章

一、单项选择

1. B 2. A 3. A 4. D 5. C 6. B 7. D 8. A 9. B 10. D

二、多项选择

1. ABC 2. ABCDE 3. ABCD 4. ABCD 5. ABC

三、简答题

(1) 1) 必须提高整个社会对申子商务和现代物流协同发展重要性的认识。

2) 深入理论研究，完善行业法律、法规。

3) 选择适应电子商务发展的现代物流发展模式，实现现代物流配送体系的产业化、社会化。

4) 重视人力资源储备，多渠道培养物流人才。

5) 制订一套电子商务与现代物流发展的可行性方案。

(2) “一流”是以订单信息流为中心；“三网”分别是全球供应链资源网络、全球用户资源网络和计算机信息网络。“三网”同步运动，为订单信息流的增值提供支持。

“一流三网”的同步模式可以实现四个目标。首先，为订单而采购，消灭库存。其次，整合全球供应链资源网，使企业获得快速满足用户需求的能力 。此外，通过 JIT 采购、JIT 配送和 JIT 分拨物流来实现同步流程。整合全球配送网络，形成大规模的分拨物流体系 。最后，实现计算机网络连接新经济速度。企业通过建立内部的信息高速公路，将用户信息同步转化为企业内部的信息，实现以信息替代库存，零资金占用。

(3) 1) 建立以高速数据网络为核心的信息基础设施。

2) 建立大型动态库。

3) 重视推广运用先进通用的物流信息网络应用系统和技术。

(4) 1) 优化内部价值链，打造专业优势。

2) 深化与上、下游企业的协同关系。

3) 改造薄弱环节，提高整体效能。

4) 把握关键环节，提高协同有效性。

参考文献

[1] 黎雪微．电子商务概论［M］.北京：清华大学出版社，2013.
[2] 周曙东．电子商务概论［M］.3 版．南京：东南大学出版社，2011.
[3] 张铎．电子商务物流管理［M］. 2 版．北京：高等教育出版社，2011.
[4] 李海刚．电子商务物流与供应链管理［M］．北京：北京大学出版社，2014.
[5] 魏修建．现代物流与供应链管理［M］.2 版．西安：西安交通大学出版社，2013.
[6] 吴建．电子商务物流管理［M］.2 版．北京：清华大学出版社，2013.
[7] 张昭俊．电子商务物流管理（应用型人才培养规划教材·经济管理系列）［M］．北京：清华大学出版社，2013.
[8] 屈冠银．电子商务物流管理［M］.3 版．北京：机械工业出版社，2012.
[9] 郑志伟．电子商务与现代物流［M］．大连：东北财经大学出版社，2011.
[10] 吴群．物流案例分析［M］．北京：北京大学出版社，2014.
[11] 杨波．多品种随机数学模型的物流配送中心选址问题［J］.中国管理科学，2003，11（2）：45－49.
[12] 谭凌，高峻峻，王迎军．基于库存成本优化的物流中心选址问题研究［J］．系统工程学报，2004，19（1）：59－65.
[13] 税文兵等．物流配送中心动态选址模型及算法研究［J］.计算机应用研究，2010（12）：4476 －4480.
[14] 郭丽娜，浅析配送中心选址的研究背景现状及意义［J］.物流工程与管理，2013（2）：96－97.
[15] Daskin，Mark S. Network and Discrete Location：Models Algorithms and Applications［J］. Wiley，New York，1995.
[16] Hakimi，SL. Optimum locations of switching centers and the absolute centers andmedians of a graph［J］. Operations Research，1964，12：450－459.
[17] 毕春霞．电子商务对国际物流配送的影响［D］.北京：对外经济贸易大学，2006.
[18] Goldman AJ. Optimal center location in simple networks［J］. Transportation Science，1971，5：212－221.
[19] 李琳．电子商务环境下物流配送中若干优化问题的研究［D］.沈阳：东北大学，2010.
[20] Kariv O，Hakimi S. An algorithmic approach to network location problems. II：Thep－Medians［J］. SIAM Journal on Applied Mathematics，1979，37：539－560.
[21] Cockaine E J，Hedetniemi S M. Linear algorithms for finding Jordan center and path center of a tree［J］. Transportation Sci. 1981，15：98－114.
[22] 蒋树森．电子商务下物流配送中心规划方法研究［D］.西安：长安大学，2005.
[23] Toregas C Swaim，R ReVelle，C Bergman. The location of emergency service facilities［J］. Operation Research，1971，19：1363－1373.
[24] Brandeau M L，Chui S S. An overview of representative problems in location research［J］. Management Science，1989，35（6）：645－674.
[25] Anderas Klose，Andreas Drexl. Facility location models for distribution system design［J］. European Jounral of Operation Research，2005：4－29.
[26] 尤美虹．仓储管理实务［M］.武汉：武汉大学出版社，2013.
[27] 宓祁宏．电子商务仓储物流模式分析与选择研究［J］.科技广场，2014（1）：172－174.
[28] 陈福集，陈亮．云仓储对传统企业从事电子商务的影响［J］.电子商务，2012（6）：102－103.
[29] 俞成功，罗文华．B2C 大物流模式环境下云仓储设施选址问题研究［J］.物流技术，2014（9）：252－255.

[30] 马娟. 基于 B2C 大物流模式的云物流信息平台建设研究 [J]. 中国经贸导刊, 2014 (8): 60 - 61.
[31] 张晓楠. 基于云仓储和云物流的 B2C 大物流模式研究 [D]. 大连: 大连海事大学, 2012.
[32] 宋国欢. B2C 电子商务仓储管理系统的流程与设计 [D]. 广州: 暨南大学, 2012.
[33] 李翀. 供应链网络牛鞭效应的形成机理及其控制机制研究 [D]. 南京: 南京航天航空大学, 2012.
[34] 罗玲玲. 关于供应链中牛鞭效应产生原因及策略问题的探究 [J]. 科技广场, 2014 (1): 172 - 174.
[35] 屠肖菁. 基于 J2EE 的电子商务库存管理系统的设计与实现 [D]. 大连: 大连理工大学, 2013.
[36] 周长青. 电子商务物流 [M]. 北京: 北京大学出版社, 2008;
[37] 赵林度. 供应链与物流管理: 理论与实务 [M]. 北京: 机械工业出版社, 2003;
[38] 张新昌. 包装概论 [M]. 北京: 印刷工业出版社, 2007;
[39] 钱静. 包装管理 [M]. 北京: 中国纺织出版社, 2008;
[40] 王绍军. 电子商务与物流 [M]. 上海: 上海交通大学出版社, 2007;
[41] 桂学文. 电子商务物流 [M]. 武汉: 华中师范大学出版社, 2001.
[42] 牛来东. 现代物流信息系统 [M]. 北京: 清华大学出版社, 2004.
[43] 冯耕中. 物流管理信息系统及实例 [M]. 西安: 西安交通大学出版社, 2003.
[44] 黄静, 等. 电子商务物流管理 [M]. 北京: 清华大学出版社, 2005.
[45] 王子健. 电子商务物流应用 [M]. 北京: 机械工业出版社, 2006.
[46] 张文杰. 电子商务下的物流管理 [M]. 北京: 清华大学出版社, 北京交通大学出版社, 2007
[47] 马士华, 林勇, 陈志祥. 供应链管理 [M]. 北京: 高等教育出版社, 2009.
[48] 张铎. 电子订货系统 (EOS) 应用与发展 [J]. 现代管理, 1995 (6).
[49] 刘志学. 现代物流手册 [M]. 北京: 中国物资出版社, 2001.
[50] 孙红. 物流设备与技术 [M]. 南京: 东南大学出版社, 2006.
[51] 秦明森. 实用物流技术 [M]. 北京: 中国物资出版社, 2004.
[52] 张琳. 不同模式下电子商务物流服务质量评价研究 [D]. 北京: 北京交通大学, 2012.
[53] 任胜楠. 不同竞争条件下的第三方物流服务定价研究 [D]. 成都: 西南交通大学, 2008.
[54] 谢天帅. 第三方物流服务定价方法研究 [D]. 成都: 西南交通大学, 2004.
[55] 贺雪辉. 第三方物流服务定价及其协调机制研究 [D]. 长沙: 湖南大学, 2012.
[56] A Z Zeng. An optimization framework for evaluating logistics costs in a global supply chain: an application to the commercial aviation industry [M].
[57] 于妍. 基于顾客感知的物流服务定价研究 [D]. 北京: 北京交通大学, 2011.
[58] 孙朝苑. 企业物流成本管理的理论与方法研究 [D]. 成都: 西南交通大学, 2002.
[59] 吴晓靖. 企业物流成本控制研究 [D]. 大连: 东北财经大学, 2007.
[60] 王睿. 某小型物流公司物流服务效率和成本问题研究 [D]. 北京: 北京交通大学, 2008.
[61] Barad M, Sapir D. Flexibility in logistics systems - modeling and performabce evaluation International Journal of prodution Economics Volume: 85, Issue: 2 Augustll, 2003, PP155 - 170.
[62] 吕晓洋. 基于作业成本法的 SND 物流公司的物流成本管理与控制研究 [D]. 大连: 大连海事大学, 2012.
[63] 刘铁男. 配送中心 - 3PL 的物流成本分析及服务定价研究 [D]. 成都: 西南交通大学, 2004.
[64] 李思丝. 电子商务环境下第三方物流运营模式研究 [D]. 上海: 复旦大学, 2011.
[65] 徐树明. B2C 电子商务与第三方物流合作绩效影响机制研究 [D]. 杭州: 浙江大学, 2013.
[66] 钟家勤. 基于电子商务的第三方物流联盟系统平台构建研究 [D]. 杭州: 浙江工业大学, 2008.
[67] 张运通. C2C 电子商务中的第四方物流发展研究 [D]. 保定: 河北大学, 2010.
[68] 曾磊. 电子商务环境下逆向物流运作模式的选择研究 [D]. 长沙: 中南大学, 2011.
[69] 王君. 中国 B2C 电子商务逆向物流模型研究 [D]. 北京: 北京化工大学, 2010.
[70] 戴勇. 虚拟物流企业联盟的构建与管理 [D]. 上海: 上海海运学院, 2002.

[71] 任磊，张霖，张雅彬，陶飞，罗永亮. 云制造资源虚拟化研究题 [J]. 计算机集成制造系统. 2011，17 (3)：511 -518.
[72] 王时龙，宋文艳，康玲，等. 云制造环境下的制造资源优化配置研究 [J]. 计算机集成制造系统. 2012，18 (07)：1396 -1405.
[73] 王勋. 云物流模式下物流服务供应商利益分配问题研究 [D]，武汉：武汉理工大学，2013.
[74] 毕娅，李文锋，梁晓磊，等. 云物流下基于协同库存和最大覆盖的选址 - 分配问题研究 [J]. 计算机应用研究，2012. 32 (2). 448 -451.
[75] 毕娅，李文锋. 基于约束的集合覆盖选址 - 分配问题研究 [J]. 上海交通大学学报，2013. 47 (3)：495 -499.
[76] 张理. 现代物流案例分析 [M]. 2 版. 北京：中国水利水电出版社，2008.
[77] 曹淑艳，李振欣. 跨境电子商务第三方物流模式研究 [J]. 电子商务，2014，(3).
[78] 万莹. 我国跨境电子商务物流的现状、挑战及对策 [J]. 中国物流与采购，2014，(20).